北京市高等教育精品教材立项项目

高等学校“十二五”经管类规划教材

国家精品课程教材

电子商务教程

（第2版）

吕廷杰　陈　霞　胡　桃　编著

電子工業出版社
Publishing House of Electronics Industry
北京 • BEIJING

内 容 简 介

本书是北京邮电大学国家精品课程建设成果和北京市高等教育精品教材立项项目，依据教育部高等学校电子商务专业教学指导委员会编制的《普通高等学校电子商务本科专业知识体系》编写。本书系统介绍电子商务的管理思想、电子商务解决方案、电子商务系统平台以及电子商务相关运作，全面、清晰、前瞻性地勾画出电子商务专业理论知识的基本框架，为后续课程的学习提供了导航图，并奠定了良好的学科基础。本书免费提供电子课件。

本书适合作为高校电子商务专业教材；也可作为计算机应用、经济管理及信息类相关专业教材；也是企事业单位管理、营销人员的培训教材和学习参考书。

图书在版编目（CIP）数据

电子商务教程 / 吕廷杰等，陈霞，胡桃编著. —2 版. —北京：电子工业出版社，2011.8
高等学校“十二五”经管类规划教材
ISBN 978-7-121-13608-5

Ⅰ. ①电…　Ⅱ. ①吕…②陈…③胡…　Ⅲ. ①电子商务—高等学校—教材　Ⅳ. ①F713.36

中国版本图书馆 CIP 数据核字（2011）第 091947 号

策划编辑：童占梅
责任编辑：童占梅
印　　刷：北京捷迅佳彩印刷有限公司
装　　订：北京捷迅佳彩印刷有限公司
出版发行：电子工业出版社
　　　　　北京市海淀区万寿路 173 信箱　邮编　100036
开　　本：787×1 092　1/16　印张：18.75　字数：460 千字
版　　次：2011 年 8 月第 1 版
印　　次：2022 年 1 月第 7 次印刷
定　　价：35.00 元

凡所购买电子工业出版社图书有缺损问题，请向购买书店调换。若书店售缺，请与本社发行部联系，联系及邮购电话：（010）88254888。

质量投诉请发邮件至 zlts@phei.com.cn，盗版侵权举报请发邮件至 dbqq@phei.com.cn。

服务热线：（010）88258888。

前 言

本书在《电子商务教程》基础上，根据教育部高等学校电子商务专业教学指导委员会编制的《普通高等学校电子商务本科专业知识体系》(2008 试行) 修订完成。《电子商务教程》曾是国内最早的电子商务教材之一，出版后先后 12 次印刷，广大教师和学生对该教材给予了充分的肯定，在客观上适应了国内电子商务专业蓬勃发展对教材的需求。

近几年，电子商务飞速发展，2010 年电子商务交易已突破 4 万亿元，网络与商务活动的结合已发挥得淋漓尽致。电子商务已经成为国家中长期和“十一五”乃至“十二五”发展的重点方向，对国民经济和社会进步具有重要的意义，社会急需大批高层次的电子商务专业化人才。在这种背景下，教育部高等学校电子商务专业教学指导委员会编制了《普通高等学校电子商务本科专业知识体系》(2008 试行)，该知识体系试行版的编制是电子商务本科专业建设的一个重要组成部分，对电子商务本科专业的规范化具有重要意义。基于该知识体系去重构电子商务教材的内容也就势在必行。

本书是北京邮电大学国家精品课程建设成果，也是北京市高等教育精品教材立项重点项目。作者多年来在电子商务领域进行了深入的探索并取得了一系列丰硕的研究和教学成果。第一作者吕廷杰教授现任教育部电子商务教学指导委员会副主任；他负责的“电子商务概论”课程被评为 2009 年度国家级精品课程；他参与研究并完成的“高校电子商务专业知识体系建设与创新实践”教学项目，2009 年被评为第六届高等教育国家级教学成果二等奖；吕廷杰教授率领的“电子商务教研团队”被评为 2008 年度北京市优秀教研团队；他负责的“电子商务专业”2007 年被教育部评为“国家一类特色专业”；他负责的“国家商务部电子商务促进与推广工程项目”被评为电子商务案例编写一等奖；2007 年，吕廷杰教授被授予“北京市教学名师”荣誉称号；2009 年，吕廷杰教授被授予“中国电子商务十年发展突出贡献专家”。

基于现实的教学需求，通过相关项目的支撑，并为了固化“电子商务概论”国家级精品课程教学团队的成果，依据《普通高等学校电子商务本科专业知识体系》(2008 试行)，作者完成了《电子商务教程》(第 2 版)。

第 2 版在保持原教材相应成果的基础上，对原教材 2/3 的内容进行了必要的调整和充实，这主要体现在以下 5 个方面：

一是重新系统梳理了教材的基本体系，使现有教材体系更能全面地紧跟时代发展的步伐。

二是新增了部分章节。比如，第 7 章“电子商务物流与供应链管理”、第 9 章“移动电子商务”、第 11 章“电子商务应用及案例分析”。

三是对原章节补充了新的内容，如“网上银行”、“商务智能与知识管理”、“CRM 与网络营销”等。

四是修订、更新和完善了原教材中的相关内容，使数据最新，内容更具先进性和前瞻性。

五是增加了可用性教学资源，如提供包括电子课件在内的教学资源。需要者可通过华信教育资源网 www.hxedu.com.cn 免费注册下载。

使用本教材授课，建议安排 48 个学时：

章　名	建议学时
第 1 章　电子商务概述	4
第 2 章　电子商务网络平台与开发技术	4
第 3 章　电子商务安全交易技术	4
第 4 章　在线支付体系与电子货币	4
第 5 章　网站与在线商务系统的设计	4
第 6 章　企业电子商务活动基础	6
第 7 章　电子商务物流与供应链管理	6
第 8 章　网络营销与客户关系营销	4
第 9 章　移动电子商务	4
第 10 章　电子商务管理与法律环境	4
第 11 章　电子商务应用案例分析	4

将自己有所认识并得到同行认同的内容写进教材，并最大限度地吸纳学术界公认的成果，是教材编写者的基本职责。本书参考了不少同行的著作，在此向他们致以真挚的感谢！然而，由于作者认识、时间等限制，《电子商务教程》（第 2 版）仍有许多需要进一步认识和完善之处。我们诚挚希望本教材的出版能为电子商务专业的人才培养尽一份力，也希望得到用书单位的宝贵意见，使我们不断完善本教材。我们探索电子商务的认识会与时俱进，不会止步。

编 著 者
于北京邮电大学

目　录

第1章 电子商务概述

本章对电子商务的基本概念，电子商务服务业的概念、现状、未来发展趋势，全球电子商务发展的历史、现状和我国电子商务标准化建设进行了介绍。作为电子商务教材的开篇章节，本章从整体的角度对电子商务进行了描述，它既是后面章节的基础，又是学习和把握电子商务学科的导言，因此了解并掌握本章的内容十分重要。

1.1 电子商务的基本概念

1.1.1 电子商务的定义

随着网络技术的飞速发展和信息经济、网络经济等概念的提出，电子商务（E-commerce）受到人们越来越多的关注。电子商务是伴随着信息经济的脚步，在20世纪90年代兴起于美国、欧洲等发达国家的一个新概念。1997年IBM公司第一次使用了电子事务（E-business）一词，后来，电子商务一词的使用反而更加普遍。

1. 电子商务的定义

什么是电子商务呢？目前，国际上对电子商务尚无统一的定义，许多国际组织、企业乃至个人都提出了自己的观点。例如：电子商务是通过电子信息网络从事交易的活动；电子商务是一组电子工具在商务过程中的应用；电子商务是通过电子方式在网络上实现物资与人员流程的协调，以实现商业交换活动的过程；电子商务＝Web＋企业业务；电子商务＝电子化的市场＋电子化的交易＋电子化的服务；电子商务的技术公式是E-commerce = Web + IT + Commerce；电子商务的商务公式是E-commerce = SCM + OPS + CRM/DRP等。

联合国经济合作和发展组织（OECD）将电子商务定义为“利用电子化手段从事的商业活动，是发生在开放网络上的商业贸易”。他们认为，电子商务的基础是电子处理和信息技术。

欧洲议会关于电子商务的定义是：“电子商务是通过电子方式进行的商务活动。它通过电子方式处理和传递数据，包括文本、声音和图像。它涉及许多方面的活动，包括电子贸易和服务、在线数据传递、电子资金划拨、电子证券交易、电子货运单证、商业拍卖、合作设计和工程、在线资料、公共产品获得。它包括了产品（如消费品、专门设备）和服务（如信息服务、金融和法律服务）、传统活动（如健身、教育）和信息活动（如虚拟购物、虚拟训练）。”

加拿大电子商务协会给出了电子商务的较为严格的定义：电子商务是通过数字通信进行商品和服务的买卖以及资金的转账，它包括公司间和公司内利用电子邮件（E-mail）、电子数据交换（EDI）、文件传输、传真、电视会议、远程计算机连网所能实现的全部功能（如市场营销、金融结算、销售和商务谈判）。

IBM公司指出：电子商务是将系统和主要商业运作的过程结合起来，通过因特网技术使之变得简单易行的、能够传送不同商业价值的、安全、灵活和完整的商业途径。Internet、Intranet和Extranet是电子商务的三种基本模式。

通用电气公司对电子商务的定义是：电子商务是通过电子方式进行交易，分为企业与企业间的电子商务及企业和消费者之间的电子商务。企业与企业之间的电子商务，以EDI为核心技术，以增值网和互联网为主要手段，实现企业间业务流程的电子化，配合企业内部的电子化生产管理系统，提高企业从生产、库存到流通各个环节的效率。企业与消费者之间的电子商务，以Internet 为主要的服务提供手段，实现公众消费和服务提供方式以及相关付款方式的电子化。

1997年11月，国际商会在巴黎举行了世界电子商务会议，全世界商业、信息技术、法律等领域的专家和政府部门的代表，共同探讨了电子商务的概念。这是迄今为止对电子商务最有权威的定义：电子商务（Electronic Commerce）是指对整个贸易活动实现电子化。从涵盖范围方面可以定义为：交易各方以电子交易方式而不是通过当面交换或直接洽谈方式进行的任何形式的商业交易。从技术方面可以定义为：电子商务是一种多技术的集合体，包括交换数据（如电子数据交换、电子邮件）、获得数据（共享数据库、电子公告牌）以及自动获得数据（如条形码）等。

我国《电子商务发展“十一五”规划》中对电子商务的定义是：电子商务是网络化的新型经济活动，即基于互联网、广播电视网和电信网络等电子信息网络的生产、流通和消费活动。电子商务涵盖了社会不同经济主体内部和主体之间的经济活动，体现了信息技术网络化应用的根本特性，即信息资源高度共享、社会行为高度协同所带来的经济活动的高效率和高效能。

概括起来，电子商务应是一种商务活动的新形式，是以现代信息技术手段，如数字化通信网络和计算机装置等为工具，进行商品交易的过程。其目的是替代传统交易过程中纸介质信息载体的存储、传递、统计、发布等环节，从而实现商品和服务交易以及交易管理等活动的全过程无纸化，并达到高效率、低成本、实时化、网络化、直接化等目的。

电子商务的技术实现一般包括三个部分：建立企业的Intranet（内联网，或称企业内部网），扩展到Extranet（外联网，或称企业外部网），连接到Internet，使用户在该企业的应用平台上或应用系统中进行交易。电子商务基于Internet/ Extranet /Intranet或局域网、广域网，包括从销售、市场到商业信息的全过程。在这一过程中，任何能加速商务处理过程、减少商业成本、创造商业价值、创造商业机会的活动都应该归入电子商务的范畴。

如图1-1所示，电子商务包括：

① 基于Internet的电子商务。商家通过Internet进行信息的发布、产品的宣传以及网上销售、售前售后服务等，如虚拟商店、网上购物、网上信息服务等。

② 基于Intranet的电子商务。通过Intranet，企业可以完成内部信息的发布、交流和反馈，并进行业务流程和人、财、物的协调与管理，加强对企业内部相关数据库和文件系统的管理，通过防火墙技术与设置访问权限等措施提高企业机密信息的安全性。

③ 基于 Extranet 的电子商务。相关企业之间，如企业与其供货商、购货商、代理商、大客户以及维护服务中心等，通过Extranet相互沟通信息，协同运作，实现网上实时交易过程，以提高运作效率和效益。

④ 基于其他网络的电子商务。如在电话网、其他增值网上的 EDI、帧中继、视频会议、视频点播（VOD）、ATM 自动存取款业务等。

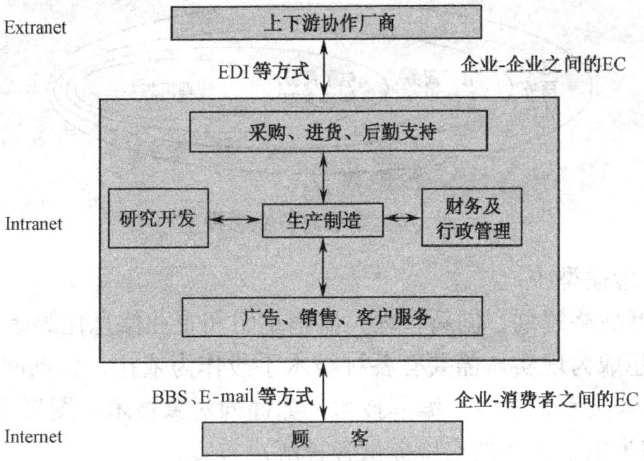

图 1-1　Internet/ Extranet/Intranet 上的电子商务示意图

另外，电子商务还有广义 Electronic Business（简称 eBiz）和狭义 Electronic Commerce（简称 eComs）之分，两者都翻译为“电子商务”。但实际这二者的含义并不相同。两者的关系如图 1-2 所示。

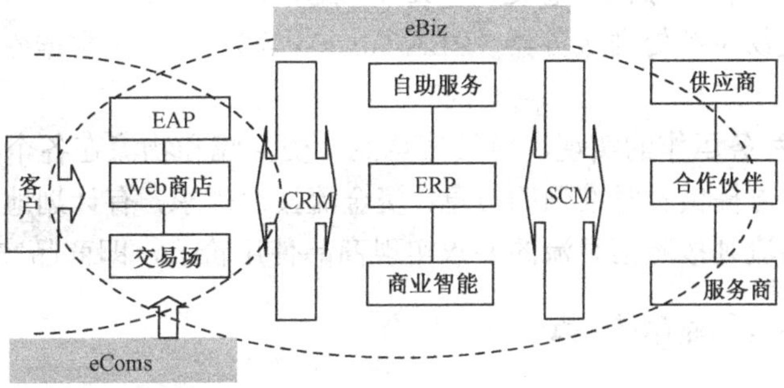

图 1-2　eComs 与 eBiz 的关系

eComs（电子商务）是指公司与其外部客户、供应商或合作伙伴之间的业务流程。这些流程通常包括营销、销售、订单处理、运输和交付、客户服务、生产性材料的购买、非生产性消费的采购，以及与供应商、分销商、管理机构、公众的沟通。或者说，包括交易前的广告宣传，交易中的商业洽谈、支付、商品的运输和支付，以及交易后的售后服务和商品的升级换代服务等。

eBiz（电子商务）则涵盖了企业所有的业务流程，它不仅包括 eComs（电子商务）中面向外部市场的业务流程，也包括更多的企业内部流程，如生产、产品研发、客户关系管理（CRM：Customer Relationship Management ）、基于企业资源规划（ERP：Enterprise Resource Planning）和业务流程重组（BPR：Business Process Reengineering）的智能化、柔性生产组织、供应链管理（SCM：Supply Chain Management）以及财务、人力资源和风险管理等。

2. 电子商务的概念模型

电子商务是一门综合性学科，既包括管理学的相关知识，同时也涉及许多工程技术方面的知识、技能。为了比较全面地了解电子商务，需要把两方面结合起来。为此，我们给出如图1-3所示的电子商务概念模型。

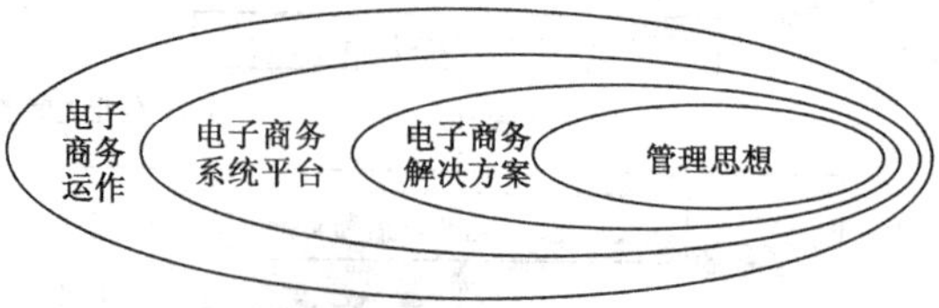

图1-3　电子商务概念模型

在电子商务的概念模型中：

① 管理思想包括战略规划、创新管理、流程重组和企业信息化等诸多方面的内容。

② 要使管理思想成为现实，需要有各种技术手段作为依托，包括网络技术，如网络计算体系；数据库技术，如关系数据库；编程技术，如面向对象技术、图形用户界面；通信技术，如网络通信等，它们为电子商务的实现提供各种解决方案。

③ 实现各种技术的电子商务系统平台包括硬件平台、软件平台和基础平台。其中，硬件平台有服务器、网络系统和安全系统等。软件平台有数据库系统和开发工具等。基础平台支持Internet、Java，并采用三层体系结构：前端是Internet表示层，运行IE浏览器等。中间是应用服务器层，通过JDBC-ODBC、SQL等技术对数据进行调用，包括分布式对象调用（CORBA，IIOP，DCOM/XML等）；对象间消息处理（IBM MQ，Oracle AQ等）、Web服务器（Apache，Microsoft IIS等）；交易事务处理服务器（BEA Tuxedo等）。后端是数据库服务器，运行各种数据库软件。

④ 最后是电子商务运作的实现，包括信息流、资金流和物流在各个参与者之间的流动。信息流为电子商务各方提供及时准确的信息；资金流按照需求，有计划地为完成商品价值形态的转移提供条件；物流则按照信息流的要求实现商品使用价值，即商品实体的转移过程。

1.1.2　电子商务系统的特性

电子商务系统的特性可归结为6点：高效性、方便性、集成性、可扩展性、安全性、协调性。

（1）高效性

电子商务最基本的特性是高效性，即提供买、卖双方进行交易的一种高效的服务方式、场所和机会。网上购物为消费者提供了一种方便、迅捷的购物途径，为商家提供了一个遍布世界各地的、广阔的、有巨大潜力的消费者群。因而，无论是对大规模还是中小规模的企业、甚至个体经营者来讲，电子商务都是一种机遇。

电子商务的高效性体现在很多方面，例如，电子商务可以扩展市场，增加客户数量；通过将信息网络连至数据库，企业能记录客户每次访问、购买的情况和购货动态以及客户对产品的偏爱，这样，企业通过统计这些数据就可以获知客户最想购买的产品是什么，从而为产品的生产、开发提供有效的信息；网上营销还可以为企业节省大量的开销，如无须营业人员、无须实体店铺，并可提供全天候的服务，提高销售量、客户满意度和企业知名度等。

电子商务作为一种新型交易方式已经在许多地方取得了成功。

例如，美国一家服务公司建立了一整套电子商务方案，并以此为基础建立了一家网上商店。由于节省了租用店面、雇佣商场售货员等开支，使其能以低廉的价格出售数以百万计的书籍、游戏和光碟。而瑞士的一家覆盖全国的网上超市，全部经营管理人员只有 8 人，经营数千种商品，开业仅几个月就拥有了数万客户，其商品的储存、运输及送货上门均由邮政部门承担。

（2）方便性

在电子商务环境中，传统交易受时间和空间距离限制的局面被打破，客户不再像以往那样因受地域的限制而只能在一定区域内、有限的几个商家中选择交易对象，寻找所需的商品。他们不仅可以在更大的范围内，甚至全球范围寻找交易伙伴、选择商品，而且更为重要的是，他们的目光不仅仅集中在商品的价格上，服务质量的好坏在某种意义上成为商务活动成功与否的更为关键的因素。

企业将客户服务过程移至开放的网络上之后，过去客户要费尽周折才能获得的服务，现在只要用一种简捷的方式便能够获得。例如，将一笔资金从一个存款户头转移至另一个支票户头，查看一张信用卡的收支情况，查询货物的收发情况，乃至寻找或购买不常用的稀有产品等，都可以足不出户就能方便、实时地完成。可见，电子商务提供的客户服务具有一个明显的特性，即方便。电子商务的方便性使客户及企业都从中受益良多。

（3）集成性

电子商务是一种新兴事物，采用了大量计算机和网络通信等新技术。但是，电子商务中新技术的运用并非意味着企业原有的信息系统和设备将被全盘淘汰。电子商务网络系统的真正商业价值在于，它能够协调新技术的开发运用和原有技术设备改造利用，使用户能更加有效地利用他们已有的资源和技术，从而更加高效地完成企业的生产和销售及客户服务。

电子商务的集成性还在于事务处理的整体性和统一性，它能规范事务处理的工作流程，将人工操作和电子信息处理集成为一个不可分割的整体。这样，不仅能提高人员和设备的利用效率，也提高了系统运行的可靠性。

（4）可扩展性

要使电子商务能够正常运作，必须确保电子商务系统的可扩展性。网络上的用户数以千万计，而且增长速度非常快。有资料表明，截至 2009 年底，全球桌面互联网用户数已经达到 17 亿，移动互联网用户数已近 10 亿。网络用户数量之大、增长速度之快，要求电子商务系统能够有与其相适应的可扩展性，以便在网络用户数增加及出现传输高峰时，系统仍然能够正常运行。如果电子商务系统做不到随着用户数量的变化而进行方便、及时的扩展，那么客户访问速度就将急剧下降，严重时，甚至会导致整个系统的瘫痪，从而影响企业的业务收入，损害企业的形象和信誉。因此，电子商务网络必须能够适应用户及业务量的增长状况，具有可扩展性。

（5）安全性

在电子商务中，安全性是必须考虑和解决的核心问题。对于客户而言，无论网上的物品怎样具有吸引力，如果他对交易安全性缺乏信心，就不敢贸然在网上进行交易，企业和企业间的交易更是如此。信息系统中的欺骗、窃听、病毒和黑客的非法入侵都是电子商务的大敌。因此，电子商务网络应该能够提供一种端到端的安全解决方案，包括加密机制、签名机制、分布式安全管理、存取控制、防火墙、安全万维网服务器、防病毒保护等。为了帮助企业创建和实现这些方案，国际上多家公司联合开展了安全电子交易的技术标准和方案，并提出了 SSL（安全套接层）和 SET（安全电子交易）等协议标准。这些协议和标准的推出，将有助于企业建立一种安全的电子商务环境。

（6）协调性

商务活动是一种协调运作的过程，它需要雇员和客户、生产方与供货方、销售方与商务伙伴之间的相互协调。为了提高网络的商务运作效率，一些组织先后提出了有关信息交互的协议，电子商务可以在这些协议的基础上进行。传统的电子商务解决方案（如电子邮件等）虽然可以加强公司员工内部相互之间的通信和交流，但它只有协调员工合作的一小部分功能。利用商务网络，如外联网将企业的供货方、购货方及有关协作部门连接至企业的商务管理系统，并使之协调运作，可以使企业缩短产品的开发、生产周期，使产品尽快进入市场，从而避免了纸张文件传递带来的工作量大、出错率高、开销多的弱点，提高了效率和效益。

1.1.3 电子商务的交易模式

电子商务的应用范围极其广泛，因此分类方法很多，其中最基本的是按照电子商务的交易对象来分类。

1. 企业与企业之间的电子商务（B to B）

供求企业之间以及协作企业之间利用网络交换信息，传递各种票据，支付货款，从而使商务活动全过程实现电子化。通过专用网络或增值网络进行的电子数据交换，是最早且最典型的应用。特别是近两年来，随着因特网的发展，越来越多的企业和公司已经开始利用 Extranet 进行贸易活动。

2. 企业和消费者之间的电子商务（B to C）

企业和消费者之间的电子商务的典型应用是网上购物，即电子化销售，它随着万维网（WWW）的出现而迅速发展起来。目前，在因特网上遍布各种类型的商业中心，提供从鲜花、书籍、软件到计算机、汽车等各种消费品的信息和购买服务。消费者在家中通过与因特网相连的计算机，便可以在网上选购自己需要的商品，而不必亲自到商场去购买。这个层次的电子商务活动通常基于 Internet 来进行。

3. 企业和政府之间的电子商务（B to G）

这种电子商务活动可以覆盖企业、公司与政府组织间的各种事务。例如在美国，政府将采购清单等发布到因特网上，通过网上竞价方式进行招标，企业、公司可以用电子化方式来完成对政府采购的响应。我国的金关工程通过商业机构对行政机构的电子商务，如发放进出口许可证、办理出口退税、电子报关等，建立了我国以外贸为龙头的电子商务框架，促进了我国各类电子商务活动的开展。虽然目前这类电子商务的应用还比较少，但政府身体力行，带头利用电子商务技术将使这类电子商务的业务迅速增长。

4. 消费者与政府之间的电子商务（C to G）

这方面的电子商务应用目前尚未真正形成。但是，在少数发达国家，如澳大利亚，政府的税务机构已经通过指定私营税务或财务会计事务所用电子方式来为个人报税。这类活动虽然还没有达到真正的报税电子化，但它已经具备了消费者与政府机构电子商务的雏形。随着企业和消费者之间及企业和政府之间电子商务的发展，政府也许会把电子商务扩展到福利费发放等方面。

5. 企业内部的电子商务

企业内部的电子商务活动通常在 Intranet 上进行，Intranet 又称为建立在企业防火墙内部的 Internet。企业通过防火墙等安全措施将企业 Intranet 与 Internet 隔离，从而将企业内联网作为一种安全、有效的商务工具，用来自动处理商务操作及工作流程，实现企业内部数据库信息的共享，并为企业内部通信提供快捷通道。企业内联网的商务应用，可以增强企业商务活动的敏捷性，能够对市场变化做出更加灵敏的反应，为客户提供更加全面、优质和高效的服务。

除上述 5 种类型，电子商务模式还包括：

- B to M，企业与其产品销售者或为其工作者之间的电子商务。
- U to B，学校与企业之间的电子商务。
- M to B，军队与企业之间的电子商务。
- H to B，医院与企业之间的电子商务。

除按交易对象分类外，还可以按如下方式分类：

① 按照商业活动的运作方式，电子商务可分为完全电子商务和非完全电子商务。

② 按照开展电子交易的范围，电子商务可分为本地电子商务、远程国内电子商务和全球电子商务。

③ 按照电子商务活动的内容，电子商务可分为间接电子商务和直接电子商务。

④ 按照使用网络的类型，电子商务可分为基于 Internet 网络的电子商务、基于 Intranet 的电子商务、基于 Extranet 的电子商务和基于其他网络的电子商务。

⑤ 按照交易发生的动因，电子商务可分为采购驱动型电子商务、内容驱动型电子商务和销售驱动型电子商务。

1.1.4 电子商务的交易内容及过程

1. 电子商务的交易内容

电子商务是 21 世纪信息化社会贸易活动的主要表现形式，它包括信息交换、售前售后服务（提供产品和服务的细节、产品使用技术指南、回答顾客意见）、销售、电子支付（使用电子资金转账、信用卡、电子支票、电子现金）、运输（包括商品的发送管理和运输跟踪，以及可以电子化传送的产品的实际发送）、组建虚拟企业（组建一个物理上不存在的企业，集中一批独立的中小公司的权限，提供比任何单独公司多得多的产品和服务）、公司和贸易伙伴可以共同拥有和运营共享的商业方法等。

企业可以通过网络来完成从原材料的查询和采购、产品的展示、订购到发货、储运及电子支付等一系列的贸易活动。除了货物贸易的电子交易外，电子商务还将包括许多服务贸易活动在内，如数字化信息的联机传送、股票的电子交易、电子提单、网上商业拍卖、合作设计和施工、远程联机服务以及文件共享等。它既涉及产品的买卖（如各种生产物资、消费品等），又涉及服务的提供（如信息服务、金融服务、中介服务等）；既有传统的社会活动内容（如医疗保健、教育等），又有新兴的社会活动内容（如虚拟商店、虚拟贸易团体等）。

电子商务典型交易内容如下：

① 电子购物与贸易。它是以实物商品为内容的电子商务活动。交易前的信息查询、订货及货款的支付过程都通过网络来完成，但是商品和货物最终到达客户手中，还需要依赖传统的邮政服务网络或货运公司来完成。电子购物与贸易将电子交易手段和传统的贸易形式相结合，减少了商品流通的中间层次，给传统贸易方式带来巨大变革。

② 网上信息商品服务。它是以无形的信息商品或服务为内容的电子商务。例如，各种计算机软件、娱乐节目的联机订购、联机数据库查询、网上信息咨询服务等。这种电子商务的全过程都可以通过网络来完成。

③ 电子银行与金融服务。为以上两种电子商务活动提供方便、快捷的电子支付手段的网上银行和相关金融组织的活动。这是实现真正意义上的电子商务的基本前提条件之一。同时也是货币电子化的根本原因。

2. 电子商务的交易过程

电子商务是一种多技术的集合体，包括获得数据（如共享数据库、电子公告牌 BBS）、处理数据（如认证、加密）、交换数据（如电子数据交换 EDI、电子邮件），以及自动捕捉数据（条形码）等。

对于一般的商品交易，电子商务过程可以描述为三个阶段：

第一阶段——交易前，指交易双方在交易合同签订之前所进行的一些活动，包括在因特网及其他各种商务网络上，卖方发布自己的产品和交易信息，买方寻找适合自己的商品和交易机会，双方通过电子网络交换信息，比较商品价格和交易条件，了解对方国家、地区的有关贸易政策，从而选择合适的交易对象。

第二阶段——交易中，主要帮助企业完成与客户之间的咨询洽谈、签订合同、网上支付等交易过程。这一过程涉及面很广，如与金融机构、运输部门、税务机关、海关等方面进行电子单证的交换，即电子数据交换（EDI）和电子支付等。

第三阶段——交易后，指在交易双方完成各种交易手续之后，商品交付运输公司起运或通过邮局邮寄，或者直接通过电子化方式传送数字产品或提供服务，并向用户提供方便、即时、优质的售后服务等。

1.2　电子商务的支撑环境

1.2.1　一般框架

电子商务系统的一般框架可以概括为“三层框架、两大支柱”，如图 1-4 所示。

框架的底层是网络层，指各种物理传送平台和传送方式。它包括实现电子商务的各种基础设施，如因特网和各种无线设备等。网络层由主干网、城域网、局域网层层搭建而成，是电子商务信息传递的载体和用户接入的手段，信息通过电话线等有线方式或无线电波方式进行传递。

框架的中间层是消息/信息发布层，它包括多媒体内容和网络宣传以及报文和信息传播等基础软件设施。目前最流行的信息发布方式是以网页形式将信息发布在网站上，发布的信息形式多样，可以是文本、声音、图片或多媒体等。随着技术的不断发展，各种编程及脚本语言的应用，增强了网页的动态效果，让网站上的宣传内容更具视觉冲击力。此外，利用 Java 等语言移植

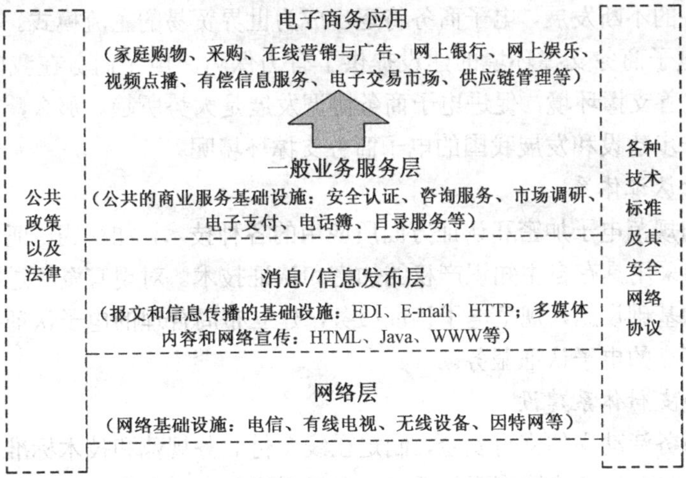

图 1-4　电子商务系统的一般框架

性强的特点，信息的传播可以适用于各种网络、各种设备、各种操作系统和各种界面，这大大提高了电子商务信息传播的普适性。报文和信息传播主要是指面向人的非格式化的信息交流，如 E-mail、Fax 和面向机器的格式化的信息交流，如 EDI。

框架的第三层是一般业务服务层，包括安全认证、电子支付和目录服务等公共商业基础服务。安全认证为电子商务各项活动中所使用信息的可靠性、不可篡改性和不可抵赖性提供保证，为参与各方在发生争议时提供证据。每当完成一笔网上交易，都需要进行电子支付，所以电子商务安全问题一直是影响电子商务发展的重要因素，安全的电子支付方式受到人们的广泛关注。目录服务将电子商务过程中涉及的各种信息妥善组织，使其更易于编辑，使市场调研、咨询服务、商品购买指南等变得更加简单、便捷。

在上述三个层次的基础上，电子商务还以公共政策和技术标准作为两大支柱。美国提出的“全球电子商务的政策框架”和联合国贸易组织提出的“电子商务示范法”为各国制定与电子商务相关的政策和法规提供了参考。我国目前主要侧重于基础设施建设，电子商务相关法规还有待完善。各种技术标准定义了用户接口、传输协议、信息发布标准和安全协议等方面的技术细节，是电子商务安全、顺畅进行的基础，对于保证网络的兼容性和通用性十分重要。

“三层框架、两大支柱” 为高层电子商务应用起到了支持和保障的作用。所谓高层电子商务应用，是指建立在电子商务一般框架基础之上的、人们直接接触到的各种电子商务的实际应用，如网上购物、网上银行和供应链管理等。

1.2.2　支撑环境

基于 1.2.1 节对电子商务系统一般框架的讨论，可以将电子商务支撑环境归纳成社会与人文环境、经济环境、技术环境和信用与法规环境。从电子商务在我国出现到今天，电子商务已在我国具有一定规模，我国在电子商务支撑体系建设方面取了重要进展。电子认证、电子支付、现代物流、信用、标准等电子商务支撑体系建设逐步展开。目前，我国已有 19 家电子认证机构获得电子认证服务许可，近 20 家商业银行开办电子银行服务，第三方电子支付业务稳步上升。物流专业化、社会化和信息化程度逐步提高。信用信息服务体系建设步伐加快。40 余项电子商务和物流标准陆续颁布，标准推广应用工作进一步深化。

随着电子商务的不断发展，电子商务将逐步成为世界贸易的主流模式。我国网络和信息技术的快速发展为电子商务支撑环境的建设提供了有力保障。电子商务在我国蕴藏着巨大的商机。因此，着力完善支撑环境，促进电子商务协调发展是大势所趋。那么，在目前的发展状况下，应该如何进一步建设和发展我国的电子商务支撑环境呢？

（1）健全电子认证体系

进一步发展和规范电子加密和认证方面所应用的各种技术，如密钥、证书及电子认证机构的管理等，推进和采用具有自主知识产权的加密和认证技术。对现有资源进行合理整合，完善与电子认证相关的基础设施，规范电子认证服务，建立布局合理的电子认证体系，实现交叉认证，为社会提供可靠的电子认证服务。

（2）加快在线支付体系建设

为加强电子商务活动中的支付安全，制定在线支付业务规范和技术标准，研究各种风险防范措施，加强业务监督和风险控制至关重要。在保证信息安全方面，第三方的作用一直受到强调，因此研究、制定第三方支付服务机构的管理措施并实现银行与第三方支付服务之间的衔接与协同势在必行。为继续推进电子商务的发展，应积极引导商业银行、中国银联等机构的参与，建设安全、快捷、标准、规范的在线支付平台。推动多种支付方式，如网上支付、电话支付和移动支付等新兴支付工具的发展与完善。进一步健全在线资金清算体系，推动在线支付业务的规范化、标准化、国际化。

（3）发展现代物流体系

物流与供应链管理在现代商务活动中扮演着越来越重要的角色。发展我国的电子商务支撑环境，要充分利用铁路、公路、水路以及民航、邮政、仓储、商业网点等多种物流资源，进一步建设信息平台等现代物流基础设施。广泛采用先进的物流设备和技术，促进物流信息资源的共享，优化业务流程，提升物流业信息化水平，提高现代物流基础设施的使用效率和经济效益。结合电子商务与现代物流的优势，使电子商务的支撑环境得到更加有效的发展，使电子商务得到更广泛的应用。

（4）推进信用服务体系建设

诚信与电子商务的发展密切相关。必须加强政府监管和法律约束、行业企业自律以及部门间的协调与合作，鼓励企业参与到完善法规、特许经营、商业运作、专业服务的活动中去，促进建立科学、合理、权威、公正的信用服务机构。相关部门间信用信息资源的共享机制应逐步健全，同时推进在线信用信息服务平台建设，实现信用数据的动态采集、处理和交换。严格信用监督，对失信行为予以严惩，最终形成既符合我国国情又与国际接轨的信用服务体系。

1.3 电子商务服务

有人说“互联网的未来在于电子商务，而电子商务的未来在于电子商务服务业”。从中不难看出，电子商务服务对于电子商务，乃至整个互联网产业将来的发展发挥着多么重要的作用。那么，究竟什么是电子商务服务？它包括哪些模式？具有哪些特征？又将如何影响电子商务的发展呢？

1.3.1 电子商务服务的内涵

1."电子商务服务"与"电子商务服务业"的概念

如果将"电子商务应用"比作市场经济中的需求，那么"电子商务服务"则可比作供给。前者是指一个具体的企业、机构或个人如何通过电子商务方式来进行采购、销售或售后服务等商业行为，而后者是指通过所提供的一种服务，如域名注册、虚拟主机、安全认证和电子支付等，满足各种商业行为的需要，使之成为现实。我国在《电子商务发展"十一五"规划》中对"电子商务服务"的定义是："电子商务服务是基于网络的交易服务、业务外包服务及信息技术系统外包服务。其中的交易服务主要包括基于网络的采购、销售及相关的认证、支付、征信等服务；业务外包服务包括基于网络的产品设计、生产制造、物流、经营管理等外包服务；信息技术系统外包服务主要包括基于网络的设备租用、数据托管、信息处理、应用系统、技术咨询等外包服务"。所有这些为电子商务应用服务的企业或机构的集合被称为电子商务服务业，或称为电子商务服务产业、电子商务服务行业。除此之外，一种更普遍的 "电子商务服务业"的定义是：一切基于网络或采用电子商务方式提供服务的企业或机构的集合被称为电子商务服务业，或"网基服务业"，如网上医疗企业等。

2. 电子商务服务的分类

电子商务服务涉及企业和个人工作或生活的各个方面。与面向企业的电子商务服务相比，对于面向企业的电子商务应用，一般是提供全面的、强大的电子商务服务，既包括网络、硬件和软件等相关技术支持，也包括营销推广、应用集成、信用、支付、物流和咨询等全方位的商务服务。

（1）按照电子商务服务所覆盖的范围分类

分为综合性和行业性电子商务服务。前者为所有行业的厂商、产品和服务提供综合性交易服务，如阿里巴巴、慧聪网等；后者针对某一行业的厂商、产品和服务提供交易服务，如中国化工网等。

（2）按照交易环节分类

分为全程和专项交易服务。前者为电子商务交易的全过程提供服务，后者只专注于某一个交易环节，如采购、销售或售后服务等。

（3）按照服务类型分类

分为电子商务交易服务、电子商务业务服务和电子商务技术服务。电子商务交易服务是指提供针对网络交易中各环节的服务，如网上采购、网络营销、交易信息发布和网上售后服务等，如阿里巴巴等。电子商务业务服务是指提供基于网络的研发设计、现代物流、财务管理、人力资源、管理咨询和技能培训等服务，如金算盘全程电子商务平台等。电子商务技术服务是指为各种电子商务应用提供网络基础设施和技术支持，以及基于网络的信息处理、数据托管和应用系统等IT外包服务，如中国万网等。

此外，还可以按服务对象是企业还是个人、交易品是有形还是无形的、服务媒介是线上还是线下、地域是地方还是全球等，将电子商务服务进行不同分类。

3. 电子商务服务的特征

电子商务服务业可以看作一种新型的现代服务业，因此对电子商务服务特征的讨论，可以从现代服务业的特征中寻找答案。现代服务业具有技术含量高、附加值高、人力资本含量高、资源消耗少、环境污染小等特点。

电子商务服务的特征表现在：

① 高技术性。电子商务服务业比现代服务业的科技含量更高，是高技术性的典型代表。网上银行就是一个很好的例子。目前，银行的部分业务已经可以通过计算机网络技术和相关应用系统来完成。人们可通过因特网进行账户信息查询或转账等业务，这些都是电子商务服务具有高技术性的具体体现。

② 知识性。电子商务服务可以为消费者提供知识的生成、传播和使用等多个环节的服务，使知识在服务过程的不断进行中实现增值，如网上教育服务、科研服务、文化传媒服务、专业技术服务、计算机软件应用服务等。

③ 高附加值和集群性。电子商务服务不仅可以在服务过程中实现知识的增值，而且可以实现服务的规模效应以及各种服务之间相互融合的聚集效应，这将引起服务的大幅度增值。例如，企业将物流工作外包给第三方物流公司完成，可以降低企业在物流硬件设施上的大量花费，从而降低物流成本。

④ 从业人员的高素质。电子商务服务业的核心能力在于从事电子商务服务的工作人员的素质，他们往往具有良好的教育背景、扎实的专业知识基础和较高的技术、管理能力，这使得电子商务服务业更具竞争力。

1.3.2 电子商务服务模式

电子商务服务模式将描述企业如何开展电子商务，从而获得赢利，进而生存下去。电子商务服务模式的根本在于为企业创造价值。与电子商务模式类似，电子商务服务模式是通过服务的形式为企业创造价值。从现代服务业的角度来看，电子商务服务模式是传统电子服务的延伸和整合，是以因特网等计算机网络为基础设施，以营造商务环境、促进商务活动为基本功能，基于网络的新兴商务服务形态，定位于新型的现代服务业。

当前服务于企业的电子商务服务模式主要分为 4 类：企业门户网站（包括基础域名、空间和邮箱等）；第三方电子商务平台（如阿里巴巴、慧聪网、中国化工网等）；搜索引擎关键词排名收费服务（如百度、谷歌等）和以“企业博客”和“博客营销”为核心的 Web 2.0 电子商务应用服务。下面分别介绍这 4 类电子商务服务模式。

1. 企业门户网站

企业门户网站一般用来发布企业的官方信息和集中展示企业的形象。在现实生活中，企业网站最实际的作用是起到“备查”作用，即为人们提供一条查阅企业信息的途径，包括企业简介及产品、服务介绍等，就像一本企业在网上的宣传册。

企业门户网站强调的是信息的权威性、官方性和准确性，而淡化信息的丰富性、生动性、和参与性。传统企业门户网站大都是基于 Web 1.0 技术和思想创建的。

2. 第三方电子商务平台

企业在第三方电子商务平台，如阿里巴巴上开设的窗口主要用于向该平台的访问者展示其产品，希望向光顾企业窗口的潜在买家展示其感兴趣的产品，最终将产品销售出去。第三方电子商务平台就像企业在网上各类“市场”上设立的“摊位”，主要作用是在这些“市场”上直接“叫卖”、推销自己的产品。

3. 搜索引擎关键词排名收费服务

搜索引擎关键词排名收费服务可以看作一种特殊的第三方服务平台，虽然搜索引擎不是一个纯粹的电子商务平台，但是它可以利用人们日常搜索信息的习惯，利用网站的特定位置开辟专栏，为购买了关键词的企业提供优先展示的机会。

4.“企业博客”与“博客营销”

2005年，当“博客”开始逐步在中国流行，将“博客”和Web 2.0技术融入企业和电子商务领域而产生的“企业博客网”在中国第一个提出了企业可以利用“博客”来开展营销活动，即“博客营销”的概念，如上海华普汽车海炫车博客大赛、国盛博客阳光装修活动等。与此同时，向企业提供企业博客建设和运营服务开始兴起，并提出了基于“企业博客”的电子商务外包服务模式。随着技术的不断发展，企业博客又融入了其他Web 2.0元素，同时结合搜索引擎技术，使各个企业能够以更低的成本，更有效、更全面地利用互联网资源来开展电子商务。

除此之外，按照服务对象类型分类，电子商务服务模式还可划分为供应商集中模式和购买者集中模式。在前一种模式下，虚拟的销售商将供应商所提供的产品目录标准化并加上索引，再集中提供给购买者。在后一种模式下，购买者的询价单会被集中起来，然后提供给各个供应商，供应商根据询价单的情况进行投标。

1.3.3　我国电子商务服务业的发展

1. 电子商务服务业的兴起

电子商务服务业是电子商务不断发展的产物，是电子商务应用规模不断扩大、影响不断深化的结果，是电子商务逐步走向专业化的标志。起初，企业要应用电子商务，必须自己来完成域名注册、购买或租用服务器、制作网页等各项工作，如今电子商务服务业的出现则意味着这一切都将发生改变，上述各个环节都可以通过专业化的电子商务服务平台来完成。起初，用户为了在网上开店而开通网上支付功能，必须与各家银行分别洽谈、签约，如今电子商务服务业的兴起则意味着从此刻起，你只需与一家网上支付服务平台合作就可以了。

自2003年以来，我国电子商务服务业成长迅速，涌现出许多面向企业，包括面向中小企业的综合性电子商务服务网站，如阿里巴巴、慧聪网等；数目众多的行业性电子商务服务网站，如中国化工网、中国化纤信息网等；面向个人的电子商务服务网站，如淘宝网、eBay等。除此之外，提供支付、认证、信用和现代物流信息服务的电子商务服务网站，如支付宝、中国金融认证中心等也相继兴起。

从2004年开始，我国中小企业的电子商务发展迅速，这很大程度上要归功于中小企业电子商务服务平台的发展。4种活跃在中小企业领域的电子商务服务平台包括：① 专业电子商务服务平台，如阿里巴巴；② 随着软件交付向因特网迁移而出现的软件企业平台，如金算盘全程电子商务平台；③ 信息化应用厂商平台，将已经实现的信息化应用通过互联网向上下游扩展，进而为全行业提供服务；④ 电信运营商平台，它帮助电信运营商联合软件厂商等企业，发挥基础电信设施优势，建设和运营电子商务服务平台，完成向综合信息服务提供商的转型。

电子商务服务业，是电子商务专业化的客观需求，是传统商业企业与电子商务企业合作发展的必然趋势，是传统商业企业应用信息经济技术的必经之路，是传统商业企业转型与发展的技术基础。

2. 电子商务服务业的现状

电子商务服务业是传统商业企业经营模式变革的推进器，但在目前，我国传统商业企业与电子商务服务的融合度还比较低，电子商务服务对于传统商业企业的技术支持和应用扶持还不够。随着网络产业与信息经济的快速发展，虽然人们已经意识到传统商业经营模式所面临的危机，但是真正影响商业企业改革的直接动力仍然是效益，而不是科技。因此，只有电子商务服务真正使传统商业企业提高效益，它们之间的融合才有基础。作为加速实现传统商业企业“电子商务化”的电子商务服务业，必将为我国传统商业企业的发展提供一条有效途径，并逐步对我国传统商业企业的经营模式进行转换。电子商务服务业能够使传统商业企业有组织、有计划、有目标地实现和完成技术改造，使传统商业企业在组织结构、经营方式、思想意识和人员素质等诸多方面发生重大变革。此外，电子商务服务可以提高传统商业企业的效率，使其节省成本、拓展市场，从而增强企业的竞争力。所以，传统商业企业需要实现电子商务化，而传统商业企业电子商务化正是电子商务服务业的主要任务和工作内容。因此，作为知识经济和信息经济的具体实现形式的电子商务服务业，体现的是一个国家经济的发展水平。广大的传统商业企业需要电子商务服务业，它不仅对调整我国经济结构、产业结构、知识结构、利益结构具有重要作用，同时也是我国节约社会资源、减少能源浪费、增进社会和谐、促进社会进步的重要产业。因此要大力发展电子商务服务业。

3. 电子商务服务业的发展趋势

“互联网的未来在于电子商务，电子商务的未来在于电子商务服务业，而电子商务服务业的核心是电子商务服务平台”。在未来的几年里，电子商务服务业的发展主要集中在电子商务服务平台的发展上，其具体的发展趋势是：电子商务服务平台的规模进一步扩大，服务模式进一步创新，服务环节从交易前向交易中和交易后延伸，服务范围从外部市场交易向企业内部运营渗透，以及电子商务服务平台的集成化。

我国在“十一五”期间电子商务发展的总体目标包括“电子商务服务业成为重要的新兴产业，国民经济和社会发展各领域电子商务应用水平大幅提高并取得明显成效”。为了实现上述目标，既要普及并深化电子商务应用，提高国民经济运行的效率和质量，更要大力发展电子商务服务业，使其成为国民经济发展中新的增长点。那么，电子商务服务业到底应该如何为电子商务应用服务呢？在“电子商务服务”的定义中我们曾提到，电子商务服务是基于网络的交易服务、业务外包服务及信息技术系统外包服务，下面简要介绍电子商务服务在这三个方面的发展趋势：

① 交易服务。紧密结合行业、区域特点，创新交易模式，深度开发和充分利用信息资源，

发展面向行业、区域、企业及消费者的第三方交易及相关信息增值服务，主要发展结合行业和区域特点的交易服务。

② 业务外包服务。扶持基于网络的生产经营性业务外包服务，鼓励通过第三方电子商务平台整合旅游、教育、文化、培训、保险、医疗保健等服务业资源，提高服务水平，带动传统服务业快速发展。

③ 技术外包服务。稳步推动信息技术外包服务。鼓励基础电信运营商、软件供应商、系统集成商的业务转型，发展面向政府和企事业单位的信息处理、数据托管、应用系统等信息技术外包服务，降低信息化建设和电子商务应用成本，促进专业化信息技术外包服务业发展。

1.4　电子商务的发展与展望

1.4.1　电子商务的发展历史

客观地说，自从有了电子通信手段就有了电子商务活动。根据微观信息经济学的观点，信息是一种无形的商品，其经济价值在于使人们更有效地获取有形资产（物质财富）。长期以来，广泛流行于西方发达国家的电话购物、信用卡支付等商品交易行为就是电子商务的最初表现形式。其特点是，对能够电子信息化的交易要素，尽量采用电子信息化的手段来实现。以光速传递的信息来调度物流和资金流的运动，从而产生高效率。然而，随着更能适应电子商务活动开展的计算机和现代通信技术的迅速发展，特别是近年来随着因特网的爆炸性急剧发展，电子商务被赋予了新的活力。

新一轮电子商务的迅速崛起源于计算机的电子数据处理（EDP）技术。自从计算机应用从科学计算向文字处理和商务统计报表处理应用转变后，字处理软件和电子表格软件的出现，为标准格式商务单证的电子数据交换（EDI）开发应用提供了强有力的工具。这些软件帮助完成政府或企业的采购，企业商业文件的处理，使之从手工书面文件的准备和传递，转变成电子文件的准备和传递；随着网络技术的发展，电子数据资料的交换，又从磁带、软盘等物理载体的寄送转变为通过专用的增值通信网络传送，近年来转移到通过公用的因特网传送。银行间的电子资金转账（EFT）技术与企、事业单位之间电子数据交换技术相结合，产生了早期的电子商务。信用卡、自动取款机（ATM）、零售业销售终端和联机电子转账（POS/EFT）技术，以及相应的网络通信和安全技术的发展，导致今天网上持卡购物（B to C）与企业之间网上交易（B to B）这两种电子商务模式的飞速发展。电子商务发展的三次浪潮如表 1-1 所示。

表 1-1　电子商务发展的三次浪潮

浪　潮	第一次浪潮传统的 EDI	第二次浪潮电子商务	第三次浪潮新的电子社会
包含因素	下订单 运输说明 发票 检验可用库存量 预生成业务伙伴	上次浪潮中的因素加： 电子商场 银行与金融机构 同虚拟客人交易 共享信息的增加	上次浪潮中的因素加： 无票证交易 交易高度集成化 智能代理的广泛应用 全球经济一体化

如今，电子商务正处在第二次浪潮阶段，它的发展经历了 4 个发展阶段：内部交流阶段→内部协同工作阶段→外部合作交流阶段→网络贸易阶段。

1.4.2 全球电子商务现状

1998年被HP和IBM公司称为“电子商务年”，自此电子商务在全球范围内迅猛发展，交易额迅速增长，当年全球电子商务交易额达数千亿美元，收入增长高达262%。

以欧美国家为例，电子商务业务开发如火如荼。目前，在法、德等欧洲国家，电子商务所产生的营业额已占商务总额的1/4，在美国已高达1/3以上，而欧美国家电子商务的开展也不过十几年的时间。在美国，美国在线（AOL）、雅虎、IBM、亚马逊书城、戴尔计算机、沃尔玛超市等电子商务公司在各自的领域更是取得了令人不可思议的巨额利润。

欧美国家电子商务飞速发展的因素有以下几点：

① 欧美国家拥有计算机的家庭、企业众多，网民人数占总人口的2/3以上，尤其是青少年几乎都是网民，良好的经济条件和庞大的网民群体为电子商务的发展创造了环境。

② 欧美国家普遍实行信用卡消费制度，建立了一整套完善的信用保障体系，这为电子商务的网上支付奠定了基础。

欧美国家的信用保证业务已开展很长时间，在欧美国家，人们可自由流动，为方便生活起居，每个人都有一个独一无二的、不能伪造并伴随终生的信用代码，持此信用卡进行消费。发卡银行允许持卡人大额度透支，但持卡人需在规定时间内将所借款项归还，如果某企业或个人恶意透支后不还款，那就意味着以后他无论走到何地，他的信用记录上都会有此污点，不论他想贷款买房、购车或办公司，银行都不会贷款给他，因此欧美国家的公民普遍很看重信用。当他们在网上购物时，选中物品后会直接输入密码，将信用卡中的电子货币划拨到网站上，商务网站在确认款到后，立即组织送货上门。

③ 欧美国家的物流配送体系相当完善、正规。近年来大型第三方物流公司的出现，使不同地区的众多网民，能在网上购物的当天或转天就可收到自己所需的商品，这得益于欧美国家近百年的仓储运输体系发展。

以美国为例，第二次世界大战后，许多企业将军队后勤保障体系的运作模式有效地加以改造，运用到物资流通领域中，逐渐在全国各地设立了星罗棋布的物流配送网络。即使在电子商务业务还未广泛开展的十多年前，只要客户打电话通知要货，几乎都可以享受免费的送货家政服务。美国联邦快递、UPS（联邦包裹快递）是大型物流公司的典范，他们专门负责为各个商家把产品送到顾客手中，有了这样庞大完善的物流配送体系，当电子商务时代到来时，只需将各个配送点用计算机连接起来，就顺理成章地完成了传统配送向电子商务配送的过渡。

在移动技术飞速发展的今天，高速宽带无线网络、移动上网协议、双制式移动电话和各种界面友好的掌上设备大力推动了移动电子商务的发展。目前，已有来自世界各国的1200多家公司签署了“无线移动协议”。

电子商务的发展已经逐步进入整合阶段，即把贸易服务、互联网服务、运输服务、信用调查服务、资金结算服务、传统业务等集合起来形成一个综合平台，实现信息资源共享，交易高度集成化。随着国际电子商务环境的逐步完善，国际电子商务正从区域性、经济体成员内部信息聚合向跨区域、全球化电子商务交易方向发展。目前，各发达国家和地区正凭借雄厚的经济实力和在电子商务发展上的优势，力争在世界电子商务浪潮中保持主导地位，而发展中国家也在积极探索缩小与发达国家之间差距的有效途径，争取迎头赶上。

在未来的发展中，电子商务服务将成为电子商务的一个重要发展方向，而其主要的服务对象将是中小企业。以公共服务平台为基础，采用一对多的服务方式，电子商务服务将为中小企业提供专业化服务。电子商务服务业以信息技术为核心，涉及第三方物流、信息服务、教育培训等多种行业。随着全球产业结构由工业型经济向服务型经济的转变，电子商务服务业的发展将成为电子商务发展的一个新亮点。可以预言，电子商务服务将带动世界范围内电子商务的发展，成为新时期国际电子商务发展的焦点。

1.4.3　电子商务在我国的发展

回顾电子商务在我国的发展历程，可以用表 1-2 所示的电子商务发展“大事记”来概括。

表 1-2　我国电子商务发展“大事记”

中国电子商务发展的起步期	
1995 年	中国电子商务的起点
1995 年 1 月	中国电信开始向社会公众提供互联网(Internet)接入服务
1995 年 4 月	马云创办“中国黄页”网站
1995 年 8 月 15 日	国家正式批复“中国商品订货系统一期工程项目建议书”，建设全国计算机网络交易体系
中国电子商务的萌芽期	
1996 年	中国公用计算机互联网（CHINANET）全国骨干网建成开通，中国国际电子商务中心(CIECC)成立
1996 年	中国第一笔网上购买记录：一名在北京的加拿大商人上网在北京燕莎购买了一个“景泰蓝龙凤牡丹瓶”
1997 年	中国商品订货系统、中国商品交易市场、中国商品交易中心等相继运营
1998 年	联想、海尔等企业电子商务起步
1998 年	北京、上海等城市电子商务工程启动，阿里巴巴等电子商务网站开通
1998 年	国内第一笔网上电子支付：中央电视台的王轲平购买 100 元上网机时
中国电子商务的成长和发展	
1999 年	电子商务在中国真正风行
2006 年	电子商务交易额达 11 亿元,比 2005 年增长 48.6%
2006 年	网上消费总额达 2.767 亿元,比 2005 年增长 47%
2007 年	BtoB 电子商务交易额达 21.239 亿元,较上年增长 65.9%
2006 年发展快	国内电子认证机构达 19 家,网络银行、物流、信用体系达到近 20 家
中国商务发展环境进一步改善	
2004 年	《电子签名法》
2005 年	国务院办公厅发布《关于加快电子商务发展的若干意见》
2006 年	《国家信息化发展战略》将电子商务列入战略行动计划
2007 年	《电子商务发展“十一五”规划》

中国电子商务始于 1995 年。如果说美国电子商务是“商务推动型”，那么中国电子商务则更多的是“技术拉动型”，这是在发展模式上中国电子商务与美国电子商务的最大不同。在美国，电子商务实践早于电子商务概念，企业的商务需求“推动”了网络和电子商务技术的进步，并促成电子商务概念的形成。当 Internet 时代到来的时候，美国已经有了一个比较先进和发达的电子商务基础。在中国，电子商务概念先于电子商务应用与发展，“启蒙者”是 IBM 等 IT 厂商，网络和电子商务技术需要不断“拉动”企业的商务需求，进而引发中国电子商务的应用与发展。

在1997年和1998年，中国电子商务的主体正是一些IT厂商和媒体，它们以各种方式进行电子商务的“启蒙教育”，激发和引导人们对电子商务的认识、兴趣和需求。经过这一阶段，在1999年和2000年，以网站为主要特征的电子商务服务商在风险资本的介入下成为中国电子商务最早的应用者，成为这一阶段中国电子商务的主体。随着电子商务应用与发展的深化，随着资本市场泡沫的破灭，网站电子商务开始跌入低谷，而企业特别是传统企业却开始大规模进入电子商务领域，中国电子商务从2001年开始进入第三个阶段，企业电子商务成为中国电子商务新的主体。

中国电子商务发展迅猛，2007年全国电子商务交易总额达2.17万亿元，比上年度增长90%。中国网络购物发展迅速，截至2008年6月底，网络购物用户人数达到6329万，半年内增加36.4%。截至2008年12月，电子商务站点的总体用户覆盖已经从9000万户提升至9800万户。电子商务在我国飞速发展，2010年，我国电子商务交易额超过了4万亿元。

虽然电子商务在我国的发展已初具规模并保持着强劲的发展势头，但就目前的状况而言，我国电子商务的发展还面临如下许多问题：网络发展的规模制约着市场容量和商业机会；系统化、专业化的全国性物流配送企业还十分缺乏；消费市场缺少“信用消费”等诚信概念的支持，与之相关的，则是“安全电子支付”进展的缓慢。此外，部分企业对电子商务的认识还存在误区，电子商务企业在我国的分布不均衡，网络营销方式比较单一；产品种类少，成交率低；电子商务策略水平不高。

为了解决这些问题，保证电子商务在我国的稳步发展，我国企业应从战略高度充分认识我国电子商务及其发展，抓住时机，尽力缩短我国与发达国家之间的差距。与此同时，我国电子商务在发展过程中，要加强诚信建设，加强对电子营销的立法并继续广泛开展对电子营销的学术研究，培养高素质的电子商务人才，为不断完善和推动适合我国国情的电子商务体系而做出贡献。

1.4.4 电子商务标准化建设

商务电子化已成为加快商务活动各环节进程、减少差错率、提高服务质量、降低成本、加速资金周转的重要手段。为了保证商务活动数据或单证能被不同行业贸易伙伴的计算机识别处理，一定要有数据、格式的一致约定。这就是电子商务活动中标准化所要解决的问题。

电子商务标准体系的建立需要做到目标明确、整体性强，整个体系的有序性好，并具有开放性、动态性和相对稳定性。

电子商务标准体系可以用图1-5表示。

电子商务是网络技术和信息技术综合应用的产物。在电子商务标准体系中，网络标准和应用平台标准经过不断的发展，已经逐步形成了比较完整的标准体系并已有大量的商业产品。同时，电子商务的安全性将直接影响电子商务的应用和发展。

通过电子商务标准体系，可以得到电子商务应用标准体系，如图1-6所示。

电子商务应用标准由基础数据、语法/语义规范、文本描述、EDI标准、单证格式、交易模式、电子支付等子类组成。

① 基础数据标准是构造商务信息和信息管理系统的基础，它由信息建模标准、元数据标准、数据元标准、代码标准、条码标准等组成。

② 语法/语义规范提供构造和解释商务信息的规则，是自动处理格式化商务信息（如EDI报文）的基础。

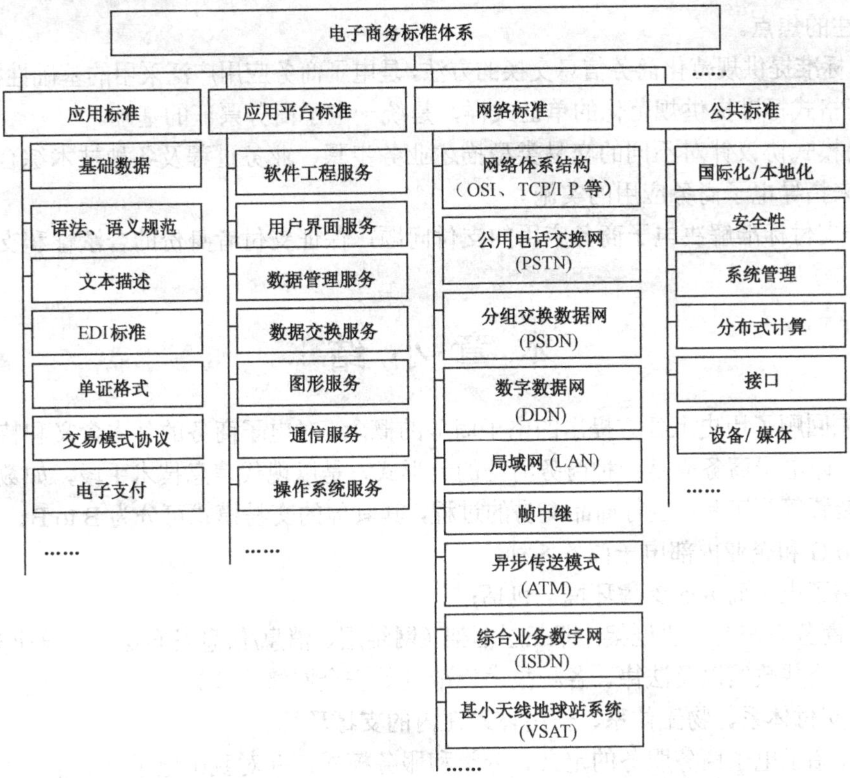

图 1-5　电子商务标准体系

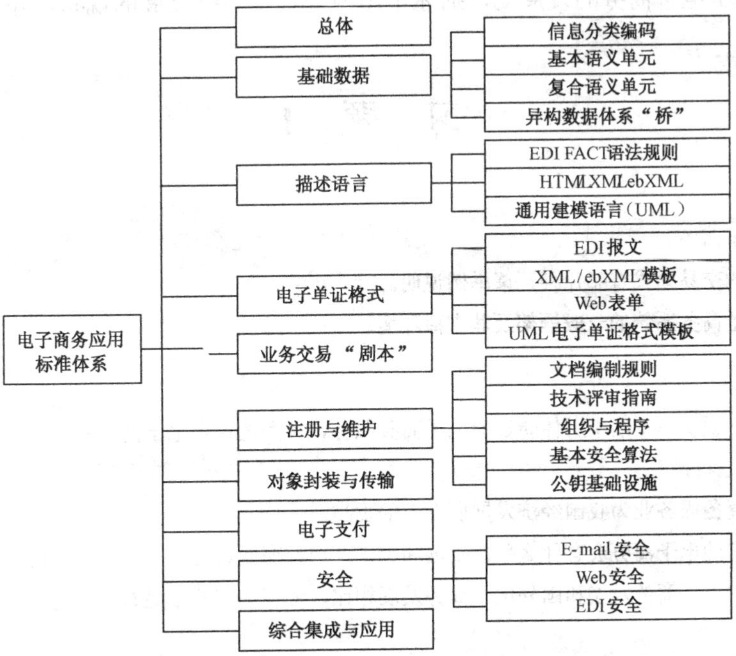

图 1-6　电子商务应用标准体系

③ 文本描述技术提供形式化描述商务信息的手段，SGML、HTML、XML 等文本描述技术标准为商务信息的描述和交换提供有力的途径，以 XML 为基础的商务信息交换已成为电子

商务应用关注的焦点。

④ EDI标准提供规范化商务信息交换的方法，是电子商务应用广泛采用的基础性标准之一。

⑤ 单证格式标准提供规范化的单证式样，是统一电子商务票证的基础。

⑥ 交易模式协议针对不同的交易类型描述业务步骤、业务过程及各种技术综合集成应用方式等，用来指导电子商务应用的实施。

⑦ 电子支付标准解决电子商务应用的支付问题，保证支付者身份的合法性和支付工具的有效性。

本章小结

本章首先回顾了历史上各方提出的电子商务的概念，对电子商务的基本含义和特性进行了总结和归纳，即电子商务应是一种商务活动的新形式，是以现代信息技术手段，如数字通信网络和计算机装置等为工具，进行商品交易的过程，其具体的交易模式可分为B to B、B to C、B to G、C to G和企业内部电子商务5种。

然后介绍了电子商务的支撑环境，包括：

① 电子商务系统的一般框架，即三层框架（网络层、消息/信息发布层、一般业务服务层）和两大支柱（公共政策以及法律、各种技术标准及其安全网络协议）。

② 涵盖支付体系、物流体系、信用体系在内的支撑环境。

再次，介绍了电子商务服务的定义、分类和服务模式，并对我国电子商务服务业的兴起、现状和未来发展趋势进行了介绍。

最后，回顾了电子商务的发展史，描述了国内外电子商务发展的现状，并对未来发展进行了展望。

习 题 1

一、思考题

1. 什么是电子商务？

2. 电子商务的交易模式有哪几种，请举例说明。

3. 请简述电子商务系统的一般框架及其支撑环境。

二、讨论题

1. 请举一例，说明你生活中所体验过的电子商务服务，并阐述该项电子商务服务与传统服务的区别，体现了电子商务的哪些特性？

2. 简述电子商务服务业为我国经济发展所做出的贡献。

3. 你认为未来的电子商务会有什么新的发展和突破？电子商务还可能有哪些新应用？

4. 你认为我国电子商务发展和国外电子商务发展相比，还存在哪些不足？

三、实验题

请使用互联网体验企业应用电子商务的4种模式：企业门户网站、第三方电子商务平台、搜索引擎关键词排名收费服务及以“企业博客”和“博客营销”为核心的Web 2.0电子商务应用服务，每种模式至少体验两家企业，并比较不同企业应用同一种模式的优点和不足。

第2章 电子商务网络平台与开发技术

要实现完善的、真正意义上的电子商务，需要一个完整的电子商务技术知识体系作为基础，开发人员还要掌握一定的电子商务开发技术。概括起来，电子商务实现的技术体系包括以下几方面的内容：网络基础技术、网络互连技术、信息与网络安全技术、EDI技术、数据库技术、电子支付技术等。本章将详细论述网络基础技术、网络互连技术、电子商务开发技术与平台，以及电子商务硬环境与外包。

2.1 网络基础技术

2.1.1 网络的基本概念

1. 网络的定义

网络是指处于不同地理位置的多台具有独立功能的计算机通过某种通信介质连接起来，并以某种网络硬件和软件（网络协议、网络操作系统等）进行管理并实现网络资源通信和共享的系统。针对这一定义，有以下三方面的解释：

① 计算机网络建立的主要目的是实现资源共享。网络用户不但可以使用本地计算机资源，而且可以通过网络访问连网的远程计算机资源，还可以调用网络中几台不同的计算机协同完成一项任务。

② 互连的计算机是分布在不同地理位置的多台独立的“自治计算机”。互连的计算机之间没有明确的主从关系，每台计算机都可以连网或脱离网络工作。连网计算机可以为本地用户提供服务，或为远程网络的合法用户提供服务。

③ 连网计算机之间的通信必须遵循共同的网络协议。计算机网络由多个互连的节点组成，节点之间要有条不紊地交换数据，每个节点都必须遵守一些事先规定好的通信规则。

2. 网络的分类

计算机网络分类的方式有很多种，下面是几种常见的分类方式：

① 按覆盖范围可分为局域网、城域网、广域网。

② 按拓扑结构可分为总线型网络、环型网络、星型网络、网状网络。

③ 按传输介质可分为有线网、光纤网、无线网等。

④ 按通信方式可分为点对点传输网络、广播式传输网络。

⑤ 按网络使用的目的可分为共享资源网、数据处理网、数据传输网等。

2.1.2　网络协议简介

1. 网络协议与网络层次结构模型的基本概念

（1）网络协议

计算机网络由多个互连的节点组成，节点之间要不断地交换数据和控制信息。网络协议是网络通信双方能顺利进行信息交换而预先共同约定并遵循的规程和规则。一般来说，网络协议由语义、语法和同步关系三部分组成。

① 语义。规定通信双方彼此“讲什么”，即确定协议元素的类型，如规定通信双方要发出的控制信息、执行的动作和返回的应答。

② 语法。规定通信双方彼此“如何讲”，即确定协议元素的格式，如数据和控制信息的格式。

③ 同步关系。规定事件执行的顺序，即确定通信过程中状态的变化，如规定正确的应答关系。

需要说明，协议本身并未硬性规定具体的实现技术，因此为协议的实现保留了充分的灵活性。

（2）网络层次结构模型

网络协议对计算机网络是必不可少的，一个功能完备的计算机网络需要定制一套复杂的协议，对复杂的计算机网络协议最好的组织方式是层次结构模型。通常采用在协议中划分层次的方法，把要实现的功能划分为若干层次，较高层次建立在较低层次基础上，同时又为更高层次提供必要的服务功能，这样分层的好处在于：高层次只要调用底层次提供的功能，而无须了解低层的技术细节；只要保证接口不变，低层功能的具体实现办法的变更也不会影响较高层次所执行的功能。计算机网络层次结构模型和各层协议的集合就是计算机网络体系结构。

下面分别介绍采用层次结构模型思想的两个著名的计算机网络标准：ISO（International Organization for Standardization，国际标准化组织）提出的 OSI/RM（Open System Interconnection /Reference Model，开放系统互连参考模型）和 Internet 中使用的基础协议 TCP/IP（Transmission Control Protocol/Internet Protocol）。

2. 开放系统互连参考模型（OSI/RM）

国际标准化组织 ISO 于 1981 年颁布了开放互连 OSI 参考模型，其主要目的是建立一个能够在现有网络基础上，不基于具体机型、操作系统或公司的网络体系结构，能够克服使用众多私有网络模型所带来的困难和低效性。该模型采用将协议划分层次的方法将整个网络通信功能划分为 7 层，划分层次的原则如下：

- 网络中各节点都具有相同的层次。
- 不同节点的同等层具有相同的功能。
- 同一节点内相邻层之间通过接口通信。
- 每一层使用下一层提供的服务，并为上一层提供服务。
- 不同节点的同等层按照协议实现对等层之间的通信。

OSI 模型的 7 层结构及网络中两个通信实体的通信过程如图 2-1 所示。

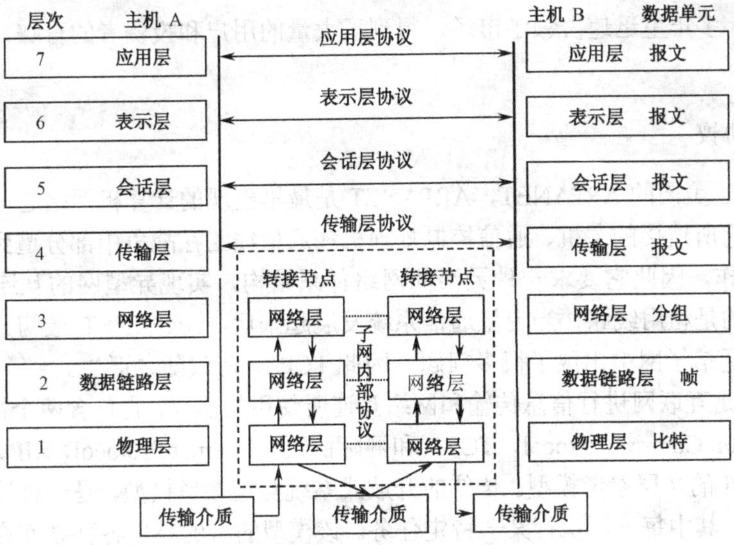

图 2-1　OSI 参考模型的结构

这里必须强调，OSI 参考模型并没有提供一个可实现的方法，它只是描述了一些概念，用来协调进程间通信标准的制定。在 OSI 范围内，只有各种协议是可以得到实现的，而各种产品只有和 OSI 协议相一致时才能互连。准确地说，OSI 参考模型并不是一个标准，而是一个在制定标准时所使用的概念框架。下面简述 OSI 模型中 7 个层次的具体功能。

① 物理层。处于第一层。主要功能是利用物理传输介质为数据链路层提供物理连接，以便透明地传送比特流。

② 数据链路层。在物理层提供比特流传输服务的基础上，在通信实体之间建立数据链路连接，传送以帧为单位的数据，并且采用差错控制与流量控制方法，使有差错的物理线路变成无差错的数据链路。

③ 网络层。通过路由选择算法，为通过通信子网的分组选择最适当的路径。网络层实现路由选择、拥塞控制与网络互连等功能。

④ 传输层。向用户提供可靠的端到端服务，透明地传送报文。它向高层屏蔽了下层数据通信的细节，是该结构中最关键的一层。

⑤ 会话层。组织两个会话进程之间的通信，并管理数据的交换。

⑥ 表示层。处理两个通信系统中交换信息的表示方式。它包括数据格式变换、数据加密与解密、数据压缩与恢复等功能。

⑦ 应用层。是最高层，它确定进程间通信的性质，以满足用户的需要。应用层不仅提供应用进程所需要的信息交换和远程操作，而且还要作为应用进程的用户代理，完成一些信息交换所必需的功能，如文件传送访问和管理、虚拟终端、事务处理、远程数据库访问、制造业报文规范、目录服务等。

从目前看，OSI 模型具有很好的研究价值，它的研究结果、方法对网络的发展有积极的指导意义，但是由于 OSI 模型考虑了各方面的因素变得大而全，不能很好地适应当今网络中计算机与软件的工作方式，效率很低；关于 OSI 的成熟产品一直没有推出，这也是导致 OSI 淡出市场占有的一个重要原因。相反，本身并不十分标准的 TCP/IP 参考模型却凭借其产品的快速应用，在其诞生 20 多年里迅速占领了市场，得到了大量的用户和投资者的青睐，下面将着重介绍 TCP/IP 协议。

3. TCP/IP 协议

TCP/IP 起源于美国的 ARPANET，ARPANET 是最早出现的计算机网络之一，它最初的研究需求是，假设它所连接的主机、通信控制处理机和通信线路在战争中部分遭到破坏时，其他部分还能正常工作，因此它要求一种灵活的网络体系结构，实现异型网的互连互通。最初，ARPANET 使用的是租用线路，当卫星通信系统发展起来后，ARPANET 最初开发的通信协议在可靠性较差的通信子网中出现了很多问题，因此 TCP/IP 协议随之诞生。

TCP/IP 协议是互联网进行信息传输和网络互连所使用的协议，它包含两个协议：传输控制协议（Transmission Control Protocol，TCP）和网际协议（Internet Protocol， IP），TCP/IP 协议并不完全符合 OSI 的 7 层参考模型。传统的开放式系统互连参考模型，是一种通信协议的 7 层抽象的参考模型，其中每一层执行某一特定任务。该模型的目的是使各种硬件在相同的层次上相互通信。而 TCP/IP 通信协议采用 4 层结构，每一层都呼叫它的下一层所提供的网络来完成自己的需求。这 4 层自上而下分别为：

（1）应用层。它对应 OSI 参考模型的应用层、表示层和会话层，包括所有高层协议。可见，TCP/IP 协议具有与操作系统无关、与物理网络无关的特点。下面列出应用层的主要几个协议：

- 远程登录协议（Telnet）：实现互联网中的远程登录功能。
- 文件传输协议（FTP）：实现互联网中交互式文件传输功能。
- 简单邮件传输协议（SMTP）：实现互联网中电子邮件发送功能。
- 超文本传输协议（HTTP）：实现互联网中 WWW 服务。
- 域名服务（DNS）：实现网络设备名字到 IP 地址映射网络服务。

（2）传输层。它对应 OSI 参考模型的传输层，主要在互联网源主机和目的主机的对等实体之间建立用于会话的端到端连接。传输层定义了两个协议：传输控制协议（TCP）和用户数据报协议（UDP）。

① TCP 协议是一种可靠的面向连接的协议，它允许一台主机的字节流无差错地传送到目的主机，同时完成流量控制功能，协调收发双方的发送与接收速度。

② UDP 协议是一种不可靠的无连接协议，主要用在不要求分组按顺序到达的传输中，分组传输顺序的检查与排序由应用层完成。

（3）互连层。它对应 OSI 参考模型的网络层。其主要功能是将源主机的报文分组发送到目的主机，负责提供基本的数据封包传送功能，让每一块数据包都能够到达目的主机，但不检查是否被正确接收。互连层的功能主要表现为：处理来自传输层的分组发送请求，处理接收的数据报，处理互连的路径、流量控制和拥塞。

（4）主机-网络层。它对应 OSI 参考模型的物理层和数据链路层。其功能主要包括定义数据报；定义网间寻址方案；在网络访问层和主机对主机传输层之间传输数据；为数据报选择至远程主机的路由；执行数据报的分解和重组等。下面是它包含的协议：

① IP 协议。网间协议 IP 是 TCP/IP 的核心，可提供基本的分组传输服务。在 IP 的上、下层中所有协议都使用网间协议传输数据，所有 TCP/IP 数据都流经 IP，并与它的最终目的地无关。IP 协议负责传送分组，并完成主机寻址和路由选择，但不保证传输的可靠性，它是一种数

据报服务。

② ARP 和 RARP 协议。ARP 是地址解析协议，用于 IP 地址到物理地址的转换；RARP 是逆向地址解析，用于物理地址到 IP 地址的转换。

③ ICMP 协议。用于在网络中传输各种控制信息。

在上述 TCP/IP 协议中， IP、ARP 和 RARP 协议中都提到了 IP 地址这一概念，它是网络体系结构中一个重要概念，下面讲述 IP 地址的相关知识。

4. IP 地址

(1) IP 地址概述

为了实现 Internet 中各主机间的通信，每台主机都必须有一个唯一的网络地址，这个地址就叫做 IP（Internet Protocol）地址。IP 地址实际上是采用 IP 网间网络层通过上层软件完成"统一"网络物理地址的方法，该方法使用统一的地址格式，在统一管理下分配给主机。Internet 上不同的主机有不同的 IP 地址，每个主机的 IP 地址都由 32 位（4 字节）组成。为了便于用户阅读和理解，通常采用"点分十进制表示" 方法，每字节为一部分，中间用点号分隔，如 202.112.103.235。IP 地址可确认网络中任何一个网络和计算机。一般将 IP 地址按节点计算机所在网络规模的大小分为 A、B、C 三类。

① A 类地址。IP 地址表示范围为 1.0.0.0～126.255.255.255，默认子网掩码为 255.0.0.0。A 类地址分配给规模特别大的网络使用。它用第一组数字表示网络地址，后面三组数字作为连网的主机地址。它通常分配给具有大量主机（直接个人用户）而局域网个数较小的大型网络。

② B 类地址。IP 地址表示范围为 128.0.0.0～191.255.255.255，默认子网掩码为 255.255.0.0。B 类地址分配给一般的中型网络。它用第一、二组数字表示网络地址，后面两组数字代表连网主机地址。

③ C 类地址。IP 地址表示范围为 192.0.0.0～223.255.255.255，默认子网掩码为 255.255.255.0。C 类地址分配给小型网络，如一般的局域网，它可连接的主机数量较小，可采用把所属用户分为若干网段进行管理。C 类网络用前三组数字表示网络地址，最后一组数字作为网络的主机地址。

实际上，还存在 D 类和 E 类地址，但这两类地址用途特殊。D 类地址称为广播地址，供特殊协议向选定的节点发送信息时使用。E 类地址保留给将来使用。

在 Internet 中，一台计算机可以有一个或多个 IP 地址，就像一个人可以有多个通信地址一样，但两台或多台计算机却不能共享一个 IP 地址。如果两台计算机的 IP 地址相同，则会引起异常现象，无论哪台计算机都将无法正常工作。

(2) IPv6 的发展与应用

上述讨论的 IP 地址协议为 IPv4，其最大问题是网络地址资源有限。一方面，从理论上讲，编址 1600 万个网络、40 亿台主机，数目看似庞大，但是在采用 A、B、C 三类编址方式后，可用的网络地址和主机地址数目大打折扣，以至目前的 IP 地址近乎枯竭；另一方面，随着电子技术及网络技术的发展，计算机网络越来越深入人们的日常生活中，除了计算机外，还有诸如 PDA、手机等电子设备将要接入互联网，在这样的环境下，IPv6 应运而生了。

IPv6 地址长度为 128 位，地址增大了 2^{96} 倍；如果说 IPv4 实现的只是人机对话，而 IPv6 则扩展到任意事物之间的对话，它不仅可以为人类服务，还可以服务于众多硬件设备，如家用电器、传感器、远程照相机、汽车等，它是无时不在、无处不在的深入社会每个角落的真正的宽带网，而且它所带来的经济效益非常巨大。IPv6 与 IPv4 相比，主要优势体现在以下 6 个方面：① 扩大了地址空间。② 提高了网络的整体吞吐量。③ 改善了服务质量（QoS）。④ 加入了信息鉴别和保密功能，安全性有更好的保证。⑤ 支持即插即用和移动性。⑥ 更好地实现多播功能。

从整体上讲，IPv6 技术已经成熟，标准也基本完善，一些网络基础设施和核心设备都已陆续开始支持其使用，但是在具体实施上，由于经济利益的关系，目前还没有普及推广，正处在与 IPv4 并存的过渡阶段。

可以看出，对 Internet 用户来说，他们并不需要了解网络协议的整体结构，仅需了解 IP 地址格式，即可与世界各地进行网络通信。在网络协议的基础上，可以构建很多具体的网络。概括地说，实现电子商务的网络基础技术有：局域网技术、广域网技术、接入技术。

2.1.3 局域网技术

1. 局域网概念

局域网（Local Area Network，LAN）是指在一个较小的地理范围内的各种计算机网络设备互连在一起的通信网络，目的是允许用户相互通信和共享诸如打印机和存储设备之类的计算机资源，它可以包含一个或多个子网。

由于局域网的设计目标是覆盖一个公司、一所大学或一幢办公大楼的“有限地理范围”，因此它的基本通信机制与广域网完全不同。局域网在网络拓扑结构、传输介质与介质访问控制方法上形成了自己的特点，其网络拓扑结构主要分为总线型、环型和星型，网络传输介质主要采用双绞线、同轴电缆、光纤和无线信道，其介质访问控制方式是共享介质工作方式。

2. 局域网相关技术

局域网涉及很多技术，最常用的有以太网（Ethernet）技术、令牌环（Token Ring）技术和 FDDI（Fiber Distributed Data Interface）技术。

（1）IEEE802.3/以太网

以太网是目前最常用的局域网之一，它是一种总线结构的局域网，采用 IEEE802.3 标准。IEEE802.3 标准提出了一种称为 CSMA/CD（Carrier Sense Multiple Access With Collision Detection，带有检测冲突的载波侦听多路存取）技术，该技术使用广播方法访问以太网。图 2-2 为以太网总线结构示意图。

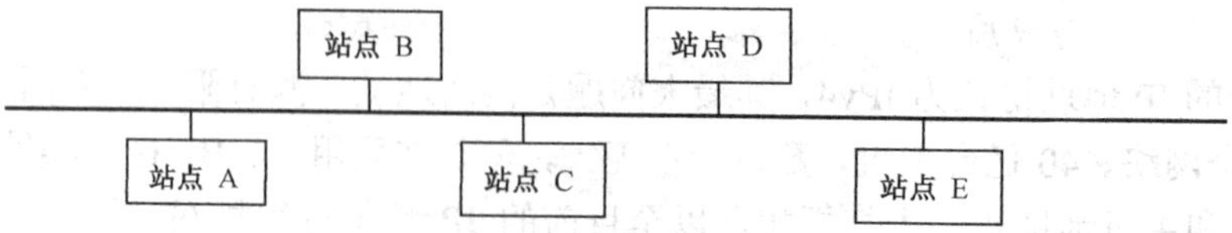

图 2-2　以太网总线结构示意图

在以太网中，采用 CSMA/CD 访问控制方法，使多台主机站点能共享一个公共信道（多路访问），其工作过程如下：当站点在以太网上发送信息之前，首先侦听检测以确定以太网是否是“安静”的，即网上没有进行数据传输（载波侦听）。如果有信息在传输，则等待；否则该站点就发送其信息，发送信息的同时也继续监听信道（冲突检测），如果监听到的信息和自己发送的信息不一致，则认为发生冲突（同一时刻，其他节点也在发送信息），停止发送过程，并执行一定的退避算法，准备重发；否则完成发送任务。

早期，以太网的传输介质是同轴电缆；1990 年，IEEE802.3 标准的物理层标准 10 BASE-T 推出，可使用普通双绞线作为以太网传输介质；1993 年，使用光纤介质的物理层标准 10 BASE-F 和产品推出；1998 年，传输速率为 1 Gbps 的千兆位以太网标准推出。1999 年，万兆位以太网产品问世，并成为局域网主干网的首选方案。万兆位以太网在局域网技术中的广泛使用增强了以太网在局域网中的技术优势。

（2）IEEE802.5/令牌环网

令牌环（Token Ring）是 IBM 公司于 20 世纪 80 年代初开发的一种网络技术。之所以称为环，是因为这种网络的物理结构是环状的。环上多个工作站逐个与环相连，相邻工作站之间是一种点对点链路。它规定了三种操作速率：1Mbps、4Mbps 和 16Mbps。

令牌环技术自产生以来，长期用于广域网和局域网。在局域网中，令牌环所遵循的标准是 IEEE802.5，IEEE802.5 提出采用令牌技术来解决信道竞争。图 2-3 为一个采用令牌技术的环型局域网结构示意图。

令牌环网的操作原理如下：当环上一个工作站希望发送帧时，必须首先等待令牌。所谓令牌是一组由二进制 0、1 序列组成的控制帧，专门用来仲裁由哪个工作站访问网环（因此令牌也称令牌帧）。一旦收到令牌，工作站便可启动发送帧。帧中包括接收站点的地址，以标识哪一站应接收此帧。帧在环上传送时，不管该帧是否是针对自己工作站的，所有工作站都进行转发，直到回到帧的始发站，并由该始发站撤销该帧。帧的接收者除转发帧外，应针对自身站的帧维持一个副本，并通过在帧的尾部设置“响应位”来指示已收到此副本。工作站在发送完一帧后，应该释放令牌，以便出让给他站使用。

（3）FDDI/CDDI

FDDI 是在 IEEE802.5 令牌环网技术上发展起来的一种高速网络技术。它遵循 ANSI X3T9.5 制定的 FDDI 标准。FDDI 是反向双环结构，即用两根光纤同时将网上所有节点串接成两个封闭的环路，其中一个称为主环（Primary Ring），另一个称为副环（Secondary Ring），如图 2-4 所示。

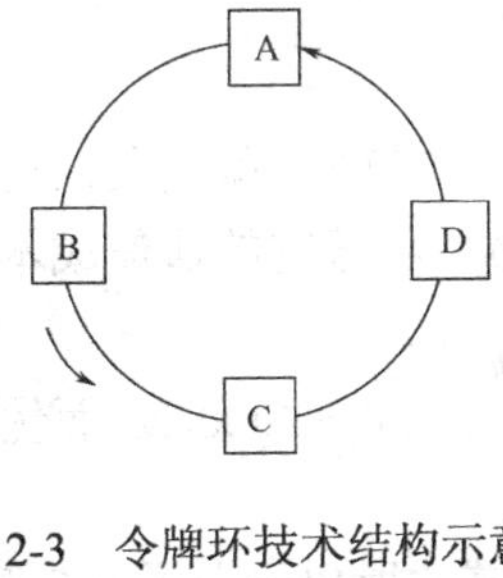

图 2-3　令牌环技术结构示意图

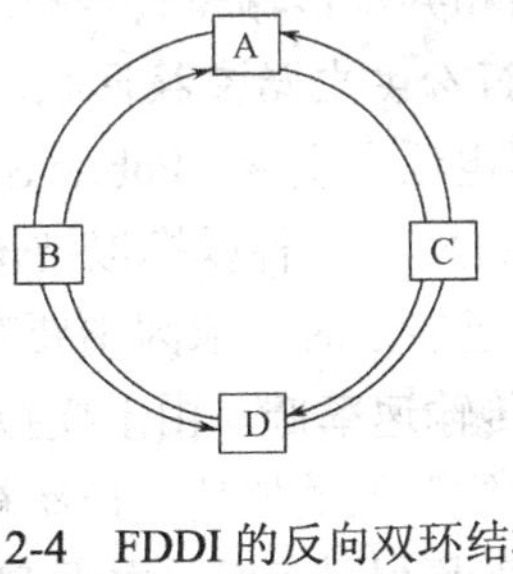

图 2-4　FDDI 的反向双环结构

数据在主环上单一方向依次传递给其相邻的下游节点，而副环则作为主环的备份，数据流动方向与主环相反。连接在环上的所有节点相应地必须提供两个端口，分别连接主环和副环。在正常操作状态下，只使用主环传输数据，副环处于空闲状态；当主环出现故障时，通过主环到副环的回绕来保证 FDDI 环操作的连续性。另外，副环还具有帮助环路初始化和重构的功能。

FDDI 建立在令牌帧的基础上，当所有站都空闲时，令牌帧沿环运行。当某一站有数据要发送时，必须等待有令牌通过时才可能发送。一旦识别出有用的令牌，该站便将其吸收，随后便可发送一帧或多帧。此时若环上没有令牌，便在环上插入一个新令牌，不必像 IEEE802.5 令牌环那样，只有收到自己发送的帧后才能释放令牌。因此，任一时刻环上可能会有来自多个站的帧运行。

3. 无线局域网

随着无线局域网（Wireless LAN,，WLAN）的发展，人们越来越深刻地认识到，它不仅能满足移动和特殊应用的要求，还能覆盖有线网络难以覆盖的范围。无线局域网不仅能作为独立的移动通信网络使用，还可以作为传统局域网的补充。

无线局域网以微波、激光与红外线等无线电波作为传输介质，部分或全部替代传统局域网中的同轴电缆、双绞线与光纤，实现网络中移动节点的物理层与数据链路层功能。目前，传输速率为 2 Mbps 的系统已经成熟，传输速率为 40～80Mbps 的系统正在研究中。无线局域网的主要应用表现在 4 个方面：传统局域网的扩充、建筑物间的互连、漫游访问、特殊无线网络的结构。

无线局域网的出现使带有天线的移动数据设备，如 PDA、手机等移动终端可以与无线集结器之间实现互连，可以说 WLAN 技术是支持移动电子商务发展的主要技术之一。

2.1.4 广域网技术

1. 广域网的概念

广域网（Wide Area Network，WAN）是指在一个很大的地理范围内将各种局域网或网络设备互连在一起的通信网络。广域网主要包括局域网到局域网连接的广域网和单机到局域网连接的广域网两种形式。广域网的特点是，分布的地理范围广，可以涵盖一个地区、一个国家、甚至全球。需要指出的是，广域网是基于面向连接的通信。

2. 广域网相关技术

广域网涉及很多互连技术，包括公共电话交换网、数字数据网、分组交换网、帧中继、综合业务数据网和异步传输模式等技术。

（1）PSTN 公共电话交换网技术

所谓公用电话交换网（Public Switch Telephone Network，PSTN）就是我们日常生活中常用的电话网。PSTN 是一种以模拟技术为基础的电路交换网络。尽管它的通信成本很低，但是现在 PSTN 技术已经过时，原因主要有以下两点：

① 数据传输速率低。由于模拟电话线路是针对话音频率 30～4000Hz 而优化设计的，使通过模拟电话线路的数据传输速率被限制在 33.4kbps 以内。

② 网络资源利用率低。由于 PSTN 是一种电路交换方式，所以一条通路自建立直至释放，其全部带宽仅能被通路两端的设备使用，即使它们之间并没有任何数据需要传送。

（2）DDN 数字数据网技术

DDN（Digital Data Network，DDN）是利用数字信道传输数据信号的数据传输网。数字数据网是一种利用光纤、数字微波或卫星等数字传输通道和数字交叉复用设备组成的数字数据传输网，它可以为用户提供各种传输速率的高质量数字专用电路和其他新业务，以满足用户多媒体通信和组建中高速计算机通信网的需要。它的主要作用是向用户提供永久性和半永久性连接的数字数据传输信道，既可用于计算机之间的通信，也可用于传送数字化传真、数字话音、数字图像信号或其他数字化信号。

DDN 的主要特点是：

① 传输质量高。大量采用光纤传输系统，用户之间专有固定连接，网络时延小。

② 传输速率高。传输速率介于 2400bps～2Mbps。

③ 协议简单。主要采用时分复用和交叉连接技术，由智能化程度较高的用户端设备来完成协议的转换，对用户信息进行全透明传输。

④ 网络运行管理技术先进。线路遇故障时可以自动路由迂回，提高了用户线路的可用率，同时业务生成迅速。

（3）X.25 分组交换网技术

分组交换是随着计算机连网应用发展起来的一种先进的通信技术。它以 CCITT X.25 协议为基础，因此又称为 X.25 分组交换。

分组交换也称包交换，它将用户传送的数据划分成多个更小的等长部分，每个部分叫做一个数据段。在每个数据段的前面加上一些必要的控制信息组成首部，构成一个分组。首部用以指明该分组发往何地址，然后由交换机根据每个分组的地址标志，将它们转发至目的地，这一过程称为分组交换。进行分组交换的通信网称为分组交换网。分组交换实质上是在“存储—转发”基础上发展起来的，它兼有电路交换和报文交换的优点。

X.25 分组交换的特点是：

① 传输质量高。电路利用率高，网络安全可靠性好。

② 适合计算机间通信。允许不同速率、不同协议、不同码型的终端之间进行通信。

③ 传输成本低。传输费用与距离无关，仅与使用时长和传输信息量有关。

（4）FR 帧中继技术

帧中继（Frame Relay，FR）技术是在 OSI 第二层上用简化方法传送和交换数据单元的一种技术，在帧中继网络内部不进行差错检测和纠正操作；实行简单的网络拥塞管理。它是在光纤数字线路逐步替代了模拟线路，线路质量有了很大提高，局域网、广域网互连和其他大容量的突发性通信需求猛增，用户终端进一步智能化等条件下发展起来的。

帧中继是继 X.25 后发展起来的数据通信方式。从原理上看，帧中继与 X.25 都同属于分组交换。它与 X.25 协议的主要差别有：

① 帧中继带宽较宽。

② 帧中继的层次结构中只有物理层和链路层，舍去了 X.25 的分组层。

③ 帧中继可以不用网络层而只使用链路层来实现复用和转接。

④ 帧中继与 X.25 相比，在操作处理上做了大量的简化。不需要考虑传输差错问题，其中间节点只做帧转发操作，不执行接收确认和请求重发等操作，差错和流量控制均交由高层端系统完成，大大缩短了节点的时延，提高了网内数据的传输速率。

（5）ISDN 综合业务数据网技术

综合业务数据网（Integrated Service Digital Network，ISDN）技术源于综合数字网 IDN，

依靠 IDN 的 64kbps 交换及接续功能，提供端对端的数字连接，支持广泛的话音和非话音业务。目前，ISDN 的传输速率和接口标准有两种：一种是传输速率为 144kbps（2B＋D）的基本接口，可在一条电话用户线上同时接 8 个终端，有 3 个终端能同时工作，可以向用户提供电话、数据、用户传真、用户电报、可视图文、可视电话、静止图像等业务；另一种是传输速率为 8048Mbps（30B＋D）的基群接口，主要用于连接用户小交换机、集中交换、计算机等大信息量用户。

ISDN 的发展经历了窄带和宽带两个历程。窄带 ISDN（N-ISDN）曾经得到广泛的应用，但存在的如下难以解决的问题限制了其长远的应用：

① 信息传输速率受限，无法满足高清晰度、高音质的多媒体传输的要求。

② 以数字电话网为基础，限制了其技术发展及支持新技术和业务的能力。

③ 只在用户入网接口上实现分组交换和电路交换，网络内部仍分开，不能完全整合。

为了解决这些潜在的问题，宽带 ISDN（B-ISDN）应运而生。与 N-ISDN 相比，B-ISDN 技术的特点如下：

① 适合不同业务特点的高速信息传输，传输速率可达 155Mbps。

② 采用光纤作为传输介质（传输速率为 155Mbps～*n*Gbps）。

③ 以信元为基本的传输、交换单位。

④ 充分利用了虚信道、虚通道。

ATM 是实现 B-ISDN 的核心技术，但其实现相当复杂，标准也难以统一，前景难于预测，故 B-ISDN 的发展受到了很大的限制。

（6）ATM 异步传输模式技术

ATM（Asynchronous Transfer Mode）是以信元为基础的一种分组交换和复用技术，它是一种为多种业务设计的通用的面向连接的传输模式。它适用于局域网和广域网，具有高速数据传输速率，支持多种数据类型，如声音、数据、传真、实时视频、CD 质量音频和图像通信等。

ATM 交换也称信元交换，它是在大容量光纤传输介质中分组交换技术的新发展。ATM 把数字化的语音、数据及图像信息分成由 53 字节组成的固定长度的信元（由用户信息字段和信元头组成）。信元数据根据信源动作按需分配，这一点与帧中继相似，但其信息包更小，ATM 传送速率更高，可在 155～622Mbps 之间，适合于 B-ISDN 的多种业务信号混合传输。另外，可延展性是 ATM 交换技术的内在特点。当有终站加进 ATM 交换时，交换机制便自动扩张以适应需要，以使每个终站都获得一条通道（即专用带宽）。

ATM 有如下主要特点：

① 传输带宽高。可扩充至几 Gbps 的超高速率，从而满足用户对宽带的需求，为实现语音、视频和数据等信息在网络中的高度集成化提供了一个简化、统一的网络结构。

② 灵活性。用户通过 ATM 交换机按需建立虚电路，就可以相互通信，共享资源。

③ 可按需分配带宽。降低了用户对传输带宽不断增长的需求压力。

④ 无传输距离的限制。既可用于局域网，又可用于广域网。

⑤ 网络设备配置方便。

最后，特别需要指出，各种广域网技术正逐渐用于局域网建设。在未来，广域网和局域网的界限将会随着技术的融合而消失。

2.1.5　接入技术

接入技术，即“最后一千米”技术，也就是如何将用户的计算机或局域网连接到公用网络的技术。通过接入技术，用户就可以在家里或办公室里连接到 Internet 上。近几年来，国内信息网络的发展对通信基础设施提出了越来越高的要求，各种网络接入技术越来越受到人们的重视。下面简要介绍几种主要的接入技术。

1. 传统接入技术

（1）PPP 接入技术（拨号方式）

拨号连接是一种传统的网络接入技术。它利用 Modem 通过公用电话电路（PSTN），采用 PPP 方式上网，理论上可获得 33.6kbps～56kbps 的接入速率，实际上远达不到这个速率。速度慢是 PSTN+Modem 最主要的缺点。尽管今天的 Modem 已具备了差错控制和数据压缩功能，但用户线上传输模拟信号、抗干扰能力总是差于传输数字信号，不仅会引起数据错误，更可能引起 Modem 速率降低或通信中断。现在，Internet 上多媒体信息越来越丰富，信息量越来越大，人们对带宽的要求也越来越高，拨号网络已不能满足人们的需求，正在成为一种逐渐没落的接入方式。

（2）ISDN 接入技术

ISDN 是一种成熟的接入技术，采用 ISDN 接入，能同时较好地满足用户对较高传输速率、可靠数据传输及较低上网费用的需求。它采用数字传输和数字交换技术，将电话、传真、数据、图像等多种业务综合在一个统一的数字网络中进行传输和处理。它利用原有电话网的数字传输设备和程控交换机，将原来的模拟用户线路改造成数字信号传输线路，为用户提供端到端的纯数字传输方式。

但是，ISDN 接入方式也存在一些缺点。从价格上看，采用 ISDN 方式需要较高的花销，这是因为，当采用 ISDN 方式接入 Internet 时，需要购置终端适配卡（TA）、数字电话机、G4 类传真机等设备，而这些设备的价格较贵。从速度和安全性上看，ISDN 线路传输的可靠性和安全性较低，速度也不能满足高宽带服务的要求。

（3）xDSL 接入技术

数字用户环路（Digital Subscriber Line，DSL）是以铜质电话线为传输介质的传输技术的总称。它包括 HDSL（High bit-rate DSL）、SDSL（Symmetrical DSL）、VDSL（Very high bit-rate DSL）、ADSL（Asymmetrical DSL）和 RADSL（Rate－Adapted DSL）等，一般称为 xDSL 技术。它们的主要区别体现在，信号传输速率和有效距离的不同，以及上行速率和下行速率对称性的不同这两个方面。xDSL 技术中最具代表性的是 ADSL 技术。

ADSL 是一种能够通过普通电话线提供宽带数据业务的技术。它是一种非对称技术，其最大特点是，不需要改造信号传输线路，利用数字编码技术从现有的铜制电话线上获取最大数据传输容量，同时又不干扰同一条线路上进行的常规语音服务。其工作原理是，用电话语音传输外的频率传输数据。ADSL 支持上传速率 640kbps～1Mbps，下行速率 1～8Mbps，有效传输距离在 3～5km。因其下行速率高、频带宽、性能优、安装方便、不需缴纳电话费等优势深受广大用户欢迎。在 ASDL 接入技术中，数据传输带宽是由每个用户独享的，可以进行视频会议和影视节目传输。

（4）Cable Modem 接入技术

Cable Modem（线缆调制解调器）是一种通过有线电视网提供高速数据传输的设备，它综合了高速数字处理技术及宽带调制技术的最新发展。

在使用 Cable Modem 传输数据时，利用的是有线电缆的某一频道。通常可以将整个电缆划分为三个宽带，分别用于数字信号上传、数字信号下传及电视节目模拟信号下传。具体来说，一般同轴电缆的带宽为 5～70MHz，数字信号上传为 5～42MHz，模拟信号下传为 50～55MHz，数字信号下传为 550～750MHz。这样，数字数据和模拟数据就不会相互冲突，可以同时传输。

Cable Modem 技术最重要的不足之处是，要在现有的有线电视网络上实现 Cable Modem，必须进行有线电视网的双向改造，使之成为具备双向通信能力的网络，这是一项极为昂贵的投资。正是因为这一点，这项技术才没有得以快速发展。

（5）光纤接入技术

光纤接入是指局端与用户之间完全以光纤作为传输介质。光纤接入分为有源光接入和无源光纤接入两种。光纤用户网的主要技术是光波传输技术。目前光纤传输复用技术的发展相当快，多数已处于实用化阶段。应用最多的复用技术包括时分复用（TDM）、波分复用（WDM）、频分复用（FDM）、码分复用（CDM）等。根据光纤深入用户的程度，又可分为 FTTC（光纤到路边）、FTTZ（光纤到小区）、FTTO（光纤到办公楼）、FTTF（光纤到楼面）、FTTH（光纤到家庭）等。FTTH 是接入网的长期发展目标，各国都有明确的发展目标，但由于成本、用户需求和市场等方面的原因，FTTH 仍然是一个长期的任务。目前主要是实现 FTTC，而从 ONU（Optical Network Unit，光节点）到用户仍利用已有的双绞线，采用 xDSL 传送所需信号。随着业务的发展，光纤正逐渐向家庭延伸，且从窄带业务逐渐向宽带业务升级。WDM-PON（Wavelength Division Multiplexing PON，波分复用无源光网络）超级 PON（Passive Optical Network，无源光纤网络）可以适应将来更进一步发展的需要。

（6）无线接入技术

无线接入技术分为两种：一种为固定接入方式，包括微波、扩频微波、卫星和 UHF（特高频）；另一种为移动接入方式，包括 CDPD（蜂窝数字分组数据）、电路交换蜂窝、专用分组无线电传输和 PCS（个人通信业务）。最近开始兴起的 WAP（无线应用协议）是无线接入技术实用化的一个典型代表。最常用的固定接入方式是微波接入，其优点是，不受地域的限制；但是，它的缺陷也十分明显——极易受天气的影响，如当下雨时，微波卫星传输容易发生衰减。

2. 实现移动电子商务的接入技术

（1）WAP 无线应用协议

WAP 是开展移动电子商务的核心技术之一。通过 WAP，手机可以随时随地、方便快捷地接入互联网，真正实现不受时间和地域约束的移动电子商务。WAP 是一种通信协议，它的提出和发展基于在移动中接入 Internet 的需要。它提供一套开放、统一的技术平台，用户使用移动设备很容易访问和获取以统一内容格式表示的 Internet 或 Intranet 信息和各种服务。它定义了一套软 / 硬件接口，使人们能像使用 PC 一样使用移动电话收发电子邮件，浏览 Internet。同时，WAP 提供一种应用开发和运行环境，支持当前最流行的嵌入式操作系统。WAP 支持目前使用的绝大多数无线设备，如移动电话、FLEX 寻呼机、双向无线电通信设备等。在传输网络上，WAP 也支持目前的各种移动网络，如 GSM、CDMA、PHS 等，它也可以支持未来的第三代移动通信系统。

（2）移动 IP

移动 IP 通过在网络层改变 IP 协议，实现移动计算机在 Internet 中无缝漫游。移动 IP 技术使节点在从一条链路切换到另一条链路时无须改变 IP 地址，也不必中断正在进行的通信。移动 IP 技术在一定程度上能够很好地支持移动电子商务的应用，但目前它也面临一些问题，如移动 IP 协议运行时的三角形路径问题；移动主机的安全性和功耗问题等。

（3）蓝牙 Bluetooth

Bluetooth 是由爱立信、IBM、诺基亚、英特尔和东芝公司共同推出的一项短程无线连接标准，旨在取代有线连接，实现数字设备间的无线互连，以确保大多数常见的计算机和通信设备之间方便地进行通信。“蓝牙”作为一种低成本、低功率、小范围的无线通信技术，可以使移动电话、个人计算机、个人数字助理（PDA）、便携式计算机、打印机及其他计算机设备在短距离内无须线缆即可通信。例如，使用移动电话在自动售货机处进行支付，这是实现无线电子钱包的一项关键技术。“蓝牙”支持 64kbps 实时话音传输和数据传输，传输距离为 10～100m，其组网原则采用主从网络。

（4）通用分组无线业务 GPRS

传统的 GSM 中，用户除通话以外最高只能以 9.6kbps 的传输速率进行数据通信，如 Fax、E-mail、FTP 等，这种速率只能用于传送文本和静态图像，无法满足传送活动视频和影像的需求。GPRS 突破了 GSM 只能提供电路交换的思维定式，将分组交换模式引入到 GSM 网络中。它通过仅仅增加相应的功能实体和对现有的基站系统进行部分改造来实现分组交换，从而提高资源的利用率。GPRS 能快速建立连接，适用于频繁传送小数据量业务或非频繁传送大数据量业务。GPRS 是 2.5 代移动通信系统。由于它是基于分组交换的，用户可以保持永远在线。

（5）第三代（3G）移动通信系统

经过 2.5G 发展到 3G 之后，无线通信产品将为人们提供速率高达 2Mbps 的宽带多媒体业务，支持高质量的话音、分组数据、多媒体业务和多用户速率通信，这将彻底改变人们的通信和生活方式。3G 宽带移动通信，将手机变为集语音、图像、数据传输等诸多应用于一体的未来通信终端，这将进一步促进全方位移动电子商务的实现和广泛普及，如实时视频播放等。

2.2　网络互连技术

网络互连技术为电子商务的实现提供了坚实的通信平台，是电子商务实现的网络基础。它包括 Internet 技术、Intranet 技术和 Extranet 技术。

2.2.1　Internet 技术

1. Internet 概述

Internet 是一个国际性的通信网络集合，它把现代通信技术和计算机技术融为一体，是计算机之间进行国际信息交流和实现资源共享的有效手段。Internet 将各种不同类型、不同规模、不同地理位置的物理网络连接起来，构成一个整体，可以说 Internet 是一个网际网。

Internet 是从早期的 ARPANET 发展起来的，同时对 ARPANET 上的分组交换技术和网络互连技术的研究，又导致了 TCP/IP 的出现和发展。正像前文所述，Internet 采用的基础协议 TCP/IP 是一种无连接的端到端的通信协议，既简单实用，又能保证用户在应用层进行；同时

TCP/IP 的应用范围很广，不仅适用于大型机，也适用于小型机和 PC，既可用于局域网，也能用于广域网。原则上，任何计算机只要遵守 TCP/IP 协议，都能接入 Internet。

1983 年，TCP/IP 成为 ARPANET 上的通信协议标准，这标志着真正意义上的 Internet 出现了。

1986 年，美国国家科学基金会采用 TCP/IP 协议组建了一个新的 Internet 骨干网，即 NSFNET（国家科学基金会网络），用以连接当时的六大超级计算机中心和美国的大专院校及学术机构。1989 年，ARPANET 解散，同时 NSFNET 对公众开放，从而使它成为 Internet 最重要的通信骨干网络。

1995 年，美国国家科学基金会宣布与 MCI 合作建设高速数据通道的计划，提供 155Mbps 的超高速主干网服务（vBNS），以取代 NSFNET，各大通信公司也纷纷宣布自己的 Internet 互连计划，由此 Internet 开始大规模应用到商业领域。提供联机服务的供应商也从 America Online 和 ProdigyService 这样的计算机公司发展到 AT&T、MCI、Pacific Bell 等通信运营公司。

由于商业应用产生的巨大需求，推动了通信业务爆炸式增长和全球信息业蓬勃发展。在短短几年内，Internet 从一个科研应用的计算机连网系统演变为全面商业化的全球信息网。它的飞速发展给企业、政府部门及服务机构带来了巨大的商机和便利，而 Internet 的商业化应用，使 Internet 更加蓬勃地发展起来，但同时也使当前的 Internet 在网络带宽、网络安全和服务质量等方面出现了不少问题（目前 Internet 的传输带宽、速率、容量及所支持业务的单一性，都远远不能满足市场的迫切需求）。为了更好地开展 Internet 通信业务，目前美国、日本、欧洲各国正在抓紧建设高速、大容量、宽带的第二代 Internet。第二代 Internet 把 IP 与 ATM、SDH、WDM 等多种技术结合起来（主要有 IP Over ATM，IP Over SDH，IP Over WDM 等技术），它具有高带宽、高性价比的质量保证、面向用户的安全保障体系、高性价比的可靠性保证和简单合理的管理体系等基本特征；可以在大范围内传送具有多种质量等级的实时 IP 电话、IP 传真、IP 多媒体综合数据和电子商务等宽带业务，并能解决传统路由器骨干网的拥塞。

从目前情况来看，Internet 市场具有巨大的发展潜力，未来其应用将涵盖从办公室共享信息到市场营销、服务等更广泛领域。另外，Internet 带来的电子贸易正改变着当今商业活动的传统模式，它必将对未来社会生活的各个方面带来影响。

2. Internet 基本服务

Internet 的服务功能很多，基本功能主要有：电子邮件（E-mail）、远程登录（Telnet）、文件传输（FTP）、电子公告牌（BBS）、信息查询浏览服务（如 WWW）、网上交易等。此外，Internet 服务还包括网络电话、实时聊天、网上实时广播、在线游戏等。下面简单介绍主要的服务。

（1）电子邮件（E-mail）

电子邮件服务是一种利用计算机和通信网络传递电子媒体信件等信息的非交互式服务方式。通过电子邮件服务，用户可以方便快捷地交换电子邮件；传递文件、图形、图像和语音等信息；查询各种信息资源；加入有关的公告、专题讨论，电子论坛等，获取有关信息。与一般邮件相比，电子邮件具有快速、简便、高效、价廉等特点。电子邮件不是一种“终端到终端”的服务，其发送主机和接收主机之间不需要直接的连接就能工作。因此，即使对方不在，仍可将邮件送入对方的邮箱。电子邮件是 Internet 用户使用最多的应用工具之一。

（2）远程登录（Telnet）

远程登录是指在网络通信协议 Telnet 的支持下，用户的计算机通过 Internet 成为远程计算机终端的过程。也就是，用户把本地计算机与远程计算机连接起来，然后使用远程计算机系统的资源或提供的其他服务，包括在本地计算机不能获得而从远程计算机上可以提供的其他 Internet 服务。使用 Telnet 可以在网络环境下共享计算机资源，获取有关信息。通过 Telnet，用户不必局限在固定的地点和特定的计算机上工作，通过网络随时可以使用任何地方的任何计算机。Telnet 还可以进入 Gopher、WAIS 和 Archie 系统，访问它们管理的信息资源。

（3）文件传输（FTP）

文件传输服务允许 Internet 上用户将一台计算机上的文件传送到另一台计算机上，也可以说，每个用户都可以利用文件传输协议（FTP）登录到其他计算机上，下载所需的软件和文件到自己的计算机上，或把自己的文件上传到其他计算机上。使用 FTP 几乎可以传送所有类型的文件，如文本文件、二进制可执行文件、图像文件、声音文件、数据压缩文件等。FTP 已用于从 Internet 网络上获取远程主机的各类文件信息，包括公用程序、源程序代码、可执行程序代码、研究报告、技术情报、科技论文、数据和图表等。

（4）电子公告牌（BBS）

电子公告牌系统，就是我们熟知的电子论坛。它提供一块公共电子白板，每个用户都可以在上面书写、发布信息或提出看法。BBS 按不同的主题分成很多布告栏，布告栏设立的依据是大多数 BBS 使用者的要求和喜好，使用者可以阅读他人关于某个主题的最新看法，或将自己的想法毫无保留地贴到公告栏中。如果需要独自交流，还可以将想说的话直接发到某个人的电子信箱中。如果想与正在使用 BBS 的某个人聊天，可以启动聊天程序加入闲谈者的行列，虽然谈话的双方素不相识，却可以亲近地交谈。BBS 早期只是发表一些信息，如股票价格、商业信息等，并且只能是文本形式。而现在，BBS 主要为用户提供一个交流场所，提供信件讨论、软件下载、在线游戏、在线聊天等多种服务，且多数基于图形方式，方便用户的使用。

（5）信息查询浏览服务

电子邮件、远程登录、文件传送是 Internet 上提供的基本服务，这些服务除了各自所具备的特殊功能外，都可用于从 Internet 上获取信息。但是 Internet 上的信息浩如烟海，仅靠它们显然无能为力，所以人们在 Internet 上开发了许多专门用于查询、索引、浏览、获取信息的工具。在 Internet 上获取信息的主要方式是利用这些网络信息检索工具，它们分为交互式、索引式及名称地址录等类型，用户可以从所处的环境和信息资源的类型出发，选择适合的工具。

此外，Internet 的不断发展还为我们提供了许多其他服务： Web 的信息服务、搜索引擎服务、博客和微博客服务、网络电视及 P2P 技术引发的文件共享、多媒体传输、即时通信服务等。这些新技术引发的新服务为人们的生活带来了帮助。同时，这些也是电子商务发展中常用的技术。

2.2.2　Intranet 技术

1. Intranet 概述

随着 Internet 规模的不断扩大，应用系统越来越丰富，网络用户越来越普及，各种 Internet 技术迅猛发展，越来越多的企业已经意识到 Internet 是一种全球商用信息交换的有效手段。它不但为企业网络提供全球信息交换和信息发布能力，而且以其开放性、标准性、成熟性和实用性为企业网络的建设、应用开发、管理和维护等带来了很好的借鉴，给传统的企业 MIS 网络和应用模型带来了巨大的冲击。于是，将 Internet 的技术模式和成熟技术应用到企业网络环境中就形成了所谓的“Intranet”的概念。

Intranet可以看作一种“专用Internet”，一般称为内联网络、企业内部网络或企内网络。它是在统一的行政管理和安全控制管理之下，采用Internet技术标准建设的面向应用系统的网络。通常，Intranet通过防火墙（FireWall）与Internet相连，以获得全球信息交换的能力。

Intranet采用当今先进的应用系统网络体系结构，相对于Internet强调网络互连和通信来说，它更强调企业内部的信息交流和协同工作，这种功能对于越来越趋于大型化、分散化的企业来说尤其重要，它能及时将信息传送到世界的每个角落，无须更多的花费，就能实现跨国、跨地区企业的内部协同工作。

企业利用Intranet技术构建企业内部网络，连接雇员、合作伙伴及客户，对外提供广告宣传、技术支持等服务，同时还可充分利用Internet提供的信息资源；对内则用于企业内部事务处理、信息交换、信息共享、信息获取、网上通信和网上讨论等业务。从功能上看，Intranet除了具有Internet已有的各种功能之外，它的最大特点是网络安全和集成企业多种应用信息系统的功能。与Internet的开放性和学术性不同，企业信息的共享和交换往往具有多种安全控制需要，Intranet应当满足这些需求。

Intranet提供Internet所提供的所有基本功能，如DNS、E-mail、WWW、FTP等。Intranet采用Internet中流行的标准C/S模式实现这些基本功能。一些新标准扩展了这些功能，如LDAP（轻型目录协议，Light Directory Access Protocol）、IMAP（遵循CCITT X.400规范的消息访问协议，Internet Message Access Protocol）和S/MIME（安全的电子函件协议）等。这些新标准正开始在Intranet中得到应用。此外，Intranet还应增加企业计算机应用所需的一些功能，如数据库系统、事务处理及CAD、GIS等。

2. Intranet的特点

① 成熟、稳定、风险小。Intranet是在Internet基础上采用其成熟技术发展起来的。由于Internet技术已得到广泛应用，并得到多方验证及认可，而且Internet所拥有的一批雄厚的技术力量可作为其技术发展的支持。

② Intranet是一种很好的快速原型方法。借助Internet中各种模块化技术和近年来迅速发展的各种快速开发工具（RAD），用Intranet技术建设企业网络，便于从小到大、从少到多地逐步发展，并能随着Internet技术的进步而不断升级。

③ 建设周期短，开发工作量小。Intranet大量借用Internet的成熟技术，这也是快速原型法得以实际应用的重要基础。

④ 采用基于浏览器的应用开发技术。WWW是Internet中最受欢迎且市场竞争最激烈、发展最快的一种技术。WWW采用C/S模式，服务器软件是Web Server软件，客户端软件就是浏览器（Browser）。由于WWW的流行，浏览器作为用户界面非常受欢迎，这推动了浏览器在Intranet中的应用。采用浏览器作为集成的客户端界面已经成为当前Intranet发展的一个趋势。作为Intranet统一用户界面的浏览器，除了可以访问WWW、电子邮件、FTP外，还可以访问企业内部的网络数据库等。以浏览器作为Intranet中统一用户界面的各种应用开发技术，统称为基于浏览器的应用开发技术。该技术具有开发简单，独立于平台，无须开发用户界面软件，各种应用的前端软件借用现成的浏览器，可大大减少应用开发的工作量等优点。

⑤ 具有一套成熟的安全防卫手段。为了保护企业的机密信息，必须在Intranet中提供信息

安全控制机制。一般而言，Intranet 具有统一的行政领导和网络管理机构，由这些机构制定统一的安全策略，并通过各种安全管理制度和安全技术手段来实施这些策略；主要包括通过防火墙（Firewall）对出入站点的控制；身份验证；数据加密等。

3. Intranet 的优势

① 通过电子方式开展更多的业务。例如在 Web 上开展电子商贸，主要方式有全球范围内的产品展销、销售信息服务等。

② 扩展企业信息资源，提高企业管理水平，联系更广泛的客户。例如利用 Web 发布企业的各种信息，供企业内部或指定客户使用。

③ 更经济、更方便地进行企业内部交流。如企业员工可以方便快速地应用电子邮件来传送信息，降低了通信费用。

④ 通过 Internet 获取各种信息和服务，降低市场营销和服务支持的成本；管理者则通过内部网了解各部门的生产情况，获得最新销售和市场信息；员工可以及时获得企业内部信息，如福利待遇的规定、企业内部文件及有关人员名单和电话等。

2.2.3　Extranet 技术

1. Extranet 概述

企业外部网（Extranet）是利用公用网（如 Internet）和原有的企业内部网（Intranet）组织的一种虚拟专用网络（VPN），通过不定期访问控制和路由表来连接若干 Intranet，利用 Internet 技术将企业与供应商、合作伙伴、相关企业、客户相连，促进彼此的联系与交流。Extranet 实际上是一种广义的企业内部网，通过 Extranet，供应商、分销商和客户能共享企业 Intranet 的部分信息，从而与企业达成更紧密的联系。

在 Extranet 环境中，除了主企业 Intranet 要解决企业内部资源共享和利用 Internet 公用资源的问题外，重要的是处理频繁、受限的外部访问。由于 Extranet 的特殊应用需求，需在其安全网络框架下实现访问的集中控制。这些外部访问主要有两种类型：一种是企业与企业间的访问，如主企业与供应商、合作伙伴、相关企业间的信息交流；另一种是单个用户与企业间的访问，如外部的移动客户访问主企业资源。

Extranet 中的访问控制需针对不同的主体、客体，企业及企业间经协商制定不同级别的访问控制策略，提出实施方案，并利用现有的技术或通过改进加以实现，保证 Extranet 的开放性、安全性。

2. Extranet 的优势

① 供货商可以了解企业某一产品的库存量及某一阶段的需求，提高供货效率。

② 分销商将销售信息及时传递给企业，使其更快了解市场和竞争对手。

③ 企业的产品、价格信息只需瞬间就可在 Web 网页上显示，并为世界各地的客户所使用。

④ Extranet 在电子商务上的应用是建立各企业 Intranet 之间的 MIS 数据库集成界面，简化各项商务合作的交互流程，如联机电子订货系统、库存查询系统、强化传统 EDI 信息系统的功能，甚至发展各项联机电子商务系统等。

随着 Internet 与 EDI 的结合，Extranet 会成为电子商务发展的重要媒介。Internet 已成为全球的网络信息开发标准。Intranet 与 Web 技术则成为各企业内 MIS 的新标准，而 Extranet 将扮演 Internet 发展中的第三波，成为各企业之间商业往来、电子商务组织交流的共同标准。

2.3　电子商务开发技术

电子商务开发技术主要包含两方面：一是客户端，即网站开发技术；二是服务器端，即数据库技术。在网站开发方面，主要内容是网页制作。从总体上看，网页分为静态和动态两类。静态网页开发技术主要包括 HTML 语言、XML 语言、页面美工技术和浏览器端动态页面技术，虽然浏览器端动态页面技术有动态两字，但实际上它仍是静态页面的一种，而真正意义上的动态网页技术 指服务器端的动态网页开发技术。本章我们还将介绍数据库技术及数据仓库、数据挖掘技术等。

2.3.1　静态网页开发技术

在网站设计中，纯粹 HTML 格式的网页通常称为“静态网页”，早期的网站一般都是由静态网页实现的。静态网页的网址通常为 www.example.com/eg/eg.htm 形式，也就是以.htm、.html、.shtml、.xml 等为后缀的网页。在静态网页上，也可以出现各种动态效果，如 GIF 格式动画、Flash、滚动字母等，这些“动态效果”只是视觉上的，并不是真正意义上的动态页面。下面分别介绍用于静态网页开发的两种语言：HTML 语言、XML 语言。后面还要介绍页面美工技术、浏览器端动态页面技术。

1. HTML 语言

（1）HTML 语言概述

所谓 HTML（Hypertext Markup Language）是一种超文本标记语言。超文本指一种含有和其他文本链接的文本，它把各个文本以非线性形式链接起来。HTML 文件存放在 Web 服务器上，由服务器把文件传送到和它相连的 Web 浏览器上。但 HTML 文件不是在浏览器上直接显示，而是由 Web 浏览器对 HTML 指令代码进行翻译，然后创建 Web 页，再显示出来。

HTML 是一种标记语言，用以生成超文本文档。在这种文档中，可以加入指向任何文档（文本、图像、动画和声音）的链接。用 HTML 编写的文档在 Internet 媒体类型中称为“text/html”。HTML 定义了超文本的文档结构和一系列标记及其属性。其标记大致可分为如下 4 部分：

① 文档结构的定义。

② 字体字形的定义。

③ 版面布局的定义。包括版面颜色、分段换行、原文引用、制表列表等。

④ 链接的定义。包括普通文档链接（Link）、图形化文档链接（Map）以及内部文档链接（Name）等。链接的文档类型可以是文本、图像、声音、动画等。

在 HTML 中，Form、Table、Frame、Link、Image 是主要标记，灵活运用这些标记及其属性，可以生成完美的文档。比如用 Table 和 Frame 可以完成页面的布局，用 Form 可以完成用户的输入界面，用 Image 可以在页面设置图像等。

（2）HTML 页面举例

下面给出一个小例子来说明一个简单的 HTML 页面的构成。

```
<HTML>
<HEAD>
<TITLE>这是我的第一个页面</TITLE>
</HEAD>
<BODY>
    欢迎来到我的第一个页面！
</BODY>
</HTML>
```

可以看出，HTML 语言将一个 HTML 页面分成两部分：文档头和文档体，其中文档头部分对文档进行一些必要的定义，文档体才是要显示的各种信息。本例运行后，浏览器标题栏将显示“这是我的第一个页面”，而网页内容是“欢迎来到我的第一个页面！”。

2. XML 语言

XML，即可扩展标记语言。XML 不同于 HTML 那种单一固定的语法，它是一种使全球信息网页面制作更具弹性、更容易添加新功能，而又不失统一标准的语言格式。

严格地说，XML 本身不是一种单一的标记语言，它是一种元语言（Meta-language），可以用它定义任何一种新的标记语言。像 HTML 之类的传统标记语言，用来定义某一类文件格式，以便显示或打印这些文件。而 XML 则是用来建立类别文件的格式定义语言，也就是说，可以用 XML 创建很多不同的标记语言，分别定义不同的文件类别。

实际上，HTML 是从 SGML 衍生出来的一种简单的标记语言，在全球 Internet 热潮的推动下，它很快成了制作 Web 页面的标准语言。XML 也是从 SGML 衍生出来的一种简化格式，和 HTML 一样，其目的是让全球信息网的页面都有一个标准且又切实可行的简单标记语言。只不过两者的服务目标和手法不尽相同，HTML 是单一的固定格式，而 XML 却是可以扩充的灵活格式；HTML 用来描述显示页面的方法，而 XML 却用来描述页面的内容。

比起它的前身 SGML 来，XML 要简单和灵活易用得多，因为它把很多非常复杂的 SGML 底层语法结构隐藏起来，使整个结构非常灵活又容易扩充，使开发应用软件来处理 XML 文件成为非常容易的事。因此，采用 XML，可以使软件系统间的信息交流变得畅通无阻。XML 页面拥有结构化的特殊身份，可以疏通不同计算机系统间的道道商务关节。

3. 页面美工技术

页面美工技术主要是利用平面设计、动画制作等软件，在网页中添加图片、视频、动画等元素，使网页本身变得更加美观。这里不详细介绍美工软件的具体使用方法，只简要介绍几种常用的软件。

① Flash。它是一种交换式矢量多媒体处理软件，用于在网页中生成动画，加入声音。

② Fireworks。把矢量图像编辑功能和点位图像编辑功能融合在一起的图像设计软件。

③ Photoshop。集图像扫描、编辑修改、图像制作、广告创意，图像输入与输出于一体的图形图像处理软件。

静态网页设计的初学者可以使用 Dreamweaver 或 FrontPage 等软件来制作静态页面，这类软件集成了基于网页制作和网站管理的网页编辑器，用户不需要具备网页制作知识，甚至不需要了解 HTML 的基本语法，就可以用可视化的编辑方式进行网页设计。使用这种“所见即所得”的网页制作软件，可以让初学者在短时间内做出精美的网页，同时通过查看页面效果与阅读 HTML 代码来加深初学者对 HTML 语言的理解。

2.3.2　浏览器端动态网页开发技术

程序是否在服务器端运行是划分静态网页和动态网页的重要标志。在服务器端运行的程序、网页、组件属于动态网页，它们会随不同客户、不同时间，返回不同的网页，开发技术如 ASP、PHP、JSP、ASP.net、CGI 等。运行于客户端的程序、网页、插件、组件属于静态网页，开发技术如 HTML、Flash、JavaScript、VBScript 等，它们是永远不变的。所以说，浏览器端动态网页开发技术实际上是静态页面技术的一种，其常用技术包括 JavaScript 和 VBScript 技术及 JavaApplet 等。

1. JavaScript

JavaScript 是一种脚本语言（Scripting Language），由 Netscape 公司开发，其开发目的是增强 HTML 的表达功能，即提高网页的交互性。所谓脚本语言，指这种语言不能单独成为程序体，必须“附着”于其他程序上，同时又扩展了所附着程序的功能。JavaScript 直接把代码写到 HTML 文档中，浏览器读取它们的时候才进行编译、执行，所以查看 HTML 源文件时就能查看 JavaScript 源代码。JavaScript 没有独立的运行窗口，浏览器当前窗口就是它的运行窗口。下面通过一个例子观察 JavaScript 程序的运行效果。

```
<html>
<head>
<script type="text/javascript">
<!--
document.write("Hello, world!") //直接在浏览器视窗显示。
            alert("Hello, world!")   //开启对话视窗显示。
-->
</script>
</head>
<body>
</body>
</html>
```

JavaScript 代码由 <script type="text/JavaScript">...</script>说明。在标记<script type = "text/javaScript">...</script>之间可加入 JavaScript 脚本。<!-- ... -->标记说明：对不能识别 JavaScript 代码的浏览器，则所有在其中的标记均被忽略；对于可识别 JavaScript 代码的浏览器，则执行其结果。alert()是 JavaScript 的窗口对象方法，其功能是弹出一个 OK 对话框并显示( )中的字符串。

2. VBScript

VBScript 是由微软公司开发的，目的是和 Netscape 公司在网页开发语言方面一争雌雄。它也是一种脚本语言，具备其他脚本语言的性质。VBScript源自微软公司的Visual Basic语言，但是为了增强网络安全性和可移植性，VBScript减少了Visual Basic中的一些有用的功能，如API calls、classes等。它有自己的基本数据类型、运算表达式、运算符及语法指令等。VBScript和JavaScript都是为提高网页的交互性、增强HTML的功能而开发的，具有相似性。

3. Java Applet

Java Applet是嵌入在HTML文档中的Java程序，当网页被下载到客户端时，其中嵌入的Applet自动从服务器下载，由客户端的JVM（Java 虚拟机）执行，因此形成动态网页，如Applet可连接数据库服务器，查询数据并按预定格式在客户端浏览器显示出来。

首先，Java Applet要求客户端装有JVM，现在主流的Web浏览器Netscape与IE都带有自己的JVM，但它们的标准不一，尤其对于JDK1.1x版以上程序、JDBC程序等还不能同时在两种浏览器上正确运行。

其次，Java Applet对客户端计算机资源要求较高，在装载时因其安全性检查等运行比较慢。虽然目前JVM已在性能上有了很大的进步，但对于档次较低的计算机其性能仍不尽如人意。

再次，Java中使用Unicode字符，而浏览器一般根据本机操作系统采用非Unicode本机字体。当Java Applet对汉字数据库进行存取时，可能会带来汉字处理问题，如数据库的汉字信息在浏览器中不能正确显示与输入。

正是基于这一点，Java Applet在国内的应用不太广泛，不过随着以上这些问题的逐步解决，以及Java Applet强大功能的吸引，应用会越来越多，当前应用广泛的JSP就需要应用Java Applet。

2.3.3 服务器端动态网页开发技术

服务器端动态网页开发技术是当前网页开发的主流，应用比较广泛的技术有CGI、ASP、ASP+、JSP和PHP等，下面分别介绍。

1. CGI

通用网关接口CGI（Common Gateway Interface）是早期的服务器端动态网页开发技术，现在正日益被其他技术所取代。

CGI允许Web服务器执行其他应用程序并将它们的输出发送给客户端的Web浏览器上，包括文本、声音、图像等多种形式。CGI程序需要在服务器端设置所允许放置的设定目录。使用CGI程序可以在后台处理表格，操作数据库，发送电子邮件，建立动态计数器以及其他与客户端进行的交互式操作。

开发CGI程序有两种方式：编译型和解释型。一般而言，编译型CGI程序执行效率和安全性较高，但开发难度很大。它主要利用高级开发语言C/C++或面向对象开发工具，如C++Builder、Delphi、Visual C++和Visual Basic等进行程序开发。解释型CGI程序则主要应用Perl、Java、JavaScript、VBScript、PHP等。一般地，应用Perl语言开发CGI程序比较适合。它可以实现多平台兼容，又是解释型脚本语言，便于维护，同时其安全性也较好。CGI程序可以分为两部分，一部分是HTML页面，它在浏览器中可见，另一部分是运行在服务器上的不可见程序。

使用 CGI 方式存取 Web 数据库有很多缺点，如不易开发、变更修改成本高、功能有限、不易查错、执行速度慢等，而且由于它并非整合于 HTML 文档之中，因此必须使用与 HTML 完全不同的设计方法来设计一个可执行应用程序。因此，人们开发出了更多的语言和技术来替代 CGI，使 CGI 渐渐退出了动态网页开发技术的潮流。

2. ASP

ASP（Active Server Pages）是一种服务器端动态网页开发技术，它并不是一种单独的语言，而是一个服务器端脚本编写环境，用它可以创建和运行动态、交互的 Web 服务器应用程序。

使用 ASP 可以组合 HTML 页、脚本命令和 ActiveX 组件以创建交互的 Web 页和基于 Web 的功能强大的应用程序，其实 ASP 程序就是由静态 HTML 和动态 ASP 代码组成的。那么可能很多人会问："这和含有 JavaScript 或 VBScript 的 HTML 文件有什么区别呢？"从宏观上说，ASP 程序在服务器端执行，文件的后缀是.asp；而含有 JavaScript 或 VBScript 的 HTML 文件在浏览器端执行，文件的后缀是.html。从程序代码上看，ASP 程序中含有<% ASP Code %>标记，其中<%是 ASP 代码起始标记，%>是 ASP 代码终止标记，ASP Code 就是任意的 ASP 代码；而含有 JavaScript 或 VBScript 的 HTML 文件则没有，这也是服务器端的 Script 和浏览器端的 Script 的一般区别。

我们在网上浏览时，所见到的小到一个计时器，大到整个电子商务网站，都可用 ASP 来编写。ASP 具有以下 8 个特点：① 使用普通的文本编辑器即可编辑设计。② 使用 HTML 语言和简单的脚本语言即可快速完成网站应用程序。③ 无须编译，容易编写，可在服务器端直接解释执行。④ 与浏览器无关。⑤ 与 ActiveX Scripting 语言相容。⑥ 面向对象。⑦ 安全性好。⑧ ActiveX 服务器组件具有可扩充性。

3. ASP+

ASP+是微软公司在 ASP 之后新推出的一种动态网站开发语言。它与 ASP 的主要区别如下：

① 在速度上，ASP+是编译后执行的，也就是说，当 ASP+文件第一次被请求时进行编译，以后的请求就不需要重新编译了。而 ASP 是解释性语言，每次都需要重新解释，因此其速度无法与 ASP+相比。不过 ASP+在本地机上调试时初次编译速度也很慢，只是在以后就很快了。

② 在功能上，ASP+很强大，几乎能做我们所能想到的网络上的事情。举个简单的例子——文件上传，在 ASP 时代，需要通过组件实现，但是在 ASP+中只需要代码就可以实现。

③ 结构化编程，它的程序语言可以任意添加，目前支持 C#、VB、JavaScript 语言等。

4. JSP

JSP（Java Server Pages）是由 Sun Microsystems 公司倡导、许多公司参与一起建立的一种动态网页技术标准，在动态网页建设中具有强大且特殊的功能。它继承了标准 Java 跨平台的特性，允许网页设计人员利用 JavaScript 这类简单的脚本语言，产生各种动态的网页内容，而且 JSP 在功能上比 ASP 更有弹性，也更开放。

JSP 的优点有：① 内容的生成和显示分离。② 生成可重用的组件。③ 采用标记，简化页面开发。④ 灵活的动态插入。⑤ 兼有 Java 的优点。

由于 JSP 页面的内置脚本语言是基于 Java 语言的，而且所有的 JSP 页面都被编译成 Java

Servlet，JSP 页面就具有了 Java 技术的所有好处，包括健壮的存储管理和安全性。作为 Java 平台的一部分，JSP 拥有 Java 编程语言"一次编写，各处运行"的特点。随着越来越多的供应商将对 JSP 的支持添加到他们的产品中，用户可以使用自己所选择的服务器和工具，并不影响当前的应用。

5. PHP

PHP 是一种服务器端的解释型脚本语言。和 ASP 一样，PHP 也采用在 HTML 文档中嵌入代码的形式，其代码在服务器端被解释成普通的 HTML 页面内容，再传送到浏览器端。

PHP 有专用的编程语言——PHP，它是一种 HTML 内嵌式语言，其语法混合了 C、Java、Perl 及本身的新语法，可以比 CGI 或 Perl 更快速地执行动态网页，其扩展性十分强大。另外，PHP 还支持 Internet 开发的一些前沿技术，包括身份认证、动态网页生成、XML、WDDX 内存共享及动态 PDF 文档等。

PHP 的特点有：① 语法简单。② 数据库连接方便。③ 可扩展性强。④ 面向对象编程。⑤ 可伸缩性强。

2.3.4　Web 数据库技术

1. 数据库概述

数据库技术是现代信息科学与技术的重要组成部分，是计算机数据处理与信息管理系统的核心。数据库技术研究和解决了计算机信息处理过程中大量数据有效地组织和存储的问题，如在数据库系统中减少数据存储冗余、实现数据共享、保障数据安全以及高效地检索数据和处理数据。随着计算机与网络通信技术的发展，数据库技术已成为信息社会中组织与管理大量数据的重要技术手段及软件技术，是网络信息化管理系统的基础。

最初，在大公司或大机构中数据库被当作大规模事务处理的基础。后来随着计算机的普及，数据库技术被移植到个人计算机上，供单用户个人数据库应用。接着，由于 PC 在工作组内实现连网，数据库技术又移植到工作组级。现在，数据库正在 Internet 和内联网中广泛使用。

20 世纪 60 年代中期，数据库技术主要用于文件处理系统。当时的数据库处理技术还很脆弱，常常发生应用不能提交的情况。20 世纪 70 年代，关系模型的诞生为数据库专家提供了构造和处理数据库的标准方法，推动了关系数据库的发展和应用。1979 年，Ashton-Tate 公司引入了微机产品 dBASE Ⅱ，并称为关系数据库管理系统，从此数据库技术移植到了个人计算机上。20 世纪 80 年代中后期，终端用户开始使用局域网技术将独立的计算机连成网络，终端之间共享数据库，形成了一种新型的多用户数据处理系统，称为客户机/服务器数据库结构。现在，数据库技术正在同 Internet 技术相结合，以便在机构内联网、部门局域网及互联网上管理和使用数据库数据。

2. 数据库接入技术

目前，访问数据库服务器的主流标准接口主要有 ODBC、OLE DB 和 ADO。下面分别概要介绍这三种接口。

（1）ODBC

开放数据库连接（Open Database Connectivity，ODBC）是由Microsoft公司定义的一种数据库访问标准。使用ODBC应用程序可以访问存储本地计算机上的桌面数据库，或访问异构平台上的数据库，如访问SQL Server、Oracle、Informix或DB2构建的数据库等。

（2）OLE DB

OLE DB是Microsoft公司提供的数据库系统级程序接口（System-Level Programming Interface），它是Microsoft公司数据库访问的基础。OLE DB实际上是Microsoft公司OLE对象标准的一个实现。OLE DB对象本身是COM（组件对象模型）对象并支持这种对象的所有必需的接口。一般来说，OLE DB提供两种访问数据库的方法：一种是通过ODBC驱动器访问支持SQL语言的数据库服务器；另一种是直接通过原始的OLE DB提供程序访问数据库。因为ODBC只适用于支持SQL语言的数据库，因此ODBC的使用范围过于狭窄，目前Microsoft公司正在逐步用OLE DB来取代ODBC。

（3）ADO

动态数据对象（Active Data Objects，ADO）是一种简单的对象模型，用来处理任何OLE DB数据，可以由脚本语言或高级语言调用。ADO为数据库提供应用程序级接口（Application-Level Programming Interface），程序员通过ADO来使用OLE DB功能。Microsoft公司声称，ADO将替换其他的数据访问方式，所以ADO对于任何使用Microsoft公司产品的数据库应用是至关重要的。

3. Web数据库开发技术

在网络盛行当下，数据库与Web技术的结合正在深刻改变着网络应用。有了数据库的支持，扩展网页功能、设计交互式页面、构造功能强大的后台管理系统、更新网站和维护网站都将变得轻而易举。随着网络应用的深入，Web数据库技术将日益显示出其重要地位。下面简单介绍Web数据库开发技术。

（1）CGI编程

通用网关接口（Common Gateway Interface，CGI）是一种通信标准，它的任务是接受客户端的请求，经过辨认和处理，生成HTML文档并重新传回到客户端。这种交互过程的编程就叫做CGI编程。CGI功能强大，可以运行在多种平台上，可以使用多种语言编程，如Visual Basic、Visual C++、Tcl、Perl、AppletScript等，比较常见的是用Perl语言编写的CGI程序。但是CGI也有其致命的弱点，即速度慢和安全性差等。

（2）ASP编程

动态服务器页面（Active Server Pages，ASP）是Microsoft公司推出的一种用以取代CGI的技术。ASP实际上是一套服务器端脚本运行环境，通过ASP可以建立动态、交互、高效的Web服务器应用程序。用ASP编写的程序在服务器端执行，程序执行完毕，再将执行结果返回给客户端浏览器，这样不仅减轻了客户端浏览器的负担，提高了交互速度，而且避免了ASP程序源代码的外泄，提高了程序的安全性。

（3）JSP编程

Java服务器页面（Java Server Pages，JSP）是Sun公司发布的Web应用程序开发技术，一经推出，就受到了人们的广泛关注。JSP技术为创建高度动态的Web应用程序提供了独特的开发环境，它适用于市场上大多数的服务器产品。

JSP 使用 Java 语言编写服务器端程序，当客户端向服务器发出请求时，JSP 源程序被编译成 Servlet 并由 Java 虚拟机执行。这种编译操作仅在对 JSP 页面的第一次请求时发生。因此，JSP 程序能够提供更快的交互速度，其安全性和跨平台性也很优秀。

2.3.5　数据仓库与数据挖掘

1. 应用数据仓库技术和数据挖掘技术的原因

数据仓库和数据挖掘技术是新兴的信息处理技术，正在各行各业得到广泛应用，并且取得了良好的效果，为企业带来了新的竞争优势，也带来了巨大的经济效益。这两门技术在组织、处理、分析大量数据方面具有很强的优势，已经成为现代管理者不可缺少的工具。

（1）提高数据存储和数据分析的效率

在电子交易过程中会产生大量的数据，而且交易是基于网络进行的，交易各方处于不同的地理位置导致了数据分布分散，再加上数据内容和数据特征的多样性都给企业进行数据存储和数据分析带来了困难。并且，随着经济全球化，企业与外部环境的关系越来越紧密，客观上要求企业既要对内部数据进行收集和分析，也要积极主动地收集外部微观和宏观环境的数据，为企业的经营决策作准备。另外，在电子商务环境下，对变化的快速反应成为企业生存和发展的一个必要条件，这也要求企业能够获得基础性数据、生产力数据、竞争性数据和资源配置方面的数据，并能高效率地对数据进行组织和分析，从而制定策略，采取行动。

企业必须采用新的数据存储思想，利用新的存储工具来解决这些棘手的问题。而数据仓库作为一种新兴、实用、功能强大的解决方案，将数据分主题、有组织、系统地进行存储，在较高层次上对分析对象进行完整、统一的描述，保证数据的完整性和一致性。另外，数据仓库具有存储大容量数据的能力，且其不同于传统数据库的组织数据的方式极大地提高了数据查询和数据分析的响应速度，减少了分析人员的等待时间。数据仓库分主题、分层次的组织方式很好地解决了数据粒度问题，节省了存储空间，降低了查询、分析的复杂性，提高了数据分析的效率。因此，数据仓库在解决数据仓储和数据分析效率的问题上具有很大的帮助。

（2）提高数据的利用率，从数据中获取知识

随着交易的不断进行，企业积累的数据将越来越多。激增的数据背后隐藏着许多重要的信息，管理者希望能够对其进行更高层次的分析，以便更好地利用这些数据。目前的数据库系统可以高效地实现数据的录入、查询、统计等功能，但无法发现数据中存在的关系和规则，无法根据现有的数据预测未来的发展趋势。缺乏挖掘数据背后隐藏的知识的手段，导致了“数据爆炸但知识贫乏”的现象。交易数据形式的复杂多样及数据规模的庞大更使传统的决策支持系统无能为力。为了提高数据的利用率，企业亟需一种技术能够从海量数据中快速挖掘出有意义、有价值的知识，以支持管理者的经营决策。

数据挖掘正是一门利用机器学习、人工智能、统计学、计算机科学、图形显示等多种技术的综合性技术，它可从数据集中识别出有效的、新颖的、潜在有用的以及最终可理解的知识，这些知识可以指导企业制定市场营销策略，帮助维护人员发现故障隐患，降低企业的经营成本等。因此，在信息技术飞速发展的知识经济时代，数据挖掘技术对于采用电子商务方式进行交易的企业来说，无疑有着举足轻重的战略意义。

（3）降低经营成本，提高经济效益

随着计算机技术的不断发展，硬盘、内存、计算能力、输入/输出带宽的价格有了大幅度的下降，并且平行处理方式也逐渐走向成熟，这都使企业深入地利用数据仓库和数据挖掘技术成为可能，而且此项成本不会为企业带来很大的负担。相反，数据仓库和数据挖掘技术的应用却能大幅度地降低企业其他方面的成本，增加企业的经济效益。

数据仓库和数据挖掘技术与市场营销原理相结合。通过数据仓库技术收集、整理和存储涉及网上客户消费行为的大量信息，然后再利用数据挖掘技术对数据进行加工和处理，从而确定特定消费群体或个体的兴趣、消费习惯、消费倾向和消费需求，进而推断出相应消费群体或个体下一步的消费行为，然后以此为基础，对所识别出来的消费群体进行特定内容的定向营销，这与传统的不区分消费者对象特征的大规模营销手段相比，大大节省了营销成本，提高了营销效果，从而为企业带来更多的利润。当然，此种分析方法同样适用于对供应商和企业生产流程的分析。

利用数据仓库和数据挖掘技术还可以进行虚假行为管理。在电子商务交易的各主体中，难免会存在一些不诚实的交易方，这些人会给企业带来很大的损失，而对其进行有效的管理和控制一直是企业比较头痛的问题。数据仓库和数据挖掘技术可以从交易方特征、交易种类、支付手段等多种角度对历史数据进行分析，挖掘出交易特性，及时地发现虚假行为现象，避免此类不良行为的发生，既提高了企业的经济效益，又提高了客户的满意度。

数据挖掘技术在文本处理方面也有良好的应用。数据挖掘技术不但可以处理大量的数值型数据，还可以对文本型数据进行有效的处理，如在大量的文本数据中搜索想要的条目，或从文本数据挖掘出对经营者有益的信息，而这种功能是传统的信息处理技术所不具备的。

（4）辅助管理者经营决策，提高决策水平

随着我国电子商务的不断发展，经营环境也发生了巨大变化。认准某个方面，只顾埋头发展的做法，已经不再适合这个时代。了解自身、了解客户、了解竞争对手、了解合作伙伴，成为企业进入市场、进行有效决策的必修课。而高明的决策必须借助于先进的工具。在国外，运营企业已广泛采用了数据仓库和数据挖掘技术，来解决单位或企业所面临的各种复杂的业务或经营问题，建立以各种主题为导向、唯一的和中央的数据仓库系统，让领导者、业务负责人和创造性工作者等使用各种前端分析挖掘软件工具，以科学的方法快速地发现问题的可能答案，提高决策质量。

发达国家企业的运营、经营和管理水平的确高出很多。如果他们拥有详尽的客户资料和强大的辅助决策工具，就会比我们更了解客户分布，甚至更了解我们。因此，中国企业应该积极采用先进的工具，努力提高经营决策水平，以新的面貌迎接更严峻的挑战。

2. 数据仓库和数据挖掘技术简介

（1）数据仓库技术

数据仓库是支持管理决策过程的、面向主题的、集成的、稳定的、不同时间的数据集合。数据仓库不是简单的数据库产品，而是一种解决方案，是对原始的操作数据进行各种处理并转换成有用信息的处理过程，用户可以通过分析这些信息做出策略性的决策。

一个典型的数据仓库的数据组织结构如图2-5所示。

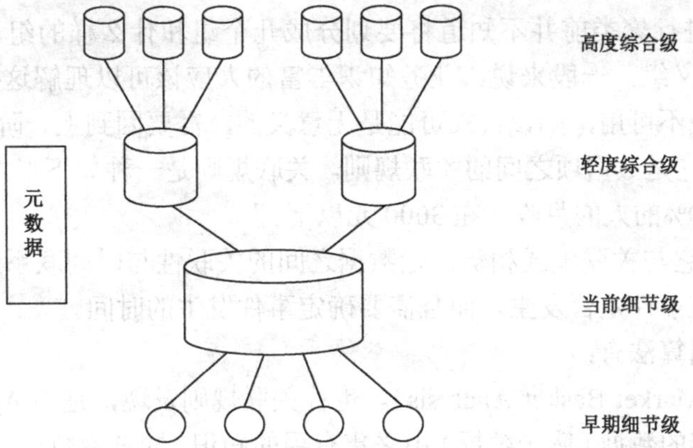

图 2-5　数据仓库的数据组织结构

数据仓库中的数据分为 4 个级别：早期细节级、当前细节级、轻度综合级、高度综合级。源数据经过综合后，首先进入当前细节级，并根据具体需要进一步地综合从而进入轻度综合级乃至高度综合级，老化的数据将进入早期细节级。可以看出，数据仓库中存在着不同的综合级别，一般称为“粒度”。粒度越大，表示细节程度越底，综合程度越高。级别的划分是根据粒度进行的。

数据仓库中还有一部分重要数据是元数据。元数据是“关于数据的数据”。在数据仓库中，主要有两种元数据：一种是为了从操作型环境向数据仓库环境转换而建立的数据；另一种元数据用来与终端用户的多维商业模型/前端工具之间建立映射。

（2）数据挖掘技术

数据挖掘是从数据集中识别出有效的、新颖的、潜在有用的以及最终可理解模式的高级处理过程。可以看出，数据挖掘是一个高级的处理过程，它从数据集中识别出以模式来表示的知识。高级的处理过程是指一个多步骤的处理过程，多步骤之间相互影响、反复调整，形成一种螺旋式上升过程。

数据挖掘的模式按功能主要分为两类：一类是假设验证型，它主要采用自上而下的方法，用于证实或否定某一假设；另一类是知识发现型，它采用自下而上的方法，力图通过数据发现有价值的信息。在实际应用中，往往根据实际作用细分为以下 6 种模式：

① 分类模式。它是一个分类函数（分类器），能够把数据集中的数据项映射到某个给定的类上。分类模式往往表现为一棵分类树，根据数据的值从树根开始搜索，沿着数据满足的分枝往上走，走到树叶就能确定类别。

② 回归模式。其函数定义与分类模式相似，它们的区别在于，分类模式的预测值是离散的，回归模式的预测值是连续的。如给出客户的特征，可以用分类模式判定这个客户是能给企业带来效益的客户，还是给企业带来隐患的客户。

③ 时间序列模式。根据数据随时间变化的趋势预测将来的值。这里要考虑时间的特殊性，像一些周期性的时间定义，如星期、月、季节、年等；不同的日子，如节假日可能造成的影响，日期本身的计算方法，还有一些需要特殊考虑的地方，如时间前后的相关性（过去的事情对将来有多大的影响力）等。只有充分考虑时间因素，利用现有数据随时间变化的一系列的值，才能更好地预测将来的值。

④ 聚类模式。把数据划分到不同的组中，组之间的差别尽可能大，组内的差别尽可能小。

与分类模式不同，进行聚类前并不知道将要划分成几个组和什么样的组，也不知道根据哪一（几）个数据项来定义组。一般来说，业务知识丰富的人应该可以理解这些组的含义，如果产生的模式无法理解或不可用，则该模式可能是无意义的，需要回到上一阶段重新组织数据。

⑤ 关联模式。它是数据项之间的关联规则。关联规则是一种如下形式的规则："在无力偿还贷款的人当中，60%的人的月收入在3000元以下。"

⑥ 序列模式。它与关联模式相仿，把数据之间的关联性与时间联系起来。为了发现序列模式，不仅需要知道事件是否发生，而且需要确定事件发生的时间。

数据挖掘的常用算法有：

① 货篮分析（Market Basket Analysis）。也称关联规则发现，是由Agrawal等人提出的，用来从记录交易内容的数据（篮子数据）中采集有用的知识，即搜索数据仓库中的条目和对象，从中寻找出现重复率很高的模式，它展示了数据间未知的依赖关系。利用货篮分析算法可以从某一数据对象的信息来推断另一数据对象的信息。

② 聚类检测（Clustering Detection）。在某些情况下，无法界定要分析的数据类，用聚类检测算法发现一些不知道的数据类型或怀疑的数据类。聚类的过程是以某一特定时间为依据，找出一个共享一些公共类别的群体，它也称为无监督学习。

③ 神经网络（Neural Networks）。通过学习待分析数据中的模式来构造模型，它对隐式类型进行分类。图像分析是神经网络最成功的应用之一。神经网络用于模型化非线性的、复杂的或噪声高的数据。

④ 决策树。利用信息论中的互信息（信息增益）寻找库中具有大信息量的字段，建立决策树（Decision Trees）的一个节点，再根据字段的不同取值建立树的分枝；在每个分枝子集中重复建树的下层节点和分枝的过程，即可建立决策树。

⑤ 遗传分析（Genetic Analysis）。它是模拟生物进化过程的算法，由三个基本算子组成：繁殖（选择）是从一个旧种群（父代）选出生命力强的个体，产生新种群（后代）的过程；交叉（重组）选择两个不同个体（染色体）的部分（基因）进行交换，形成新个体；变异（突变）对某些个体的某些基因进行变异（1变0、0变1）。这种遗传算法可起到产生优良后代的作用。这些后代需满足适应值，经过若干代的遗传，将得到满足要求的后代（问题的解）。遗传算法已在优化计算和分类机器学习方面发挥了显著作用。

⑥ 关联分析（Link Analysis）。它是基于图论的算法，通过对各数据项间存在的关系进行分析，挖掘出有用的信息。它具有关系明确化、可视化以及易发掘新知识等优点。但同时关联分析不支持多类型数据，目前支持工具较少，用单纯的SQL语言实现起来比较困难。

（3）数据仓库技术与数据挖掘技术的关系

建立数据仓库的目的是能够按主题存放海量数据，从大量数据中寻求有用信息。数据仓库是有效进行数据挖掘的基础。

数据仓库与数据挖掘有自然的联系。数据挖掘在数据中寻找有积极意义的形式并因此而对数据的正确性和集成性有严格的要求。一个数据挖掘的尝试过程包括发现、获得、整理数据的努力。当有一个与之相关的设计好的数据仓库时，这个数据仓库可以提供必要的数据。更为理想的是，如果数据仓库的设计中包含对数据挖掘的支持，那么这个数据仓库就将方便并促进数据挖掘的进行。这两项技术一起进行以产生价值。数据挖掘可以将原本呆板的数据转换成有实际意义的信息，这就实现了很多数据仓库所要实现的功能。

3. 数据挖掘在电子商务中的应用

数据仓库和数据挖掘技术为电子商务环境下的企业提供了强大的信息处理工具，将会协助企业发现存在的问题，并且准确定位问题，但最主要的是它能协助企业发现未来所展现的机会，因为利用机会总比解决问题更重要。企业在应用数据仓库和数据挖掘技术的同时，更需要树立利用好信息的观念。工具不是最重要的，隐藏在它背后的观念最重要。只有观念才能将互不关联的、独立使用的和目标不相同的技术转化为整体的信息系统。

2.4　电子商务开发平台

为了提高电子商务应用系统的开发效率，一些公司推出了功能强大的电子商务开发平台。下面介绍主要的平台。

2.4.1　静态网页制作软件

1. Dreamweaver

Dreamweaver 是一个可视化网页编辑工具，它提供设计视图和源代码视图两种编辑方式，所以它既提供视觉化的网页开发体验，也不会降低用户对 HTML 原始代码的控制。Dreamweaver 支持跨浏览器的动态 HTML 编程，使用阶层式样式表单、绝对坐标定位以及 JavaScript 动画，让用户更易编辑美观的网页。Roundtrip HTML 功能可以使用户很好地掌握 HTML 网页的原始编码。当打开其他编辑器产生的网页时，它会保存既有的 HTML 格式，使用绝对坐标可获得精准且弹性的设计。它的全网站内容管理方式摆脱了主页更新管理的缺点，是能够完美地整合视觉性和原始代码的文字编辑器。除此之外，Dreamweaver 还有以下功能：① 视觉式页面设计。② 增强的网站管理。③ 团队合作式网页编辑。④ 动态式出版的视觉编辑。

同时，Dreamweaver MX 包含并扩展了 Macromedia UltraDev 4 的功能，可以方便地在可视化环境下实现网站与数据库的连接。

2. FrontPage

FrontPage 是一个可以编辑 Internet 上以 HTML 格式保存的所有文件的编辑工具，它可利用 Image Composer 和 Microsoft GIF Animator 编辑和处理图像和动画，还可在网页中插入包括 Java、ActiveX、JavaScript 在内的各种插件，以产生各种特殊效果。FrontPage 2000 是一个管理站点的工具，可以用不同的方式查看各个网页之间的关系，调整站点的组织结构，使整个站点条理清晰。它还是一个 Internet 出版工具，利用它提供的网络发布功能，可以轻松完成站点的发布及上传功能。

FrontPage 2000 有两大功能，一是制作网页，二是建立和管理站点。作为一个网页编辑器，FrontPage 2000 实现“所见即所得”的工作方式，开发者完全不需要懂 HTML 语言，就能制作出具有专业效果的 Web 页面，这样他就可以把更多的精力投入到网页的创意上。另外，FrontPage2000 还可以完成 HTML 编辑、FrontPage 界面更改、脚本扩充和程序化、数据库集成等操作。

2.4.2 动态网站开发平台

1. Microsoft 电子商务开发平台

Microsoft 公司电子商务解决方案，以 Microsoft .Net Framework 为应用服务器，以 Visual Studio. NET 作为电子商务应用开发工具，提供全系列的 Windows Server System 产品，为企业构建电子商务架构和应用提供完整的解决方案。Microsoft 电子商务技术解决方案，主要包含以下 6 种服务。

（1）客户端服务。Microsoft.NET 作为一个端到端的应用平台，包含丰富的界面技术、浏览器、智能客户端、各种移动终端设备界面的支持；同时，通过 XML/Web Service 协议，Office/Info path 及 SharePoint Portal 作为客户端应用也可支持电子商务系统的访问和互操作，为用户提供多样化的选择和易用性。

（2）电子交易服务。Commerce Server 2002 提供 B to B 和 B toC 交易服务平台，提供用户档案及个性化、产品目录管理，目标定位，业务自动化管道，B to B/B to C 站点模板，广告促销，商业智能分析等针对电子商务交易的服务。

（3）内容管理服务。Content Management Server 2002 提供网站内容采集、编辑、存储、发布、展现等全阶段服务。由于内容的质量和动态更新已成为电子商务业务发展的核心竞争力，Content Management Server 2002 也提供维护网站内容更新和页面样式的管理功能。

（4）整合服务。BizTalk Server 2002 是以 XML 为基础的 B to B 商务文档交换自动化的建设和管理平台。它可以将任何一种数据格式转化为 XML 标准，从而成为企业与网站、企业与企业之间商业数据统一连接与交换的桥梁。

BizTalk Server 2002 的主要功能有：① 业务伙伴的资料管理，如合同、协议、订单等业务；② 应用集成，如集成 EDI 的应用，各种数据格式的转换（标准、自定义）；③ 文档的自动转换，如文档自动路由 CA 管理；管理与分析。

（5）安全服务。包括 Windows OS 的安全服务 ISA2004。它能为电子商务平台和网络环境提供端到端的安全服务机制，包括目录服务、网络命名服务、认证服务、OKI 加密和签名服务、网络环境防火墙、VPN、应用访问代理、Web 缓存服务等。

（6）开发服务。VE.NET 开发工具是一个多语言、集成化的开发平台，它集成了 Windows OS、NET Framework API 和所有 Windows Server System 产品开发 SDK 和电子商务应用开发框架，为开发人员提供快速开发电子商务应用的集成环境。

2. IBM 电子商务开发平台——WebSphere

在电子商务领域，IBM 公司是发起者，也是最有力的推动者之一，无论在理念和应用技术开发方面，IBM 公司都处在时代的最前沿。

目前，在 IBM 电子商务 4 项基础设施软件 WebSphere、DB2、Lotus 和 Tivoli 中，IBM WebSphere 作为一个全面的电子商务平台，是其电子商务基础设施的核心软件，为企业实施电子商务提供了一个开放、标准和完整的平台。它提供基础层、基础扩展层和应用加速层的不同产品，企业可以根据自己的需要来选择不同的产品。

① 基础层。WebSphere 基础层由 IBM WebSphere 应用服务器和 MQSeries 业务集成软件组成，可以将企业后端业务数据和应用扩展到 Web 上，并帮助企业充分利用现有的资源和系统，

改善与客户、供应商和业务合作伙伴之间的关系。

WebSphere 应用服务器是基于开放标准的电子商务应用开发环境，是基础构成部分。MQSeries 是 IBM 的商业通信中间件。它提供一个具有工业标准、安全、可靠的信息传输系统，它的功能是控制和管理一个集成的商业应用，使得组成这个商业应用的多个分支程序之间通过传递信息完成整个工作流程，是业务构成部分。

② 基础扩展层。WebSphere 基础扩展层从根本上提高了开发复杂电子商务系统的灵活性和速度，简化了整个电子商务应用开发周期的 IT 管理。其关键部件包括完成个性化站点分析和应用扩展的工具，不但能够帮助企业为他们的客户、员工和合作伙伴创建内容丰富的个性化网络应用，而且能够识别单个用户的信息和应用需求。企业可以利用它们建立相应的业务处理系统，继而开发完整的电子商务解决方案，而用户也可以通过个人计算机、智能电话、无线等各种设备对内容进行定制。

③ 应用加速层。WebSphere 应用加速工具是模块化的扩展工具，集成了 Lotus Domino、WebSphere Commerce Suite、WebSphere BtoB Integrator 和 MQSeries Workflow 等工具，能够满足快速响应的需求。它在电子商务和 B to B 集成等领域的应用，不但保留和继承了原有的应用程序和数据，而且融合了新的电子商务技术。

④ Application Server。WebSphere 应用服务器是基于开放标准技术的电子商务应用开发环境，为 WebSphere 应用产品和服务提供基础，有标准版、高级版和企业版三个版本。

⑤ Commerce Suite。企业实现电子商务是一个复杂的过程，需要与现有业务流程无缝连接的集成化的、灵活的解决方案，这样才能充分利用现有的投资。WebSphere 电子商务软件平台提供一个全面集成的 B to B/B to C 电子商务解决方案——WebSphere Commerce Suite。它以 IBM 功能强大的应用服务器 WebSphere Commerce Suite 为基础，建立在开放的业界标准结构之上，完全支持 XML、Java、EJB 等行业标准。

2.5 电子商务硬环境建设与外包

电子商务应用系统的运行离不开稳定、安全、响应及时的电子商务网络平台的支撑，企业需要根据自身的特点和能力来确定，采用何种方式来建立企业的电子商务网络平台。企业电子商务硬环境建设包括自建、托管或外包三种策略。

目前市场越来越细分，企业运作更多采取战略合作、协同商务及资源外包的运作战略，IDC 等公司在网络硬服务方面已经形成强大优势，能为客户提供全面的互联网业务解决方案和资源，从网站营销策划到网站建设，从托管服务到管理服务，从接入服务到业务专网。对中小企业来说，公司不可能有专门的部门和人员从事网络业务，最好的方法是采取外包方式开展网上战略。有专家认为，“资源外包”将是企业的发展方向，从公司软件业务、电子邮件到站点管理，电子商务将会是第一批 Web 业务。现在财务、人力资源、工资发放、ERP 应用是外包的对象，将来公司所有的 IT 系统都将外包。

2.5.1 电子商务基础平台

电子商务基础平台是各种电子商务应用系统的基础。不管是何种性质的电子商务网站，也不管其应用的程度和深度，所有的电子商务网站的运行平台都必须建立在一定的计算机、网络硬件设备和应用软件的基础上。一个电子商务网站要想正常运行，其运行平台至少应包括计算机、网络接入设备、操作系统、Web 服务器软件及其 Web 资源，这 5 个组件是网站正常运行的必备组件，是构成网站的最小配置。此外，还可以包括局域网、大型存储设备、数据库存储及检索系统、E-mail 服务器、FTP 服务器、应用服务器及其应用程序、控制系统、集成系统、安全系统、备份系统及维护系统等各类可扩充组件。

1. 网络接入设备

主要指互联网的接入设备，包括路由器、调制解调器、网络适配器、中继器、集线器、网桥、网关、交换机等。① 路由器是网站对外服务的关键组成部分，在线路带宽足够大的情况下，它决定着网站对外服务的带宽；② 调制解调器的功能有两方面：调制就是把计算机输出的数字信号转换成电话线上传输的模拟信号，而解调是把模拟信号再转换成数字信号；③ 网络适配器也叫网卡，负责提供计算机与网络的接口；④ 中继器是网络物理层的一种介质连接设备；⑤ 集线器可以说是一种特殊的中继器，相当于一个多口中继器；⑥ 网桥提供一个局域网与另一个局域网之间的连接；⑦ 网关实现协议转换和数据重组，以实现在两种以上不同类型网络系统之间的通信；⑧ 交换机允许在用户端口之间通过一个专用交换系统直接通信。

2. 应用服务器

应用服务器是一个软件包，它将一些通用的与商务无关的软件集成为一个整体，是为特定应用信息传递并管理数据的应用程序。由于应用服务器预装了部分功能，并提供一些开发工具，所以在其基础上开发应用软件，能够简化用户接口，减少用户开发的难度。

（1）应用服务器的基本结构

从本质上讲，应用服务器是支持商务应用运行的一个开发环境，它为商务系统的核心——应用软件提供服务。目前应用服务器主要包括两部分：一部分是 Web 服务器，另一部分是专用应用服务器。

① Web 服务器。应用服务器软件包中的 Web Sever 尽管也以 HTTP 为核心，但增强了很多功能，主要包括：静态 Web 页面（包括 HTML 和 DHTML）发布，动态页面脚本（如 JSP、ASP、Severlet 和 Java Applet 等），用户自定义的 MIME 类型信息的发布，传统的 HTTP 服务，服务器管理功能，Web 开发接口等。

② 专用应用服务器。从逻辑角度看，专用应用服务器与 Web 服务器相互配合共同完成商务逻辑。Web 服务器向专用应用服务器提供用户请求，并表达处理的结果。而专用应用服务器及其上层应用负责完成商务逻辑的处理，并反馈处理结果。

（2）应用服务器的功能

应用服务器的功能包括：① 高性能的应用程序运行环境；② 为应用提供扩充性；③ 会话管理；④ 支持多种应用编程模式；⑤ 目录及内容管理；⑥ 商务引擎；⑦ 系统管理。

3. 网络操作系统

选择网络操作系统（NOS）最好的方法是先选择所需的应用程序、客户机、服务器及实用程序，然后再选择它们共同需要的网络操作系统。如果服务器设备选用 PC 服务器，操作系统一般局限在 Windows　NT/2000、Linux、SCOUNIX、Sun、Solaris 中。如果服务设备选用小型机，操作系统则随品牌而定，一般都是 UNIX 平台。IBM　RS　6000 使用 ALX 操作系统，HP 机使用 HP　UNIX，Sun 公司的 Enterprise 系列使用 Solaris，SGI 使用 IRIX，Compaq 的 Alpha 小型机则不仅可以使用 Open　VMS、Digital　UNIX，还可以使用 Windows NT/2000。Sun 公司的 Enterprise 系列 UNIX 服务器在 Web 服务器软件市场占有很大的份额，世界上很多著名公司的网站都使用 Solaris 操作系统。

4. Web Server 软件

应用服务器软件是指为特定的应用信息传递方法管理数据的应用程序，它是电子商务网站系统的核心部分。应用服务器软件的选择对整个电子商务网站系统的有效运行有重大影响。与 Web 服务有关的软件是一个电子商务网站所必须提供的最基本的服务。

Web 服务器软件与操作系统之间有密切的关系。在目前流行的 Web 服务器软件中，自由软件 Apache 和网景公司的 iPlanet　Web　Sever 是主流产品，它支持多种平台。选择 Web 服务器软件时，不仅要考虑现在的需求，还应该考虑将来可能的需求，因为更换服务器软件通常要比安装标准软件困难得多，会带来一系列的问题。选择服务器软件时，还需要和操作系统联系起来考虑。

5. 网络数据库

电子商务是以数据库技术和网络技术为支撑的，每一个商务站点后台必须有一个强大的数据库支撑其工作，从数据管理、查询生成动态网页到数据挖掘及应用数据维护都离不开网络数据库。

① 关系数据库。关系数据库具有完备的理论基础、简洁的数据模型、透明的查询语言和方便的操作方法等优点，随着互联网应用的普及，目前应用在网络上的数据库系统已经发展为关系-对象型数据库。

② 全文数据库。全文数据库出现较晚，但 20 世纪 90 年代它得到了快速发展，目前已经占 DIALOG（目前世界上最大的国际联机情报检索系统，覆盖各行业的 900 多个数据库，信息总量约 15TB，共有 14 亿条记录）数据库系统的 1/3 以上。由于它能够提供原文，同时计算机的容量与速度极大提高，因而全文数据库日益成熟并进入实用阶段。全文数据库已成为网络上的主要信息资源。

③ 多媒体数据库。目前计算机所处理的数据信息一般分为二类：一类是结构化数据，如数字、符号等；另一类是非结构化数据，如图像、声音、网页、全文文本等。对于结构化数据，关系数据库已经成为主要处理手段。但随着网络和软件技术的飞速发展，非结构化数据的大量涌现和海量数据的产生，对数据存储和检索技术提出了完全不同的新需求。在非结构化数据中大多数是多媒体数据，其特点是数据量庞大、形式和格式多样且具有较强的时间性，其存储结构和存取方式有很大的不同，这种需求促进了新技术的产生，这就是多媒体数据库。

2.5.2　网站运行方式

对于一个开展电子商务的企业来说，还有一个关键问题是如何选择运行方式，即选择自营主机方式还是主机托管方式。

1. 自营主机方式

通常，对大多数企业而言，完全靠自营主机方式开发的电子商务网站会更具个性，更适合本企业的需要，同时企业在开发过程中也培养了自己的专业人才，但是由于建立自营主机的总成本会很高，企业必须自己采购硬件、WWW 服务器软件、电子商务软件和完成 T1 网络连接，同时要保证高速率就必须支付昂贵的专线通信费用，而且自营主机的网络设备对环境的要求很高，还需要专业技术人员维护，以保证设备的安全运行，所以完全依靠自己的力量开发电子商务网站并不是一个很好的选择。因此，除了那些拥有计算机专业人员的大企业外，一般企业采用外部的主机托管要合算些。如果你的公司不想在在线商务方面投入过多，就可采用主机托管服务，这种方法使企业投入不多就可以开展电子商务。

2. 主机托管方式

主机托管就是在具有与 Internet 实时相连的网络环境的公司放置或租用一台服务器，客户通过远程控制将服务器配制成 Web、E-mail、FTP 服务器。其优势在于，用户可以全权控制该主机，开发自己的网络服务。

一般而言，主机托管服务包括：① 提供标准的机房环境（如标准机架、UPS 电源、空调、照明等）；② 提供安全、可靠、通畅的网络环境；③ 提供高速的数据端口；④ 专人负责全天候网络维护，以保证系统的正常工作；⑤ 免费提供主机名及 IP 地址和链接；⑥ 提供 FTP、Telnet 功能，用户可全权控制托管主机。

另外，主机托管还可以提供电子商务软件、店铺空间和电子商务经验等企业需要的服务，这些服务可以使企业在开展电子商务时更加便利。

本 章 小 结

本章从网络基础技术与网络互连技术出发，介绍了网络的基本概念、网络的基本协议，局域网、广域网相关技术、网络接入技术、移动电子商务的接入技术，并对网络互连的三大类技术：Internet、Intranet、Extranet 的概念和技术特点及优势进行了详细分析。随后，本章介绍了电子商务网站开发、运行的相关技术及运行平台，这部分内容包括：① 电子商务开发技术，如静态网页开发技术、动态网页开发技术、服务器端动态网页开发技术、数据库技术、数据仓库与数据挖掘；② 电子商务开发平台，如静态网页制作平台、动态网站开发平台；③ 电子商务硬环境和外包相关知识，如电子商务运行的基础平台要素组成、网站运行的主要方式。

习 题 2

一、思考题

1. 简述 OSI 参考模型的结构。
2. 简述局域网和广域网的相关技术及接入技术。
3. 简述开发静态网页和动态网页所需要的一般技术。
4. 电子商务基础平台包含哪些要素？

二、讨论题

1. 浅谈你在使用电子商务的过程中遇到的应用数据挖掘技术方面的业务，并归纳数据挖掘技术为你在电子商务体验中带来的便利和好处。另外，数据挖掘技术有可能给消费者带来负面作用吗？请发表你的看法。
2. 讨论 Internet、Intranet 和 Extranet 之间的联系和区别。

三、实验题

1. 使用互联网查找静态网页和动态网页的例子，并指出其区别所在。
2. 尝试在 Dreamweaver 中设计一个简单的静态网页。

第3章 电子商务安全交易技术

电子商务是电子方式的商务活动，是一种全新的业务和服务方式，为全球客户提供丰富的商务信息、便捷的交易过程和廉价的交易成本。但同时，其安全性问题也越来越突出，例如买方担心在网络上传输的信用卡及个人资料被截取；卖方则担心收到的是被盗用的信用卡号码，或者交易失效等。另外，Internet 的最大特征是开放性，这与电子商务所需要的保密性是矛盾的。因此实现安全电子交易成为电子商务发展的重要因素。

3.1 安全电子交易的基本要求

电子商务活动中用户身份的识别是一个十分重要的问题。在现实生活中，销售商可以通过长相来识别用户，而在 Internet 上，每个人都是一样的，因此需要进行身份认证，以确认业务请求者是否有资格提供、获得或以所申请的名称对一项服务进行支付。对于电子商务公司来讲，加强信息和网络安全，就有必要阻止对公司关键商业系统中电子数据的非授权访问。因为非授权访问的结果可能是信息的泄露和内容的篡改、替换乃至破坏。

电子商务的安全性主要包括 5 个方面：保密性、完整性、可用性、合法性和认可。保密性主要控制谁可以保密或隐藏信息；完整性确保信息仅能以规定的和授权的方式改变，还要确保信息是真实的，并在传递过程中未被篡改或删减；可用性保证授权用户可以持续访问信息和资源；合法性意味着资源不能被非授权人员或以非授权的方式使用。

3.1.1 授权

在网络上开展商务活动，首先需要决定什么人对什么商业应用和公司敏感数据有访问权。为了实施授权，商务公司需要为一个跨多应用的特殊系统的所有用户开发并实现一个系列化的一致策略，还需要实现一个常规的授权过程。

通常，授权由一个系统体系结构组成，它以用户身份的确认为基础，就授权许可制定一个严格的强制规则。由于分布式结构可能带来某些安全隐患和漏洞，并且系统的开发与维护成本也比较高，因此电子商务中授权管理的体系结构目前正在从分布式管理转向集中式管理模式。

一般的授权解决方案是，为每一种硬件资源及文件、数据库、应用程序和可以访问某个特定对象的用户（群）的关系保存一张表，由于采用集中式目录管理方式，每个用户都有一个可访问对象列表。最常用的解决方案是使用轻型目录应用协议（Light-Weight Directory Application Protocol，LDAP）服务。

3.1.2　安全交易体系

在电子商务活动中，商家、消费者及银行等各方是通过开放的 Internet 连接在一起的，相互之间的信息传递也要通过网络来进行，这使得交易风险和不确定性加大，从而对网络传输过程中数据的安全和保密提出了更高的要求，尤其对电子支付中涉及的敏感数据，则更需确保万无一失。具体来看，一个安全的电子商务系统必须做到以下 4 点安全控制要求：

① 信息的保密性。交易中的商务信息一般都有保密的要求，尤其是一些涉及商业机密及有关支付等敏感信息的内容，不能随意被他人获取。因此，电子商务的信息传输过程一般都有信息加密的要求。

② 身份认证。要使网上交易成功，参与交易的当事人首先要确定对方的真实身份与对方所声称的是否一致，特别在涉及电子支付时，更应该确定对方的信用卡、账户等是否真实有效。

③ 不可抵赖性。在交易中，当一条信息被发送或被接收后，应该保证信息的收发方都有足够的证据来证明该信息的操作确实发生了，并能确定收发方的真实身份，以保证交易发生纠纷时有所对证。

④ 信息的完整性、防篡改性。交易中的信息在传输过程中必须不能被篡改，否则信息的完整性得不到保证，就不能保证交易的真实性和公正性。

因此，为了保证电子商务活动的安全性，必须有一套有效的安全机制作为保证，这需要建立电子商务的安全体系。概括起来，电子商务安全交易体系分为基本加密算法、安全认证手段和安全应用协议三个层次，如图 3-1 所示。

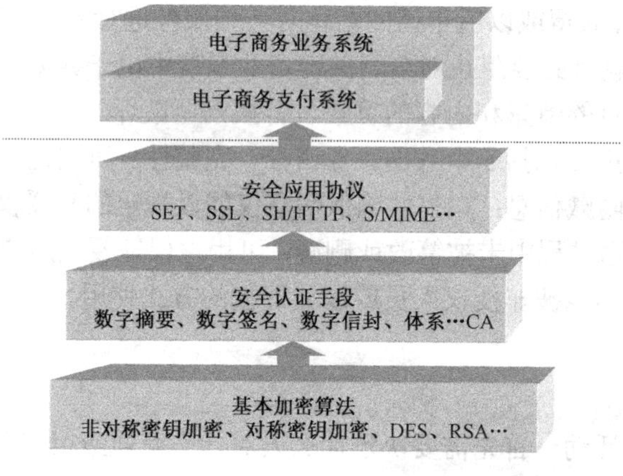

图 3-1　电子商务安全交易体系

3.2　网络安全技术

电子商务的安全性是由计算机的安全性，特别是计算机网络的安全性发展而来的。安全问题是电子商务系统所要解决的核心问题。电子商务对网络及应用系统提出了许多安全要求，只有建立科学、合理的安全体系结构和控制机制，才能保证电子商务交易的安全性。概括起来，网络安全性解决方案所涉及的主要技术有：虚拟专用网（VPN）和防火墙技术（FW）等。

3.2.1 VPN 和 IP VPN

1. 虚拟专用网技术

VPN（Virtual Private Network）是一项非常适合电子数据交换（EDI）的技术，它可以在不同地理位置的两台计算机之间建立一个按需的连接，以此达到在公共的 Internet 上或个别的企业局域网之间实现安全电子交易的目的。

所谓虚拟是指用户并没有拥有一个物理网，而是采用 DDN（数字数据网）的部分网络资源所形成的一个用户可以管理监控的专用网络。用户通过 VPN 管理站对所属专网各部分的端口进行状态监视、局数据查询、端口控制和测试以及告警、计费、统计信息的收集等网络管理操作。公用数字数据网络的管理人员仍然保留对各个 VPN 进行控制和管理的能力，协助管理各个 VPN。VPN 包括需要相互通信的两台计算机、一条通过拨号建立的隧道，以及公共的 Internet 或个别的企业局域网。为了确保通信的安全性，在两台计算机之间的数据传输是经过加密的。

VPN 支持数据、话音及图像业务，也支持 DDN 所具有的其他业务。虚拟专用网的优点是经济、便于管理、方便快捷地适应变化等。当然，虚拟专用网也存在一些问题，如当虚拟专用网使用公共线路时，其安全性会降低，容易受到攻击。

（1）VPN 的基本用途

① 通过 Internet 实现远程用户访问。虚拟专用网支持以安全方式通过公共互联网远程访问企业资源。与使用专线拨打长途或（1-800）电话连接企业的网络接入服务器（NAS）不同，虚拟专用网络用户首先拨通本地 ISP 的 NAS，然后 VPN 软件利用与本地 ISP 建立的连接在拨号用户和企业 VPN 服务器之间创建一个跨越 Internet 或其他公共互联网的虚拟专用网络。

② 通过 Internet 实现网络互连。可以采用以下两种方式使用 VPN 连接远程局域网。

第一，使用专线连接分支机构和企业局域网。不需要使用价格昂贵的长距离专用电路，分支机构和企业端路由器可以使用各自本地的专用线路，通过本地的 ISP 连通 Internet。VPN 软件使用与当本地 ISP 建立的连接和 Internet 网络在分支机构和企业端路由器之间创建一个虚拟专用网络。

第二，使用拨号线路连接分支机构和企业局域网。不同于传统的使用连接分支机构路由器的专线拨打长途或（1-800）电话连接企业 NAS 的方式，分支机构端的路由器可以通过拨号方式连接本地 ISP。VPN 软件使用与本地 ISP 建立起的连接在分支机构和企业端路由器之间创建一个跨越 Internet 的虚拟专用网络。

③ 连接企业内部网的计算机。虚拟专用网在逻辑上等价于广播域，更具体地说，可以将虚拟专用网类比成一组最终用户的集合。这些用户可以处在不同的物理局域网上，但他们之间可以像在同一个局域网上那样自由通信而不受物理位置的限制。在这里，网络的定义和划分与物理位置和物理连接没有任何必然联系。网络管理员根据不同的需要，通过相应的网络软件灵活地建立和配置虚拟网，并为每个虚拟网分配它所需要的带宽。

（2）VPN 的基本要求

一般来说，企业在选用一种远程网络互连方案时，都希望能够对访问企业资源和信息的要求加以控制，所选方案应当既能实现授权用户与企业局域网资源的自由连接及不同分支机构之间的资源共享，又能确保企业数据在公共互联网或企业内部网上传输时安全性不受破坏。因此，最低限度，一个成功的 VPN 方案应当满足以下所有要求：

① 用户验证。必须能验证用户身份并严格控制只有授权用户才能访问 VPN。另外，还必须提供审计和计费功能，显示何人在何时访问了何种信息。

② 地址管理。必须为用户分配专用网络地址并确保地址的安全性。

③ 数据加密。对通过公共互联网传递的数据必须加密，确保网络其他未授权的用户无法读取该信息。

④ 密钥管理。必须能够生成并更新客户端和服务器的加密密钥。

⑤ 多协议支持。必须支持公共互联网上普遍使用的基本协议，包括 IP、IPX 等。以点对点隧道协议（PPTP）或第 2 层隧道协议（L2TP）为基础的 VPN 方案，既能满足以上所有基本要求，又能够充分利用遍及世界各地的 Internet 互的优势。其他方案，包括安全 IP 协议（IPSec)，虽然不能满足上述全部要求，但是仍然适用于特定的环境。以下将主要集中讨论有关 VPN 的概念、协议和部件（Component）。

（3）VPN 的技术结构

VPN 的技术结构如图 3-2 所示。

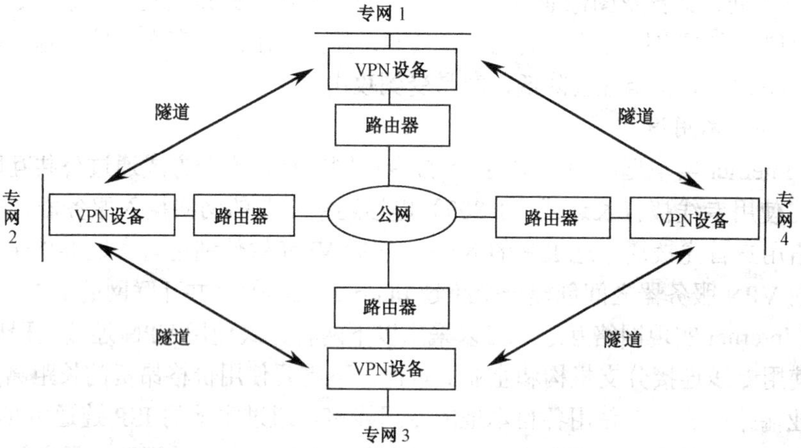

图 3-2　VPN 的技术结构构

虚拟网是在整个网络中通过网络交换设备建立的虚拟工作组。虚拟工作组包含不同位置的部门和工作组，不必在物理上重新配置任一端口，从而真正实现网络用户与它们的物理位置无关。虚拟网技术把传统的广播域按需要分割成各自独立的子广播域，将广播限制在虚拟工作组中，由于广播域的缩小，网络中广播包消耗带宽所占的比例大大降低，网络的性能得到显著提高。

虚拟网可以定义一个端口，所有连接到这个特定端口的终端都是虚拟网的一部分，并且整个网络支持多个虚拟网。网络管理员可以逻辑上重新配置网络，迅速、简单、有效地平衡负载流量，轻松自如地增加、删除和修改用户，而不必从物理上调整网络配置。

在传统网络技术中，同一物理网段的用户在网络层上很难实施安全措施，而在虚拟网环境中，通过划分不同的虚拟网络可以控制处于同一物理网段中的用户之间的通信。虚拟网间的安全与虚拟网间的通信方式有关。通过路由技术使得虚拟网间通信双方不能直接连接，一方不知道另一方的具体 MAC（Medium Access Control）地址，因此安全性比较高。

（4）VPN 的组网方式

VPN 企业网组网方式分以下三种，其采用的隧道协议有所不同，要仔细选择。

① Access VPN（远程访问 VPN）——客户端到网关。远程用户拨号接入本地的 ISP，它适用于流动人员远程办公，可降低电话费。SOCKS v5 协议适合这类连接。

② Intranet VPN（内联网 VPN）——网关到网关。它适用于公司两个异地机构的局域网互连，在 Internet 上组建世界范围的企业网。利用 Internet 的线路保证网络的互连性，而利用隧道、加密等 VPN 特性保证信息在整个 Intranet VPN 上安全传输。IPSec 隧道协议可满足所有网关到网关的 VPN 连接，因此在这类组网方式中用得最多。

③ Extranet VPN（外联网 VPN）——与合作伙伴企业网构成 Extranet。由于不同公司的网络相互通信，所以要更多考虑设备的互连、地址的协调、安全策略的协商等问题。它也属于网关到网关的连接，选择 IPSec 协议是明智之举。

2. IP VPN

传统的 VPN 是建立在帧中继和 ATM 基础上的，这种 VPN 业务虽然解决了传统专线业务点到点的局限性，节省了昂贵的成本，减少了公共资源的浪费，但在目前以 IP 为主导的世界里，它却有很多局限性，最主要的是帧中继和 ATM 网络在本质上还是一个以连接为主的网络，任何两点之间的通信都需要虚拟电路连接，降低了网络的灵活性。所以人们需要一个基于 IP 的、既有 Internet 的灵活性和通达性，又有专网的安全性；既便于管理和升级，又满足未来发展需求的网络，IP VPN 将是一个明智的选择。IP VPN 由电信经营商以 IP 骨干网为基础，采用 IP 隧道等基于 TCP/IP 的技术组建，为用户提供 Internet 闭合用户群专网服务，可实现专网内加密的透明分组传送，其安全性、保密性和地址空间的使用在一定程度上和企业租用专线组网的效果相同或类似。

IP VPN 是指通过开放的 IP 网络建立私有数据传输通道（即隧道），将远程的分支办公室、商业伙伴、移动办公人员等连接起来的一种专用网络技术。对企业而言，IP VPN 可以替代传统租用专线来连接计算机或局域网等。而任何 IP VPN 业务都是基于隧道技术实现的，隧道机制（如何建立私有数据传输通道并传输数据的方法）是 VPN 实施的关键。隧道协议分为第二层（数据链路层）隧道协议 PPTP、L2F、L2TP、MPLS 和第三层（网络层）隧道协议 GRE、IPSec。它们的本质区别在于，用户的数据是被封装在哪种数据包中传输的。

IP VPN 的简单性和低成本使其成为 IP 领域的热点和最具潜力的 IP 增值业务。目前，国外几乎所有的运营商都将 IP VPN 作为一项最主要的业务重点发展。国内提供 IP VPN 业务的运营商有中国电信、中国移动、中国联通。当前大力发展 IP VPN 业务是国内各电信运营商发展 IP 业务、吸引大客户、增强企业竞争力的有力措施之一。

3.2.2　防火墙技术

在电子商务活动中，当企业应用 WWW 技术和数据库连接并进行数据处理时，网络黑客（Hacker）就可能进入网络窃取信息，破坏数据或引入病毒，甚至对网络造成毁灭性的后果。作为近年来新兴的保护计算机网络安全的技术性措施，网络管理者在排除外部因素对数据的威胁时使用最多的是防火墙。

1. 防火墙简介

防火墙是一种隔离控制技术，通过在内部网络（可信赖的网络）和外部网络（不可信赖的网络）之间设置一个或多个电子屏障（包括包过滤、电路网关和应用网关）来提供网络安全环境。其目的是阻止对信息资源的非法访问，或使用防火墙阻止内部信息从公司网络上被非法窃取。换言之，防火墙是一道门槛，控制进、出两个方向的通信。通过限制网络或某一特定区域的通信，以达到防范不可预料的、潜在的非法用户（对内部网络未授权访问的用户）侵犯网络，以及防止内部用户对外部网络的非法访问等目的。

防火墙主要有以下功能：

① 保护数据的完整性。当某个人对网络中所存储的数据进行非法修改（有意或无意）时，他就破坏了数据的完整性。因此，网络可依靠设定用户权限和文件保护机制来控制用户访问敏感性信息，它可以限制一个特定用户能够访问信息的数量和种类。

② 保护网络的有效性。有效性是指一个合法用户能够快速、简便地访问网络资源。

③ 保护数据的机密性。一个网络不能保证数据的机密性时，非法用户就会获得敏感信息的副本。为此，网络管理者必须加密敏感数据。

采用防火墙的系统主要有以下 5 个优点。

（1）防止易受攻击的服务

防火墙可以提高网络安全性，并通过过滤原本不安全的服务来降低子网主系统的风险。因此子网环境可经受较小的风险，因为只有经过选择的协议才能通过防火墙。例如，防火墙可以禁止某些易受攻击的服务进入或离开受保护的子网。这样做的好处是，防护这些服务不被外部攻击者利用。

防火墙还可以防护基于路由选择的攻击，如源路由选择和企图通过 ICMP 改向把发送路径转向遭到损害的网点。防火墙可以排斥所有源点发送的包和 ICMP 改向，然后把偶发事件通知管理人员。

（2）控制访问网点系统

防火墙还有能力控制对网点系统的访问。例如，某主系统可以由外部网络访问，而其他主系统则能有效地封闭起来，避免有害的访问。除了邮件服务器或信息服务器等特殊情况外，网点可以防止外部对其主系统的访问。这使防火墙特别擅长执行的访问策略处于重要地位。

（3）集中安全性

如果一个子网的所有或大部分需要改动的软件及附加安全软件能集中放在防火墙系统中，而不是分散到每个主机中，这样防火墙的保护相对集中，成本也较低。尤其是密码口令系统或其他身份认证软件等，放在防火墙系统中更优于放在每个 Internet 用户都可以访问的机器上。

（4）增强保密性、强化私有权

对一些站点而言，私有性很重要，因为某些看似不重要的信息往往会成为攻击者灵感的源泉。使用防火墙系统，可以防止对站点的非法 finger 探测。finger 命令会列出当前使用者名单、他们上次登录的时间以及是否读过邮件等。但 finger 命令同时会不经意地告诉攻击者该系统的使用频率、是否有用户正在使用以及是否可能发动攻击而不被发现。防火墙能封锁域名服务信息，从而使 Internet 外部主机无法获取站点名和 IP 地址。通过封锁这些信息，可以防止攻击者从中获得另外一些有用信息。

（5）网络使用、滥用的记录和统计

如果对 Internet 的进出访问都通过防火墙，那么防火墙可以记录各次访问，并提供有关网络使用率的有价值的统计数字。一个防火墙能在可疑活动发生时发出音响报警，同时还能提供防火墙和网络是否受到试探或攻击的细节。采集网络使用率统计数字和试探的证据是很重要的，最重要的原因是可知道防火墙能否抵御试探和攻击，并确定防火墙的控制措施是否得当。网络使用率统计数字也很重要，可作为网络需求研究和风险分析活动的输入。

然而，防火墙它也存在如下缺点：

① 无法防范不经过防火墙的攻击。防火墙无法检查未经过防火墙的数据，如拨号上网。

② 不能解决来自内部网络的攻击和安全问题。如通过发送带木马的邮件、带木马的 URL 等方式，由中木马的机器主动与攻击者连接，将瞬间破坏掉像铜墙铁壁一样的防火墙。另外，对于防火墙内部各主机间的攻击行为，防火墙爱莫能助。

③ 不能防止最新的未设置策略或错误配置引起的安全威胁。

④ 不能防止可解除的人为或自然的破坏。防火墙是一个安全设备，但它本身必须存放在一个安全的地方。

⑤ 无法弥补 TCP/IP 等协议存在的漏洞。防火墙本身是基于 TCP/IP 等协议来实现的，但它无法解决 TCP/IP 操作的漏洞问题。

⑥ 对服务器合法开放的端口的攻击大多无法阻止。

⑦ 不能防止受病毒感染的文件传输。防火墙本身并不具备查杀病毒的功能，即使集成了第三方的防病毒软件，也没有一种软件可以查杀所有病毒。

⑧ 不能防止数据驱动式攻击。当有些表面看来无害的数据邮寄或复制到内部网的主机上并被执行时，可能会发生数据驱动式攻击。

⑨ 不能防止内部的泄密行为。若内部的一个合法用户主动泄密，防火墙无能为力。

⑩ 不能防止本身安全漏洞的威胁。防火墙保护别人，有时却无法保护自己，因为目前还无法绝对保证防火墙不会存在安全漏洞。防火墙有其硬件和软件系统，因此依然可能存在漏洞，所以其本身也可能受到攻击。

2. 实现防火墙的主要技术

在实现防火墙的网络安全策略中，有两种截然相反的规则，它们是“没有明确允许的就是禁止的”规则和“没有明确禁止的就是允许的”规则。前者指你的组织提供了一个明确的和记录在册的服务集合，那么所有其他的服务都在禁止之列；后者指除非你明确指出一种服务不可用，否则所有服务均是可用的。采用前者方案建立的是一个非常安全的环境，因为只有慎重选择的服务才得到支持。当然这种方案也有不易使用的缺点，它限制了用户的选择范围。采用后者方案建立的是一个非常灵活的环境，能给用户提供更多的服务。其缺点是，将易用性放在了安全性之前，网络管理员处于不断响应当中，随着网络规模的增大，很难保证网络的真正安全。

实现防火墙的主要技术有：数据包过滤，应用网关和代理服务等。

（1）数据包过滤

包过滤（Packet Filter）技术是在网络层对数据包实施有选择的通过，如图 3-3 所示。依据系统内事先设定的过滤逻辑规则，检查数据流中每个数据包，根据数据包的源地址、目的地址、所用的 TCP 端口与 TCP 链路状态等来确定是否允许数据包通过。包过滤技术作为防火墙的应用有三类：一是路由设备在完成路由选择的数据转发之外，同时进行包过滤，这是目前常用的方式；二是对工作站所用软件进行包过滤，但是价格较贵；三是在一种称为屏蔽路由器的路由设备上启动包过滤功能。

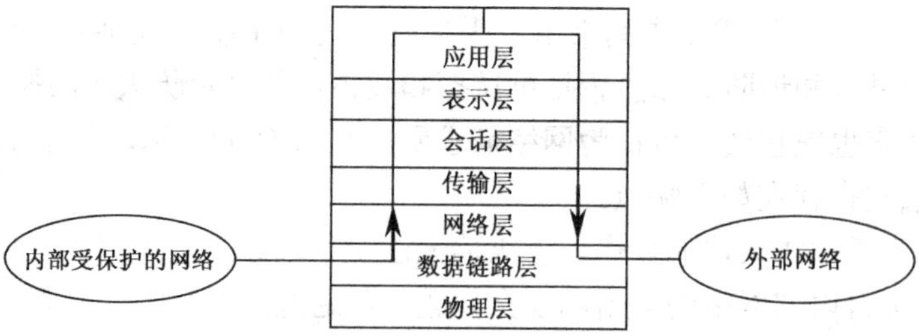

图3-3 包过滤示意图

（2）应用网关

应用网关（Application Gateway）技术是建立在网络应用层上的协议过滤，在内部网络和外部网络之间使用代理主机，如图3-4所示，其中I处为代理主机。它针对特别的网络应用服务协议，即数据过滤协议，能够分析数据包并形成相关报告。应用网关对某些易于登录和控制所有输入/输出的通信环境给予严格控制，以防有价值的程序和数据被窃取。在实际工作中，应用网关一般由专用工作站系统来完成。

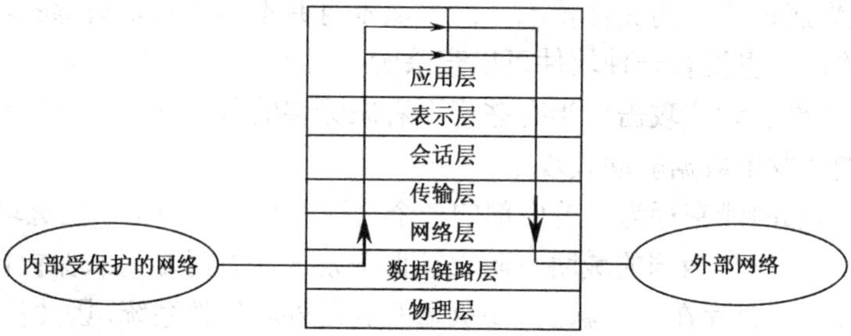

图3-4 应用网关示意图

（3）代理服务

代理服务（Proxy Server）是设置在Internet防火墙网关的专用级代码（代理服务在应用层上进行）。该代理服务授权网管员允许或拒绝特定的应用程序或一个应用的特定功能。包过滤技术和应用网关技术是通过特定的逻辑判断来决定是否允许特定的数据包通过，一旦判断条件满足，防火墙内部网络的结构和运行状态便“暴露”在外来用户面前，这就引入了代理服务的概念，即防火墙内、外计算机系统应用层的“链接”由两个终止于代理服务的“链接”来实现，这就成功地实现了防火墙内、外计算机系统的隔离，如图3-5所示。同时，代理服务还可实现较强的数据流监控、过滤、记录和报告等功能。代理服务技术主要通过专用计算机硬件（如工作站）来承担。

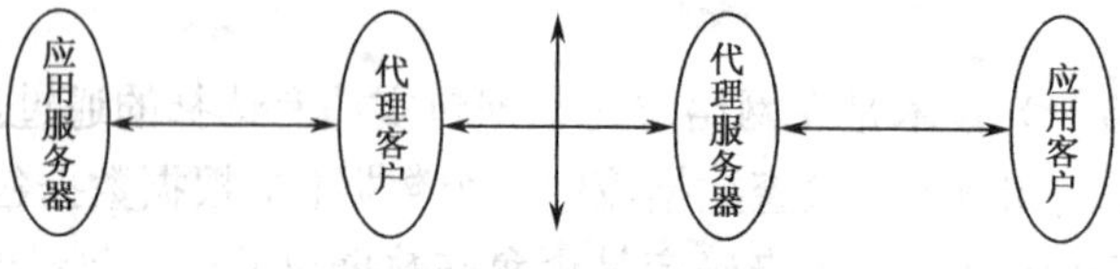

图3-5 代理服务示意图

结合上述三种防火墙技术的优点，可以创建通用、高效和安全的防火墙。如将应用网关和包过滤技术结合起来，可以保证应用层安全性、统一支持处理所有协议、审计和预警等，其运转对于用户和系统都是透明的，并且面向所有的图形用户接口，便于配置和管理。Firewall-I是这方面典型的例子。三种技术的优缺点比较如表3-1所示。

表3-1 三种防火墙技术的优缺点比较

	包过滤	应用网关	代理服务
优点	效率高，对应用和协议是透明和综合的	安全系数高	屏障被保护的网络内部结构及功能多
缺点	不太安全，维护、运营成本高	专用的用户程序和用户接口，费用高	为每个网络专门开发和设计，相当大的工作量

3. 防火墙的主要类型

实用的防火墙一般基于上述三种防火墙技术而建立。常见的主要防火墙体系结构如下。

（1）基于IP包过滤器的体系结构

IP包过滤器基于包过滤技术，它位于内部网络和外部网络连接处，有两个网络接口，其主要功能是过滤IP包。对于每个试图通过的IP包，都要和安全访问控制表进行比较，以确定该包是否可以通过防火墙。

这种体系结构完全按照包过滤技术原理建立，具有包技术的优点和缺点，但需要注意，现有的包过滤程序只能提供静态安全规则配置，对使用动态IP地址的主机及不使用固定端口的服务，无法提供有效控制。

（2）堡垒主机体系结构

这种体系结构基于应用网关和代理服务两种技术上。堡垒主机是一个组织的网络安全体系中的中心主机，是网络管理员就近监控的。它是连接及隔离内部和外部网络的唯一通道，它有两个网络接口，分别与内部网络和外部网络相连。堡垒主机为每种服务提供专门的应用代理程序。其典型结构为双重宿主主机（Dual-Home Host）体系结构。

该体系结构具有应用网关和代理服务两种技术的优点和缺点。值得一提的是，堡垒主机需要对软件和系统安全要进行定期审核，还应检查一些有关的潜在安全破坏和企图对堡垒主机进行攻击的访问记录。

（3）被屏蔽主机体系结构

这种体系结构综合了IP包过滤器和堡垒主机两种结构，进、出内部网络的数据流如图3-6所示。

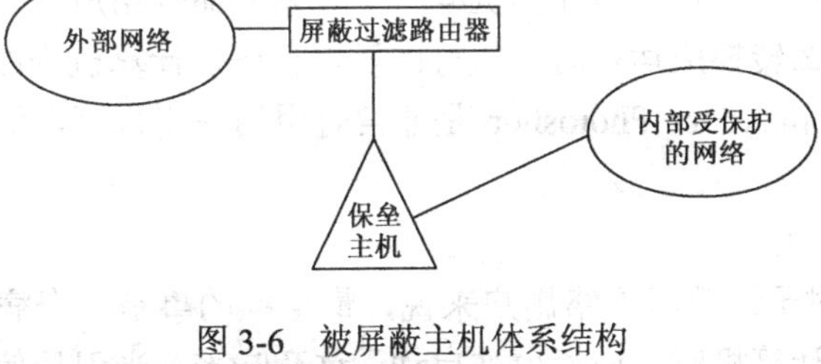

图3-6 被屏蔽主机体系结构

该体系结构的优点是，提供更完善的网络层安全控制，同时实现了基于用户的应用层安全控制；它也具有一定的灵活性，可方便地结合网络地址转换及虚拟内部网络技术。其缺点是，对屏蔽过滤路由器安全规则配置要求很高，一旦它被攻破，内、外用户就可畅通无阻地进、出内外网络。

（4）被屏蔽子网体系结构

这种体系结构是在被屏蔽主机体系结构基础上发展而来的。图 3-7 为被屏蔽子网体系结构图，在内部和外部网络之间建立一个被隔离的子网，用两台分组过滤路由器将这一子网分别与内部网络和外部网络分开。有的屏蔽子网中还设有堡垒主机作为唯一可访问点，支持终端交互或作为应用网关代理。

该体系结构的优点是，更有效地保护受保护子网，黑客至少需要攻破屏蔽过滤路由器的两道防线才能进入内部网络。

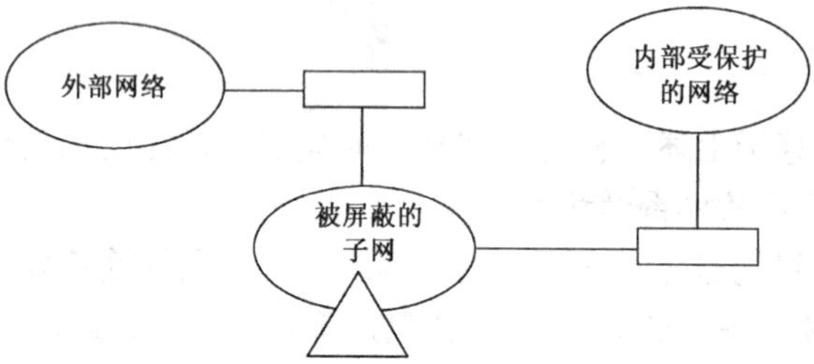

图 3-7　被屏蔽子网体系结构

3.2.3　病毒防范措施

1. 病毒及其种类

在计算机世界里病毒是最容易被误解的概念之一。当得知自己的系统里有病毒时，很多人感到慌乱并开始删除文件、格式化硬盘或做一些比病毒本身带来更多问题的事。当碰到病毒时，最重要的原则是保持冷静并设法获取与病毒有关的更多信息，如果公司有反病毒规程，则最好依照该规程加以处理。

为了保护公司的信息不丢失或因散布病毒而被诉诸法律，电子商务公司应考虑以下预防措施：

① 反病毒程序——把它装入防火墙和每一个桌面，在网络上提供更新版本。

② 备份策略——为所有重要数据进行备份，并确保对备份进行病毒检查。

③ 员工教育——组织培训，并从公司的主页直接链接到一个常见问题界面。

为了能在紧急情况下做出正确的决定，必须理解病毒是什么。总的来说，病毒是一个计算机程序，就像平时用的程序，它们由计算机程序中一系列命令组成。这些命令要么是由特定的语言解释程序运行，要么转换成运行时可执行的机器代码。计算机程序本身是不分好坏的，如 Netscape Communicator 和 Adobe Photoshop 是非常有用的应用程序，但病毒程序却是为有害目的而编写的。

病毒有三种常见类型：

① 引导区病毒。对于计算机网络用户来说，最糟糕的事是一个病毒驻留在用户的计算机的主引导区，每当启动计算机时，病毒也被启动。这意味着，当引导信息装入时病毒会感染硬盘上所有的文件。多数情况下，用户必须用其他设备启动，如 CD-ROM 等以跳过病毒启动。然而，最坏的情况是，病毒识别出反病毒程序，并在用户启动这些程序前删除它们。

② 可执行病毒。病毒通过感染可执行文件起作用，一但病毒启动，它把自己和所有启动

的可执行文件连接在一起，通常是在程序后端加上病毒代码。当受感染文件执行时，病毒自身也执行，并开始邪恶的循环。一个可执行病毒从它运行到用户关机一直驻留在内存中，即使用户退出已感染程序也是如此。比如病毒感染了 Word 程序，则所有在 Word 之后运行的应用程序也会被感染，这样病毒会散布到整个系统。

③ 宏病毒。宏语言是一些应用的集成语言，它允许某些应用的自动化集成操作，通常宏语言基于用户的输入运行，它们允许用户扩展应用程序功能。在绝大多数情况下，宏语言是有用而无害的，但由于在很多应用中缺少安全约束，宏语言也可用来创建病毒。很多情况下，宏病毒经常感染 Microsoft Word 和 Exce1 这类最流行的办公软件，它们使用 Visual Basic 运行它们的宏，而 Visual Basic 对每个人来说不仅易学，而且功能强大。与可执行病毒不一样，当用户关闭宿主应用时，宏病毒并不驻留内存，当其他应用在 Word 或 Excel 系统环境下工作时，由于它们不理解这个宏，因此不会受感染。删除宏病毒非常简单，比如用户在 Star Writer 中打开一个 Word 文档，只需把它重新保存一次病毒就会消失。

值得指出，病毒攻击的主要对象经常是 Windows 和 Macintosh 计算机，且在有宏语言应用的用户中非常普遍，而 UNIX 平台却很安全，甚至没有病毒。这主要取决于 UNIX 系统的安全约束机制和开放标准。引导区和可执行病毒在 Intranet 和公司内部计算机上并不是大问题，但盗版软件却可能成为病毒的一个重要来源。

需要指出，HTML 页中有病毒是一个误解，虽然可能有一个特定的 Web 页使用户的浏览器崩溃，但这只是因为浏览器有恶意的代码，而不是因为有人想使用户的计算机崩溃。

Java App1et 病毒也并不存在，因为它的沙箱原则（Sand Box Principle）使 Java Applet 不可能攻击其他资源。如果用户不允许，则 Java Applet 不能存入、读取或格式化用户硬盘。

ActiveX 组件倒可能是有害的，因为它们只是具有普通程序全部权限的可执行代码，因此可以删除文件或格式化用户硬盘。Internet Explorer 可通过设置来关闭这些特性，因此上网从事电子商务活动的每个人都应理解这种浏览器的安全水平及其操作。如果 ActiveX 组件有一个沙箱模型会更好，这样程序就看不见计算机上的任何资源了。

首要原则是，如果用户在一台公司计算机中发现主引导区或可执行病毒，首先应检查那台计算机中的盗版软件。病毒的另一个来源是一些被四处散发的有趣程序或电子邮件。大文件总是压缩的，一般放置在一个 Web 页上，在那里其他人可以下载这个文件。

不同的病毒其破坏程度是不同的，如果用户有所准备，甚至最具破坏性的病毒也不会造成任何伤害。病毒破坏的程度可做如下分类：

程度 1——烦人。在用户屏幕上显示信息，但不引起任何实质伤害。

程度 2——无害。在用户屏幕上显示信息并阻止程序操作（增加执行时间等），但不会引起永久破坏。

程度 3——有害。破坏它所感染的程序的数据，但其他数据完整无缺。

程度 4——毁坏性。破坏所有数据，阻止计算机操作等。

2. 反病毒解决方案

因为越来越多的商业公司有 Intranet 并且和 Internet 直接相连，所以不仅要保护单机，而且把网络作为一个整体来保护变得越来越重要，因此仅在每台计算机上安装反病毒程序是不够的。所以需要一种标准解决方案，它不仅适合于计算机网络，而且适用于单机。这种保护可以防止病毒通过软盘、zip 盘和其他可移动媒介渗透计算机。绝大多数反病毒解决方案都能扫描电子邮件，但这已经不必要了。公司网络里所有进、出通信都会在防火墙进行检查，检查进来的通信是为了保护 Intranet 和所有计算机上的数据，检查以电子邮件和 Web 页形式出去的通信同样重要，不应该有未经过病毒检查的程序或电子邮件流出公司，因为邮件中的病毒或公司 Web 上程序中的病毒会破坏公司的信誉。尽管防火墙病毒检查是一个重要的应用，但其大量安装却非常困难，因为绝大多数反病毒软件只能运行在 Windows NT 之上，而不能运行在高性能的 UNIX 操作系统之上。大量使用防火墙技术还会影响网络的整体性能。例如，在千兆位网络上使用防火墙技术，可能形成网络瓶颈，反而降低了网络速率。

有规律的备份是反计算机病毒的另一个重要措施，即使有时可能同时备份了导致破坏的病毒，但这样做也是必要的。因为用户还是有可能安全恢复所有数据的。但在开始工作之前，用户应获得一个反病毒解决方案并删除病毒。

3. 所需软件

在市场上可以得到多种不同的解决方案，它们绝大多数都有相同的基本功能并在价格、速度及兼容性方面各有千秋。对任一反病毒软件最重要的是其病毒定义文件的可用性。病毒定义文件中含有病毒的有关信息，它的更新应根据需要获得（如通过 Web 站点），以保持软件是最新的。如果数据库是旧的，那么最好的解决方案也毫无用处。

不管用户选择哪一种解决方案，至少都应包含以下组件：

① 扫描程序。它扫描本地硬盘、软盘和网络驱动器以查找病毒。该程序通常并不在后台自动工作，需要用户启动运行。

② 屏蔽保护（Shield）。它在幕后工作，当从 Internet 上下载软件或在 USB 接口中插入一张 U 盘时，它会搜寻病毒。这部分处理是自动的。

③ 清除程序。一旦发现有病毒存在，它就删除病毒，为此它会搜索数据库。通常情况下，删除病毒非常容易。但确有一些病毒破坏真实数据，这样就不可能恢复到原有状态了。

由于防火墙反病毒解决方案不是一种最可行的解决方案，因此用户应该对 Web 和 FTP 服务器采取一些附加措施。例如，如果不能在忙碌中对所有文件进行病毒检查，则可以让脚本（Script）在 Web 服务器上每周运行一次以检查病毒。

3.2.4 黑客攻击与防范

电子商务网站是黑客瞄准的目标，他们经常“破门而入”，使网络陷入瘫痪，给被攻击的网站造成巨大损失。可见，为了保证电子商务交易的安全，加强对黑客的打击和防范已刻不容缓。

1. 网络黑客常用的攻击手段

今天的黑客分为两类：一类是骇客，他们只想引人注目，从侵入行为本身获得巨大的成就感，而不进行破坏；另一类是窃客，他们具有强烈的目的性，这些黑客大部分瞄准了银行的资金和电子商务的交易过程。目前，黑客的行为正在不断走向系统化和有组织化，如企业、集团、金融界高薪聘请黑客进行商业间谍战。所以从事网络交易的计算机用户，非常有必要了解有关黑客入侵的常用手段，以预防黑客的侵袭。

（1）口令攻击。口令攻击是网上攻击最常用的方法。黑客首先通过进入系统的常用服务，或对网络通信进行监视，使用扫描工具获取目标主机的有用信息；然后反复试验和推测用户及其亲属的名字、生日、电话号码或其他易记的线索等，获取进入网络系统的口令，以求侵入系统，从事破坏活动。有时，也利用一些类似于“特洛伊木马”的病毒程序或各种软件工具，进行口令破解，进而实施攻击。

（2）服务攻击。黑客所采用的服务攻击手段主要有4种：

① 和目标主机逐级建立大量的连接。因为目标主机要为每次网络连接提供网络资源，所以当连接速率足够高、连接数量足够多时就会使目录主机的网络资源耗尽，导致主机瘫痪、重新启动、死机或黑屏。

② 向远程主机发送大量的数据包，从而导致主机死机或黑屏。

③ 利用即时消息功能，以极快的速度用无数的消息“轰炸”某个特定用户，使目标主机缓冲区溢出，黑客伺机提升权限，获取信息或执行任意程序。

④ 利用网络软件在实现协议时的漏洞，向目标主机发送特定格式的数据包，导致主机瘫痪。

（3）电子邮件轰炸。用户在很短的时间内收到大量的电子邮件，使用户系统的正常业务不能开展，系统功能丧失，严重时会使系统关机，甚至整个网络瘫痪。还有一种邮件直接夹带或在附件中夹带破坏性执行程序，用户不小心打开邮件或附件，就会自动启动这个程序，带来不可预测的严重的后果。

（4）利用文件系统入侵。通过邮件发送或QQ、MSN等IM即时通信软件，使目标计算机接收并运行黑客的木马程序，从而控制目标计算机，并获得用户的各种密码。另外，如果FTP服务器上的用户权限设置不当或保密程度不好，也极易造成泄密事件。

（5）计算机病毒。计算机病毒程序把自己附着在其他程序上，等这些程序运行时进入系统，进而大面积扩散，从而造成系统死机，计算机硬件毁坏。

（6）IP欺骗。IP欺骗一般是由网络之外的袭击者所为，他们冒充可信赖的计算机，通过使用本地网的IP地址或使用已授权的外部IP地址访问资源。IP欺骗将数据和命令注入在客户/服务器之间或点到点连接之间的数据段中。为了能双向通信，袭击者必须改变路由表，使其指向被利用的IP地址；另一种袭击手段是不通过应用程序应答。如果一个袭击者只是想得到系统发给他的敏感文件，那么应答就不重要了。如果袭击者设法改变了路由表，并使其指向被冒充的IP地址，那么他就能接收所有编址为该IP地址的数据包，而且还能以合法用户的身份回复信息。与数据包探测器一样，专用网络之外的用户也可以使用IP欺骗。

2. 防范黑客的技术措施

防范黑客的技术措施根据所选用产品不同，分为7类：网络安全检测设备、防伪设备、浏览器/服务器软件、证书、商业软件、防火墙和安全工具包软件。其中，比较常用的是网络安全检测设备、防火墙和安全工具包软件。

（1）网络安全检测设备

使用网络安全检测设备，可以进行如下安全检测和防范：

① 安全漏洞检测与修补。防范黑客最好的方法是在黑客找到安全漏洞并加以利用之前找到并修补漏洞。随着计算机技术的不断发展，新的安全漏洞不断出现。所以必须对最新发现的安全漏洞及时进行修补，并定期检测，做到永远领先于黑客一步。

安全漏洞检测服务包括网络安全漏洞检测、主机系统安全漏洞检测、数据库安全漏洞检测和CGI程序安全漏洞检测4部分。使用领先的安全漏洞检测软件对网络、主机、数据库和CGI程序进行彻底的安全漏洞扫描。安全漏洞检测必须结合多种自动检测工具和安全服务工程师的专业漏洞检测和分析经验。对所检测到的安全漏洞需及时修补。

② 黑客入侵实时检测和紧急响应。经过安全漏洞检测和修补后的网络和系统仍然难以完全避免黑客的攻击，使用黑客入侵实时检测系统，可自动不间断地实时监控网络活动，及时识别可疑的入侵迹象，分析来自网络外部和内部的入侵信号，将任何的黑客入侵现象实时报警到24（小时）×7（天）实时安全监控中心，记录攻击源和攻击过程，提供补救方法及阻断措施，最大程度地保护网络和主机系统的安全。

对于严重的黑客入侵行为，可启动二线的安全专家进行紧急响应（Emergency Response），及时阻断入侵，恢复网络系统。在完成紧急响应后，对黑客入侵事件提供详细的审计分析报告，对黑客入侵的时间、攻击源、攻击手法、造成的损失及系统日志提供全面的报告。

（2）防火墙

防火墙主要用于控制内部和外部网络的连接。利用它阻止非法连接、通信和外部攻击。

（3）安全工具包软件

受技术、资金等因素的制约，大多数安全产品的功能往往局限于网络安全的一两个方面。而全面的网络安全技术，应包括反病毒、入侵检测、安全认证、加密、防火墙5个环节。安全工具包正是基于这5个环节，全面实现网络安全。

3.2.5 综合网络安全体系

俗话说："道高一尺，魔高一丈"，仅靠某一种安全手段，无法满足电子商务所需要的安全需要。因此要保障网络信息的安全，实现有效、安全、可靠的网上电子商务，就要将各种保护网络安全的工具和手段有机结合起来，建立全方位的网络安全保障防卫体系。一种可参考的全方位网络安全保障防卫体系结构如图3-8所示。

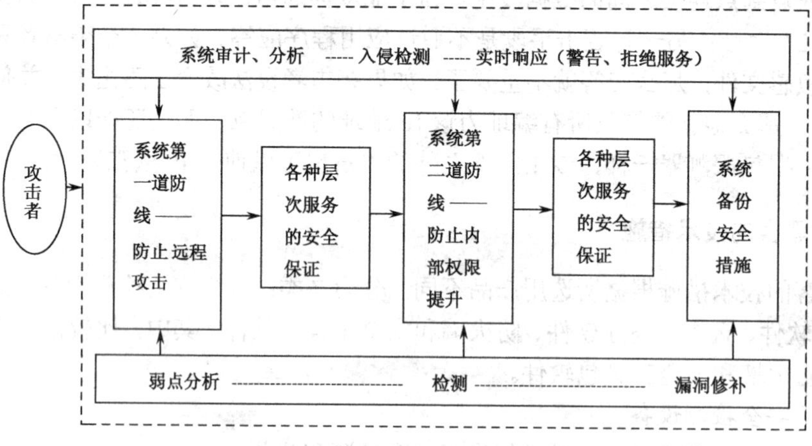

图3-8 全方位网络安全保障防卫体系结构

在图3-8中，第一道防线防止黑客获得系统的访问权；第二道防线防止黑客获得系统的更大访问权，也可以阻止内部用户作案；第三道防线对黑客行为进行审计与分析。系统审计既可针对网络连接，也可针对内部用户行为，实际上涉及各道防线。弱点分析探测软件是一种重要工具，它可以发现系统中各个层次、各种软件中可能存在的安全弱点，并提醒修补这些安全弱点。系统备份是最后的防线，目的在于经历黑客攻击后，能够将系统恢复到被攻击前的状态。

从图3-8不难看出，该保障防卫体系将防火墙、加密、认证等各种网络安全手段有机地结合起来，形成了一个全方位的网络安全整体屏障，以保障有效地开展电子商务。

3.3 信息安全与加密技术

在电子商务活动中，可以采取给网上传输的数据加密的办法来加强网络的安全性，S-HTTP（Secure HyperText Transfer Protocol）和SSL（Secure Socket Layers）是Web上传输加密数据的两种方法，Web上的安全事务包括发送私人隐私信息及财务信息。SSL和S-HTTP都支持公共密钥和私有密钥。公共密钥是由加密程序产生的字符串，而私有密钥的产生方法与公共密钥类似，但公众不能访问它。私有密钥和公共密钥都是唯一的，每个浏览器和服务器都有自己的密钥集。当公共密钥加密网上消息时，只有与该密匙对应的私有密钥才能对消息解密。因为公共密匙是可以获得的，所以用户可以获得一个服务器的公共密钥。用户利用这个公共密钥可以加密敏感信息（如信用卡号），然后发送给服务器。因为只有该服务器的私有密钥才能对这些信息解密，所以上述事务是安全的。

3.3.1 信息加密技术简述

采用加密技术对信息加密，是最常用的安全手段。加密技术是一种主动的信息安全防范措施，其原理是利用一定的加密算法，将明文转换成无意义的密文，阻止非法用户获取和理解原始数据，从而确保数据的保密性。明文变成密文的过程称为加密；由密文还原成明文的过程称为解密；加密和解密的规则称为密码算法；加密和解密过程中，由加密者和解密者使用的加/解密可变参数叫做密钥。

对同样的明文，不同的加密算法或相同加密算法但使用不同的密钥会得到不同的密文。一个加密算法是安全的，当且仅当它的安全性仅仅取决于密钥的长度，而不取决于加密算法的保密、密文的不可存取或其他因素，这时，第三方为了对密文进行非法解密，唯一可行的办法就是"蛮力"攻击，即用所有可能的密钥进行尝试，直至找到真正的密钥。因此当密钥空间足够大时，对安全算法来说，即使蛮力攻击也是不可行的。

3.3.2 信息加密技术原理及分类

一般的数据加密模型如图3-9所示。加密的基本思想是，伪装明文以隐藏它的真实内容，即将明文X伪装成密文Y，伪造的操作称为加密，加密时所使用的信息变换规则称为密码算法。通常所说的密码体制，是指一个加密系统所采用的基本工作方式，它的两个基本构成要素是密码算法和密钥。密码算法是一些公式、法则或程序；密钥即密码算法中的可变参数。从数学的角度看，改变了密钥，实际上也就改变了明文与密文之间等价的数学函数关系。密码算法总是设计成相对稳定的，在这种意义上，可以把密码算法视为常量；反之，密钥则是一个变量，可以根据事先约好的安排，或者每逢一个新信息改变一次密钥，或者定时更换一次密钥等。由于种种原因，密码算法实际上很难做到绝对保密，因此现代密码学的一个基本原则是，一切秘密在于密钥之中，在设计加密系统时，总是假定密码算法是可以公开的，真正需要保密的是密钥。

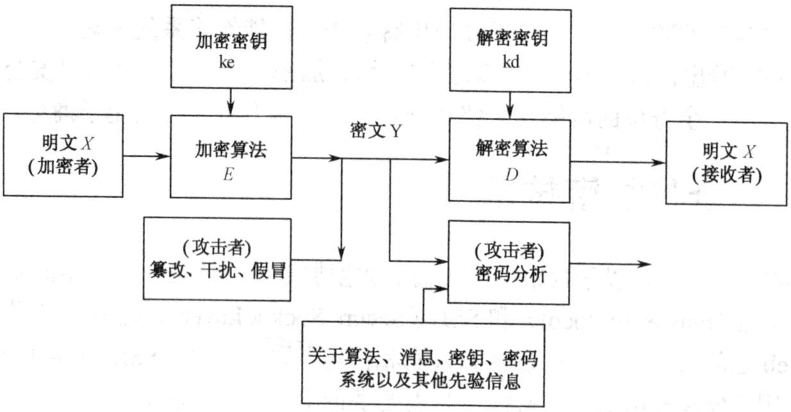

图 3-9　数据加密模型

根据密码算法所使用的加密密钥和解密密钥是否相同，以及能否由加密过程推导出解密过程（或者由解密过程推导出加密过程），可将密码体制分为对称密码体制和非对称密码体制。

如果一个加密系统的加密密钥和解密密钥相同，或者虽然不相同但是由其中的任意一个很容易推导出另一个，所采用的就是对称密码体制。

如果一个加密系统把加密和解密功能分开，分别用两个不同的密钥实现，并且有加密密钥推导出解密密钥（或者由解密密钥推导出加密密钥）在计算上是不可行的，那么该系统所采用的就是非对称密码体制。采用非对称密码体制的每个用户都有一对选定的密钥，其中一个是可以公开的，另一个则由用户自己秘密保存。

1. 对称密码体制

对称加密又称私有密钥加密，它只用一个密钥对信息进行加密和解密。由于加密和解密用同一个密钥，所以发送者和接收者都必须知道密钥。用对称加密对信息编码和解码的速度很快，效率很高，但需要细心保存密钥。如果密钥泄露，以前的所有信息都失去了保密性，以后发送者和接收者进行通信时必须使用新的密钥。将新密钥发送给授权双方是很困难的，关键是传输新密码的信息必须加密，这就要求有另一个新密钥。私有密钥的另一个问题是，其规模无法适应 Internet 大环境的要求。一般来说，N 个人彼此通信需要 $N^2/2$ 个私有密钥。最有名的对称密码算法是美国的数据加密标准 DES（Data Encryption Standard），金融机构用来加密的是个人识别号 PINs（Personal Identification Numbers）。

对称密码体制按照对明文数据的加密方式不同，分为序列密码和分组密码两类。分组密码体制与序列密码体制相比，在设计上自由度比较小，但它具有容易检测出对信息的篡改、不需要密钥同步等优点，使其具有很强的适应性和广泛的用途。

（1）序列密码体制

这种密码体制直接对当前的字符进行变换，也就是说，以一个字符为单位进行加密变换。在这种加密体制中，每一字符数据的加密与报文的其他部分无关。例如，直接对明文加上一串同等长度的乱码（也可看成是密钥），只要所用的乱码是随机数且不重复使用，就实现了“一次一密”的加密。该类密码适用于通信领域。

（2）分组密码体制

应用这类密码时，明文按固定长度分组，对各组数据用不同的密钥加密（或脱密）。这类密码按分组进行加密变换，一个字符数据不仅与密钥有关，而且还与其他字符数据有关，密码分析的穷尽量很大。例如，传统的 64 位分组法，它的穷尽量为 $2^{64}-1$，这是一个 20 位的十进制数，即使用每秒运算万亿次以上的巨型计算机进行攻击，平均穷尽时间也需要数年。当然这仅仅是理论数据，在攻击密码时还有其他的约束条件，如文字、数据、环境、规律等信息，所以实际所需的攻击时间要短得多。

2. 非对称密码体制

非对称加密采用两个密钥，一个用于加密，一个用于解密。两个密钥具有数学关系，采用一个密钥加密后，只能用对应的另一个密钥解密。用户的两个密钥，一个称为公开密钥（简称公钥），另一个称为私有密钥（简称私钥）。用户可以公开其公钥。因为两个密钥之间具有数学关系，所以采用公钥加密的数据，只能用对应的私钥来解密。

非对称密码体制的产生主要源于两个方面：一是为了解决对称密码体制的密钥分配问题，二是为了满足数字签名的需求。在非对称密码体制中，最具代表性的算法是 RSA。

RSA 密码体制是美国麻省理工大学（MIT）的三位科学家 Rivest、Shamir 和 Adleman 于 1976 年提出的，并在 1978 年正式发表。它是应用最多的公开密钥密码体制。RSA 密码体制是根据“寻求两个大素数比较简单，而将它们的乘积分解则极其困难”这一原理来设计的。在这一体制中，每个用户有两个密钥，加密密钥 $PK=(e, n)$和解密密钥 $SK=(d, n)$。用户把加密密钥公开，使系统中的任何其他用户都可以使用，而对解密密钥保密。这里，n 为两个大素数 p 和 q 的乘积（素数 p 和 q 一般为 100 位以上的十进制数），e 和 d 满足一定的关系。当敌手已知 e 却不能求出 d 时，其具体算法描述如下：

任意选取两个大素数 p、q，通常 p、q 均大于 10^{100}；

计算 $n=pq$ 和欧拉函数 $s=(p-1)(q-1)$；

选取一个与 s 互素的小整数 e 作为公开的加密指数；

由 e 找到一个秘密的解密指数 d，满足 $ed=1 \bmod s$。

选好这些参数后，将明文划分成长度小于 $\log n$ 位的明文块。若用 x 表示明文，用整数 y 表示密文，则

加密过程是　　$y=E(x)=xe \bmod n$

解密过程是　　$x=D(y)=yd \bmod n$

可以证明，在 RSA 密码体制下，e 和 d 在功能上可以互换。在产生密钥时，可以先设一个 e，再由 e 求出 d；也可以先设 d，再由 d 求出 e。

与对称加密算法比较，RSA 的缺点是运算较慢。但 RSA 既可用于保密，也可用于签名和认证，目前已经广泛应用于各种产品、平台等上。许多流行的操作系统厂商，如 Microsoft、Apple、Sun 和 Novell，都在其产品中融入了 RSA。在硬件上，如安全电话、以太网卡和智能卡都使用了 RSA 技术。而且几乎所有 Internet 安全协议，如 S/MIME、SSL 和 S/WAN 都引入了 RSA 加密方法。ISO9796 标准把 RSA 列为一种兼容的加密算法。可以预见， RSA 技术的应用将会越来越广泛。

3.4 安全电子交易技术

3.4.1 安全电子交易认证技术

安全认证技术也是为了满足电子商务系统的安全性要求而采取的一种常用的必需的安全技术。主要包括数字摘要、数字信封、数字签名、数字时间戳、数字证书等技术。

1. 数字摘要

数字摘要（Digital Digest）技术采用单向 Hash 函数对文件中若干重要元素进行某种变换得到固定长度的摘要码（数字指纹，Finger Print），并在传输信息时将它加入文件一同送给接收方，接收方接到文件后，用相同的方法进行逆变换，得到结果，如图 3-10 所示。若结果与发送来的摘要码相同，则可断定该文件未被篡改。

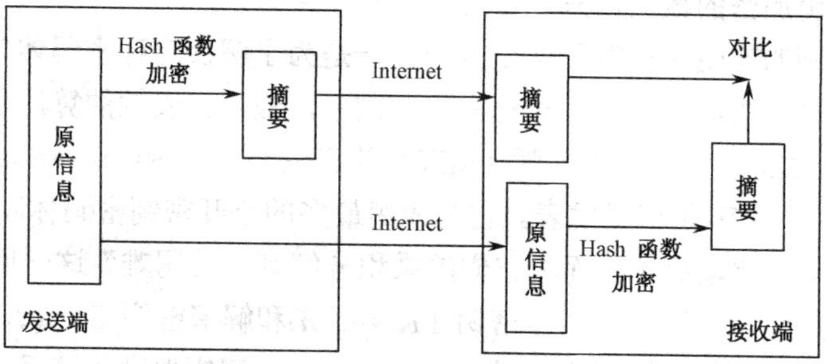

图 3-10　数字摘要

2. 数字信封

数字信封（Digital Envelop）用加密技术来保证只有特定的收信人才能阅读信的内容。在数字信封中，发送方采用对称密钥加密信息，然后将此对称密钥用接收方的公开密钥加密（这部分称为数字信封），如用 RSA 加密，之后，将它和信息一起发送给接收方，接收方先用相应的私有密钥打开数字信封，得到对称密钥，然后使用对称密钥解开信息，如图 3-11 所示。这种技术的安全性相当高。

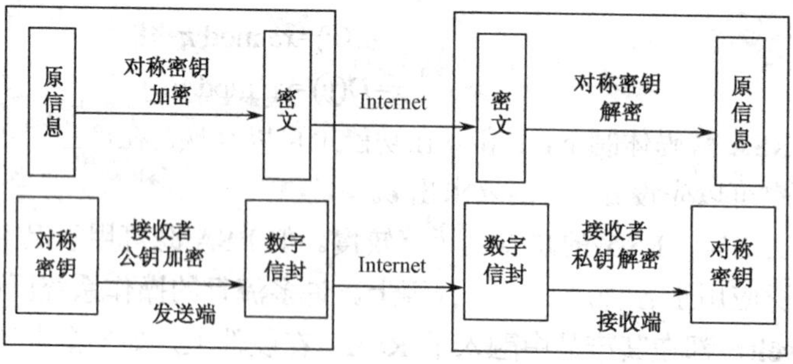

图 3-11　数字信封

3. 数字签名

所谓数字签名（Digital Signature），就是只有信息的发送者才能产生的别人无法伪造的一段数字串，这段数字串同时也是对信息发送者发送信息的真实性的一个有效证明，如图 3-12 所示。采用数字签名，可以确认以下两点：① 信息确实是由签名者发送的，即确认对方的身份，具有防抵赖的作用。② 信息自签发后到收到为止的传输过程中未曾做过任何修改，即具有保证信息的完整性和防篡改的作用。

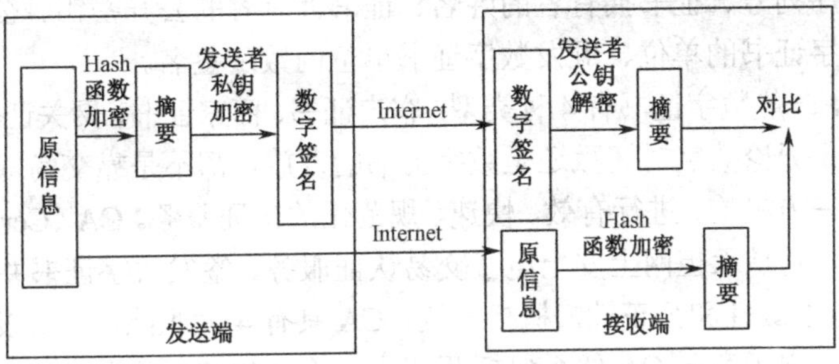

图 3-12　数字签名

数字签名技术广泛应用于鉴别发送方不可否认的服务中，接收方不可否认服务也需结合数字签名技术予以实现。

数字签名的基础是密码技术，目前较多使用公钥加密体制实现数字签名。其原理如下：将数字签名用发送方的私有密钥加密，会同密文一起发送给接收方，接收方用发送方的公开密钥对数字签名解密，若解密出的数字签名与其计算出的相同，则可确定发送方的身份是真实的。这样，拥有发送方公开密钥的人都能验证数字签名的正确性，而只有真正的发送方才能发送这一数字签名，这就完成了对发送方身份的鉴别。这符合签名的唯一性、不可仿冒和不可否认三大特征。目前，用于数字签名的公开密钥密码算法，一般选用 RSA 算法。

4. 数字时间戳

在电子交易中，交易文件签署的日期和时间十分重要。数字时间戳（Digital Time-Stamp，DTS）技术就是对电子文件签署的日期和时间进行安全性保护和有效证明的技术，如图 3-13 所示。数字时间戳签署的时间与书面文件签署人写上的时间根本不同，它由专门的认证机构来添加，并以认证机构收到文件的时间为依据。

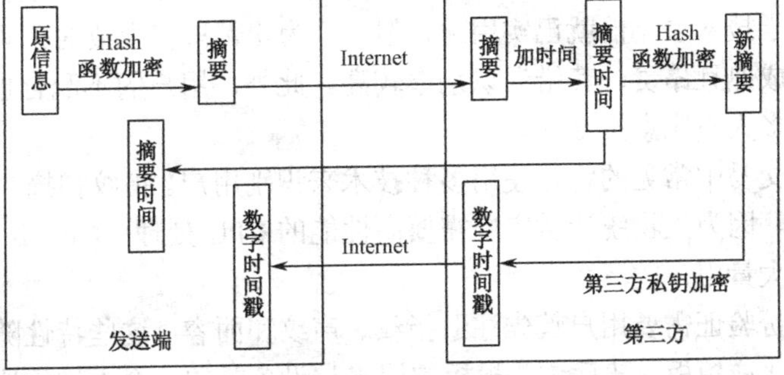

图 3-13　数字时间戳

5. 数字证书

在交易支付过程中，参与各方必须利用认证中心签发的数字证书来证明各自的身份。所谓数字证书（Digital Certificate，Digital ID），就是用电子手段来证实一个用户的身份及用户对网络资源的访问权限。在网上电子交易中，如果双方出示了各自的数字证书，并用它来进行交易操作，那么双方都大可不必为对方身份的真伪担心。

数字证书的内部格式是由 CCITT X.509 国际标准规定的，它必须包含以下几点：证书的版本号、数字证书的序列号、证书拥有者的姓名、证书拥有者的公开密钥、公开密钥的有效期、签名算法、颁发数字证书的单位、颁发数字证书单位的数字签名。

在电子商务中，一般数字证书有 4 种类型：客户证书、商家证书、网关证书及 CA 系统证书。

在电子交易中，无论数字时间戳还是数字证书的发放，都不是靠交易双方自己完成的，而需由一个可靠的第三方机构，进行有效、快速、规范化的认证服务。CA（Certification Authority）就是这样一个机构，它是承担网上安全电子交易认证服务、签发数字证书并能确认用户身份的服务机构。CA 具有权威性和公正性。概括地说，CA 具有 4 大职能：证书发放、证书更新、证书撤销和证书验证。电子商务 CA 体系包括两部分：符合 SET 标准的 SETCA 认证体系和其他基于 X.509 的 CA 认证体系。

6. 生物统计学身份识别（Biometric Identificat1on）

计算机网络识别一个人最常用的方法是口令，如数字证书或智能卡乃至无线应用协议（WAP）中的 SIM 卡。但口令解决方案并不是完美的，为了确保口令安全，要求它们难以被猜测，但同时也使它难以记忆。在电子商务环境下，由于使用的电子设备越来越多，需要记忆越来越多的口令或个人识别号码（Personal Identification Number，PIN），为了识别一个人，移动电话、银付账户、电子邮件、计算机和联机购物站点等都需要口令或 PIN。生物统计学身份验证方法为口令问题提供了一个解决方案，它不需要用户记忆任何口令。

生物统计学是基于物理特征或行为特征自动识别人员的一种方法，其优点是严格依据人的物理特性，并且不依赖任何能被复制的文件或可被破解的口令，所以它是数字证书或智能卡未来的技术选择。生物统计学不再使用基于“你所知或你所拥有”的技术，而是基于“你是谁或你做什么”。

每个人都有唯一且稳定的特性，如指纹、眼睛虹膜，以及说话和书写等做事的习惯。这些特性非常难以伪造且几乎一直可用。生物统计学技术包指纹识别、虹膜和视网膜扫描、字体分析等。声音和手纹辨认也已经显示出其应用前景，将会成为未来的技术选择。

尽管生物统计学技术多年前就已实用化，但迄今为止，只有少数的公司使用这种技术。原因是这种技术还不成熟且昂贵，其错误识别率较高。此外，用户的不配合也是一个重要原因。如扫描视网膜是很多人不愿意接受的。

未来安全电子交易中常见的将是使用多种技术来识别用户。指纹扫描和声音识别会比只使用一种技术更可靠。因为生物统计学应用需要高性能的 CPU 处理（CPU Intensive），所以高价位计算机才能支持大量用户的环境。

生物统计学身份验证需要用户首先注册指纹、声纹和面容，这些特性随后被数字化，从中提取关键特征并转化成模板，随后这些模板被用来与设备前的一个人进行比较。因为从模拟信息转化成数字信息总会丢失一些信息，所以匹配永远不可能是完全精确的。为了降低错误拒绝或接受的次数，必须仔细调整灵敏度阈值。数字技术中要么是完全正确的答案，要么是完全错误的答案，与此不同的是，生物统计学技术传送的是一些“非常可能”、“非常像”、“可能”以及“不像”等诸如此类的答案。

由于成本的原因，期待在不久的将来每台计算机都配备生物统计学设备是不现实的，但诸如移动电话等制造商在其设备中嵌入这种功能却并不困难。为了操作一个移动电话，可能用指纹代替 PIN，从而使系统变得更安全。移动电话可能允许使用者扫描他的指纹或存入他的声音，每当呼叫者开启电话，他都需要用指纹等让终端识别自己。

另一种非常有前途的技术是语音识别（Voice Recognition），其最大特点是和口令一样都可在远处使用，如用语音识别处理银行资金的自动资金转账。语音识别的主要缺点是，第三方能录下某人的声音，并在需要时重放该声音，因此在实现中，仍需辅助的安全措施。

过去，签名使用最广泛，但很容易被伪造。为了增加签名的安全性，生物统计学传感器不仅将注册用户所写的内容，而且还将注册用户是怎么写的。这类设备在用户建立签名时会测量用户手移动的速度与方向，同时还可以测量用户用笔压纸的力量以及握笔的角度。

除了这些传统的生物统计学应用外，越来越多的公司已开始开发更多的应用，如探测个人体味的安全系统和手背血管样式识别技术。

随着新的、功能更强大的硬件和更智能化的软件的发展，生物统计学正在成为电子商务中人员识别的解决方案。

3.4.2 安全认证协议

电子商务的一个主要特征是在线支付。为了保证其安全性，需要采用数据加密和身份认证技术，以便营造一种可信赖的电子交易环境。现实中，不同企业会采用不同的方法来实现，客观上，要求有统一的标准来支持。

目前，在电子商务中广泛采用两种安全认证协议：安全套接层 SSL（Secure Sockets Layer）协议和安全电子交易 SET（Secure Electronic Transaction）协议。

1. SSL 协议

SSL 协议是由美国网景（Netscape）公司在网络传输层提供的一种基于 RSA（遵循 X.509 标准）和私有密钥的用于浏览器和 Web 服务器之间安全连接的技术。推出 SSL 的主要目的是，解决 Internet 上 TCP/IP 协议难以确定用户身份的问题，以保证 Internet 上通信服务的安全性，它支持 B to B 方式的电子商务。众所周知，Socket 只是一个编程界面，并不提供任何安全措施。SSL 不仅提供编程界面，而且还向上层应用提供安全服务。SSL 3.0 通过数字签名和数字证书可实现浏览器和 Web 服务器双方的身份验证。在用数字证书进行身份验证后，双方就可以用私有密钥进行安全会话了。SSL 协议在应用层收发数据前，协商加密算法、连接密钥并认证通信双方，为应用层提供安全的传输通道；在该通道上可透明加载任何高层应用协议（如 FTP、Telnet 等），以保证应用层数据传输的安全性。

SSL 包括 6 个运行步骤：

① 接通阶段。客户通过网络向服务商打招呼，服务商回应。

② 密码交换阶段。客户与服务商之间交换双方认可的密码。一般选用 RSA 密码算法，或选用 Diffie-Hellman 和 Fortezza-KEA 密码算法。

③ 会谈密码阶段。客户与服务商间产生彼此交谈的会谈密码。

④ 检验阶段。检验服务商取得的密码。

⑤ 客户认证阶段。验证客户的可信度。

⑥ 结束阶段。客户与服务商之间相互交换结束信息。

当上述步骤完成后，两者间的信息传送就会加上密码，等到另一端收到信息后，再将编码后的信息还原。即使盗窃者在网络上取得编码后的信息，如果没有原始的密码算法，也不能获得可读的有用信息。

在电子商务交易过程中，由于有银行参与，按照 SSL 协议，客户购买的信息首先发往商家，商家再将信息转发银行，银行验证客户信息的合法性后，通知商家付款成功，商家再通知客户购买成功，并将商品寄送客户。

可以看出，SSL 协议运行的基点是，商家对客户信息保密的承诺。如美国著名的亚马逊网上书店在其购买说明中明确表示："当你在亚马逊公司购书时，受到'亚马逊公司安全购买保证'保护，所以你永远不用为你的信用卡的安全担心"。但在上述流程中我们也注意到，SSL 协议有利于商家而不利于客户。客户的信息首先传到商家，商家阅读后再传到银行。这样，客户信息的安全性便受到威胁。商家认证客户是必要的，但整个过程缺少了客户对商家的认证。在电子商务的开始阶段，由于参与电子商务的都是一些大公司，信誉较高，这个问题没有引起人们的重视。随着电子商务参与者的迅速增加，对厂商的认证问题越来越突出，SSL 协议的缺点完全暴露出来。目前，我国开发的电子支付系统，无论是中国银行的长城卡电子支付系统，还是上海长途电信局的网上支付系统，均没有采用 SSL，主要原因是其无法保证客户资金的安全性。因此，SSL 协议逐渐被新的 SET 协议所取代。

2. SET 协议

为了克服 SSL 安全协议的缺点，两大信用卡组织，VISA 和 Mastercard 联合开发了 SET（Secure Electronic Transaction）电子商务交易安全协议。这是一个为了在 Internet 上进行在线交易而设立的一个开放的、以电子货币为基础的电子付款系统规范。SET 在保留对客户信用卡认证的前提下，增加了对商家身份的认证，这对需要支付货币的交易来讲至关重要。由于设计合理，SET 协议得到了 IBM、HP、Microsoft、Netscape、Verifone、GTE、 VeriSign 等许多大公司的支持，成为事实上的工业标准。目前，它已获得 IETF 标准的认可。

（1）SET 协议的特点

SET 协议保证了电子交易的机密性、数据完整性、身份验证和防抵赖性。

① 机密性（Confidentiality）。SET 协议采用先进的公开密钥算法，如 RSA，来保证传输信息的机密性，以避免 Internet 上任何无关方的窥探。SET 协议也可通过双重签名的方法将信用卡信息直接从客户方透过商家发送到商家的开户行，而不容许商家访问客户的账号信息，这样客户在消费时可以确信其信用卡号没有在传输过程中被窥探，而接收 SET 交易的商家因为没有访问信用卡信息，故免去了在其数据库中保存信用卡号的责任。

② 数据完整性（Data Integrity）。通过 SET 协议发送的所有报文加密后，将为之产生一个唯一的数字摘要，一旦有人企图篡改报文中包含的数据，该数值就会改变，从而被检测到，这就保证了信息的完整性。

③ 身份验证（Verification of Identity）。SET 协议可使用数字证书来确认交易涉及的各方（包

括商家、持卡客户、受卡行和支付网关）的身份，为在线交易提供一个完整的可信赖的环境。

④ 防抵赖性（Non-repudiation of Disputed Charges）。SET 交易中数字证书的发布过程也包含了商家和客户在交易中存在的信息。因此，如果客户用 SET 发出一个商品的订单，在收到货物后他不能否认发出过这个订单；同样，商家以后也不能否认收到过这个订单。

（2）SET 协议涉及的对象

SET 协议所涉及的对象包括：

① 消费者。包括个人消费者和团体消费者，按照在线商店的要求填写订货单，通过发卡银行发行的信用卡付款。

② 在线商店。提供商品或服务，具备相应电子货币使用条件。

③ 收单银行。通过支付网关处理消费者和在线商店之间的交易付款事务。

④ 电子货币（如智能卡、电子现金、电子钱包）发行公司，以及某些兼有电子货币发行功能的银行。负责处理智能卡的审核和支付工作。

⑤ 认证中心（CA）。负责交易双方的身份确认，对厂商的信誉度和消费者的支付手段进行认证。

SET 协议采用对称密钥和非对称密钥体制，把对称密钥的快速、低成本和非对称密钥的有效性结合在一起，以保护在开放网络上传输的个人信息，保证交易信息的隐蔽性。其重点是如何确保商家、消费者的身份和行为的认证及不可抵赖性。SET 通过制定标准和采用各种技术手段，解决了一直困扰电子商务发展的安全问题，包括购物与支付信息的保密性、交易支付完整性、身份认证和不可抵赖性，在电子交易环节上提供了更大的信任度、更完整的交流信息、更高的安全性和更少受欺诈的可能性。

3. SET 安全协议工作原理

SET 工作原理和工作流程如图 3-14 和图 3-15 所示。

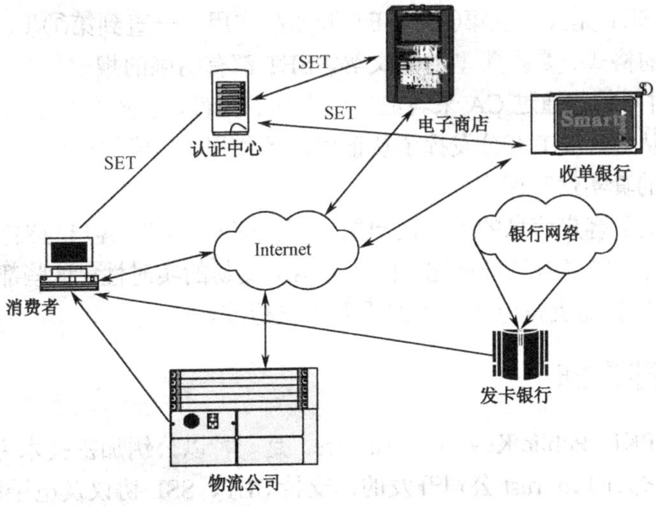

图 3-14　SET 协议的工作原理图

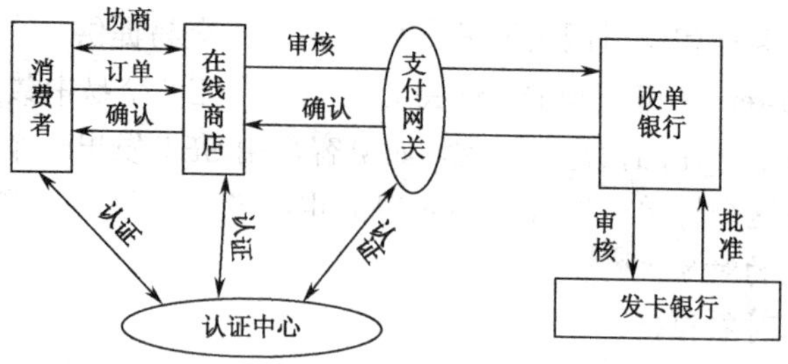

图 3-15　SET 协议的工作流程图

根据 SET 协议的工作流程，可将整个工作程序分为 7 个步骤：

① 消费者利用自己的 PC 通过 Internet 选定所要购买的物品，并在计算机上输入订货单。订货单上需包括在线商店、购买物品名称及数量、交货时间及地点等相关信息。

② 通过电子商务服务器与有关在线商店联系，在线商店作出应答，告诉消费者所填订货单的货物单价、应付款数、交货方式等信息是否准确，是否有变化。

③ 消费者选择付款方式，确认订单，签发付款指令。此时 SET 开始介入。

④ 在 SET 中，消费者必须对订单和付款指令进行数字签名，同时利用双重签名技术保证商家看不到消费者的账号信息。

⑤ 在线商店接受订单后，向消费者所在银行请求支付认可。信息通过支付网关到收单银行，再到电子货币发行公司确认。批准交易后，返回确认信息给在线商店。

⑥ 在线商店发送订单确认信息给消费者。消费者 PC 端软件可记录交易日志，以备将来查询。

⑦ 在线商店发送货物或提供服务，并通知收单银行将从消费者的账号转移到商店账号，或通知发卡银行请求支付。

在认证操作和支付操作中间一般会有一个时间间隔。例如，在每天的下班前请求银行结一天的账。

前①、②步与 SET 无关，从第③步 SET 开始起作用，一直到第⑦步。在处理过程中，通信协议、请求信息的格式、数据类型的定义等，SET 都有明确的规定。在操作的每一步，消费者、在线商店、支付网关都通过 CA 来验证通信主体的身份，以确保通信的对方不是冒名顶替。所以也可以简单地认为，SET 充分发挥了认证中心的作用，以维护任何开放网络上的电子商务参与者所提供信息的真实性和保密性。

总之，SET 解决了客户信息的安全性问题和网上交易存在的客户与银行之间、客户与商家之间、商家与银行之间的多方认证问题；保证了网上交易的实时性，这些都是 SSL 协议所无法解决的。可见 SET 协议是支持电子商务的重要协议标准。

3.4.3　公钥基础设施

公钥基础设施 PKI（Public Key Infrastructure）是一种以公钥加密技术为基础实现安全性的技术。PKI 是由加拿大的 Entrust 公司开发的，支持 SET、SSL 协议及电子证书和数字签名等。PKI 遵循标准的密钥管理平台，它能为所有网络应用透明地提供采用加密和数字签名等密码服务所必需的密钥和证书管理。PKI 能实现发送方与接收方的身份认证、不可抵赖性及保证数据的完整性。

PKI 由认证机构（CA）、证书库、密钥生成和管理系统、证书管理系统、PKI 应用接口系统等基本部分组成。下面简要介绍它们的功能与特性。

1. 认证机构

CA 是证书的签发机构，它是 PKI 的核心。证书是公开密钥体制的一种密钥管理媒介，它是一种权威性的电子文档，形同网络计算环境中的一种身份证，用于证明某一主体的身份以及其公开密钥的合法性等。在使用公钥体制的网络环境中，为了向公钥使用者证明公钥的真实合法性，PKI 采用 CA 对公钥体制环境中的主体和主体公钥进行公证，以便证明主体的身份以及主体与公钥的匹配关系等。

CA 的主要职责包括：验证并标识证书申请者的身份；确保 CA 用于签名证书的非对称密钥的质量；确保整个签证过程的安全性及签名私钥的安全性；证书材料信息（包括公钥证书序列号、CA 标识等）的管理；确定并检查证书的有效期限；确保证书主体标识的唯一性，防止重名；发布并维护作废证书表；对整个证书签发过程做日志记录；向申请人发通知等。其中最重要的是 CA 自己的一对密钥的管理，它必须确保高度的机密性，防止他方伪造证书。CA 的公钥在网上公开，整个网络系统必须保证完整性。其中，CA 的数字签名保证了证书（实质是持有者的公钥）的合法性和权威性。

2. 证书库

证书库是证书的集中存放地，是网上的一种公共信息库，用户可以从此处获得其他用户的证书和公钥。系统必须确保证书库的完整性，以便防止伪造、篡改证书。

3. 密钥生成和管理系统

PKI 应该具有生成密钥、备份与恢复脱密密钥功能以及密钥分配、撤销、暂停、否认和归档等功能，这些功能的实现由密钥生成和管理系统来完成。

4. 证书管理系统

证书管理系统是 PKI 的一个重要组件。同日常生活中各种证件的管理一样，证书必须在 CA 进行有效的管理，包括证书的获取、证书的鉴别、证书的有效性检查、证书的撤销作废等。

5. PKI 应用接口系统

PKI 为用户提供良好的应用接口系统，使各种应用能够以安全、一致、可信的方式与 PKI 交互，确保所建立的网络环境的可信性，同时降低管理维护的成本。需要指出的是，PKI 应用接口系统是跨平台的。

PKI 的优点有：① 透明性和易用性。PKI 向上层应用屏蔽密码服务的实现细节，向用户屏蔽复杂的安全解决方案，使密码服务对用户而言简单易用，同时便于单位、企业完全控制其信息资源。② 可扩展性。PKI 的证书库等具有良好的可扩展性。③ 互操作性强。PKI 建立在加密标准、数字签名标准、密钥管理标准、证书格式、文件信封格式、SSL、SET 协议之上。④ 支持多种应用。PKI 能面向广泛的网络应用，提供文件传送安全、文件存储安全、电子邮件安全、电子表单安全、Web 应用安全等保护。⑤ 支持多平台。PKI 应用接口系统是跨平台的，支持目前广泛使用的操作系统平台。

总之，作为一种网络基础设施，PKI具有良好的性能，是一个比较完整的安全体系。电子商务建设过程中涉及的许多安全问题都可由PKI解决。

本章小结

本章主要介绍了电子商务安全交易技术的4部分内容：

一是安全电子交易的基本要求，即电子商务要求的安全性，包括保密性、完整性、可用性、合法性以及认可。介绍了电子商务安全交易的两大措施：授权和安全交易体系。

二是网络安全技术，包括：VPN和IP VPN、防火墙技术、病毒防范措施、黑客攻击与防范、综合网络安全体系。

三是信息安全与加密技术的基本原理，介绍了对称密钥体制和非对称密钥体制两种基本算法。

四是安全电子交易技术，包括安全电子交易认证技术、安全认证协议和公钥技术设施。

习题3

一、思考题

1. 简述电子商务的安全性。
2. 简述电子商务的安全体系。
3. 简述安全电子交易认证技术，即认证协议。
4. 简述VPN的技术特点。

二、讨论题

1. 讨论三种防火墙技术的优缺点。
2. 讨论对称密码体制和非对称密码体制的异同。
3. 谈谈你所经历或了解的网络病毒攻击或黑客攻击的例子及其后果。

三、实验题

安装并使用一种防病毒软件，浏览防病毒软件公司的网页，了解目前流行的网络病毒及其危害。

第4章 在线支付体系与电子货币

近年来，随着Internet的迅速普及和人们网络消费意识的增强，电子商务得到了迅猛发展。截至2009年6月底，仅中国的网民规模就达到3.38亿人，其中有26%的网民参与了网上购物，有22.4%的网民使用了网上支付，有10.4%的网民利用互联网进行股票交易。另据统计，2008年网络购物交易额突破了千亿元大关，达1281.8亿元，相比2007年增长了128.5%。在这场声势浩大的电子商务浪潮中，作为电子商务基础的电子支付方式，愈发显示其重要性。虽然电子商务亦可通过传统的支付方式进行清算，如现金、银行支票、旅行支票、汇款单或信用卡等，但是电子钱包、数字现金、网上电子资金划拨、网上信用卡等电子支付方式显然有着更大的优越性。因为它们比传统的支付方式更加快捷，成本更加低廉，而且实现了对网上购物者来说更加方便的网上支付。这些优势使得传统支付方式正日益为电子化支付方式所替代。

4.1 在线支付体系

4.1.1 电子支付

1. 电子支付的定义

电子支付（E1ectronic Payment）是指通过电子信息化的手段实现交易中的价值与使用价值的交换过程。

在信息时代，电子支付变得越来越重要。新金融体系和货币结构的采用，反映了这个时代技术上的可能性和经济上的必要性，通过经济全球化和因特网，终端客户和公司已经或者正在改变他们的支付方式。从简单意义来说，支付是将现金的实体从发款人传送到收款人的商务过程。自从17世纪商业银行产生以来，银行以其信誉高、拥有分支机构与代理行关系等优势，成为商品经济社会中最重要的支付中介。在很长一段时间里，银行通过自己创造的信用流通工具为商人与商家办理转账与结算。20世纪中叶，人类开始进入计算机时代，其后随着因特网的普及，目前银行的业务开始以电子数据的形式通过电子信息网络进行办理。

传统的支付是指利用各种纸介媒体进行转账，如通过现金或单据。现金是由本国政府发行的纸币和硬币的形式供应的，而支付单据则指汇票、银行支票，如国家邮政部门等公认机构所签发的邮政汇票。信用卡则以支付卡凭单的形式提供服务。

这些不同的付款机制各有不同的特征。用户身份识别的范围可以从完全匿名识别到信用卡完全身份识别。业务范围的可跟踪性和业务的可征税性在不同的支付方式中有所不同。存在如此多的机制的原因是，存在许多不同的交换价值的环境，并且每种机制都有各自的市场机会，这个机会市场通常有利可图。

2. 电子支付的类型

电子支付方式的出现要早于因特网，并且已经建立起三种不同类型的支付系统：预支付（Pre-paid）系统、即时支付（Instant-paid）系统和后支付（Post-paid）系统。

① 所谓“预支付”是指先付款，然后才能购买产品或服务。预支付系统通过将电子货币保存到硬盘或一张智能卡上的方式来工作。这些包含该电子货币的文件叫做虚拟钱包（Virtual Wallet）。预支付是银行和在线商店首选的解决方案。由于它们要求用户预先支付，所以不再需要为这些钱支付利息，而且可以在购买产品的瞬间将钱传送给在线商店以防止数字欺骗。现在手机充值缴费和很多娱乐教育网站就采用这种方式，例如，新东方网络课堂要求学员先利用各种方式购买其学习卡，然后通过卡上账号进入网络教学板块进行学习。

② 后支付系统允许用户购买一件商品之后再支付。在现实生活和电子世界中，信用卡都是一种普遍的后支付系统。但是信用卡很贵，因为其低级的安全措施，可能因受欺骗而增加费用，而且事务处理费用也很高。与信用卡相比，借方卡相对比较安全，它要求顾客证实只有卡的所有者才知道的一些信息：如个人识别号 PIN。但是，为实现完全在线交易，其相关通信费用很高。

③ 即时支付系统是在交易发生的同时，钱也被从银行账户中转入卖方。即时支付系统实现起来最复杂，因为该系统为了立即支付，必须直接访问银行的内部数据库。它需要执行比其他系统更严格的安全措施，因而它是最强大的系统。基于因特网的即时支付系统是“在线支付”的基本模式。

商家可以从即时支付模型获得利益，因为货款与订单是同时到达的，这可以减少发生欺骗行为的可能。在退货的情况下，后支付模型存在一个微小的缺陷。由于后支付支付系统没有直接从顾客的银行账户中记入借方，因此，有可能在任何金融事务发生之前将所购的货物退回。在即时支付模型中，需要将货款存回银行账号。

表 4-1 的比较结果显示，后支付系统的得分最高，这是因为该系统已经在因特网上使用了很长一段时间。预支付和即时支付系统在因特网上都不如后支付系统普遍，它们的标准问题还没有解决，而且许多内容还处于变动之中。虽然这看起来很糟糕，但实际上很好，因为它预示了集成新技术和范例的可能性。

表 4-1　三种支付方式的比较

比较项目	后支付	即时支付	预支付
可接受性	高	低	低
匿名性	低	高	中
可兑换性	高	高	高
效率	低	高	高
灵活性	低	低	低
集成度	高	低	中
可靠性	高	高	高
可扩展性	高	高	高
安全性	中	高	中
适用性	高	中	中

3. 电子支付存在的问题

与传统支付方式一样，电子支付最大的问题是保证任何人都不能仿造用户的电子货币或盗走用户的信用卡信息。如果采用电子货币来实现在线支付，为了模仿现有支付方案的特性，还必须要求某些因特网支付系统必须具有灵活性，而且应当支持不同情况下的不同支付模型（如信用卡、现金、支票）。此外，支付的时限也必须得到当事人一致同意。

电子支付的一个重要条件是，必须允许将电子货币从一个系统转移到另一个系统。支付系统应允许多种形式的支付和电子货币。此外，还要与其他电子货币和实际货币的提供者签订协议，以产生能将这些资金转移到系统的机制。

4. 电子支付的等级

按照支付金额的多少，国际上将支付等级划分如下：

① 微支付。价值大约少于 4 美元的事务。该方案建立在电子现金规则基础之上，因为这些系统的业务费几乎为零。

② 消费者级支付。价值大约在 5～500 美元的事务。典型的消费者支付是由信用卡事务来执行的。

③ 商业级支付。价值大于 500 美元的事务。直接借记或发票是最适合的解决方案。

上面所提到的每个支付等级各有不同的安全和费用要求。微支付系统十分类似于普通现金支付，而消费者级支付最可能通过信用卡或借记卡来完成。在大多数情况下，商业级支付是由直接借记或发票来完成的。

4.1.2 在线支付

在线支付体系是在电子支付体系基础上发展起来的，它主要依托于因特网，是一种以实时和零距离为典型特征的电子支付方式。

最初的传统电子商务活动并不包括在线支付功能，而在线商务活动也只负责商品浏览和下订单，付款则通过其他方式解决，如电话、传真、传统支付手段等。支付工具在过去的 20 年中已经成功地从物理钞票、支票转换为信用卡。而完全意义上的现代电子商务必须使用一些更新型的支付工具，它应该能够使交易跨越时空，实现安全、方便的实时在线支付。近几年，因特网上提供在线交易支付服务的公司很多，国际上具有代表性的公司有 Cybercash、First Virtual Corp（FVC）、OpenMarket、L.L.Bean 等，国内著名的公司有中国银联电子支付有限公司、中国在线支付网、首信易支付等。

在线支付系统的基本要求如下（如表 4-2 所示）：

表 4-2　电子支付基本要求汇总

要　求	说　明
可接受性（Acceptability）	支付的物理结构必须被广泛接受
匿名（Anonymity）	如果顾客想要匿名，他们的身份可以受到保护
可兑换性（Convertibility）	电子货币应能够兑换成其他类型的货币
效率（Efficiency）	每个事务的费用应该接近于零
灵活性（Flexibility）	应支持多种支付方式

续表

要　求	说　明
集成度（Integration）	为支持现有的软件，应创建能与软件集成的接口
可靠性（Reliability）	必须十分实用，避免孤立的断裂点（Point of Failure）
可伸缩性（Scalability）	允许系统加入新的顾客和贸易商，而不会使物理结构崩溃
安全性（Security）	允许在开放式网络上进行金融事务，如因特网
实用性（Usability）	支付应与现实生活中一样容易

① 可接受性。为使支付体系取得成功，应允许任何人使用该体系，并且必须得到广泛的社会认可。支付监测也应当简便易行、容易使用，而且大多数支付应自动完成。每个人应能通过它支付或兑现货币，而且不需要像银行这样的中介。支付解决方案应当是一个可以被任何业务所采用的开放标准。为了对顾客和贸易商具有吸引力，顾客和贸易商的基数必须足够大。

② 匿名。在线支付系统中，实现现金的匿名和不可跟踪性是必要的，因为这些是真实现金原本所具有的优点。匿名指允许隐藏购买者的身份，而不可跟踪性意味着同一购买者的不同支付对购买者本身或其他支付而言都是不可联系的。因此，不可能监视个人的消费模式或者获知某个特定个人的收入来源。通过加密某一金融业务参与者间的所有报文，使其他人不能跟踪该业务，这可以满足大多数业务的需要。另一方面，也可实现销售者的匿名和不可跟踪性。匿名所引发的一个重要问题是，它会使跟踪业务的费用超过所得信息的价值。

③ 可兑换性。由于安全原因，现有的金融网络大多用来做结算。但进入电子商务时代以后，所有的金融事务都应能通过信息网络来实现。这里所说的所有事务，不仅指金融业务本身，还包括产品、信息和服务的购买者和销售者。为了实现一个金融事务，必须有一个可以使货币进行转移的金融机构，而且大多数情况下，可能包括两个金融机构：发行器（Issuer）和捕获器（Acquirer）。发行器是购买者所使用的金融机构，而销售者使用的则是捕获器。例如，电子支付是从购买者和发行器之间的通信开始的。由此，购买者请求发行器从银行账户提款或信用卡来释放货币。然后，这些货币就会发送到捕获器进行结算，如果捕获器验证了该货币的合法性，就向销售者发送一个报文。然后，转售器（Reseller）就会启动订购程序，并且钱会被存入销售者的账户。

④ 效率和灵活性。为了保证小额度的支付或微支付切实可行，支付系统必须尽量减少附加费用。在现实生活中，如果客户用信用卡支付，则贸易商不得不将支付额的 4%支付给参与的金融机构，如为访问一个 Web 页的支付。一旦客户收到电子货币，就能够将它转给银行或合伙人，或者将它放在一个安全的地方，而且它可以像信用卡或现金一样获得承认。这种认可必须足以使不用因特网的人也承认电子货币。

⑤ 集成度。接口是指各种软件开发 API（Application Programming Interface，应用程序编程接口），为了支持在线支付系统软件，应创建能与其集成的接口，从而实现在线支付系统与现有软件在数据、流程等方面的互通。一般的在线支付流程是，电子商务网站产生金额并传递给在线支付系统，在线支付系统生成流水号，把流水号和金额等信息传给银行，最终用户在网银界面进行最终付款，每一个数据传输环节都需要相应的接口。

⑥ 实用性和可靠性。必须保证金融系统的实用性和可靠性，因为支付体系的每一次中断对所有参与者都是一次损失。一次支付要么被接受，要么被拒绝，决不允许存在一个未知状态。否则，将意味着钱在因特网上丢失了。支付协议必须能够处理网络或其中某台参与计算机在故障时所发生的情况。大多数情况下，这将导致原来的整个操作无效，而且需要重做。性能良好

的支付系统应可以从业务崩溃时的结束点开始继续将业务完成。

⑦ 安全性。安全性是数字支付系统的最重要问题。由于支付涉及实际货币，因此数字支付系统已成为世界范围内犯罪的主要目标。在现实生活中，仿造硬币和纸币虽然很难，但如果有适当的设备，也不是不可能的。但是，真实现金的伪造需要时间和其他投入与耗费，而且由于所有假钞的序列号相同，在大多数情况下很容易被发现。而在因特网上仿造费用几乎为零，且十分容易改变序列号。因此，必须确保支付系统是安全的，否则就不会被顾客所接受。例如，应保证不能让任何第三方窃听到某项业务，即使他们能够窃听到，也不能读懂该业务，因此应对该业务进行加密。因特网是一个开放的网络，它允许任何人在信道上窃听，所以需要采取数字签名来预防对报文的修改，并且钱必须抵达预期的目的地。如果客户在商店里支付，可以将钱交给商店服务员，但是如果通过因特网支付，某项业务可以在没有任何人事先注意的情况下被转向其他银行账户，因此还需要采用数字签名和加密技术来保证每项金融业务的安全性。

⑧ 可伸缩性。随着因特网的发展，对在线支付系统功能上的要求也会不断增长。支付框架应能够处理顾客和贸易商的增长数量，做到平滑扩展。为了使系统保持有效，应当选择分布式系统，将支付服务器放置在因特网的不同位置，以防某一连接或服务器崩溃。支付体系的物理结构应能够通过一个可编程接口支持现有的因特网应用软件，这样就不需要或只需要对应用程序进行少量的修改。

4.1.3 网上银行

网上银行（Internet Bank）又称在线银行（Online Bank）、虚拟银行（Virtual Bank）或电子银行（Electronic Banking）等，是指银行使用电子信息工具通过因特网向银行客户提供银行产品和服务。银行的产品和服务包括投资理财、转账汇款、缴费支付、账户管理、收款业务、付款业务、信贷业务、代理行业务等业务，以及提供其他电子支付工具和服务，如电子货币。也就是说，网上银行是银行客户可以利用电子工具透过因特网，在任何时间任何地点办理银行业务，因而不再需要在银行的办公时间到银行的营业大厅排队进行交易。

这些改变源于科技进步和电子商务应用。不难看出，方兴未艾的电子商务为网上银行开辟了崭新而广阔的发展空间。可以说，网上银行是网络经济最重要的环节之一，它所提供的网上支付功能对电子商务的发展具有关键作用，它将改变传统货币的流通形式，畅行于网络经济的支付、结算、交易之中。

完整的电子商务一般包括三大环节：商情沟通、资金支付、物流配送。如果资金支付没有得到确切的证实，商品配送将难以为继。所以网上银行提供的电子支付手段，直接关系到电子商务的发展前景。与传统的银行服务体系相比，网上银行具有以下的优点。

1. 服务不受时间和地点的限制

在因特网上，银行客户与银行进行交易，每一笔业务操作均通过两者的计算机进行。客户的等待时间大大减少，操作简便易行。另一方面，网上银行分流了一批使用计算机的客户，也缓解了营业网点的压力，减少了银行服务的中间环节。网上银行可以向客户提供 24 小时、大范围、跨地区、跨国界的金融交易服务，提高了银行的服务效率。

2. 经营成本大幅降低，盈利能力得到改善

网上银行的虚拟性和不受时空限制，使网上银行的运营中心可以集中人员、硬件，远离昂

贵、繁华的商业中心；网上银行的自动处理功能可以承担大量传统银行的柜台业务，减少了人员和营业厅面积；自动服务也大量减少了人工服务的错误和银行的损失，这些都使银行经营成本大幅降低。

根据英国艾伦米尔顿国际管理顾问公司的调查，利用网络进行付款交易的成本每笔平均为 13 美分或更低，而利用电话银行服务为 54 美分，银行分支机构服务则高达 108 美分。网上银行的经营成本只占经营收入的 15%～20%，相比之下，传统银行的经营成本占经营收入的 60%左右。

由此看出，因特网的交易成本只有传统方式的 1/10。由此省下的巨额资金可以更多地让利给客户。

以花旗银行为例，2007 年，美国各商业银行定期储蓄的年利率一般不到 4%，但客户如果在花旗银行的网站上开户并使用 E-saving 业务，则可享受 4.5%的利率；在国际跨行汇款方面，在柜台办理汇款的手续费每笔大致在 40 美元；但如果选择网上自行汇款，手续费一般为 30 美元。另外，按照相关规定，花旗银行对 1500 美元以下的小额存款账户每月收取一定手续费，但如果该账户每月有两次网络支付业务，手续费可以免除。

诸多优惠政策在增加客户收益的同时，也壮大了银行的客户基础。在电子商务时代，银行的许多业务都可以通过广泛的其他企业和社会公共网来完成，从而借助别人的成本来完成自己的业务。综上所述，广泛地利用因特网开展金融业务，将极大地改善银行的盈利能力。

概括地说，网上银行是银行在网络上开办的虚拟柜台，有关网上银行的其他内容，本书将在后续章节详细介绍。

4.1.4 移动支付

近几年，移动互联网也得到了飞速发展。截至 2009 年 6 月底，中国手机网民规模为 1.55 亿人，占网民总数的 46%，半年内手机网民占总体互联网网民的比例提升了 6.5 个百分点。造成手机网民数量快速增长的原因，一方面是手机的普及，另一方面是无线互联网带给人们越来越多的便捷应用。移动支付操作简便，不受时空限制，可以渗透到各种日常交易中，也必将作为“杀手级”应用逐渐走进人们的生活。

移动支付，简而言之，就是允许移动用户使用其移动终端对所消费的商品或服务进行账务支付的一种服务方式。目前主要有手机代缴费业务、手机钱包、手机银行和手机信用平台等业务。

移动支付最早出现于 20 世纪 90 年代初的美国，随后在韩国和日本迅速发展。移动钱包、移动信用卡的正式商用都最早出现在日本和韩国。目前，日本和韩国已经成为世界上移动支付发展最快的国家，

在韩国，由 SK 和 Visa 等信用卡机构合作推出的 Moneta 业务以及由 KTF 推出的 K-merce 业务是两大移动支付品牌。每月有超过 30 万人在购买新手机时会选择具备能存储银行交易资料并进行交易信息加密功能的手机。除了最基本的非实物消费外，移动支付在超市购物、餐馆消费等领域也得到相当的普及。

在日本，NTTdocomo 推出的移动支付业务品牌 Osaifu-Keitai 应用广泛。NTTdocomo 通过将 i-mode 技术和非接触型 IC 卡技术结合，使 Osaifu-Keitai 用户可以将移动电话变成钱包、信用卡、ID 卡或房门钥匙，实现移动支付功能、车票功能和近距离信息获取和传递功能，目前它已经拥有超过 2000 万用户。

在中国，移动支付并不是一个新概念。早在几年前，上海、厦门、广州等地就开始推广移

动支付业务，但一直以来都处于萌芽阶段，至今仍没有爆发式地大规模商用，各家运营商一直在摸索一套适合中国国情的移动支付业务运营模式。

在技术方面，中国的移动支付技术经历了三个阶段。

第一阶段，将手机短信与后台账户捆绑在一起的支付模式。它主要将用户的手机号和后台用户支付账号进行关联，从而完成支付过程。虽然这种支付方式使用门槛低，但存在安全性不足、操作繁琐、无法即时支付等问题。

第二阶段，是基于 WAP 和 Java 的方式，利用移动终端的客户端或 WAP 浏览器，通过 GPRS 或 CDMA20001x 网络进行支付。这种方案可以采用后台账户绑定模式，或采用在支付过程中记录账户信息的模式，如让用户输入银行卡号和密码。这种移动支付模式与第一阶段移动支付有同样的缺点，还受到网络速度的制约。

第三阶段，是一种非接触式移动支付模式，也是目前所处的阶段。已经有 NFC、SIMpass 以及 RFSIM 等三种比较成熟的技术。NFC 和 SIMpass 使用 13.56MHz 频率，该频率和协议已经广泛地在交通、金融等多个行业应用，是世界公认的标准。RFSIM 技术是将包括天线在内的 RFID 射频模块与传统 SIM 卡功能集成在一张 SIM 卡上，在实现普通 SIM 卡功能的同时也能通过射频模块完成各种移动支付。

移动支付技术的飞速发展已经可以提供足够丰富的支付业务，但我国要想实现移动支付大规模商用光靠技术是不够的，好的运营模式更是关键。为此首先要充分释放用户需求，培养用户的消费习惯。移动支付之所以在日本和韩国发展较好，得益于日、韩居民采用移动支付的消费习惯已经培养起来。在韩国，电视购物、网络购物、移动购物等日益成为流行的消费及购物方式。在中国，消费者虽然认为移动支付很便捷，但普遍对移动支付的安全性存在疑虑。还需要整合价值链各个环节的资源，移动支付价值链包含移动运营商、金融机构、第三方支付服务提供商、芯片制造商、设备终端提供商和手机用户等多个环节，价值链各方协同动作或关联动作，才能把分散优势变成整合优势。

4.2 电子货币

4.2.1 电子货币的概念

货币，按照马克思的定义，本质上是起一般等价物作用的特殊商品，同时体现一定的社会生产关系。货币的形态有实物货币、金属货币、纸币、存款货币、电子货币等。其中，电子货币是现代商品经济高度发达，银行转账和结算技术不断进步的产物，代表了现代信用货币形式的发展方向，体现了现代支付手段的不断进化。

巴塞尔国际银行清算监督委员会认为：电子货币是商品的预支付价值。1998 年，欧洲中央银行（European Central Bank，ECB）将电子货币定义为：以电子方式存放在技术设备中的货币价值，是一种以非记录手段支付的预先价值。本书认为：电子货币是以金融电子化网络为基础，以商用电子化机具和各类交易卡为媒介，以电子计算机技术和通信技术为手段，以电子数据（二进制数据）形式存储在银行的计算机系统中，并通过计算机网络系统以电子信息传递形式实现流通和支付功能的货币。

电子货币要在电子支付中被消费者、商家所接受，必须保证它具有下列特性：

① 安全性。在线交易、资金转移和电子货币的生成都要绝对安全。

② 真实性。买卖双方能够确认他们使用或收到的电子货币是真实的。

③ 匿名性。要确保消费者、商家和他们之间的交易都是无记名的，从而保护消费者的隐私权。

④ 可分性。电子货币支付中能够处理以“分”或更小的货币单位出现的大量低价值的交易。

电子货币具有以下主要特征：

① 从形态上看，电子货币脱离了货币的传统形态，不再以实物、贵金属、纸币等可视、可触的形式出现，而是以现代高科技手段以电子数据形式存储，故又得名数字现金、虚拟货币。

② 从技术上看，电子货币的发行、流通、回收等均采用现代科技的电子化手段，有些电子货币品种是实现在线支付的基础。为防止伪造、复制、非法使用，电子货币需采用信息加密、数字签名，数字时间戳、防火墙等安全防范措施。

③ 电子货币当事人，一般包括电子货币发行者、电子货币使用者及中介机构。电子货币使用者可以是一个或多个；中介机构一般为银行等金融机构。

④ 从结算方式上看，无论电子货币在流通过程中经过一次或多次换手，其最后善意持有者均可向电子货币发行者或其前手提出对等资金的兑换要求。

4.2.2 电子货币的种类

电子货币有几种不同的形式，其中主要有：电子现金（e-cash）和智能卡（IC）等。虽然现在世界各国推行和研制的电子货币千差万别，但其基本形态大致相似，即电子货币的使用者以一定的现金或存款从发行者处兑换并获得代表相同金额的数据，并以可读/写的电子信息方式储存起来，当使用者需要清偿债务时，可以通过某些电子化媒介或方法将该电子数据直接转移给支付对象。

1. 按电子货币的结算方式分类

分为支付手段电子化的电子货币和支付方法电子化的电子货币。前者指本身即具有价值的电子数据，如由荷兰的求索现金公司（Dig Cash bv/Inc.）研制的“网络型电子货币”的代表 e-cash，以及英国企业 Mondex UK 研制的 Mondex 等；后者则指以电子化方法传递支付指令给结算服务提供者以完成结算，如 ATM 转账结算，或通过 POS 机进行信用卡结算等。

2. 以支付方式分类

①“先存款，后消费”的预付型电子货币，如现阶段在我国广泛使用的借记信用卡和储值卡。

② 在消费的同时即从银行账户转账的即付型电子货币，如通过自动柜员机 ATM（Automatic Teller Machine）和销售点终端 POS（Point Of Sales）的现金卡。

③“先消费，后付款”的后付型电子货币，如目前国际通用的 Visa 卡和 Master 卡等贷记信用卡。

3. 按电子货币的形态分类

① 储值卡型。功能与普通的 IC 卡基本一致，使用 IC 芯片，可以通过 ATM 机增加卡内余额，而不像传统的储值卡一样等金额一次性用完后即丢弃，如中国金卡工程中的智能 IC 卡、

丹麦的 Danmont、芬兰的先驱者等。但储值卡型的电子货币，既不能进行个人之间的支付，也不能在因特网上使用，目前它对社会、经济的影响力有限。

② 信用卡应用型。在传统信用卡基础上实现了在因特网上通过信用卡完成支付功能的电子货币，如第一虚拟因特网支付系统、计算机现金安全因特网支付服务等，它是目前发展最快，正步入实用化阶段的电子货币。

③ 存款电子化划拨型。通过计算机网络转移、划拨存款以完成结算的电子化支付方法，又可细分为通过金融机构的专用封闭式网络的资金划拨和通过因特网开放网络实现的资金划拨，如美国安全第一网上银行提供的电子支票、环球银行金融电讯协会（Society of Worldwide Inter-bank Financial Telecommunication，SWIFT）提供的电子结算系统等。

④ 电子现金型。通过将按一定规律排列的数字串保存于电子计算机的硬盘或 IC 卡内来进行支付，即以电子化的数字信息块代表一定金额的货币；前者如 e-cash，后者如英国研制的 Mondex 电子货币，是最接近于现金形式的电子货币。

4.2.3 电子货币的发展

1. 电子货币的产生基础——资金调拨电子系统

资金调拨电子系统（Electronic Fund Transfer System，EFTS）是电子货币产生的重要基础。20 世纪 70 年代，银行便开始利用计算机和通信技术将现金和支票的流动信息转换为计算机中的电子数据，将原本以现金或票据等纸质媒介为载体的货币资金在银行计算机网络系统中进行转账和划拨，从而提高现金和票据支付的处理速度，降低处理成本。目前银行间的“资金调拨电子系统”功能日益完善，且被越来越多的国家广泛应用，成为近 40 年来全世界支付制度演化的最大成果。如国际结算中普遍使用的国际银行电讯系统（SWIFTS），以及中国人民银行现代化支付系统（CNAPS）等都是利用电子数据信息办理资金划拨与清算的电子支付系统。在这些“资金调拨电子系统”中，电子数据信息逐渐成为现金、票据等实物货币的“替代品”和账务处理的依据。

2. 电子货币的雏形——信用卡

随着商品经济的不断发展，现金和票据的流通速度已无法满足银行业务不断增长及客户对质量和效率的更高要求。电子货币的初级阶段，还应追溯到 1915 年世界上第一张信用卡的诞生。信用卡是由发卡机构签发的，证明持有人信誉良好，能为其提供信用消费的信用凭证。

信用卡的发行突破了传统的现金支付方式，为银行建立先进的自动服务系统创造了条件，成为自动服务系统的重要组成部分，并为电子货币时代的来临奠定了基础。信用卡是商品经济发展到一定阶段的产物，随着商品生产规模的不断扩大，消费者的消费能力相对不足，于是 1915 年在美国富兰克林国际银行（Franklin International Bank）诞生了第一张信用卡，其最初是用于商业目的的。在餐饮业，业主为了扩大销售、吸引顾客，在一些顾客中发行“信用筹码”，凭此筹码，顾客能享受分期付款、赊购商品服务。后来逐渐由筹码形式演变成卡片形式并在其他领域推广使用。

几十年来，信用卡以其方便、灵活、安全、快捷的特点吸引了众多的消费者。美国白宫的统计数据显示：2008 年，美国有 1.73 亿信用卡用户，共持有约 15 亿张信用卡，人均持卡量超过 8 张。在国内，截至 2009 年第二季度，中国信用卡人均拥有量为 0.12 张。北京、上海等地信用卡人均拥有量较大，分别为 1.35 张和 0.75 张。信用卡已广泛应用于各个领域，如银行业的银行卡，商业服务业的购物卡、加油卡、电话卡、支票卡，文化娱乐业的电影票卡、图书卡，医疗保险业的健康诊疗卡、保险卡等。其中尤以银行卡应用最广泛，功能最强，品种最多。以银行为媒介的银行信用形式在很多方面优于其他信用形式，银行的特殊地位和作用决定了它能更好地控制信用卡的使用风险。自 1951 年第一张银行信用卡诞生以来短短几十年时间，信用卡几乎遍及全球各个国家。中国银行珠海分行于 1985 年 6 月发行的中银卡，是我国发行的第一张信用卡。截至 2009 年第二季度末，我国信用卡发行量已逾 1.6 亿张，加入银联网络的成员机构 1247 家，联网 POS 机具 211.01 万台，ATM 机 18.97 万台，我国信用卡的发展处于快速增长阶段。

信用卡的分类及使用特点如表 4-3 所示。

表 4-3　信用卡的分类及使用特点

分　类	类　型	使用特点
结算方式	贷记卡	发卡行允许持卡人“先消费、后付款”，为持卡人提供短期消费信贷，到期依据有关规定完成清偿
	借记卡	持卡人在开立信用卡账户时，按规定向发卡行交存一定的备用金，持卡人完成消费后，银行会自动从其账户上扣除相应的消费款项，急需时能为持卡人提供小额的善意透支
使用权限	金卡	允许透支限额相对较大（我国为 1 万元）
	普通卡	透支限额低（我国为 5 千元）
持卡对象	个人卡	持有者是有稳定收入来源的社会各界人士，其信用卡账户上的资金属持卡人个人存款
	公司卡	又称单位卡，是各企事业单位、部门指定人员使用的卡，其信用卡账户资金属公款
使用范围	国际卡	可以在全球许多国家和地区通行使用，如著名的 Visa 卡和 Master 卡等
	地方卡	只局限在某一地区内使用，如我国各大商业银行发行的人民币长城卡、牡丹卡、太平洋卡等都属地方卡
载体材料	磁卡	在信用卡背后贴附的磁条内存储有关信用卡业务所必需的数据信息，使用时必须用专门的读卡设备读出其中所存储的数据信息
	IC 卡	IC 卡嵌有芯片，信用卡业务的有关数据信息存储在 IC 芯片中，既可以脱机使用，也可以联机使用

1. IC 卡

（1）IC 卡的发展历史

IC 卡（Integrated Circuit Card）是集成电路卡的英文简称，在有些国家也称智能卡、智慧卡、微芯片卡等。它将一个专用的集成电路芯片镶嵌于符合 ISO7816 标准的 PVC（或 ABS 等）塑料基片中，封装成外形与磁卡类似的卡片，即制成一张 IC 卡。IC 卡可记载转入的金额，并在每次刷卡时扣除消费金额，是一种储值卡式的电子货币。

IC 卡的最初设想是由日本人提出来的。1969 年 12 月，日本的有村国孝提出了一种安全可靠的制造信用卡的方法，并于 1970 年获得专利，那时叫 ID 卡（IDentification Card）。1974 年，法国的罗兰•莫雷诺（Roland Moreno）发明了带集成电路芯片的塑料卡片，并取得了专利权，这就是早期的 IC 卡。1976 年，法国布尔（Bull）公司研制出世界第一枚 IC 卡。1984 年，法国的 PTT（Posts，Telegraphs and Telephones）将 IC 卡用于电话卡，由于 IC 卡良好的安全性和可靠性，获得了意想不到的成功。随后，国际标准化组织（International Standardization Organization，ISO）与国际电工委员会（International Electrotechnical Commission，IEC）的联合技术委员会制订了一系列的国际标准、规范，极大地推动了 IC 卡的研究和发展。真正意义上的智能卡，即在塑料片上安装嵌入式微型控制器芯片的 IC 卡，由摩托罗拉和 BULL HN 公司于 1997 年共同研制成功。

IC 卡具有以下特点：① 可靠性高。IC 卡具有防磁、防静电、防机械损坏和防化学破坏等能力，信息可保存 100 年以上，读/写次数在 10 万次以上，至少可用 10 年。② 安全性高。IC 卡从硬件和软件等几个方面实施其安全策略，可以控制卡内不同区域的存取特性，存储卡本身具有控制密码，试图非法对之解密时卡片即自毁，即不可进行读/写，所以智能卡内数据安全性高。③ 存储容量大。其内部有 RAM、ROM、EPROM、EEPROM 等存储器，存储容量可以从几字节到几兆字节。④ 对网络要求不高。IC 卡的安全可靠性使其在应用中对计算机网络的实时性、敏感性要求降低，符合我国的国情，有利于在网络质量不高的环境中应用。

从全球范围看，现在 IC 卡的应用范围已不再局限于早期的通信领域，已广泛应用于财务金融、社会保险、交通旅游、医疗卫生、政府行政、商品零售、休闲娱乐、学校管理及其他领域。

（2）IC 卡的分类

根据 IC 卡与外界数据交换的界面，可分类如下：

① 接触式 IC 卡。该类卡通过 IC 卡读/写设备的触点与 IC 卡触点接触后进行数据的读/写，如 IC 电话卡。接触式 IC 卡从功能上又分成三类：存储卡、智能卡（带 CPU 的卡）和超级智能卡。

② 非接触式 IC 卡。该类卡与 IC 卡设备无电路接触，而是通过非接触式读/写技术进行读/写，如公交卡。

根据应用领域，可分类如下：

① 金融卡。也称银行卡，又分为信用卡和现金卡两种。前者用于消费支付时，可按预先设定额度透支资金；后者可作为电子钱包或电子存折，但不能透支。

② 非金融卡。也称非银行卡，涉及范围十分广泛，实际包含金融卡之外的所有领域，如电信、旅游、教育和公交等。

2. 电子支票和电子现金

（1）电子支票

电子支票是客户向收款人签发的、无条件的数字化支付指令。它可以通过因特网或无线接入设备来完成传统支票的所有功能。

1996 年，美国通过的《改进债务偿还方式法》成为推动电子支票在美国应用的一个重要因素。该法律规定，自 1999 年 1 月起，美国政府部门的大部分债务将通过电子方式偿还。1998 年 1 月 1 日，美国国防部以及由银行和技术销售商组成的旨在促进电子支票技术发展的金融服务技术财团（FSTC）通过美国财政部的财政管理服务支付了一张电子支票，以显示系统的安全性债务偿还方式，成为推动电子支票在美国应用的一个重要因素。1998 年 6 月 30 日，世界上第一张电子支票在美国出现，由 IBM 公司联合美国波士顿银行、美洲银行和美国金融服务技术联合会签发。

电子支票是纸质支票的电子替代物，它与纸质支票一样是用于支付的一种合法方式，它使用数字签名和自动验证技术来确定其合法性。监视器屏幕上显示的电子支票的式样与传统纸制支票很像，填写方式也相同，支票上除了必须的收款人姓名、账号、金额和日期外，还隐含了加密信息。电子支票通过电子函件直接发送给收款方，收款人从电子邮箱中取出电子支票，并用电子签名签署收到的证实信息，再通过电子函件将电子支票送到银行，把款项存入自己的账户。

电子支票是一种借鉴纸制支票转移支付的优点，利用数字数据传输将钱款从一个账户转移到另一个账户的电子付款形式。这种电子支票支付是在与商户及银行相连的网络上以密码方式传递的，多数使用公用关键字加密签名或个人身份证号码（PIN）代替手写签名。电子支票支付，事务处理费用较低，而且银行也能为参与电子商务的商户提供标准化的资金信息，因而它可能是最有效率的支付手段之一。

（2）电子现金

电子现金（e-cash ），是一种非常重要的电子支付系统，它可以看作现实货币的电子或数字模拟。电子现金以数字信息形式存在，通过互联网流通。但它比现实货币更加方便、经济。它的最简单形式包括三个主体（商家、用户和银行）和 4 个安全协议过程（初始化协议、提款协议、支付协议、存款协议）。

第一个电子现金方案是由 Chaum 在 1982 年提出的，他利用盲签名技术实现，可以完全保护用户的隐私权。1995 年，Stadler 等人提出了公平盲签名（Fair Blind Signature）的概念，用于条件匿名的支付系统。1996 年，Camenisch 和 Frankel 等人分别独立地首次提出了公平的离线电子现金（Fair Off-line Electronic Cash）的概念，同时给出了两个方案。公平电子现金中用户的匿名性是不完全的，它可以被一个可信赖的第三方（TTP）撤销，从而可以防止利用电子现金的完全匿名性进行犯罪活动。

4.3 网上银行

4.3.1 网上银行的概念和分类

1. 网上银行的概念

网上银行，包含两层含义：一是机构概念，指通过信息网络开办业务的银行；二是业务概念，指银行通过信息网络提供的金融服务，包括传统银行业务和因信息技术应用带来的新兴业务。在日常生活和工作中，我们提及网上银行，更多是指第二层概念，即网上银行服务的概念。网上银行业务不仅仅是将传统银行产品简单地转移到网上，其服务方式和内涵也发生了一定的变化，而且由于信息技术的应用，又产生了全新的业务品种。

2. 网上银行的分类

网上银行的发展模式有两种。

一种是完全依赖于因特网的无形的电子银行，也叫“虚拟银行”。所谓虚拟银行是指没有实际的物理柜台作为支持的网上银行，它一般只有一个办公地址，没有分支机构，也没有营业网点，采用国际互联网等高科技服务手段与客户建立密切的联系，提供全方位的金融服务。以美国安全第一网上银行为例，它成立于 1995 年 10 月，是在美国成立的第一家无营业网点的虚拟网上银行，它的营业厅就是网站，当时银行员工只有 19 人，主要工作是对网络进行维护和管理。

另一种是在现有的传统银行的基础上，利用互联网开展传统的银行业务，即传统银行利用互联网作为新的服务手段为客户提供在线服务，实际上是传统银行服务在互联网上的延伸，这是目前网上银行存在的主要形式，也是绝大多数商业银行采取的网上银行发展模式。

4.3.2　网上银行与传统银行的比较

网上银行与传统银行相比有诸多优势，主要体现在以下 4 个方面。

1. 提供更便捷和高质量的服务

网上银行打破了时空的限制，人们可以在任何时间、任何地点享受支付、转账等银行服务。而且，网上银行能够提供比电话银行、ATM 机和早期的企业终端服务更生动、灵活、多样的服务。同时，与营业点相比，网络银行提供的服务更加标准化和规范化，避免了由于个人情绪及业务水平不同而带来的服务质量的差异，可以更好地提高银行的服务质量。

2. 业务成本大幅降低

如今，商业银行面临的是资本、技术和管理水平等全方位的竞争。各家银行不断推出新的服务手段，如电话银行、自助银行、ATM 机、POS 终端等。据美国权威机构调查和预测，由于利用了互联网，减少了服务人员，网络银行的服务费用仅为传统营业费用的 10%。

此外，网络银行的客户端采用公共浏览器软件，无须银行去维护、升级，这样也节省了银行的客户维护费用，使银行专心于服务产品的开发和服务手段的挖掘。由于客户使用的是公共 Internet 网络资源，银行避免了建立专用客户网络所带来的成本及维护费用。

3. 拥有更广泛的客户群体

对于传统银行而言，他们的服务对象通常是营业网点周边的居民，如果营业网点数量有限则会限制用户的数量，而网上银行借助 Internet 可以为全国乃至全世界的用户随时随地提供优质服务，有利于银行业务的扩张和形象的提升。

4. 有助于企业用户的商贸往来

作为企业客户，还可通过网上银行，把业务延伸到商贸往来的方方面面。如中行广东省分行的网上银行“中银 E 点通”，就是针对中行在广东地区的外向型企业特点而开发的。该网上银行系统把“企业集团服务系统”和针对外向型企业的“报关即时通”进行整合，使之更具实用性，效果更加明显。其中“企业集团服务”专门针对集团企业开发，从根本上解决了集团性企业跨地区的账户查询、资金管理和资金汇划问题。

4.3.3　网上银行提供的服务

1. 基本网上银行业务

商业银行提供的基本网上银行服务包括：在线查询账户余额、交易记录，下载数据，转账和网上支付等。

2. 网上投资

由于金融服务市场发达，可以投资的金融产品种类众多，国外网上银行一般提供包括股票、期权、共同基金投资和 CDs 买卖等多种金融产品服务。

3. 网上购物

商业银行在网上银行设立的网上购物服务，大大方便了客户，为客户在相同的服务品种上提供了优质的金融服务或相关的信息服务，加强了商业银行在传统竞争领域的竞争优势。

4. 个人理财助理

个人理财助理是国外网上银行重点发展的一个服务品种。各大银行将传统银行业务中的理财助理转移到网上进行，通过网络为客户提供各种理财方案、咨询建议和金融服务技术援助，从而扩大了商业银行的服务范围，降低了相关服务成本。

5. 企业银行服务

企业银行服务是网上银行服务中最重要的部分之一。其服务品种比个人客户的服务品种更多，也更复杂，对相关技术的要求也更高，所以能够为企业提供网上银行服务是商业银行实力的象征，一般中小网上银行或纯网上银行只能部分提供，甚至完全不提供这方面的服务。

企业银行服务一般提供账户余额查询、交易记录查询、总账户与分账户管理、转账、在线支付各种费用、透支保护、储蓄账户与支票账户资金自动划拨、商业信用卡等服务。此外，还包括投资服务等。部分网上银行还为企业提供网上贷款业务。

6. 其他金融服务

除了银行服务外，大型商业银行的网上银行均通过自身或与其他金融服务网站联合的方式，为客户提供多种金融服务产品，如保险、抵押和按揭等，以扩大网上银行的服务范围。

4.4　在线支付

电子支付有多种手段，如电子现金、智能卡（电子钱包）、信用卡支付等。但概括起来，一般可分为电子货币和信用卡两种，如图 4-1 所示。而电子货币中最有代表性的则是电子钱包和电子现金。

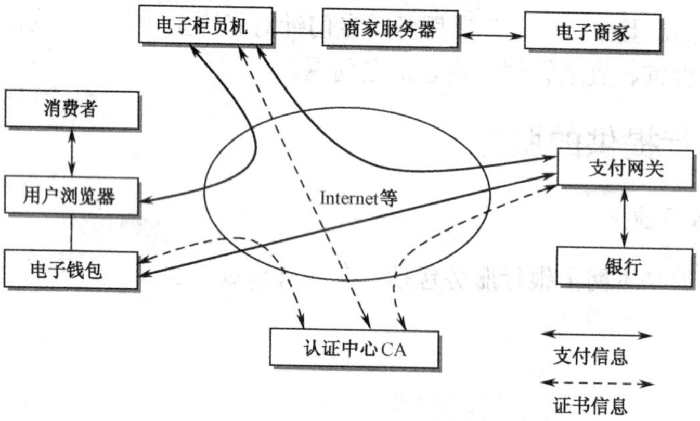

图 4-1　电子商务支付模式示意图

值得指出的是，作为一种未来的货币，电子现金必须满足货币的稀缺性、流通性、不可复制性和支付的匿名性等特征。要使电子货币像以往有形的、标有面值的钞票和硬币那样被消费者、商家所接受，要实现完全的在线支付功能，需要解决交易各方身份认证、数据在网络传输过程中的保密性以及支付工具的真实性等关键性的问题。

4.4.1　信用卡

如今，在 Internet 上，信用卡支付仍然是最普遍和首选的支付方式。信用卡使用简单，且已被全世界所接受，用户浏览一个 Web 站点，并决定他们所需要的服务或产品，然后将他们的信用卡信息输入到一个 HTML 窗口。所输内容被发送到该 Web 站点，在那里，这些信息要么被收集起来并每人向银行发送一次，要么 Web 站点的所有者与银行建立起一个直接链接，如果用户有足够的存款支付所选的商品，就可以即时结账。

信用卡支付有各种模式，如脱机支付、联机间接支付及联机直接支付等。目前出现的网上信用卡支付主要有以下几种模式。

（1）通过中介（经纪人）支付的模式——FVC（First Virtual Corp）系统

用户在网上经纪人处开立账号，网上经纪人持有用户账号和信用卡号，用户用账号从商家订货，商家将用户账号提供给经纪人，经纪人验证商家身份后，将信用卡信息传给银行，完成支付过程，如图 4-2 所示。这种支付过程是通过双方都信任的第三方（经纪人）完成的，用户账号的开设不通过网络，信用卡信息不在开放的网络上传送，第三方经纪人使用 E-mail 来确定用户身份，以防止伪造，商家自由度大，无风险，且交易成本很低，对小额交易很适用。

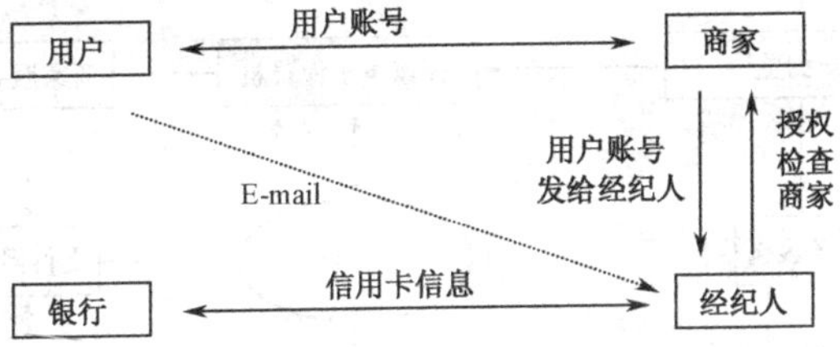

图 4-2　经中介支付的模式

由 FVC 公司提供的支付系统方案，于 1994 年 10 月开始使用。截至 1996 年 3 月 30 日，已有 166 个国家的 3300 多个商家和 21.5 万个用户使用该系统。1997 年 3 月，FVC 公司宣布该系统已拥有 35 万用户。

（2）简单支付加密模式——CyberCash

使用这种模式付费时，用户信用卡号码被加密，采用的加密技术有 S/SHTTP、SSL 等。这种加密信息只有业务提供商或第三方付费处理系统能够识别。由于用户进行在线购物时只需一个信用卡号，所以这给用户带来了方便。这种方式需要一系列的加密、授权、认证及相关信息传送，交易成本较高，因此对小额交易而言不适用。

CyberCash 支付流程如图 4-3 所示。CyberCash 用户从 CyberCash 商家订货后，电子钱包将信用卡信息加密后传给 CyberCash 商家服务器；商家服务器验证接收到的信息的有效性后，将用户加密的信用卡信息传给 CyberCash 服务器，商家服务器看不到用户的信用卡信息；CyberCash 服务器验证商家身份后，将用户加密的信用卡信息转移到非因特网的安全地方解密，然后将用户信用卡信息通过安全专用网传送到商家银行；商家银行通过与一般银行之间的电子通道从用户信用卡发行银行得到证实后，将结果传送给 CyberCash 服务器，CyberCash 服务器通知商家服务器交易完成或拒绝，商家通知用户。整个过程大约历时 15～20 秒。交易每进行一步，交易各方都以数字签名来确认身份，用户和商家都须使用 CyberCash 软件，签名是用户、商家在注册系统时产生的，而且本身不能修改。用户信用卡加密后存在微机上。加密技术标准化，使用 56 位 DES 和 768～1024 位 RSA 公开/私用密钥对来产生数字签名。

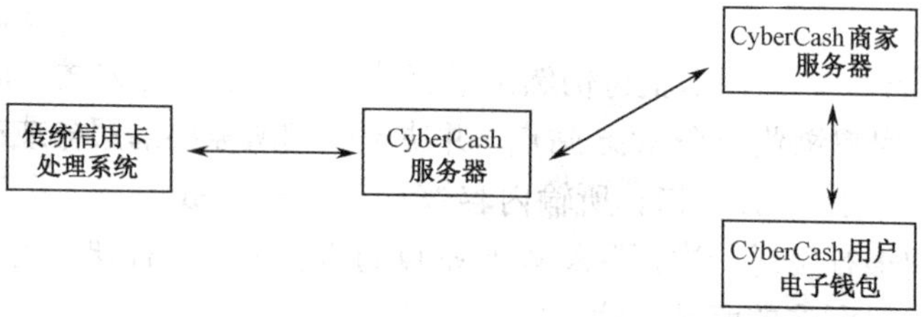

图 4-3　CyberCash 支付流程示意图

CyberCash 支持多种信用卡，如 Visa、Master、American Express、Diners 和 Carte Blanche 等。目前授权处理 CyberCash 的系统有 Globe Payment System、Global Payment System、First Data Corporation 和 VisaNet 等。IBM 等公司也提供这种简单加密模式的支付系统，使用 IBM CyberCash 电子商务系统的有：Charles Schwab 股票公司、L.L.Beans（全美最大的邮购公司）、日本航空公司订票系统、日本富士银行、香港 AEON World 电子商场、瑞士铁路售票系统等。

（3）SET 模式

电子商务系统中基于 SET 协议的支付流程如图 4-4 所示。

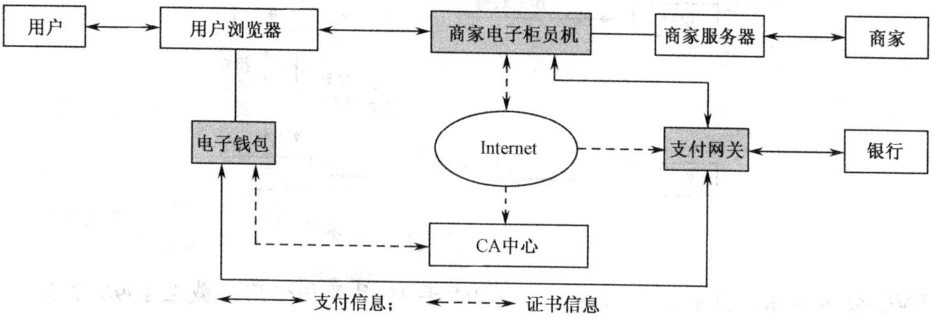

图 4-4　SET 支付流程示意图

实质上，所谓 SET 支付方式是指各交易方之间的信息传送都使用 SET 协议，以保证其安全性。

电子钱包是 SET 在用户端的实现。它能与电子柜员机软件通信，完成数据的加/解密，管理证书和密钥对，申请、接受和保存证书，并且进行交易记录。

电子柜员机是在线商家的支付服务器，它必须能处理持卡人的申请并和收单行（通过支付网关）进行通信，发送和接收加密信息，存储签名钥匙和钥匙交换钥匙，申请和接受认证，与数据库通信以便存储和填写订单，保留和处理记录。由于客户端软件使用不同的密钥分别对购买信息和支付信息进行加密，所以电子柜员机只能看到用户的购买信息，而支付信息则完整地转发给支付网关。

支付网关是银行金融系统和因特网之间的接口，通过它完成来往数据在 SET 协议和现存银行卡交易系统协议（如 ISO8583 协议）之间的转换，即支付网关是 SET 在金融方的实现。支付网关需要接收和确认商家从持卡人处收到的支付信息，它首先通过收单行与持卡人的发卡行通信，进行申请和接受授权；然后将授权转发给商家，使商家完成订单；最后接收从发卡行得到的付款并将其转移给商家。支付网关为由卡处理系统返回的信息（如 ISO8583）和发往卡处理系统的信息（SET）提供通信和协议转换能力，并执行所有的 SET 密码功能。支付网关起到了一种连接作用，将持卡人和商家之间交换信息的开放网络与金融机构网络连接起来。

信用卡支付系统与其他支付形式相比，具有明显优点。信用卡已得到广泛发行和认可，而且它向消费者提供收集所有费用并在稍后的时间集中支付的能力（如在月末）。信用卡系统还提供良好的消费者保护，因为用户有权在一定时间内退货并拒绝支付费用，这些费用不是直接从用户账户中支取的。信用卡不一定非要是本国货币，无论客户在哪里购买产品，货币兑换都会自动完成。在因特网上使用信用卡的机制与邮件和电话订单事务极为相似。因此，几乎每个人都能够在几秒钟之内弄懂它是怎样工作的。

信用卡支付系统有 4 个角色：顾客、贸易商、发行器和捕获器。为了使用一张信用卡，顾客和贸易商必须和捕获器相应的发行器建立联系。发行器发给顾客一张信用卡，贸易商向捕获器请求能接受一个或多个信用卡的能力。顾客到贸易商那里购买产品或服务，并将他们的信用卡呈现给贸易商。贸易商把信用卡信息发送给捕获器来验证信用卡的合法性。然后，请求就会通过金融网络传输到顾客所在的银行，银行验证发送过来的信息，并通过捕获器向贸易商返回授权。这听起来也许十分复杂，但如果你到一家商店去购买东西，就会发现这正是现在的工作方式。

虽然仍然有一些公司想要客户将信用卡号码发送给他们，而且这些传送信息是没有经过加密的，但是大多数公司都使用加密算法来保护信用卡、订单及顾客的私人信息。如果没有加密，黑客就很容易窃听到这些报文，并利用或改变这些报文来达到他们的目的。

罪犯利用称为嗅探器（Sniffer）的专用程序可以复制被解密的信息，并用它来支付其他商品。当客户不需要一个发送地址时，信用卡信息很容易被滥用，如被用来支付在线服务。虽然窃取信用卡信息并不是什么新鲜事，但是因特网使攻击者能够更加系统地窃取信息。

4.4.2　智能卡与电子钱包

智能卡在欧洲和美国非常流行，电话卡、医疗保健卡和借方卡都有嵌入式芯片，这些芯片包含货币、健康和账户信息，在欧洲发行的每张借方卡（又称 IC 卡）都包含所有者和账户信息。此外，系统还可以将现金存储到芯片上。

存储在芯片上的货币是以一种加密形式保存的，而且由一个口令保证智能卡的安全性。为了使用智能卡支付，必须将卡引入到一个硬件终端设备，该设备需要一个来自发行银行的特殊密钥来启动任一方向上的货币划拨。

智能卡给商店带来的好处是，无须每天关门后总要谨慎地处理许多钱，在支付时通过电子手段就将钱转到了他们的银行账户。实际上，这种用于购物支付的虚拟货币可以在瞬间传送到贸易商银行。智能卡的优点是，它在现实世界和计算机环境中都可使用。可以到银行将钱装入智能卡，然后在因特网上进行支付；反之亦然，商家可以在因特网上提供某种服务并向顾客收费，然后顾客将钱转到商家的智能卡上，商家可以在开户银行将这些钱兑现或用它来支付其他服务。而上面所提到的电子现金只能在因特网上使用。智能卡能够起到桥梁作用，由于可以直接兑换货币，而且不需要中介，因此每个人都可以提供物品在线拍卖，并从智能卡上获益。

智能卡使用安全、简单，而且是离线（Offline）操作，且事务处理费用低廉。目前在欧洲已经建立了两个标准：英国的 Mondex 卡和德国的 GeldKarte 卡。

（1）Mondex 卡

Mondex 电子钱包卡由英国西敏斯国民银行（National Westminster Bank）和米德兰（Midland Bank）银行共同投资创办的名为 Mondex UK 的企业开发。Mondex 卡是一个不计账的开放式预支付系统，发行者公司向成员机构出售 Mondex 市值，这些成员机构再将市值卖给持卡人和零售商。发行者公司成员在现阶段仅限于信用机构。持卡人和发行者公司并没有合同关系，但可能承担发卡成员银行破产等造成的信用风险。Mondex 电子钱包卡可以在商家的终端进行支付，并通过钱包接口装置（如 ATM 机、专门电话机或电子钱夹等）转账到其他 Mondex 卡中，不再需要专门金融机构的交易授权、清算或结算。

该系统也像真实现金一样保证匿名，这是它的一个优点，但是要查获犯罪交易是不可能的。Mondex 系统是建立在一些强大的安全特征基础上的，实际上不可能仿造这些货币。Mondex 卡使用价值传输协议 VTP（Value Transfer Protocol），它采用强大的加密技术来保护货币的传输。Mondex 价值只能在 Mondex 卡之间转移，因此它是一个封闭的系统。

该系统允许用户锁定一张给定卡上的价值，以防丢失。卡丢失后，银行可以运行一个奖励系统以激励拾到者将卡归还给合法的所有者。由于对卡进行操纵需要输入一个 PIN，因此拾到卡的人也不能用它来进行支付。

持卡人向卡中存入一定金额后，等币值的电子数据即存入 Mondex 卡的市值存储器。Mondex 系统货币价值的汇总余额以二进制数字形式储存，其市值存储器采用微处理芯片，该芯片具有高度的抗物理攻击能力，并且采用了先进的加密技术，可以有效地保存币值及交易信息并防止伪造。该加密技术还通过下载新的加密算法而进行周期性的升级。

Mondex 电子钱包卡于 1995 年 6 月起在英国斯文顿市（Swindon）进行试点。在试点期间，消费者在卡中最多可存入 500 英镑的 Mondex 市值，绝大部分交易额均低于 20 英镑，卡中平均持有金额为 15 英镑。持卡人可以查询最近 10 次的交易记录。为保障其安全性，在丢失或被盗时可以给卡“上锁”（Lock）以防非法使用。Mondex 卡还可以保留“错误使用”记录，若有人试图非法使用它，在 5 次错误使用后，该卡功能即被取消，须由发卡成员银行将卡重新“激活”方可再度使用。试点中，发卡成员银行对 Mondex 卡的丢失做了保险，但赔偿金额最高不超过 100 英镑。

为在国际上推广使用，正在研制用 Mondex 卡存储多种货币的功能。设计方案为每种货币均由独立的发行公司发行，购买某国币种必须通过该货币发行国家的银行。如出现伪造市值造成的损失，在该种货币发行国成员银行无过错的情形下，由发卡公司的股东承担。

迄今，除英国之外，加拿大皇家银行、加拿大帝国商业银行都已引入 Mondex 卡的应用；香港汇丰银行还取得了不包括日本在内的其他亚洲地区经营 Mondex 卡的特许权。

（2）GeldKarte 卡

1997 年，德国的银行开始发行新的带有嵌入式芯片的借方卡。芯片包含一种叫做 GeldKarte 的电子现金功能。由于借方卡每两年更换一次，因此到 1999 年初，德国的借方卡已变成一种智能卡。它与 Mondex 卡的不同之处在于，它们向卡中装入钱的方式不一样。取钱时需要一个专门的取款机。

为了实现智能卡支付，需要加强现有设备的支持。为此人们设计了供个人使用的与移动电话融为一体的智能化 SIM 卡。它可以记录智能卡之间的所有事务，如果来自卡的消费的钱多于原先装入该卡的钱，则将拒绝该项交易。在卡丢失时，可以重新更换货币。保密是日志文件存在的一个问题，但是银行可以保证他们不会使用记录信息。销售者看不到购买者的个人信息，他们所看到的只是智能卡号，银行用这个号码来验证用户。

GeldKarte 借方卡是一个非常有吸引力的电子商务方案。信用卡公司一般要收取大约 4%的事务处理费用，而 GeldKarte 借方卡则不同，银行只对它收取 0.3%的费用（或最小 0.01 欧元）。由于费用低，它对微支付来说相当理想。例如，可以用它来支付 Web 页、文档及图片的费用。此外，贸易商在订货过程中而不是在订货之后得到货款，只有当智能卡的钱足够时，订货过程才会完成。

对客户而言，智能卡的缺点是，客户不得将钱预装入智能卡（与所有预支付解决方案一样），而且如果将钱存放在银行账户中，将面临损失利息的风险。还有，它只是一个国家标准，到目前为止，只有德国使用该系统。为使其真正取得成功，其他欧洲国家也必须采用该系统，否则它将被国际性系统所取代，如 Mondex 卡。更重要的是，该智能卡的阅读器成为集成到键盘的一个组件，它给用户强加了额外的费用。

它在因特网上使用的技术规范已于 1998 年发布，但到目前为止，只建立了几个典型的试验，还没有实际接受它的数字公司，主要障碍是智能卡的广泛使用。

（3）VisaCash

VisaCash 是一种电子钱包，到目前为止，已有几个国家在进行试验。VisaCash 有两种不同的卡：一种是一次性卡，其工作方式类似于电话卡；另一种是可以重新装入的卡，其工作方式类似于 Mondex 和 GeldKarte 卡。

到目前为止，运行于因特网上的 VisaCash 卡还只是在美国佛罗里达州的奥兰多举行的 CardTech/SecurTech 会议上所展示的原型。但是在美国亚特兰大举行奥运会期间，VisaCash 卡被用作首选支付方式。此后，VisaCash 再也没有任何进展。

电子钱包（Electronic Purse）是一种具有存/取款和转账功能的智能卡。持卡人需事先在卡中存入一定金额，用款时逐笔扣减，且随时可以往卡中增加资金。电子钱包卡一般用于小额款项的无现金支付，无须授权，通过 POS 机终端查询余额就能消费。智能卡的安全性十分可靠，它无须第三方提供的支持，就可以安全地实现消费者和商家之间的资金直接转换。智能卡具有匿名性和消费者使用智能卡无须在银行留有账户的优点，但其最大缺点在于，无论是消费者还是商家，都需要安装特殊的硬件设备。

电子钱包的持卡人通过 ATM 机或经改装后的家用电话向卡中存入金额，银行或其他发卡机构通过电子化处理，将该笔金额以二进制数据形式存入，并通过类似于信用卡的中央处理设备控制电子钱包卡的使用限额。电子钱包卡可以满足在有终端的商场购物，交纳自动加油站的汽油费，交纳公用电话费、停车费等多种用途。消费时，一般通过卡中的个人识别码（PIN）识别身份，无须核查持卡人的信誉及签字。交易资金直接通过商家的 POS 机或其他终端设备转移到商家的终端上。商家在营业日终了后或一段时间后将交易所得资金的累计余额转到他们在银行的账户上。当储存在卡中的金额用完后，持卡人可以再次向卡中充入资金。

但是，上述类似于信用卡的电子钱包，需由发卡人的中央控制机制来管理，增加了交易成本，对一些小额交易来说显然是不经济的。就发卡机构而言，其中央处理机还面临数据大量积累后的存储问题。上面所提到的 Mondex 卡就是一种不需要中央监管设备而非常类似于现金的电子钱包。

前面曾经提到，货币应该具有支付过程中的可匿名性，没有人可以追踪到谁是支付该服务或商品的人。但是，一旦在网上购物或由人送货，这一优点很可能就不存在了。此外，电子钱包的缺点是靠硬盘和智能卡存储，如果你丢失了该文件，钱也就没了，就像丢失了你的钱包一样，而且任何找到该钱包的人都可用它来支付。

4.4.3　电子现金

简单来说，电子现金（e-cash）就是以电子方式存在的现金货币，其实质是代表价值的数字。这是一种储值型支付工具，使用时与纸基现金完全类似，多用于小额支付，可实现脱机处理。按其载体划分，电子现金主要包括两类：一类币值存储在 IC 卡上；另一类币值以数据文件形式存储在计算机的硬盘上。

电子现金解决方案使用软件将现金等价物保存在硬盘或软盘上，硬币和纸币被已经数字签名的文件所代替。该系统的优点是，传递货款的费用几乎为零（唯一真正的费用是因特网连接）。为了接受货款，客户需要求助于因特网的虚拟自动取款机或现实生活中的 ATM 机，在那里，客户可以从银行账户直接借记或信用卡支付得到电子现金。电子现金解决方案存在的难点是，怎样以一种十分安全的方式来实现它。由于货款存储在文件中，因此必须澄清复制这些文件既不会增加现金的价值，也不会改变其在硬盘上的电子货币的数量。硬币和纸币必须有数字标记，这样就不可能多次使用它们。加密技术、数字签名及电子签名有助于减少发生欺骗行为的可能。

为了仿效硬币和纸币的支付功能，电子货币必须能隐藏用其进行支付的个人身份。而且，在支付当中也不需要银行的参与。电子货币能够在两个当事人之间直接进行交换，对电子货币进行分解也十分重要。客户可以将一张电子货币分成许多纸币和硬币，然后可以将它们支付给不同的人。其最大特点（也是最大优点）是交易的“匿名性”，它保护了消费者的隐私权。其最大缺点是，需要一个庞大的中心数据库来记录使用过的电子现金序列号。

Mondex 卡在个人之间进行支付时，采用与发行银行脱线的方式，即通过“Mondex 钱包”作为支付媒介从一张卡向另一张卡转移币值。而与此不同的是，通过电子现金进行支付时，无论个人之间还是企业之间均需通过银行联线方式进行。但是，近年来的实验结果表明，Mondex 卡和电子现金有相互趋向一致的倾向。Mondex 开发出在因特网上使用的 IC 卡，而电子现金也研制出将电子化数字串储存于 IC 卡并用于支付的方法。1995 年，美国 Mark Twain 银行开始经营电子现金与美元之间的兑换业务，这意味着，电子现金成为世界上第一个实现因特网网上支付的电子货币。

电子现金由荷兰的求索现金公司（Dig Cash BV/INC）研制，它是首先在因特网上实现安全支付的电子货币实验项目。该系统用按一定规律排列的一定长度的数字串，即一种电子化的数字信息块，代表货币价值，并将若干这样的数字串储存到计算机硬盘或 IC 卡中。如以 110008011 和 1100010011 分别代表价值为 80 美元和 100 美元的现钞。若某人欲在网上商城购买价值 350 美元的物品，只需将其计算机硬盘中储存的 3 个 1100010011 数字串及一个 110005011 数字串通过电子化方法转移给销售商的计算机网络即可。

使用 e-cash 进行在线支付的流程如图 4-5 所示。客户在 e-cash 发放银行开设 e-cash 账号，购买 e-cash，然后使用 PC e-cash 终端软件从 e-cash 银行取出一定数量的 e-cash 存在硬盘上，通常少于 100 美元。客户从同意接收 e-cash 的商家订货，使用 e-cash 支付所购商品的费用。接收 e-cash 的商家与发放银行之间进行清算，e-cash 银行将用户购买商品的钱支付给商家。

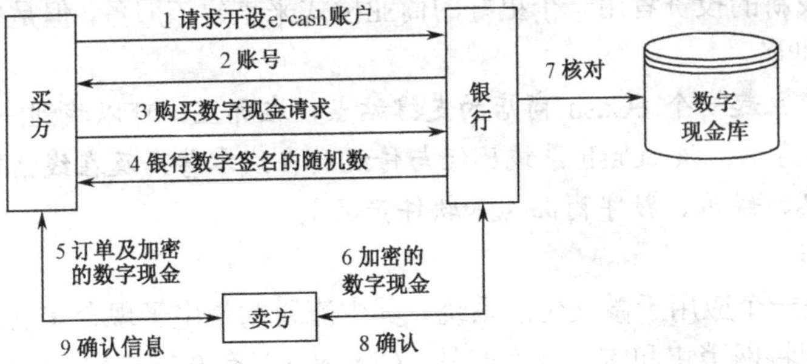

图 4-5　e-cash 在线支付流程

e-cash 支付方式具有如下特点：① 银行和商家之间应有协议和授权关系；② 用户、商家和 e-cash 银行都需使用 e-cash 软件；③ 适用于小额交易量；④ 身份验证由 e-cash 本身完成，即 e-cash 银行在发放 e-cash 时使用数字签名，商家在每次交易中，将 e-cash 传送给 e-cash 银行，由 e-cash 验证用户支持的 e-cash 是否有效（非伪造或未使用过等）；⑤ e-cash 银行负责用户和商家之间资金的转移；⑥ 具有现金特点，可以存、取、转让。

电子现金的实现有下面一些解决方案。

（1）DigiCash

DigiCash 发行了叫做 eCash 的电子现金。与前述各系统不同，它试图建立一个接收 eCash 服务和产品提供者的网络。书店、娱乐场所和在线报纸都接受用以交换商品、游戏和信息的货币。

DigiCash 是一个十分成功的电子现金解决方案。德国的 Deutsche Bank 已成为它的一个合伙人，并且它现在可以向它的客户发行 eCash。世界上另外一些银行也已成为 eCash 的发行机构，如澳大利亚的 st.George Bank。

为了使用 eCash，顾客必须在一家参与银行开设一个账户，如 Deutsche Bank 或 Mark Twain Bank。然后，顾客必须在该账户存储一定数量的钱，而且顾客会得到以电子现金形式存在的钱，这些钱可以存储在顾客的硬盘上。这些钱是以纸币（Token）形式存储的，顾客从银行所获得的电子现金可以转到一个特殊的银行账户，然后用这个账户来支付与贸易商之间的金融事务。eCash 系统是一个单向代币系统，它只允许货币使用一次，在顾客和贸易商之间只能执行一个事务，而且贸易商不能用它来支付其他东西，这些货币必须送回银行进行兑现。顾客之间的对等事务是可行的，但是当中需要一家银行来兑换代币，每个代币都包含它所代表的金额、用作序列号的随机数以及发行银行的数字签名。银行在不知道使用者是谁的情况下对电子现金进行验证，而且允许电子货币匿名使用，这是由一个叫做“隐蔽签名”（Blind-Signature）的系统来实现的。

隐蔽签名是由 DigiCash 的创始人 David Chaum 发明的具有专利权的一个算法。为使其更简单，可由获取电子现金的顾客创建原始代币，将一个序列号加到代币上，并将其发送到顾客的银行。通过将该序列号与另一个随机数（所谓的隐蔽系数，Blinding Factor）相乘，银行可以看见该序列号。银行给代币增加一个数字签名，并将其送回到顾客处，顾客用隐蔽系数分解序列号。采用这种机制，银行就能将代币追溯到顾客，因为银行看不到原始序列号。

顾客用存储在硬盘上的文件进行支付。同意接受 DigiCash 货币的贸易商需要在一家支持

DigiCash 的银行设立一个账户，以便兑换已接收的货币。对 DigiCash 模型来说，事务费用为零。至 1998 年，曾有 150 多个 Web 站点接受过 DigiCash 货币，直到 1998 年末 DigiCash 宣布破产。虽然他们试图寻找新的投资者用一个更好的商业模式来重建该服务，但是信用卡交易最终还是破坏了 DigiCash 业务。

在德国曾经建立起一个 eCash 商店的支撑站点，在那里，可以找到一个接受 DigiCash 的 eCash 货币的商店清单。该 eCash 系统已经与传统的在线零售商及在线销售的不同领域建立起联系，如提供信息、娱乐、数字商品（如软件产品）。

（2）CyberCoin

CyberCoin 是一个应用于微支付的系统。其中流通的是电子现金 CyberCash，它使货币商和顾客可以通过因特网销售和购买数字产品。CyberCash 有 0.25～10 美元的面额，由于这些面额太小，因此在用信用卡购物时不能使用。

通常，在一个因特网专用服务器上为每个顾客和贸易商提供专门的“现金容器”，(Cash-Containers)，用作 CyberCoin 账户。利用 CyberCash 钱包，可以将钱转移到 CyberCoin 账户中。为了用该钱包进行支付，需要从 Web 浏览器向 CyberCash 钱包发送一个特殊指令，该指令要求顾客接受支付。一旦顾客同意支付，钱就被从顾客账号过户到贸易商账户。这里通过加密使通信安全化。顾客订单发送到贸易商，贸易商将其数据添加到订单中，并将已完成的订单发送给 CyberCash 网关，然后由该网关完成账户间的转账。

（3）IBM Micro Payment

该系统是由 IBM 公司在以色列海法的支付部门开发的一个微支付系统，它允许将简单的 HTML 链接转变成支付链接。所以有必要在顾客和贸易商之间安置因特网服务提供者 ISP（Internet Service Provider）。在某个链接上单击就会被注册到贸易商的日志文件中，并找到执行该单击的顾客。然后所需支付被传送到 ISP，ISP 从顾客的银行账户将钱记入借方。到目前为止，该系统在因特网上只有某些试验是可行的。

该系统使用 RSA 公共密钥数字签名，交易各方的身份验证通过证书来完成，电子货币证书当天有效。为防止复制和伪造，电子现金采用加盖电子印鉴的方法。同时，为保证电子现金的匿名性，哪怕是电子现金的发行者，也无法跟踪某一笔电子现金的去向。为此，人们开发了一种称为“盲签名”的加密技术。假设消费者要从电子货币的发行者处取得 100 元的电子现金，他首先需要启动电子现金软件向发行者发出支取指令，经发行者接受并确认后，该消费者的计算机硬盘内自动产生一个作为序列号的随机数字串，并与一个表示 100 元的数字串结合成一个新的数字串，经加密处理后被装入电子信封送达发行者处，不开启信封对信封内的数字串加盖电子印鉴后再连同信封一并送回消费者处。当消费者以电子现金购物后，销售商将其收到的电子现金授信给发行者。发行者接收后，首先核对电子印鉴以确认该电子货币的真实性，然后通过核对电子现金的序列号以确认该电子现金在此之前是否已使用过。这样，通过电子印鉴和“盲签名”技术，就保证了电子货币的不可复制性和电子现金支付的匿名性。

（4）MilliCent

MilliCent 是由 Combaq 和 Digital 公司联合开发的微支付系统，属于离线交易方式，即商家（Vendor）不必与经纪人（Borker）和银行联系就可以鉴别客户所付资金的真伪。其基本思想是，利用一个密钥控制的单向散列函数来认证和验证支付票据（Scrip）的电子货币，每一个 Scrip 代表客户与某一特定商家所建立的一个资金账户。当客户用其特有的 Scrip 购物时，商家将消费额从客户的 Scrip 中扣除，并产生一个新的 Scrip 作为所找回的钱退还给客户，当客户完成了一系列的交易后，还可以将所剩的 Scrip 换成实际的钱币，从而撤销与某一商家的账户。因此票据 Scrip 是 Millicent 支付系统的基础。

4.4.4　电子支票

所谓电子支票，是用来吸引不想使用现金，而宁可采用信用方式的个人客户和公司组织的支付方式。它用电子方式起始，使用电子签名做背书，并使用数字证明来验证付款者、付款银行和银行账户，其安全和认证工作则由公钥加密算法的电子签名来完成。电子支票通过电话直接传达或利用互联网来传送，银行收集电子支票，然后通过票据交换所（Automated Clearing House，ACH）网络来交换，这种现有银行体系和公众网络的整合为银行、工业界和客户提供了以现有支票处理机构为主的可行方案。

电子支票具有以下优点：

① 容易被使用者接受和采纳。传统支票付款方式在社会上早已被广泛接受，是商业交易中不可缺少的支付工具，在网络上以电子方式签发支票，操作上与传统书面方式无太大不同，能够节省交易者的时间。

② 适用范围广。电子支票可以应用于“个人对个人”、“个人对企业”和“企业对企业”的资金往来，而且可以进行任意大额或小额的支付。

③ 利用连网的电子支票系统，票据的接收者在接到电子支票后可以立刻检验发票者的签章，甚至通过网络查证发票者的资金状况。所以，电子支票系统可以避免收到无效支票（签章错误）或空头支票（资金不足）。

④ 可挂失。若发现电子支票遗失、被窃或遭到冒用，可以立刻办理挂失止付，发票人将不会因此蒙受重大损失，不像电子现金一旦遗失便立刻发生损失且可能无法追回。

⑤ 实现存款转账效果。电子支票系统实际上具有提供网络用户存款转账的功能，用户只要签发一张电子支票，收票人为欲存款或转账的银行账户，便能将该用户存款账户的资金转存至其他账户，达到存款转账的效果。

⑥ 适用于微支付，且速度快。电子支票非常适用于微支付的清偿，使用传统的加密方式执行速度较使用公钥加密算法更快。

⑦ 对商界而言，电子支票能创造浮动汇率并获取利益，这是一个相当重要的特性。

虽然电子支票有诸多优势，但它也存在如下缺点：

① 使用对象和范围有一定限制。金融法规有规定，要开立支票账户必须有一定的限制，以维护信用交易秩序，因而将限制网络上利用电子支票付款的使用对象与范围。

② 退票风险。签发支票所涉及的法律规定很多，退票的风险必须由收票人承担，若电子付款系统的设计未能提供及时查证发票人账户资金状况的功能，将影响售货厂商收受支票的意愿，进而影响电子支票支付方式的发展。

③ 隐私泄露风险。电子支票如同书面支票一样，通常发票人、收票人、票面金额等资料都会被参与银行知悉，对于买卖双方的隐私缺乏保护。

④ 私钥保护增加经济成本。电子支票系统对于数位签章所使用的私钥的保护十分重要，一旦私钥遗失，支票便有被盗用的危险。因此，私钥通常存放在特制的签章卡上，同时要利用对应的读卡机进行签章，如此一来用户必须购置额外的设备，将会增加经济成本。

相对而言，信用卡支付在企业对消费者（B to C）领域非常普遍，而支票在企业对企业（B to B）领域更加通用。许多情况下，B to B 的交易量相对信用卡业务来说太高了。例如，某公司需要购买100台计算机、打印机和监视器，考虑用支票支付。一个重要原因是，传统上，许多公司用支票支付，改变支付类型需要重新组织整个处理过程，而且需要一大笔费用。另一个原因是，如使用信用卡支付，信用卡公司要求获得大约4%的交易手续费，在那些信用卡不普及的国家，用支票支付也是代替在线支付解决方案的一个可行办法。

于是，在因特网产生了一个新的服务行业——在线票据服务（Online Billing Service）。顾客不用到不同的地方去支付支票，可由票据服务帮助统计所有账单，顾客在同一地点能获得所有账单。

电子支票的运作类似于传统支票。顾客从他们的银行收到数字文档，并为每个支付事务输入支付数目、货币类型及收款人姓名。为兑现电子支票，需要支付人在支票上进行数字签名。

在美国和欧洲，支票的使用方式很不同。大多数现有的电子支票解决方案是建立在美国系统基础上的，由此支付人和收款人都必须对支票签名。收款人将支票拿到银行兑现，然后银行又将支票送回支付人。

电子支票运作的基本流程如图4-6所示。

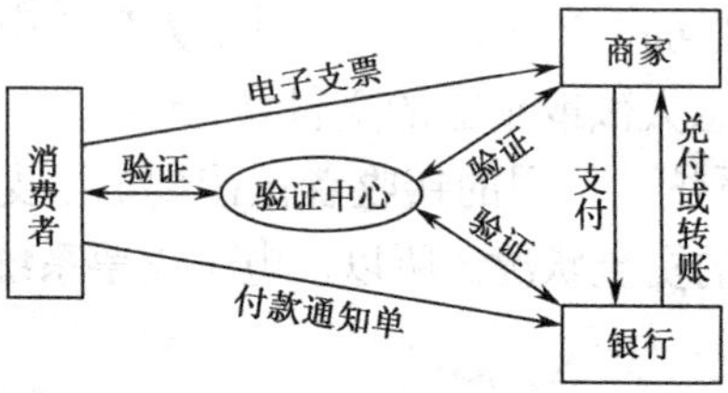

图4-6 电子支票运作的基本流程

电子支票交易过程分为以下5个步骤：

① 消费者和商家达成购销协议。

② 消费者选择用电子支票支付。

③ 消费者通过网络向商家发出电子支票，同时向银行发出付款通知单。

④ 商家通过验证中心对消费者提供的电子支票进行验证，验证无误后将电子支票送交银行索付。

⑤ 银行在商家索付时，通过验证中心对消费者提供的电子支票进行验证，验证无误后即向商家兑付或转账。

4.4.5 在线支付的工作流程

这里以基于 SET 协议的网上购物为例。首先客户需要在自己的计算机上安装一个电子钱包，然后到CA认证中心（到CA网站）申请一个证书，该证书用来在交易时与商家、银行进行身份认证。做好这些准备以后，客户便可进行网上支付了。

客户通过自己的浏览器在某网上商店选好商品后，把它放在购物筐里结算，在结账单里填写姓名、地址、联络方式；接着启动电子钱包，输入自己的密码，在钱包中选取一张卡来付款；此时，计算机上会出现一个窗口来确认商店，实际上这就是证书在起验证作用，表明这家商店是一家经过认证的真实商店，这些信息来自CA和支付网关；确认商店后，下一步是验证客户的账户是否有足够的钱；当通过支付网关进入银行网络完成验证并反馈回来信息时，客户卡中的钱实际已经从账户中扣除了。至此，客户的购物程序已经完成。而对于网上商户来说，货款虽已从客户卡中扣除，但还没有马上放到商户的账户里，银行会定时自动生成一个报表，然后跟商户服务器上生成的报表进行对照，一旦确认，银行便会把钱划到商户的账户里，这时商户服务器已收到订购要求和订单号码，可以发货了。在基于 SET 协议的网上购物过程中，客户信息是分开走的，银行只看到客户卡信息而看不到订单信息，商户则反之，这样保证了整个交易过程信息的完整、保密、安全。

归纳起来，上述案例的一个完整的网上支付流程如图 4-7 所示。

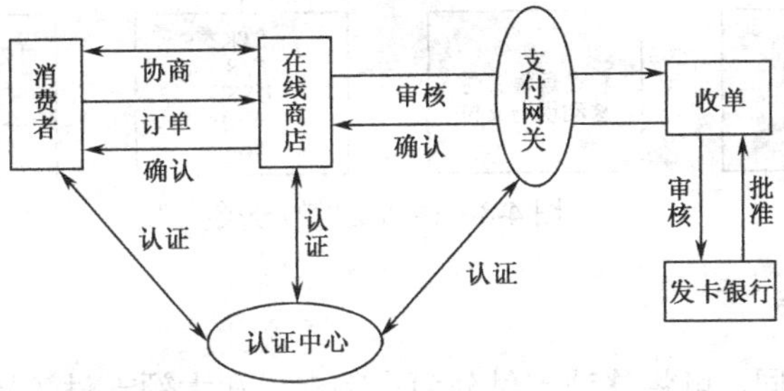

图 4-7 在线支付的工作流程

根据工作流程图，可将整个电子支付分为 7 个步骤：

① 消费者利用自己的 PC 通过互联网选定所要购买的物品，并在计算机上输入订货单，订货单上包括在线商店、购买物品名称及数量、交货时间及地点等相关信息。

② 通过电子商务服务器与有关在线商店联系，在线商店做出应答，告诉消费者所填订货单的货物单价、应付款数、交货方式等信息是否准确，是否有变化。

③ 消费者选择付款方式，确认订单，签发付款指令。此时 SET 开始介入。

④ 在 SET 中，消费者必须对订单和付款指令进行数字签名。同时利用双重签名技术保证商家看不到消费者的账号信息。

⑤ 在线商店接受订单后，向消费者所在银行请求支付认可。信息通过支付网关到达收单银行，再到电子货币发行公司确认。批准交易后，返回确认信息给在线商店。

⑥ 在线商店发送订单确认信息给消费者。消费者端软件记录交易日志，以备将来查询。

⑦ 在线商店发送货物或提供服务；并通知收单银行将钱从消费者的账号转移到商店账号，或通知发卡银行请求支付。

在认证和支付操作中，通常会有一个时间间隔，如在每天下班前请求银行结一天的账。

4.5 移动支付

4.5.1 移动支付的概念

根据移动支付论坛（Mobile Payment Forum）的定义，移动支付是指交易双方以一定信用额度或一定金额的存款，为了某种货物或业务，通过移动设备从移动支付服务商处兑换得到代表相同金额的数据，以移动终端为媒介将该数据转移给支付对象，从而清偿消费费用进行商业交易的支付方式。移动支付所使用的移动终端可以是手机、PDA、移动 PC、移动 POS 机等。

4.5.2　移动支付的分类

移动支付的分类如图 4-8 所示。

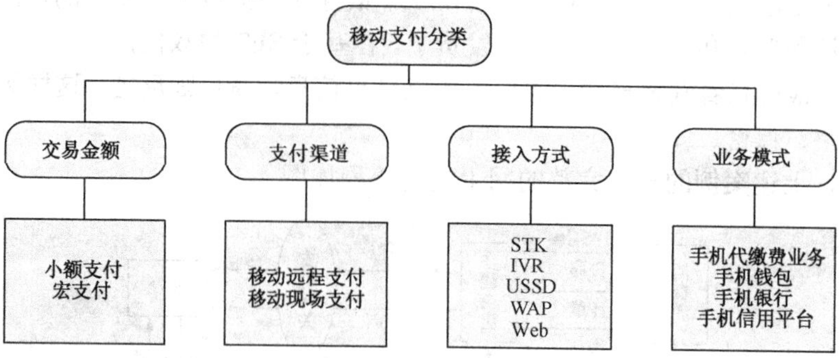

图 4-8　移动支付的分类

1. 按交易金额分类

根据交易金额的不同，可将移动支付分为小额支付和大额支付（又称微支付和宏支付）两类。根据移动支付论坛的定义，小额和大额支付之间的界限为 10 元。

小额支付和大额支付的主要区别有两点：① 两类支付的实现方式不同。小额支付一般仅需要消费者、商家、银行三方当事人就可以了，不需要认证中心；而大额交易一般至少需要四方，比小额支付多一个认证当事方。② 二者对安全级别的要求不同。对大额支付而言，通过可靠的金融机构进行鉴定是确保交易安全的一个必备条件；而对小额支付来说，使用移动通信网络的 SIM 卡鉴定机制就可以了。

目前，世界上大多数流行的移动支付行为都集中在小额支付上。

2. 按支付渠道分类

根据支付渠道，移动支付可分为移动远程支付和移动现场支付两种类型：

① 移动远程支付。远程支付有两种方式：一是支付渠道与购物渠道分开，如通过有线上网购买商品或服务，而通过手机来支付费用；二是支付渠道与购物渠道相同，都通过手机，如通过手机来远程购买彩票等。

② 移动现场支付。是指在购物现场选购商品或服务，而通过手机或移动 POS 机等方式支付，如在自动售货机处购买饮料、杂志，付停车费、加油费、过路费等。现场支付分为两种：一种利用移动终端，通过移动通信网络与银行及商家通信来完成交易；另一种只将手机作为 IC 卡的承载平台以及与 POS 机的通信工具来完成交易。

3. 按接入方式分类

目前，移动支付接入主要有 5 种方式：USSD、WAP 、Web、IVR 和 STK 方式。IVR、STK 和 Web 是三种主要方式。按照中国移动的计划，USSD 也是将来移动支付的重要接入方式。

① STK（Sim Tool Kit，用户识别应用发展工具）方式，它包含一组指令，用于手机与 SIM 卡交互，通过在 SIM 卡内运行小应用程序，实现增值服务的目的。SIM 卡之所以只能运行功能简单的小应用程序，是因为受存储空间限制。市场提供的 STK 卡主要有 16KB 、32KB、64KB

卡。STK 卡与普通 SIM 卡的区别在于，在 STK 卡中固化了应用程序，通过软件激活，提供给用户一个文字菜单界面，用户在此界面下通过简单的按键操作实现信息检索和交易。最新的 STK 卡还可以重新烧卡来使应用程序更新。STK 卡可以有选择性地和 PKI 结合使用，通过在卡内实现 RSA 算法来进行签名验证。

在 STK 接入方式下，用户需要编辑一条包含特定内容的短信，发送至某一特殊号码。在接到系统提示后，用户需进行短信确认。对用户来说，确认之后支付操作便告完成，系统会用短信通知用户支付的结果。

② IVR（Interactive Voice Response，交互式语音应答）方式，用户首先需要拨通接入号码，如 12588，随后按照语音提示操作，输入订单号、手机号码、支付密码等信息。

③ 所谓 Web（WWW）接入方式，就是以互联网作为选购界面。用户在互联网上选购商品，并通过互联网激活手机支付。该方式的具体实现包括 KJava 方式和 BREW 方式。KJava 即 J2ME（Java 2 Micro Edition），是专门用于嵌入式设备的 Java 软件。该平台具有开放性、动态性，可以跨平台运行，便于用户在手机中下载、安装软件，不断丰富商务和游戏功能。BREW 是无线二进制运行环境（Binary Runtime Environment for Wireless）的缩写，是高通公司 2001 年推出的基于 CDMA 网络“无线互联网发射平台”的增值业务开发运行平台。相对 Java 来说，BREW 是一个底层技术，它提供一个高效、低成本、可扩展和用户熟悉的应用程序执行环境（AEE），着重开发可无缝植入任何实际手持设备的应用程序。

④ USSD（Unstructured Supplementary Service Data，非结构化补充数据业务）方式，它是一种基于全球移动通信系统 GSM 网络的、实时在线的新型交互式会话数据业务。该技术集短信的可视操作界面、GPRS 的实时连接等优点于一身，而且交互速度快，特别适用于实时、高速、小数据量的交互式业务，如移动银行、金融股票交易、手机话费查询、气象预报和查询、收发电子邮件、航班查询、网上订票、民意测验等。由于 USSD 方式对原有系统结构影响较小，且运营商还可针对本地网的具体情况灵活地为移动用户提供各类数据业务，在中国香港特区、新加坡等地已有广泛应用，在我国国内也有广阔的应用前景。

⑤ WAP 是无线通信标准，由多个大厂商合作开发。它定义了一个分层的、可扩展的体系结构，为无线 Internet 提供全面的解决方案。开发 WAP 协议的原则之一是，独立于空中接口。所谓独立于空中接口，是指 WAP 应用能够运行于各种无线承载网络之上，如 TDMA、CDMA、GSM、GPRS、SMS 等。目前，WAP 方式比较少见。不过，WAP 可提供类似于 WWW 的菜单，用户只需单击相应的菜单就可完成支付操作，使用方便。随着手机价格和 WAP 使用费的下降，WAP 方式有可能受到青睐。

4. 按业务模式分类

从业务模式看，移动支付可以分为手机钱包、手机银行、手机代缴费业务和手机信用平台等。

（1）手机钱包业务

手机钱包是以银行卡账户为资金支持，手机为交易工具的一项综合支付业务，就是将用户在银行的账户和用户的手机号码绑定，用户可以通过手机短信、IVR、WAP 等多种方式对绑定账户进行操作，实现购物消费、转账、账户余额查询，并可通过手机短信等方式得到交易结果通知和账户变化通知。

在国外，很早就已经开始这方面的尝试和商业应用。很多欧美国家已经在小型购物、支付交通费用、购买水电等方面引入了手机钱包方式，在一些地区手机钱包甚至已经占据了与现金、支票和信用卡同等重要的位置，成为最流行的支付方式之一。目前中国移动、中国联通和中国电信三家电信运营商均推出了手机钱包业务。

（2）手机银行业务

所谓手机银行就是通过移动通信网络将客户的手机连接至银行，实现通过手机界面直接完成各种金融理财业务的服务系统。作为一种结合了货币电子化与移动通信的崭新服务，移动银行业务不仅使人们在任何时间、任何地点都可以处理多种金融业务，而且极大地丰富了银行服务的内涵，使银行能以便利、高效而又安全的方式为客户提供传统和创新的服务。虽然手机银行和手机钱包所提供的业务有诸多相似之处，但它们仍然在以下4方面存在差异：

① 手机钱包由移动运营商与银行合资推出，以规避金融政策风险；手机银行由银行联合移动运营商推出，移动运营商为银行提供信息通道，他们之间一般不存在合资关系。

② 申请手机银行需更换具有特定银行接口信息的STK卡，这容易受到银行的限制，难以进行异地、异行划拨；而手机钱包则不需要更换STK卡，受银行的限制较小。

③ 手机钱包需要建立一个额外的移动支付账户，而手机银行只需要原有的银行卡账号。

④ 手机钱包主要用于支付，特别是小额支付；而手机银行可以看作银行服务方式的升级，利用手机银行，用户除了可以支付，还可查询账户余额和股票、外汇信息，完成转账、股票交易、外汇交易和其他银行业务。

（3）手机代缴费业务

手机代缴费业务的特点是代收费的额度较小且支付时间、额度固定；用户所缴纳的费用在移动通信费用账单中统一结算。如个人用户的E-mail邮箱服务费代收，水费、电费代收等。当前，该种服务在手机支付服务中居首要地位。

（4）手机信用平台业务

手机信用平台业务的特点是，移动运营商和信用卡发行单位合作，将用户手机中的SIM卡等身份认证技术与信用卡身份认证技术结合，实现一卡多用功能。例如，在某些场合用接触式或非接触式SIM卡可以代替信用卡，用户提供密码，进行信用消费。

现阶段，在中国推广手机代缴费和手机钱包比较可行，可接受的用户群体和适用范围比较广泛，中国移动和中国联通也各自独立（或联合银行）推出了这两种方式的业务。中国的信用卡业务尚处于普及阶段，对手机信用平台的推广市场准备和技术准备都不足。

4.5.3 移动支付产业价值链的构成

从一般的经济规律分析，一个产业的发展和兴盛需要产业链中各个环节的准确定位、合理分工并进行资源的最优配置。对于移动支付业务而言，其产业链由终端设备提供商、移动运营商、金融机构（银行、信用卡组织）、移动支付运营商（或移动支付平台服务提供商）、厂商、消费者等多个环节组成，如图4-9所示。显然，只有建立并不断完善产业链，移动支付业务才能获得健康发展，产业链上的各环节也才能在合作中实现共赢。下面仅对移动支付业务产业链主要环节的地位和作用进行分析。

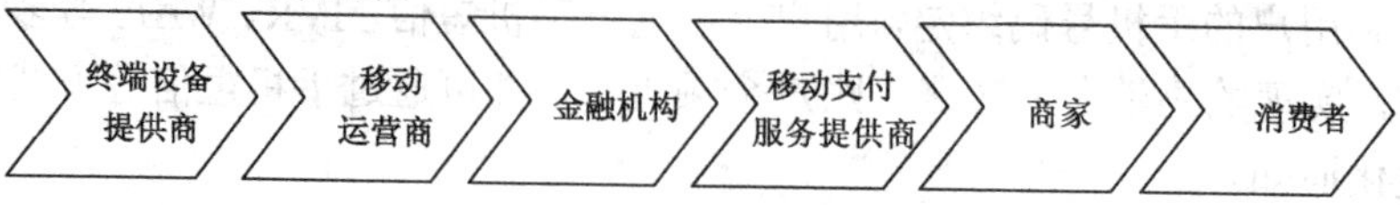

图4-9 移动支付产业价值链

1. 终端设备提供商

复杂的移动支付应用将促使市场对新系统设备、新终端、新的应用系统软件的需求增加，因此，硬件设备和软件提供商是移动支付的积极推动者。手机终端、无线 POS 终端、无线支付平台计费系统、安全系统等提供商和开发商投入大量资源从事移动支付相关设备、软件的开发与推广。

目前，主要的移动通信设备提供商，如诺基亚、爱立信、西门子、摩托罗拉等都提出了各自的移动支付解决方案。例如，爱立信与中国联通在无锡推出了“小额支付移动解决方案”实验系统，手机用户能随时随地用手机进行小额支付，通过手机享受诸如订票、购买鲜花、购买 CD、缴纳公用事业费等多种类型的个人支付服务。

移动支付应用对移动终端也提出了特殊的功能要求。为使移动支付应用更人性化、更具市场竞争力，下述功能将是移动终端未来的发展方向：

① 移动终端上的嵌入式条形码阅读器将使移动电子商务公司避免繁锁的数据录入，在移动现场支付时，将大大提高支付速度。

② 移动终端必须具备运算能力更强的 CPU，为保障交易数据的安全，附加复杂的加密与解密功能。

③ 依托移动运营商的无缝覆盖网络，再加上移动终端的模块化设计及开放特性，使各种满足不同客户需求的移动金融增值服务可以非常容易地集成到系统中，如移动终端的位置服务、短信等功能，将给使用移动支付的用户提供更加丰富的具有移动特色的增值服务。

④ 手持终端要能根据用户的需要提供方便和个性化的人机界面，可根据用户喜好更新与定制终端菜单，允许用户添加各种应用程序。

2. 移动运营商

移动运营商正在寻找可以推动非语音服务的普及性应用，而移动支付服务的全面推出将提高 ARPU（每户平均收益）值并吸引更多的合作伙伴，在增加自身收益的同时，移动运营商也进一步加强了自己的整体竞争优势。移动运营商的主要任务是搭建移动支付服务平台，为用户消费提供安全的通信渠道，并尽快开发出能增加消费者使用量及忠诚度的业务。可以说，移动运营商是连接用户、金融机构和服务提供商的重要桥梁，在移动支付业务的发展中起着关键性作用。目前，移动运营商能提供语音、短信、无线上网等多种通信方式，并能为不同级别的支付业务提供不同等级的安全服务。

在移动支付业务中，移动运营商主要从 4 个方面获得收益：

第一，来自服务提供商的佣金，一般在 3%～20%。

第二，基于语音、SMS、WAP 的移动支付业务可以给运营商带来数据流量收益。

第三，移动支付业务可以刺激用户产生更多的数据业务需求，从而促进其他移动互联网业务的发展。

第四，有利于移动运营商稳定现有客户并吸纳新客户，提高企业竞争力。

我们也应清楚地看到，随着移动支付总交易额的增加，移动小额支付同样也会给移动运营商带来欺诈和坏账的巨大风险，而且移动运营商对金融领域的欺诈与坏账的规避和管理能力相对于银行业要薄弱得多，在这方面，移动运营商需要银行的鼎力帮助。

3. 金融机构

移动运营商不是金融机构，不能直接介入金融支付业务，而移动支付涉及金融交易，必然面临来自金融业的管制。移动运营商通过与银行等金融机构的合作可以解决这个问题。

在移动支付价值链中，银行占据着非常重要的地位。首先，在移动支付业务中，结算方主要是银行，用户对银行的依赖程度远高于对商家和移动运营商。其次，在整个价值链中银行所拥有的资源最多，如个人银行卡用户、拥有银行账户的商户信息、多年积累的交易数据、清算的经验和强大的数据处理支持平台等。最后，银行对于开展移动支付业务的灵活度最大。一方面，银行可以和移动运营商结合提供移动支付业务；另一方面，也可以自己进行应用开发。这两种方式都各有优势和劣势，银行完全可以灵活地根据具体的业务来确定采取哪种方式。

金融机构获得的收益主要来自以下 5 个方面：① 用户账户的储蓄；② 每笔移动支付业务的利润分成；③ 现有银行卡的激活（目前我国的银行卡中睡眠卡及无效卡较多）；④ 有效减少营业网点的建设，降低经营成本；⑤ 巩固和拓展用户群，提高银行的市场竞争力。

4. 移动支付服务提供商

移动支付服务提供商是移动支付平台的拥有者，移动支付平台的主要功能是用户账户管理、安全与认证管理、费用清算管理以及支持各种移动支付的通信手段的管理。移动支付服务提供商通过整合产业链的所有资源，最终面对商家和消费用户提供移动支付服务。移动支付服务提供商既可以是独立的新兴企业，也可以是移动运营商、银行或信用卡组织建立的分支机构，还可以直接由移动运营商、银行或信用卡组织提供移动支付服务。

“如果移动支付业务没有独立的业务提供者，就没办法开展”，这句话在某种程度上是对的。商家的需求多种多样，琐碎且缺乏规律性，并且商家及最终用户和移动运营商所处的悬殊地位往往容易挫伤其中一方的积极性。而独立的移动支付业务提供者作为缓和矛盾的桥梁，可以很好地协调双方的利益关系。

例如，上海捷银信息科技有限公司，是专业的移动支付服务提供商，不管用户是哪家移动运营商，也不管个人金融账号在哪家银行，只要用户在这家公司登记注册，就可以在该公司的平台上享受众多的移动支付业务。

移动支付服务提供商的收益来源有两个方面：一是向移动运营商、银行和商户收取设备和技术使用许可费；二是从移动运营商处提取签约用户使用移动支付业务的佣金。

5. 商家及最终消费者

商家是与最终消费者发生交易的主体，商家能够接受移动支付主要是因为可以降低交易成本，提高服务质量。移动支付平台为各种商家提供了便利、灵活的支付渠道；同时移动支付服务提供商自身特有的客户群也帮助商家拓展了销售渠道。这对传统商家具有重要意义，而对新兴的某些基于电子商务的商业机构，移动支付几乎成了业务支柱，如短信给 SP 带来了可观的收入，手机支付是收费邮箱的主要收费渠道。

由于网站、商场、零售商、停车场、电影院、航空公司等各种商家的业务类型纷繁复杂，客户需要能可靠支持各种产品或服务销售的移动支付业务解决方案。例如，用手机在自动售货机上购买汽水，需要支持手机付费模块的可以销售汽水的自动售货机；用手机购买电影票，则需要支持移动支付的票务销售系统。安全、方便、稳定的基于移动支付的销售系统是商家与终端用户对移动支付系统的最基本要求。

消费者是移动支付系统的使用者，从消费者的角度出发，移动支付系统最重要的功能是提供简便快捷的操作界面、安全的保护机制和丰富多彩的应用。

在移动支付业务产业价值链中，移动运营商、银行、移动支付平台服务提供商和商家等环节拥有各自不同的资源优势。只有彼此合理分工、密切合作，建立科学合理的移动支付业务的运作模式，才能推动移动支付业务的健康发展，实现共赢。

4.5.4　移动支付运营模式

根据移动支付业务的历史和现状，可以将移动支付运营模式分为以下 5 类。

1. 以移动运营商为运营主体

当移动运营商作为移动支付平台的运营主体时，移动运营商以用户的手机话费账户或专门的小额账户作为移动支付账户，用户所发生的移动支付交易费用全部从话费账户或小额账户中扣减，所以用户每月的手机话费和移动支付费用很难区分，而且这种方式的交易也仅限于移动小额支付，如 100 元以下的交易。中国移动与新浪、搜狐等网站联合推出的短信服务，以及与中国少年儿童基金会等福利机构联合推出的募捐服务，都是由移动公司从用户的话费中扣除用户定制短信及捐款等费用。

以移动运营商为运营主体的运营模式如图 4-10 所示。

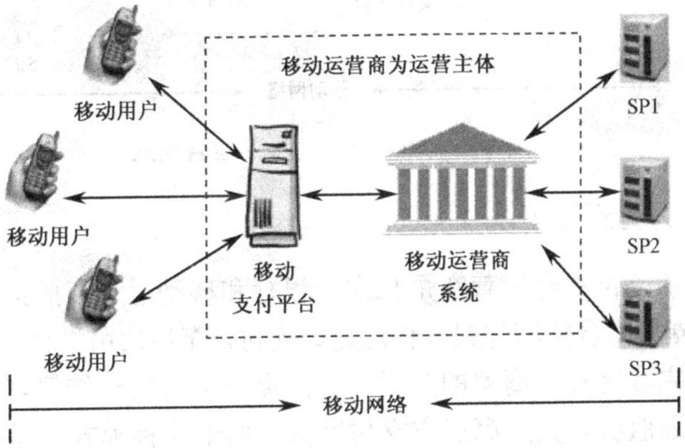

图 4-10　以移动运营商为主体的运营模式

该运营模式的特点如下：

① 鉴于移动运营商的网络资源优势，技术实现更方便。

② 直接与用户发生关系，不需要银行参与，关系简单，但需要承担部分金融机构责任，如果发生大额交易将与国家金融政策发生抵触。

③ 无法对非话费类业务出具发票。

④ 税务处理复杂。

2. 以银行为运营主体

金融机构进行业务创新，将接入渠道拓宽至用户移动终端，移动运营商只为用户提供通信渠道，不参与实际支付过程。我国各大商业银行相继推出了手机银行业务，银行用户可以利用手机进行账务查询、缴纳话费、银行转账、外汇买卖、证券交易等金融服务项目。当前，中国大部分提供手机银行业务的银行（如招商银行、广发银行、工行等）都是自己运营移动支付平台。

该运营模式的特点如下：

① 各银行只能为本行用户提供本行的手机银行服务，移动支付在银行之间不能互连互通，很大程度上限制了移动支付业务在行业间的推广。

② 各银行都要购置自己的设备并开发自己的系统，造成资源的极大浪费。

③ 各银行提供的手机银行服务不尽相同，每个用户正常情况下只拥有一部手机，但同时拥有几个银行的账户，而一部手机只能与一个银行账户相对应，用户无法享受其他银行的服务。

④ 对终端设备的安全要求很高，用户需要更换手机或 STK 卡。

⑤ 给服务提供商 SP 带来很大不便，他要与多家银行进行连接。

⑥ 银行，尤其是银联，作为金融秩序的规范者，如果参与到平台运营当中就会形成一种“既当裁判又作球员”的不公平竞争局面，会引起其他参与方的不满。

以银行为主体的运营模式如图 4-11 所示。

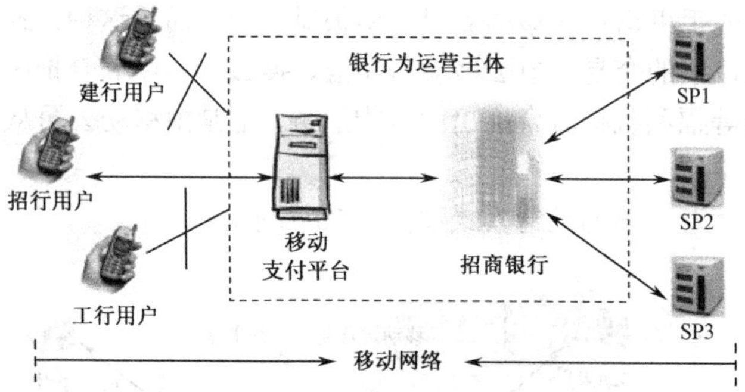

图 4-11　以银行为主体的运营模式

3. 以独立的第三方为运营主体

该运营模式中移动支付平台运营商是独立于银行和移动运营商的第三方经济实体，具有独立的经营权。第三方支付平台能够与银行相连完成支付，充当信用中介，为客户提供账号，进行交易资金代管，由其完成客户与商家的支付后，定期与银行统一结算，或者与银行密切合作，实现多家银行卡的直通服务，充当第三方支付网关。由于此种模式的运作难度与成本昂贵，对独立移动支付运营商的要求比较高，目前在国内移动支付市场上成功的运作的案例还不多见。但是该模式的特点十分突出，是一个很值得关注的市场运营模式。

该运营模式的特点如下：

① 银行、移动运营商、平台运营商以及 SP 之间分工明确，责任到位。

② 平台运营商起到“插转器”的作用，将移动运营商、银行、SP、用户等各利益群体之间错综复杂的关系简单化，将多对多的关系变为多对一的关系，从而提高了商务运作的效率。

③ 有利于银行和 SP 之间交叉推广各自的服务。

④ 用户有了多种选择，只要加入到平台中，即可实现跨行之间的支付交易，但是对于银联的干预必须做好充分的思想准备。

⑤ 平台运营商虽然简化了其他群体之间的关系，但必须同时协调好多方的利益关系，无形中为自己增加了处理各种关系的负担，因此增加了运作成功的复杂度，尤其在商务运作上工

作量和难度比较大。

⑥ 对平台运营商的要求很高，包括市场推广能力、技术研发能力、资金运作能力等方面，同时也要求平台运营商有比较高的行业号召力和认知度。

以独立第三方为主体的运营模式如图 4-12 所示。

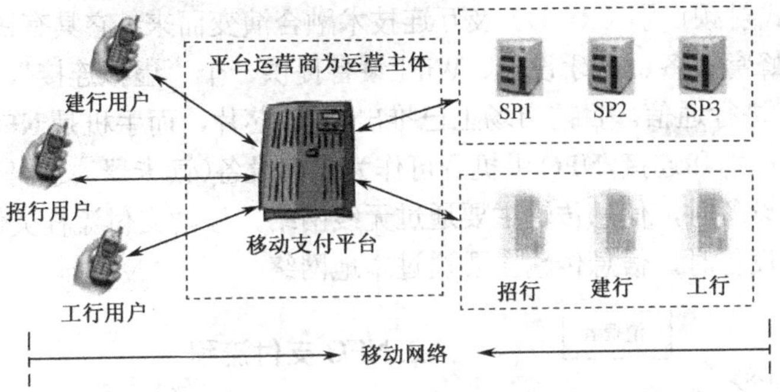

图 4-12　以独立第三方为主体的运营模式

4. 移动运营商与金融组织联合运营

该模式通常是移动运营商与金融组织联合创办一家专业化的移动支付运营商，二者进行优势互补，共同运营移动支付服务。韩国 SK Telecom 联合 KoramBank、Sumsung Card、LG Card、Korea Exchange Card．Hang Card 等 5 家信用卡类组织共同推出的移动支付业务品牌 Moneta，就是此种形式的代表；日本的 NTT DoCoMo 推出的 i-mode Felica 也是与 Visa 合作的结果，手机也同时拥有了信用卡的功能；2003 年，中国移动和中国银联也采用了此种模式，共同投资创办了联动优势科技有限公司，推出了移动支付业务并参与运营。

5. 技术供应商参与运营

技术供应商作为移动支付解决方案的提供者和业务平台的实现者，也可以取得参与平台运营的机会。例如，上海捷银作为江苏联通移动支付业务解决方案的供应商，除了为江苏联通提供技术平台，还获得了与江苏联通合作运营移动支付业务的机会。

4.6　支付技术的前景

随着手机的迅速普及，以及人们对于消费便捷性的要求进一步提高，移动支付技术将成为未来支付技术发展的主要方向。

移动支付按照支付地点的远近可分为远距离支付和近距离支付。远距离支付的非实时支付是目前常用的支付方式，主要技术实现方式有 SMS、WAP、IVR、Kjava/BREW、USSD 等。目前在国内开展的手机购物、手机银行等均属此类远程的非实时支付。但由于远距离支付具有明显的延迟，已经不能满足人们即时消费的需求。因此，近距离移动支付将成为移动支付技术的发展重点。近距离支付的主要技术实现方式有 NFC、SIMPASS、RFSIM 等。

4.6.1　NFC

1. NFC 相关概念

NFC（Near Field Communication）近距离无线通信技术由飞利浦和索尼公司于 2002 年共同研发，由非接触式射频识别（RFID）及互连技术融合演变而来。它具有快速自动地建立无线网络的特点，能为蜂窝设备、蓝牙设备、WiFi 设备提供一个“虚拟连接”，使电子设备在短距离范围（15cm 内）进行通信。目前市场上已推出 NFC 芯片，而手机是 NFC 芯片的主要载体。

NFC 采用双向识别和连接，NFC 手机既可作为识读设备（读卡器），也可作为被读设备（卡）。NFC 手机作为识读设备时，信息传输主要通过无线网络，移动支付流程类似于远程移动支付。NFC 手机作为被读设备时，信息传输主要通过本地网络。

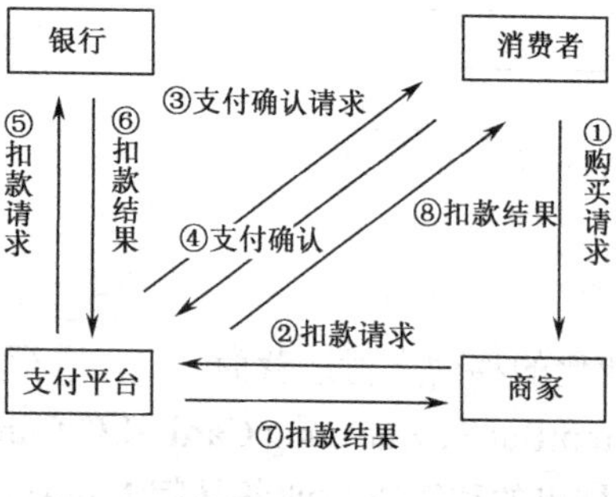

图 4-13　NFC 支付流程图

2. NFC 支付流程

NFC 支付流程如下（如图 4-13 所示）：

① 消费者选择商品，将购买指令发送到商家管理系统。

② 商家管理系统将购买并扣款指令发送到移动支付平台。该平台可以是独立的，或者和移动运营商系统结合，通过无线网络传输信息；或者和商家管理系统结合，通过商家系统终端的本地网络传输信息。

③ 移动支付平台将支付确认请求指令发送到消费者前台消费系统或消费者手机上请求确认，如果没有得到确认信息，则拒绝交易，购买过程到此结束。

④ 消费者通过消费者前台消费系统或手机将支付确认指令发送到支付平台。

⑤ 移动支付平台将消费者支付确认指令转交给银行管理系统，请求扣款操作。

⑥ 银行管理系统负责鉴权和扣款，并将扣款结果信息传递给支付平台。

⑦ 支付平台告知商家管理系统可以交付产品或服务，并保留交易记录。

⑧ 支付平台同时将扣款结果传递给消费者，并将交易明细写入消费者前台消费系统，以便消费者查询。

进行小额支付时，用户手机中的 NFC 芯片与商户的读写器终端进行读/写，把用户的 NFC 银行卡信息读入读写器，并通过本地通信网络实现与银行系统的对接，完成支付行为。

进行大额支付时，NFC 芯片向读写器输入信用卡账号，用户需要输入密码。相关信息被传送到发卡机构（信息传递过程可以是连接商户终端的本地通信网或手机接入的无线通信网），然后在用户的信用卡账单上扣除相应额度。

3. NFC 在国内外发展现状

目前，NFC 技术的应用主要有银行卡、票务卡、门禁、停车付费卡和 NFC 标签内容下载等。在全球范围内，日本和韩国是发展 NFC 技术的领跑者。

日本的 NTT DoCoMo 是移动支付业务开展最好的运营商之一，它采用日本索尼公司研发的 FeliCa IC 智能芯片技术。早在 2004 年 8 月，它就联合三井住友信用卡公司推出了基于 NFC

的电子支付业务，目前已经广泛应用于 NFC 的 ATM 取款、NFC 加油站加油、NFC 自动结算等领域。

韩国在非接触式移动支付方面仅次于日本，韩国三大运营商通过射频（RF）技术改造开始对原有基于红外线的非接触式移动支付系统进行升级，通过与银行的通力合作开展基于 RFID 的非接触式移动支付业务。韩国运营商 SKT 与韩国电信 KTF 发现，以 NFC 手机搭乘公交非常受用户欢迎，目前有高达 45 万用户在使用 T-money 服务。有 85%的用户认为，使用非接触式手机比掏钱坐公交更方便，并将继续使用这项业务。

欧洲的 NFC 手机支付在 2006 年起步，2007 年开始了试验型推广。在德国，诺基亚、飞利浦、沃达丰是主要的推动者；在法国，Orange 和 Cofinoga 是先行者；在荷兰，主导方 J C BRabobank Orange 等在欧洲创建的单一欧元支付区（Single Euro Payment Area，SEPA），很大程度上消除了手机支付存在的很多障碍，许多运营商拥有自己的银行执照，这样有利于开展业务。安全问题是欧洲手机支付发展中的一大障碍，一方面用户对此持怀疑态度，同时运营商和银行对安全问题所持的标准也不统一。

美国对 NFC 手机支付的热情并不很高，不过已开始尝试，他们已经在 8 万个商户中安装了超过 40 万台 NFC 读卡器，而 Visa 和 Marster 两大信用卡组织统一了非接触式支付的标准。

在中国，NFC 技术主要用于票务卡，已有几千万人在公共交通中使用了非接触式的市政交通“一卡通”，其中北京发售了 1300 万张，广州发售了 600 万张，厦门发售了 110 万张。但 NFC 手机支付还处在萌芽阶段，融合了 NFC 以及互动要素的支付形态还处于初级阶段，而且由于产业链尚缺乏明确的主导者，尚无相关的标准跟进，商家多处于观望状态。

4.6.2 SIMpass

SIMpass 技术融合了 DI 卡和 SIM 卡技术，或称双界面 SIM 卡。SIMpass 是一种多功能的 SIM 卡，支持接触与非接触两个工作接口，接触界面实现 SIM 功能，非接触界面实现支付功能。SIMpass 卡除支持 GSM 或 CDMA 规范外，还与低成本非接触 CPU 卡兼容，这也为 SIMpass 卡片的广泛应用提供了基础应用环境。

利用 SIMpass 技术，可在无线通信网络及相应的手机支付业务服务平台的支持下，开展各种基于手机的现场移动支付服务。使用 SIMpass 的用户只需在相应的消费终端前挥一下，即可安全、轻松地完成支付过程。

SIMpass 和 NFC 的实现形式似乎很相似，但从基本思路上却有很大不同。简单而言，NFC 技术是将非接触芯片植入手机，把手机变成了一张非接触卡片；而 SIMpass 则借助在移动通信领域中已经广泛采用的智能卡——SIM 卡，通过 SIM 卡让手机具有非接触应用的承载能力。从这一角度而言，SIMpass 更具灵活性，对于最终用户而言成本也更低。

但 SIMpass 也存在一些劣势：① 该技术仅仅改动了 SIM 卡并没有改变 SIM 卡在与手机通信中的被动地位，难以调动手机硬件资源；② 它不具有读卡仿真和点对点通信这两个重要功能，应用场合有限；③ 它只具备基本的安全属性，不能对卡片管理系统和安全标准进行最新升级，仅可满足当前小额支付的安全需求，缺乏对高安全环境的支持，尤其是对银行支付类产品的支持；④ 重要的是，SIMpass 不兼容银行业的 Global Platform 标准，这也大大限制了其生存空间。

本 章 小 结

本章首先介绍了电子商务支付的 4 种体系：电子支付体系、在线支付体系、网上银行支付体系和移动支付体系的概念和发展现状。

随后详细介绍了上述 4 种支付体系的具体应用：

① 电子商务和技术不断发展进步的金融体系产物——电子货币的概念、种类以及其在发展过程的典型应用：资金调拨电子系统、信用卡、IC 卡、电子支票和数字现金。

② 传统银行与电子商务结合的新产品——网上银行的概念、分类、现有的网上银行业务以及其与传统银行相比所具有的优势。

③ 以信用卡、智能卡与电子钱包、电子现金、电子支票等 4 种国内外发展较为成熟的支付方式为例，描述了在线支付的具体应用过程，并总结了电子支付的工作流程。

④ 阐述了随着移动互联网快速发展而产生的移动支付的概念和类型，并以实际案例辅助理解，简述了移动支付的产业价值链和运营模式。

最后，本章介绍了电子商务支付技术的发展前景，如 NFC 和 SIMpass。

习 题 4

一、思考题

1. 试比较电子支付三种类型：预支付、即时支付和后支付的异同，并探讨不同支付方式给电子商务交易过程中带来什么影响？

2. 什么是电子货币，它的特点是什么，电子货币有哪些种类？

3. 什么是网上银行，与传统银行相比，网上银行具有哪些优势？

4. 简述在线支付的工作流程。

5. 什么是移动支付？移动支付有哪些类型？

二、讨论题

1. 你有网上银行、在线支付和移动支付的使用经历吗？在使用过程中，你觉得这些电子商务支付方式上还存在什么问题与不足，这些支付方式是否存在安全隐患？

2. 智能卡、电子钱包、电子现金以及电子支票等电子商务支付模式在我国的发展并不是十分好，你觉得原因是什么？这些支付方式可以应用于哪些具体的电子商务业务应用？

3. 试讨论不同的移动支付运营模式在实际运营时的优势和可能遇到的挑战。此外，你认为在我国哪种移动支付运营模式能得到更好的发展？为什么？

三、实验题

1. 请做一份小型问卷调查，调查消费者使用或不使用电子支付的原因。

2. 尝试应用网上银行、在线支付或移动支付方式完成一笔电子商务交易。

第5章 网站与在线商务系统的设计

因特网为企业的发展创造了全新的机遇。一家成功的企业，应该有超前意识和敏锐目光，把自己企业的品牌散布到因特网上。企业主页为企业提供了展示自己的全新窗口，网站成为企业永不休息的第二门面。目前，世界上利用网络开展电子商务的企业很多，他们开展电子商务的前提都是建立自己的商务网站。本章将主要介绍网站的建设与经营等有关问题。

5.1 域名及其注册方法

“网络时代的门牌号码”——域名，是在因特网上注册的企业或机构的名字，是企业间相互联络的网络地址，是企业在因特网这块电子空间的永久商标，也是企业迈入信息化社会、适应现代国际商业竞争的重要工具。因此，一般来说，当企业要在因特网上开展各类电子商务活动时，就需要注册域名。

随着因特网的迅猛发展，域名的商业价值越来越受到重视，而上网越早，越有可能获得对企业有利的域名。随着因特网上商业应用的日益增长和国际化步伐的加快，域名不仅仅作为一种计算机交换信息时必须具有的个人或组织的符号标识，还是因特网上查找和识别组织或个人的一种重要识别标识，它使交易双方的直接沟通和信息交换成为可能，而且减少了信息交换成本。域名作为因特网上一种人性化的符号标识，简化了人与计算机交互操作的复杂性，同时简化了因特网上不同使用者之间的识别和信息交换过程。本节将阐述企业域名注册申请的必要性与操作程序。

5.1.1 IP 地址与域名

域名的英文为 Domain Name，用于映射国际因特网上服务器的 IP（Internet Protocol）地址，从而使人们能够与这些服务器连通。因特网是基于 TCP/IP 协议进行通信和连接的，每一台主机都有一个唯一标识的固定地址，以区别于因特网上成千上万的用户、计算机和企事业单位。

目前，我们使用的是 IPv4 技术，IP 地址由 4 个小于 256 的数字组成，数字之间用点间隔，如 166.111.1.11 表示某台计算机的 IP 地址。为保证因特网上每台计算机 IP 地址的唯一性，用户必须向因特网信息中心（Network Information Center，NIC）申请 IP 地址空间。NIC 根据用户单位的网络规模和近期发展计划，分配 IP 地址空间。

IP 地址空间分成 A、B、C 三种类型，其中 A 类地址空间最大，但只有 126 个，每个 A 类网络可有 1700 万台主机；B 类地址属于中等规模，有 16000 个，每个 B 类网络有 65000 台主机：C 类地址有 200 万个，每个有 254 台主机。由于计算机的逐渐普及，可用 IP 地址空间急剧减少。而互联网协议的下一个版本 IPv6 正处在不断发展和完善的过程中，它所拥有的地址容量是 IPv4 的约 8×10^{28} 倍，达到 2^{128} 个。这不但解决了网络地址资源数量的问题，同时也为除计算机外的设备连入互联网在数量上的限制扫清了障碍。IP 地址是因特网上计算机通信时所必须的的数字标识，信息数据的分解、打包、传送、解包和合并都依赖于 IP 地址，因此 IP 地址可以说是计算机环境的通信地址。

由于 IP 地址是数字标识，难以记忆、书写且容易出错，为此在 IP 地址的基础上，发展了符号化标识，即所谓的域名。域名由若干部分组成，它们之间用小数点分开，每一部分由至少两个字母或数字组成，如微软公司域名为 www.microsoft.com。域名的最后一部分称为顶级域名（Top Level Domain，TLD），顶级域名在因特网中是标准化的。顶级域名的前面有下级域名，但下级域名没有国际统一的规定和标准。每个域名都对应一个 IP 地址，映射关系由域名服务器 DNS（Domain Name Server）自动转换。

由于在国际因特网中不允许有字符完全相同的重复域名，同时它又具有一定的标识作用，所以它像商标一样具有相当的价值。域名是唯一的，遵循“先注册，先拥有”的原则。如果企业的域名被枪注，会给产品出口、企业形象带来潜在的巨大威胁，造成企业无形资产的损失。因此，如果企业暂时还没有建设服务器的需求，但为了保护自己的无形资产，也有必要先注册一个域名，以减少不必要的经济纠纷。有效地利用因特网的域名资源，可提高企业形象和竞争力，扩大企业的国内外合作贸易，有利于企业自身利益的实现。

一般来说，不管是域名还是网址，在通过注册获得了一个域名之后，需要根据网址所载信息内容的性质，在域名前面加上一个具有一定标识意义的字符串，才构成一个网址。例如网址 www.netime.com.cn，www 标识该服务器是 Web 服务器，而 netime.com.cn 则是域名。我们称这样的域名为独立域名。

如图 5-1 所示，域名由若干段字符串构成。如上述 netime.com.cn 中，netime 字符串可由域名申请者自己定义，而 com.cn 是域名体系早已规定好的。

因特网国际特别委员会把域名分为国际顶级域名与国家顶级域名两类。域名的构成有两类比较特殊的部分：一类由三个字母组成，它表明机构的类型，如表 5-1 所示；另一类由两个字母组成，它表示国家或地区代码，如表 5-2 所示。

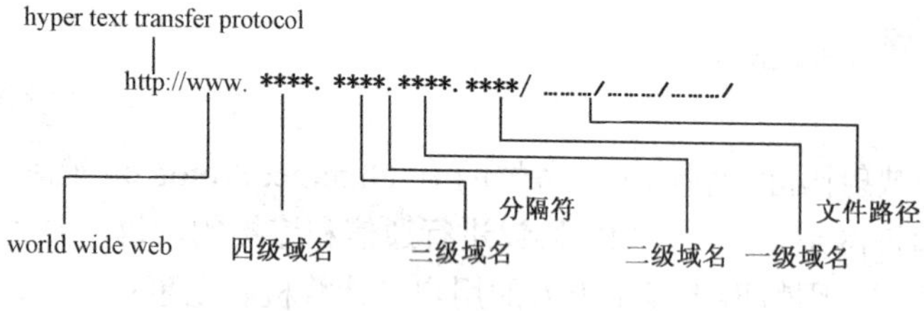

图 5-1　域名组成

表 5-1　域名代表的机构类型

类型	代码含义	类型	代码含义
.com	商业机构	.int	军事机构
.edu	教育机构	.net	网络机构
.gov	国际机构	.org	非营利性组织

一般来讲，域名的格式为

企业商标名（或公司名）．企业性质代码．国家代码（中间用点隔开）

例如，新浪网的公司域名为 sina.com.cn，其中 sina 为公司名，com 代表该企业是商业机构，cn 则代表中国。

随着因特网在我们生活中的迅速渗透，网上淘金者们向.com 蜂拥而至，致使以.com 结尾的域名变得十分紧张，因此因特网国际特别委员会扩充了因特网域名体系，增加了 6 个新的顶级域名，如表 5-3 所示。

表 5-2　域名代表的国家或地区代码

域名	国家或地区	域名	国家或地区	域名	国家或地区
.au	澳大利亚	.cn	中国	.in	印度
.be	比利时	.jp	日本	.il	以色列
.de	德国	.at	奥地利	.uk	英国
.ie	爱尔兰	.ca	加拿大	.ru	俄罗斯
.it	意大利	.fr	法国		

表 5-3　域名代表的企业类型

域名	企业类型	域名	企业类型
.firm	公司企业	.store	销售公司企业
.rec	以消遣、娱乐为主的企业	.info	提供信息服务的企业
.web	业务与 WWW 有关的企业	.arts	以文化、娱乐为主的企业

对于一家企业来讲，可以申请多个域名，即域名不唯一。例如，一家名叫 ABC 的公司，它的国际顶级域名可以有 14 个以上，如 www.abc.com，www.abc.rec，www.abc.net 等。同时，因为习惯的原因，很多公司都喜欢用 www.xxx.com，即以.com 作为公司的顶级域名，尽管.com 是用于商业机构的，但国际因特网信息中心并没有严格的限制，所以很多不是商业机构的公司甚至个人，都用了.com 国际顶级域名。

域名还可以按国际域名和国内域名分类。国际域名是指在美国的域名注册机构 InterNic 注册的域名，国内域名是指在中国国际因特网信息中心 CNNIC 注册的域名。二者的主要区别在于：国际域名没有国别标识，而国内域名最后加了.cn 国别标识。从运作机制上看，二者的作用是一样的。但从标识意义上讲，二者在国别标识方面显示出较大的区别。

一旦用户决定了所要注册的域名，就要确认这个域名是否已被使用。CNNIC 和 InterNic 分别提供检索国内域名和国外域名的免费服务。如果有人已使用了这个域名，就会告知用户是谁拥有它。

国内域名查询：

http://www.cnnic.net.cn/cgi-bin/domainqc

http://www.cnnic.net.cn/cgi-bin/mailqc

国际域名查询：

http://www.networksolutions.com/cgi-bin/whois/whois?

有些公司没有申请独立的域名，而是采用服务商的域名。若服务商的域名是 xyz.com，企业的 Web 网址就可用 www.xyz.com/～ABC 表示，ABC 代表公司名称。

采用服务商的域名虽然成本低，但是它有很多缺点：① 它不能在访问者中树立一个独立的形象，即使企业可能是一个规模很大的公司；② 不利于访问者和潜在客户记忆网址；③ 如果不得不更换服务商，会让企业额外多付一笔费用。如果在企业名片、宣传手册和广告上印了网址，更换服务商时就只好重印这些文字材料了。如果企业拥有独立域名，就没有这些烦恼了。

因此，如果企业尊重访问者和潜在客户，又不想域名被别人抢注，需要尽快申请自己的域名。

5.1.2　域名注册

当企业自己具有域名管理设备、专线设备及 IP 地址后，可直接到有关部门申请域名。申请域名可有如下三种途径。

1. 到国内域名管理机构申请

若申请国内的域名，可以到国内域名管理机构申请，如到“中科院网络信息中心”或“中国互联网络信息中心”（CNNIC）申请。在我国，商业用途的域名一般是 xxxxx.com.cn 或 xxx5Lx.net.cn，xxxx 由企业自行决定（通常为企业名称或名称缩写），并且由企业决定的这个 xxxxx 必须还没有被别的企业或个人注册过。

2. 到国外国际域名管理机构申请

例如，申请美国的域名（企业名.com）可以上网到 www.intemic.net 直接填表，用卡交纳 100 美元即可（注意：应在美国先注册此域名的商标名称）。

3. 由因特网服务商代理

我国许多因特网服务商可以代理域名的申请。如搜狐网、新浪网等都提供为企业办理域名注册申请服务。另外，企业也可在某个顶级域名下设立子域名或二级域名，如 chinese.yahoo.com 等。

国内企业是否需要将信息放到美国的服务器上，去申请国际域名呢？如果企业需要在美国开展业务，或主要信息索取者是美国人，可以这样做。但是，由于国际互连网已将全球信息连接在一起，因此把信息存放到离自己最近的位置当然最方便，中国的域名与美国的域名是平等的，因此国内企业一般应在国内注册域名。但国际域名和国内域名的不同在于，国际域名不会加上.cn 字样，因此在感觉上较具国际性。

定义域名除了要根据公司性质或信息内容的性质来选择之外，还要考虑域名的简洁、易记、标识性强，或具有一定的内涵。因为由这个名字组成的网址，将是访问者通达网址的必由之路；同时，域名又像品牌、商标一样具有重要的识别作用。

5.1.3　域名的命名技巧

由于因特网起源于美国，因此美国的公司或机构一般没有国家代码，只以企业代码为后缀，如美国波音飞机公司的域名为 Boeing.com（Boeing 为公司名，com 代表商业机构）。作为中国企业，一般采用“企业名.com.cn”的格式作为企业在国际互连网上的域名。

如果只考虑域名的标识功能，域名的选择只要符合国际标准和惯例，便于记忆使用即可。但考虑到域名的商标资源特性，域名的命名与一般商标名的选择一样必须谨慎从事，否则对企业发展会产生不必要的负面影响。域名命名首先要按照国际标准选择顶级域名，还应考虑以下 4 个方面：

① 与企业已有商标或企业名称具有相关性。如能将企业名称与域名统一，可以营造一个完整立体的企业形象，不但便于消费者在不同环境都能准确识别，而且二者的宣传可以起到相

互补充相互促进的作用，目前大多数企业都采用这种方法。

② 简单易记易用。域名不但要容易记忆识别，还应当简单易用，因为域名作为一个地址，可以方便消费者直接与企业网站进行信息交换，如果域名过于复杂或容易拼写错误，会影响顾客使用域名的积极性，因为顾客可以有很多选择机会，而企业只有一次，因此简单易记、易用，更容易博得顾客选择和访问的机会。

③ 多个域名。由于域名命名的限制和申请者的广泛性，极易出现申请类似域名，减弱域名的识别和独占性，从而导致顾客错误识别的现象，因此企业一般要同时申请多个类似相关的域名以保护自己，如 www.pages.com 和 home.page.com。另外，为便于顾客识别不同服务，也可以申请类似但又有区别的域名，如微软公司的 www.Microsoft.com 和 home.Microsoft.com 提供不同内容服务。

④ 国际性。由于因特网的开放性与国际性，使用者可能遍布全世界，域名的选择必须能使国外大多数用户容易记忆和接受，以免失去开拓国际市场的机会。目前，因特网上的事实标准语言是英语，因此命名一般用对应英语单词为佳，如“中国”的拼音“ZhongGuo”可以很容易被中国人识别出来，可对于不了解中国文化的人就不知所云。若用“China”就可以兼顾国内和国外的用户。

5.2　因特网服务提供商

5.2.1　ISP 简介

ISP（Internet Service Provider）是因特网服务提供商的简称，是指为因特网提供接入服务及相关技术支持的服务公司和企业，是广大个人用户和规模有限的公司用户进入因特网的入口和桥梁。

严格地讲，ISP 应该包括接入服务和信息内容服务两个方面，即 ISP 应该包括因特网接入提供商 IAP 和因特网内容服务提供商 ICP。

IAP（Internet Access Provider）是指那些专门从事接入服务的服务提供商，它为终端用户提供接入因特网的服务及有限的信息服务。一个 IAP 服务提供商的基本条件是，拥有区域性用户接入网络，能够向用户提供专线、拨号入网或其他接入服务。但 IAP 可以没有自己的骨干网络和信息源，用户仅将它作为一个上网的接入点看待。

ICP（Internet Content Provider）是指那些在因特网上提供大量丰富且实用信息的服务提供商，它能为用户提供全方位的服务。允许用户使用专线、拨号上网等各种方式访问该服务提供商的服务器，提供各类信息服务和培训等。ICP 的最大特点是拥有自己的特色信息源。ICP 与 IAP 的关系是紧密相联、相互促进的，它们的有机结合是 ISP 今后发展的主要方向。

通常，用户通过 ISP 接入因特网后，并不一定能享受因特网提供的全部服务，如利用计算机系统资源、信息查询、网络通信以及建立自己的信息库等。也就是说，ISP 为上网用户提供的服务类型会因 ISP 的不同而不同，大多数 ISP（IAP+ICP）为用户提供一个完全访问的账户，即拥有该账户的用户可以访问因特网提供的所有服务；但也有少数 ISP（IAP）只为用户提供一个受限访问账户，这样的用户不能全方位地访问因特网提供的所有服务，只能访问有限的服务，不过，这样的 ISP 收取的费用会相对低廉一些。

5.2.2　ISP 的接入方式

ISP 通常为用户提供两种类型的连接：专线连接和拨号连接。

1. 专线连接

专线连接是指通过卫星、微波、光缆等通信方式，或租用电话专线、DDN 专线将用户和因特网连通。专线连接的优点有：可以使用因特网的全部服务功能，数据传输速率快，并且专线始终与因特网连接。专线连接的缺点有：连接费用昂贵，缺乏灵活性，一旦连接后就不能移动了。专线连接适用于业务量大且具有局域网的单位，有较多台机器上网的网络用户使用。

2. 拨号连接

拨号连接是指用户通过调制解调器（Modem）经过电话线连接拨号和因特网连通的方式。拨号连接的优点有：连网费用便宜，具有很大的灵活性，连网的地点可以移动。其缺点是：不能使用因特网的全部服务功能，数据传输速率受电话线路质量的限制；只有当电话线开通时网络才能开通。适用于个人、规模较小单位和信息量小的单位。

使用电话线接通因特网的 PC 用户通常又分为两类：主机连接和终端连接。

（1）主机连接

这种方式使用点对点协议 PPP（Point to Point Protocol）或串行线接口协议 SLIP（Serial Line Internet Protocol），通过电话线连接拨号入网，具有与专线入网相同的功能。主机连接的优点是，连网费用低且能得到与专线相同的功能，获得因特网的全部服务。其缺点是，通信速率受限制，软件的安装和维护较困难。主机连接适宜于具有一定网络互连知识的用户，其业务量较小但又希望得到因特网的全部服务。

（2）终端连接

终端连接是最简便易行的连接方式。只要在因特网的任意一台主机上有账号，用户就可以通过电话拨号和 Telnet 软件将 PC 远程登录到因特网主机上，使用户 PC 成为主机的仿真终端，用户通过该台主机使用因特网资源。终端连接的优点是，连网费用低，安装维护简单，稍有计算机基础知识的人都能安装使用。缺点是，通信速率及因特网服务均受限制，终端连接适宜于大量的个人用户使用。

5.2.3　选择 ISP

选择 ISP 是很重要的决策，会直接影响网站的成功。选择价格低廉的接入商，因特网连接速度会很慢，访问页面时下载时间会很长。而访问者不可能久等，可能会终止下载。如果所选择的接入商服务不可靠，即使花再多的时间，也访问不到页面；这也会影响访问企业页面的人数，使客户满意度下降，并降低销售额。

通常，ISP 的 WWW 服务器是广告信息的驻留地，所以在选择 ISP 时，还应该重点了解其技术支持和售后服务水平。例如，广告信息能否应访问者的点击请求顺畅地播放出去，WWW 服务器与因特网骨干网的连接速率是否能够保持不断线，服务器硬件的性能是否能够保持良好的运行状态，WWW 服务器软件的配置是否支持 CGI、Imagemap，还有维护 WWW 服务器的技术力量是否强大等都是考虑的关键所在。

下面对用户如何选择因特网服务提供商给出几点原则性建议：

① ISP 的技术支持环境和售后服务；

② Web 页面访问统计报告；

③ 安全性、可靠性和有效性；

④ 独立域名，每块空间对应一个独立的域名；

⑤ 独立 IP 地址，每块空间对应一个独立的静态 IP 地址；

⑥ 独立的 cgi-bin 目录，每个用户拥有自己的 cgi-bin 目录，便于特殊功能的实现；

⑦ 在同一块空间上同具有 Web、E-mail、FTP 多种服务器功能；

⑧ 通过用户名和密码方式赋予用户文件传输（FTP）的特权，用于网站信息内容的上载和日常维护，也在技术上体现用户对托管服务器的拥有；

⑨ 无限量电子邮件信箱设置；

⑩ 不限数据通信量；

⑪ 可设置路径保护以限制访问，对建立信息网站收费栏目尤为适用；

⑫ 电子邮件服务器自动应答 Auto Responder；

⑬ 支持实时音频（Real Audio）、实时视频（Real Video）传送；

⑭ 支持 Microsoft FrontPage 等网站管理软件；

⑮ 合理的资费。

5.2.4　网上商店建设方案

电子商务是一项长期的发展计划，但如果投入成本过大而收益小，势必影响它的持续发展，因此企业要合理核算上述两种方案的成本和收益，做好成本效益分析，以确定选用哪种方案，避免过多浪费投入。构造企业网站的成本包括使用平台（主机服务器、网络服务器、连接硬件设备和支撑系统软件）和服务内容（创意及日常设计、应用软件设计、日常管理、内容版权等），虽然目前计算机价格持续下跌，但入网提供信息的投资成本还是很大的，企业应当根据目前的规模和发展趋势，选择自己管理，还是由 ISP 代理管理。

在电子商务时代，企业可以在因特网上创建商店、拍卖室，乃至招投标场所。正如建设这些物理场所一样，在因特网上建设它们也有多种选择方案。

下面以建立网上商店为例加以介绍。

1. 租柜台

这是一种最简单的网上销售解决方案，它相当于在已有的网上商场（Market Place）租个柜台，只需提供公司及公司产品的资料，其余如网站维护等技术性较强的事务，甚至促销、收款事务均由商场负责。当然，企业要负责回答客户提问与送货。提供网上商场服务的商家大多为应用服务提供商（Application Service Provider，ASP）。目前，大多数的运作机制是，租柜台经营者无需付任何租金，只需要在销售收入中让 ASP 提成。

2. 独立经营商场

目前，为了独立经营一个网上商场，需要搭建 Web 服务器，这有两种方法：一是纯粹自建。企业自己投资购置硬件，雇佣系统管理员，租用数字专线与因特网连通。该方案代价高昂，而且需要高水平的维护队伍，运行成本高。二是服务器托管。租用服务商提供的空间。该方式经济、快捷、实用，且具有独立 IP 地址的独立域名，同样可以树立独立的网上形象。

Internet 的基本运作机制是客户/服务器（Client/Server）模式，其最大的特点是跨时空和地域。也就是说，即使是天各一方，只要大家都在网络上，双方就可以直接沟通，这为我们提供了一个重要的技术手段——远程控制（Remote Control）。

服务器托管的技术基础和技术手段主要是"客户/服务器"和"远程控制"机制。无论我们的用户在哪里，只要能上网，就可以对远在天涯的服务器进行控制，实现对服务器的拥有和维护。

服务器托管又可分为整机托管与虚拟主机托管。

① 整机托管是在具有与因特网实时相连的网络环境的公司，通常为 ISP，放置一台服务器，或向其租用一台服务器，客户通过远程控制将服务器配置成 WWW、E-mail、FTP 服务器。

② 虚拟 Web 也叫虚拟主机（Virtual Host/Server），是指在已经与因特网连接的服务器上为企业开辟一块空间，同时为这块空间加上企业独立的域名和企业自己的首页（Homepage），在国际因特网上进行信息发布，使之成为一个企业自己的独立网站。对于浏览该服务器的用户而言，看不出来它是与别人共享一台主机系统资源。在这台机器上租用空间的用户可以通过远程控制技术，如远程登录（Telnet）、文件传输（FTP），全权控制属于他的那部分空间，如信息的上 / 下载、应用功能的配置等。通过虚拟主机托管这种方式拥有一个独立网站，其性能价格比远远高于自己建设和维护一个服务器，目前这种建立网站的方式被越来越多的企事业单位所采用。

企业专用虚拟 Web 利用最先进的虚拟网络技术，通过网络公司提供的已经连接因特网的 Web 服务器，占用其一定的系统空间，注册一个企业专用的域名，建立企业专用的 Web 网站。利用虚拟 Web 网站，企业无须投入 Web 服务器及专门的因特网接入线路等资源，以极少的投入达到与实际 Web 网站同样的效果。一个虚拟 Web 网站就像在借助别人的展览馆展览自己的作品一样，只要产品出众一定会受到众人的欣赏，企业尤须为展览而专门建立一个属于自己的展览馆。目前全国已有成千上万的企业建设了虚拟 Web 网站，其中大部分集中在沿海及经济发达地区，由于该项目投资少、见效快、回报高，目前已迅速向内地中小城市蔓延。

企业租用虚拟 Web 网站的好处主要表现在：

① 能获得大量广泛的反馈。来自全球的反馈信息，为企业增加了更多的商业机会。

② 无与伦比的广度和深度。企业网站可以详细介绍并推销自己的产品，对象可以是全世界的千家万户。

③ 功能多样。企业网站提供产品销售、采购、融资、寻找合作、网罗人才等商业功能。

④ 使用便利。世界各地的客户可以随时看到企业的全貌。

⑤ 无须日常维护。由专门的技术人员维护并及时提供因特网上各种最新的技术支持，大大减少了工程所耗费的时间，使企业能在最短的时间内建立起企业独立的 Web 网站。

企业租用网上虚拟空间应考虑以下 7 个问题。

（1）该主机的位置

假如开展电子商务的企业仅考虑一个国家的客户，那么应考虑租用本国主机上的虚拟空间，假如考虑全球的客户，就应该考虑租用国外的主机，最好是美国的主机。因为一般来说，虚拟主机放置在国内，国内用户访问速度较快，但国外用户访问起来速度较慢；虚拟主机放置在国外，全球的用户访问起来速度较快，国内用户访问起来速度稍慢。但这都是假定虚拟主机所在的网络系统以较高的速度与因特网骨干网相连，如果该连接线路是较低速的线路（如

128kbps、256kbps、国外的 T1 等)，那么速度就会大打折扣。

（2）该主机连接国际因特网的速率

主机与网络连接的速率是实现电子商务活动的关键，它是影响交易速度非常重要的因素。理论上讲，要求虚拟主机提供商的网络连接速率越快越好。

（3）操作系统

目前，虚拟主机采用的操作系统一般有两大类，一类是 UNIX，另一类是微软的 Windows NT。企业可以根据需要进行选择。

（4）磁盘空间大小

如果企业的虚拟主机打算放置很多的图片，或者要求其功能比较复杂，那么就要考虑较大的磁盘空间。一张网页所占的磁盘空间大约为 20～50KB，10MB 大约能放置 200～500 页。一般的企业虚拟主机需要的空间约为 20MB～100MB，这是由企业规模的大小、经济实力来决定的。虚拟主机的内容越丰富，它对网络空间的需求也越大。

（5）E-mail 信箱数量

这取决于企业里将有多少人需要独立的 E-mail 信箱。

（6）数据库开发能力

如果企业要在将来的网站上开发数据库，就不得不考虑这个问题，一些虚拟主机提供商能够提供数据库开发支持。

（7）服务是否长久可靠

要考察虚拟主机服务提供商的服务是否长久可靠，第一个准则是听取该服务商的当前客户的参考意见。第二个准则是亲自了解，如访问该公司的主页及其客户的主页，获取公司工作质量和功能的第一手材料。一般来说，评估或比较虚拟主机提供商应考虑如下一些因素：① 所提供的服务内容有哪些。② 网站的特性。③ 费用。包括咨询与建议费用、初期建设费用、每月费用、域名登记服务费用、页面制作费用、维护费用、图像处理费用、磁盘存储费用等。

5.3　网站的建设与运营策略

5.3.1　企业建立网站的必要性

一般来说，企业建立自己的网站，不大可能马上给企业带来新客户、新生意，也不大可能马上大幅度提升企业业绩。通常，企业用于网站维护的年费用约 3～4 万元，而指望 3～4 万元能马上为企业带来巨大收益是不现实的。企业网站建立初期的作用更类似于企业在报纸和电视上所做的宣传企业本身和品牌的广告。不同之处在于，企业网站容量更大，企业几乎可以把任何想让客户及公众知道的内容放入网站。企业如拥有自己的网址，应该充分利用自身现有的信息及其他资源，并把具体内容放入网站中。企业建立网站的益处在于：

① 有利于提升企业形象；

② 使企业具有网络沟通能力；

③ 全面详细地介绍企业及企业产品；

④ 与客户保持密切联系；

⑤ 与潜在客户建立商业联系；

⑥ 降低通信费用；

⑦ 利用网站及时得到客户的反馈信息。

5.3.2 网站的基本构成

一个典型完整的企业网站（Web Site）由以下9个主要部分组成。

1. 主页

因特网上的 WWW 页面是通过浏览器显示的一种特殊文档，企业网页通常由两类页面组成：主页（Home-page）和普通页面（Page）。主页是由企业提供的显示在 Web 上的首页，普通页面是指非主页的其他页面。主页和其他普通页面组成一个企业网站。

如果说域名是企业在国际互联网上的“户口”，那么企业主页就是代表企业形象，在国际互联网上通行的“名片”。

主页也称企业的形象页面，是网上企业的门面，它给浏览者留下企业的第一印象，所以它的设计对整个网站来说非常重要，主页应包括企业名称、标志，对网站内容进行简单有效导航的菜单或图标，着重标明最重要的新闻或修改内容以及客户与公司联系的地址等。主页制作应遵循快速、简洁、引人入胜、信息概括力强、易于导航的原则。主页上的导航菜单或图标应能链接到企业网站的其他关键页面。

2. 新闻稿档案

无论一个企业是大是小，其商业网站都应该有一个新闻稿档案。新闻稿有双重目的，单独而言，它们可以发布有关新产品或新开发项目的情况；作为档案的一部分，它们又是活的企业年表。

3. 参考页面

创建参考页面并链接到与企业相关的特定主题的网络论坛或其他网络资源，这是使网站除了提供企业和产品信息之外，成为对客户更有用的工具，并增加页面的访问率的最简单的办法。通过寻找使客户感兴趣的信息点，可以很快使 Web 页面变成该主题的权威指南。

4. 产品（或服务）页面

产品页面采用信息分层、逐层细化的方法展示公司产品或服务。其主要内容应包括产品/价格清单及单个的产品页面，建立产品名称到产品页面的链接。当然，也可以利用高级的表格方式给目录增加新的风格和生动的图像。

5. 雇员页面

雇员是企业最宝贵的资源和财富，通过创建每个雇员的页面可以吸引潜在客户，同时也是使网上虚拟企业人格化的有效手段。客户希望把电子邮件发给一个有名字的真正的人，而不是 Web 管理员，对企业和顾客而言，集中介绍雇员的 Web 页面是一种好的解决办法。

6. 客户支持页面

Internet 是一种理想的顾客服务工具，Web 的一个重要用途就是与顾客通信并为其提供支持。许多用户上网并不是要购买，而是来寻求帮助的，网站应尽其所能为客户提供服务和技术支持。在设计客户支持页面时，要尽可能让自己站在客户的角度，预料每种潜在的方法，向客户提供有用信息，使他们对企业的产品产生亲切感。

7. 市场调研页面

Web 及时互动的特性决定了它是一种有力的市场调研工具。通过市场调研页面的制作，收集顾客及其对产品、服务的评价和建议等信息，由此可建立市场信息数据库，作为营销决策的量化基础。

8. 企业信息页面

企业网站的特点之一是资信不易确定，这是网上购买者不轻易下订单的主要原因之一，因此，企业应尽量提高企业资信的透明度，让访问者了解企业的运营状况。企业信息页面可以达到这个目的，它主要包括公司数据库、财务表格、与投资者关系等页面。

9. 广告及其他内容

在网站中添加一些广告内容或许可以增加网站的吸引力，也能以一定的广告收入支持网站建设。网站还可以因本身的特点包括一些其他内容，如赞助商页面、电子货币等。

综上所述，一个企业网站通常应包括以下标题、按钮或超链接：

① 公司名（Name of Company）；

② 公司标志（Logos），如商标、商徽等；

③ 公司的目标（Mission Statement），公司所从事的业务及服务对象；

④ 产品信息标题或目录，这些标题与产品详细说明及图片页面相链接；

⑤ 特别信息（Notice of Special Events），以刺激上网者的好奇心，促使其进行网站访问；

⑥ 销售情况，列出本周畅销商品、销售信息等；

⑦ 新的内容（What's new），包括新增内容及更新信息，是吸引上网者反复访问网站的动力之一，在主页上应包括此项信息的标题或按钮；

⑧ 总经理，使网站人格化的一种手法，他的性格特征、人格魅力常从一个侧面反映企业的个性；

⑨ 新闻（Press Release），链接新闻稿档案，让浏览者动态地更深层次地了解公司的产品信息及发展趋势；

⑩ 产品目录（Catalogs），链接产品、服务的详细说明页面，包括产品、服务的名称、价格、功能描述、订单等，让浏览者全面详细地了解公司的产品和服务；

⑪ 证明（Testimonials），包括顾客对产品、服务的赞扬，权威部门的鉴定结果等内容，这是提高企业资信的重要手段，可消除浏览者对虚拟企业资信的疑虑；

⑫ 问卷调查表（Registration Form），作一些简单的调查；

⑬ 招聘信息（Employment Section）；

⑭ E-mail 答复表单（E-mail Response Form）；

⑮ 雇员介绍（Employee Page），介绍公司的人力资源，内容包括姓名、经历、技能、兴趣及 E-mail 信箱等，便于顾客建立一对一的关系；

⑯ 指向其他相关网站的链接及链接到其他相关网上信息源；

⑰ 折扣（Discounts）及免费品（Free items）等；

⑱ 娱乐（Fun Stuff）；

⑲ 公司联系信息；

⑳ 网站内容最新更新日期（Date of Last Update）；

㉑ 版权（Copy Right）等。

以上这些标题、按钮或链接比较全面地概括了企业网站的内容，同时也与详细信息的页面链接。

5.3.3 网站的创建流程

创建一个企业网站有以下的 8 个步骤：

① 网站策划。主要工作有：做好市场调查；确定网站服务领域和网站服务对象；明确网站提供哪些服务等。

② 购置 Web 服务器硬件和符合需要的软件。

③ 注册域名。

④ 向网络服务商（ISP）租用与因特网连接的数据专线。

⑤ 制作企业网站的 Web 页面。

绝大多数企业都将求助于专业的 Web 页面规划师和设计师，因为 Web 页面质量的优劣犹如企业的脸面直接影响着企业形象。Web 技术的发展日新月异，环球网页上可以放置各种多媒体数据，Web 网页设计是一项结合计算机科技、图形艺术、排版技巧、统筹学等内容的复杂工作，专业人员将带来专业价值，企业可以聘请专门的 Web 设计与制作人员，也可以把 Web 管理工作委托给专业公司去执行，企业派专人监督即可。

⑥ 测试、评价。测试、评价内容主要包括：链接有效性、可读性、下载速度、语言正确性、便用性、交互性、网站兼容性等。

⑦ 设立 Web 维护工作小组，并安排与其他部门的协作。

维护工作除了例行的系统检查、排障外，还应包括更新网站数据内容，剔除过时的信息，并安排采编人员及时提供最新内容。Web 维护工作小组必须与其他部门紧密合作，将企业的全貌和具有深度的服务内容及时公布于网页，同时保证防火墙系统的正确设置，防止保密数据的泄露。例如，Web 维护工作小组在每个财政年度结束后，应及时与财务部门联系，将最新的企业经营状况和股东赢利等信息转换成 Web 数据形式，新产品开发部门也应该把最新的产品开发进度或成果通过企业 Web 网站传送出去。

⑧ 听取用户反馈意见。开展网站访问审计和用户交流讨论，进一步完善网站的建设。

企业在网站创建过程中的主要任务是提供和组织网站的内容，而 HTML 编程可聘请专门的网页设计公司来实现。在选择网页设计公司时，不妨先参考别人推荐的意见，看看这些公司以前设计的网站，确定最合适的一至两个最终候选者并和他们议价。一般来说，在确定网站的费用预算时，应考虑以下成本项目：创建费用、技术性咨询费用、更新维护费用、雇请专业公司创建网站的费用。费用会因网站大小、复杂程度、专业公司的知名度、目前的市场状况和议价能力而不同。

5.3.4 网站的经营策略

创建企业网站后，更重要的是把企业网站经营好。下面阐述经营企业网站的若干策略。

1. 分步骤地发展企业网站

每一阶段均可采取不同措施增强其有用性和吸引力，保证企业电子商务取得成功。企业可以按 9 个阶段来发展自己的商务网站：

① 启动阶段。主要确定 Web 设计策略及目标，进行初步研究、选择 ISP 及安装软硬件等。

② 数据存储阶段。大部分企业在刚建好网站时，将文档转换为 HTML 文档在 Web 上发布，包括产品文档、公司年报、技术资料和人力资源等，这一阶段称为数据存储阶段。

③ 链接阶段。在 Web 页面上创建很多指向其他相关资源与公司的链接，这样既丰富了网站内容，又可带来一定的广告收入。

④ 多媒体阶段。在页面上采用各种先进技术增强页面的视觉和听觉效果。如可用 Real audio 技术、Java 技术增强交互功能等。

⑤ 数据库阶段。在 Web 页面中增加数据库应用，提供 Web 与数据库的接口，这对经常更新的数据尤其有用。

⑥ 交互阶段。从这一阶段开始，Web 网站对商务活动才有实质性的作用。此时将建立多种交互性应用，包括获取用户对网站和产品的反馈信息，回答顾客的提问等。

⑦ 高级数据存储阶段。任务包括数据的经常性更新，数据源与 Web 页面的及时链接，电子邮件与 Web 页面的自动转换及 Lotus Notes 与 Web 页面的自动转换等。

⑧ 高级交互阶段。在前面的交互阶段，用户的提问是由专门人员来回答的。在高级交互阶段，可将常见问题的回答由程序自动完成，也可用更复杂的搜索软件自动回答用户的提问。

⑨ 进一步完善阶段。包括使网站更加个性化，为不同的访问者提供不同的内容，考虑如何“获得”访问者，而不是“等待”访问者，如何在 Web 页面上集成各种服务，在 Web 上处理电子商务交易，在 Web 上提供各种应用，满足各个国家和地区的不同需求，与合作伙伴建立合作的电子商务系统及对因特网策略的监督等。

2. 吸引访客反复访问网站

企业建立商务网站主要是为了宣传和营销。为此，企业的经营者必须千方百计地推销自己的网站，使自己的网站吸引人，这是实现电子商务活动的第一步。

如何才能吸引访客反复访问自己的网站呢？实际上不外乎要注意以下 5 个因素：

① 内容的修改。至少要保证页面的一个内容处于频繁变化之中，甚至让每个访客每次访问时都能发生变化，这就是称为“What's new”的特性，变化甚至可以简单到仅仅是每日一个格言，或者业界的一些新闻事件。目前，有很多网站在首页推出了最受欢迎商品或文章排行榜，以吸引用户重点关注。例如，美国的 Facebook 和中国的人人网等，都把用户好友的最新状态显示在首页，从而吸引用户持续关注网站。

② 好奇心。如果访客访问一个大网站，一次在线会话中可阅读的信息很多，而且让用户感受每次访问仅仅涉及网站信息的很小一部分，认为该网站是一个有价值的网站，值得反复去访问。

③ 必要的工具或资源。企业网站页面可以提供现存数据库、因特网和 Web 指南、搜索工具、图像库和文件库的超链接。只要每个链接的资源是有价值的，而且页面的超链接涉及的内容全面或层次较高，就会吸引访客反复访问该网站。这些超链接包括任意主题，但是最好与企业开展的业务存在一定的关系，并使访问者能够在一次访问中简单涉及有关工具和资源集，而无须到处查找。

④ 个性化。让访问者感觉到网站的独特风格，并定制环境，使访问者把它看作是自己的主页。例如，网站 http://my.Yahoo.com 就是一个典型的例子，访问者可以在这里建立个人风格的页面。

⑤ 独特的事件或资源。有许多方法可以使网站设计具有独特的价值感。例如，可以提供竞赛或其他资源的分发，如有些网站提供竞赛并提供奖品等；或提供某些事件的最新消息，如商业会议、贸易展出等，以提高访问者对自己商务活动和产品的兴趣；另外，还可以提供一个“询问专家”栏目，邀请用户输入问题，或者通过电子邮件发送问题，然后在页面上反馈答案。

3. 让更多的人光顾网站

建立了企业网页，好比是在 Internet 世界建立了宣传自己的“广告牌”，如何让更多的客户能看到呢？有些企业错误地认为，只要上了网，订单自然会来。也有的企业委托某公司上网后，常常抱怨收不到一封电子邮件，看不到效果。所有网络管理者都希望有更多的人光顾自己的网站，这需要网络管理者掌握网络营销的理念和宣传网址的技术和技巧。

推销电子商务网站主要有两种途经：一是通过传统广告媒体来宣传网址；二是通过网络的一些著名搜索系统来“曝光”和推销网址。

下面着重讨论如何在网络上推销商务网站。在信息板上留言，争取友情链接，发 E-mail 等都是常用的好方法，但最好的方法是将自己的网址加入到导航台和搜索引擎中去。

（1）注册到 Web 导航台

在网络上有许多被称为导航台的信息索引网址资源（Web Searching and Indexes）。由于这些导航台都存有相当多的网址信息，当人们输入关键词后，导航台会自动将与关键词相关的网址信息调出来供人们选择，因此，如果你的网站在这些导航台注册了，那么你的网站就容易被网民尤其是外国人访问到。

登记到导航台时应注意：第一，写出公司名称、URL 地址；第二，添加关于网站主题的关键词。

注册的关键是选择关键词，人们在进入各导航台查询时，往往并不是按照分类一步步点击下去，而是通过关键词或短语来查询。比如，一个外国游客要到上海旅游，想要预订宾馆。在网上查询时，他可能会输入 China Hotel 或 Shanghai Hotel，还可能是 China Shanghai Hotel 等，假如这家宾馆的网页已经注册，就要注意将那些具有咨询价值的关键词提交。不同的索引工具可添加的关键词个数不同，为了保险，至少要添加 5 个。比如，一个金融投资服务商的关键词可以是 money、investing、stock、income、retirement。

提供关键词的方法如下：

第一，准备提交页的源文件（Source），在文件开头部分（html）下面加上一行〈meta mane=”keywords”　content=”***.***”＞。其中***代表你所要提交的某个词，数量可多可少，根据需要而定。

第二．把改好的网页上传（Upload）到 Web 服务器上去。

第三，分别按照每个导航台的提示注册该页。显然，注册网址的方法并不难，而关键词的选择最重要。下面着重对此进行分析，看看如何用有限的词来最大限度地涵盖某一范围的查询。

确定关键词要注意的问题是：站在检索者的角度去设想他会用哪些关键词来检索。

- 与主页内容相关。
- 是某行业中通用或专用的准确关键词。
- 即使不是通用或专用的关键词，但却是人们的习惯用词。
- 同义同、表达同一意思的不同词汇，也属可用之列。
- 数量多少不受限，原则上讲数量越多，效果应越好。
- 某些关键词组或短语更有作用。
- 关键词的大小写。如全小写、全大写、首字母大写都应作为单独的关键词对待。

定义关键词的原则是：

① 因特网中常用的一些词汇一般不要用，如 home-page、homepage on www、web、webpage 等。

② 不必过多地考虑语法，一些介词，如 the、of、that、is、to 等可以不用。

③ 不要将企业名称或产品品牌作为关键词，因为当用户查询时，往往不知道你的企业或产品名称。

第四，单击 Submit 钮将填写好的表单送至搜索工具。

第五，还要注意接收一个返回的确信它收到表单的 E-mail。

（2）利用搜索资源

Web 中充满了成千上万的网站和信息资源，如何从这些浩如烟海的信息资源中寻找到你所需要的资源，是每个上网用户最关心的问题，为此人们开发了搜索引擎，如 Google、Baidu、Yahoo 等，这已经成为人们上网查找信息的常用工具。于是精明的企业家立刻想到了它的商业价值，纷纷将自己的商务网站列入这些工具中以便消费者查询。

（3）避免失误与防止欺诈

在网络空间开展商务活动，人们最为担心的是信用问题。那么怎样才能避免与那些不守信用、不可靠的企业打交道呢？国际上普遍采用的做法是，进行信用等级评估与认证，从而避免与那些已列入违规（如严格失信、欺诈等）企业黑名单的企业打交道，以免给企业带来不必要的损失。必须注意的是：

第一，对支持实时交易和交易后支付的系统，一定要通过安全电子交易系统来认证。

第二，对支持交易前支付的系统，在进行商品供需信息匹配（Match）和贸易磋商以后，一定要以有法律效用的传统纸面单证形式将磋商的细节确定下来，然后才着手展开实质性的商贸活动。

第三，上网查实，不与已列入商业违规黑名单的企业或已有大量商业违规记录的企业打交道。

第四，鼓励其他网站复制你的网站中的内容或创建到你的网站的链接，这样看到你的文章的人越多，你获得顾客的可能性也就越大。不要老是盯在版权上，其实你应感谢其他网站对你的文章的引用，因为无形中它充当了宣传你的网站的工具。所以我们建议，在网站的某些内容上添加必要的说明（如引用时印上本公司的名字及联系信息和版权说明等）鼓励其他网站的引用。

5.4 网页设计技巧

5.4.1 网页设计的基本原则

企业网页设计要围绕企业网站的主题与目标来考虑，根据不同浏览者的需求特性合理组织安排网站内容。这里，对页面设计提出 15 条指导原则：

① 应在主页的显著位置放置企业的标志物，使浏览者一眼就知道这是哪家企业的主页，但应注意标志物图像不宜过大，否则如果下载时间太长，不耐烦的浏览者就会停止浏览。建议所有页面都包括一个小的企业标志图标。

② 必须要遵守主题鲜明、形式与内容统一、整体风格一致的原则。

③ 在一般的调制解调器上检测页面的下载时间，勿使其超过 20～30 秒（这是有关统计所认为的浏览者等待下载的忍耐限度）。因此，企业网站自身的软硬件配置应尽可能提高。勿使自己成为“瓶颈”，如果本身的配置低，用户的配置再高，下载时间还是很长。

④ 应将企业网站视为信息的“终点站”，而不是中间途径。这就是说，只要浏览者愿意，他可直接从网站以磁盘存储、网络打印等不同形式获取信息，而不需要通过其他环节。比如，某浏览者想打印一份企业网站上的广告，应能使他直接从网上打印，而不必再通过电话向公司索要。

⑤ 设计渐进显示的页面，每个图标都应配有文字说明，显示时图标的文字说明先显示，图标随后显示，这样做可以调节用户等待时不耐烦的心情。

⑥ 易于导航。可采用多种方法使网站便于导航：如菜单、按键、图标、高亮文字等。易于导航的含义有两层：一是层次清晰，能从概貌到每个信息的细节都能很快搜索到；二是交叉链接，无键跳转，即不管是网站内部两条信息间的跳转，还是网站内、外部信息的跳转都能直接实现，而不像传统文本文档的线性显示方式。如果网站很庞大，应设计网站内的“交通图”。此图应包括网站内的链接关系和各链接的内容，以便于浏览者迅速地找到他所需要信息的位置。

⑦ 忌过长的网页。Internet 支持 Hyper-1inks（超链接），使页与页之间可以用标题、关键字、图像等轻易链接。但是仍有不少网页喜欢将许多资料都包括在单一的页面上，使访客卷动许多次页面才可以看到所有的内容。这样使网页的重心难以突出，增加了读者的阅读困难，极有可能因为网络速度问题，使页面无法完整地下载。

⑧ 应用图像。网上访客最注重“速度”。但是许多网页设计者往往忽视了这一点，为了视觉上的美观会在网页上插入一些大而无意义的图像、背景，使网页显示速度大大降低，结果可能是网页的文字内容还未显示出来，访客已因等得不耐烦而离开了。为此，建议至多使用一到两个主要的较大图像，并辅以一系列较小的图标，且较大图像不宜超过 6KB。

⑨ 每个页面都包括网站的 E-mail 地址或回复按钮，便于浏览者马上反馈信息。在向访客发出 E-mail 之前，一定要先征得他们的许可，不期而至的 E-mail 可能惹恼顾客，而不会增加访问通信量。

⑩ 尽量少让顾客填表。不管为网站选择什么样的购物软件，都要保证决不要求顾客为了购买商品而必须填表。有的网上打折商店要求顾客填写冗长的表格，并要求立一个账户，这样做仅仅是为了了解顾客对各种商品的购买概率，结果顾客越来越少。顾客想要购物，你却要他们在没决定购买哪种商品之前就填表，这样做就要冒把顾客全都吓跑的风险。

⑪ 在网站主页的文字内容中及早揭示网站的“互动特性”的内容，如游戏、竞赛、搜索、数据库查询、浏览者可控制的三维虚拟画面、讨论等，并抓住访客的心理增加提示信息，如“可下载免费最新软件”、“对产品提建议可得到免费礼品！”、“请参加竞赛——前十名可获得免费旅游”等。为什么要在文字内容中及早提示这些内容？因为文字下载速度比图像要快得多。同时，要让“免费”或“Free”这类刺激性的字眼散发诱人魅力。

⑫ 注意 Internet 的全球特征，对中国企业的网站来说，至少要保证中、英文两个版本。如果公司的业务主要针对某一个国家和地区，也应有这个国家和地区的语言版本。

⑬ 忌“正在建造中（Under Construction）”提示信息。如果网页仍在建造中，为何在网上公开？告诉人们这些又有什么意义？无论理由是什么，“正在建造中”让人觉得该网站一定还有问题，长期的“正在建造中”更令人感到对网站的维护并不认真。如果意思是“此网页会不断更新”，那就应该说清楚。

⑭ 避免出现断掉的链接和图像。无论网页设计得多好，如果其中有链接失效（Broken Link），或有无法显示的图像（Broken Image），会令人对该网页的印象大打折扣。

⑮ 设计要灵活易变。网页设计要有足够的弹性，要能够对原来制作的网页进行轻松修改。比如，要尽量使用文本题目和标题，以及类似的设计，尽可能避免使用图片，这样网站管理员就能够轻松地对网页进行应急性修改，而不必等着美编来重新制作（如果标题是用文本程序制作的，网管要修改标题就很容易，他只需重新敲入新标题就可以了；相反，如果标题是用 Photoshop 制作的图像，就只能依靠网页美编人员重新制图了）。

5.4.2 主页设计的基本方法

主页设计的第一步是确定网站的主题。确定主题有助于开发既有独特风格又前后一致的 Web 页面。网站的主题与企业的产品是紧密相关的，常常通过主页上陈述企业任务的那句话反映出来，如中国移动公司的主题句是“移动信息专家”，在主页的左上角以 Logo 的形式显示出来。

主页设计的另一个主要因素是网页颜色的选择。颜色方案是主题的一个组成部分，它能清楚地反映企业的产品或服务具有的基调。确定色彩可用颜色匹配页面自己调配，也可从公用颜色名中选择，确定颜色组合方案可按以下步骤进行：

① 设置背景颜色。不宜选择鲜艳颜色，如白色背景就显得非常干净，并能表现多种颜色，从而能使任何页面具有新鲜感。

② 设置文本颜色。常用的是默认颜色，即黑色，白底黑字看起来很单调，但很难找到另一种更合理的组合。

③ 选择链接颜色。人们讨厌看到 Web 浏览器中总是同样的深蓝色（未访问的）和紫色（已访问的）链接，改变链接的默认颜色可使浏览者不再感到沉闷。

总之，主页设计要注意以下 7 点。

（1）主页明确，主题突出

“关键是抓住顾客”这句话听起来并不新鲜，但在设计企业 Web 网站主页时，牢记这句话显得尤为重要。经验丰富的零售商认为，必须让顾客在店内感到舒适惬意，而且轻松地看到商品贸易情况，否则别想说服他们掏出自己的血汗钱。这意味着，尽管可以使用绝好的 Java 应用程序、花哨的图片和时髦的画面，但如果浏览者不能找到他们正在寻找的东西，或者找到了却不知道如何购买，他们也会跑到别处去。因此，必须使访客对主页扫一眼就能马上明白这个企业是干什么的。为此，最好在文本中及早设置阐明主题的句子，且以区别于其他文本字体的醒目形式显示。但不要用图像形式，因为图像下载很慢，有些访客根本不打开图像。

（2）尽量缩短下载时间

要记住网上访客大多数是不耐烦的，如果能减少等待时间就更可能让他们停留在你的网站。网页的下载时间最长不宜超过 30 秒，这个时间是指大多数调制解调器和浏览器速度。如果主页上包括许多图像，如公司标志、有关主要产品的图像或着重标出的某些新产品的图像，会导致首页下载时间过长。对首页上的图像进行如下控制能有效地缩短首页下载时间：控制使用图像的数量；调整图像尺寸，缩减文件大小；在不缩小图像的情况下减小文件尺寸；使用渐进式图像。

（3）与众不同，体现特色

各家企业的企业形象是不同的，因而其主页有不同的表现形式。一定要在体现功能的基础上体现企业特色，因为只有独具特色的页面才能吸引用户的眼球。

（4）创建菜单栏，为关键页面提供简捷导航

主页应能提供一个简单的功能界面，引导用户简单迅速地到达他们所需的信息页面，为此可在主页上设置一个菜单栏，它可认为是网站的顶层目录，提供与关键页面的链接。该菜单栏应出现在网站内的所有页面上，这样可使用户感觉舒适并使信息更易于访问。易于创建菜单栏的一种流行格式是，使用一系列图形按钮，每个按钮都应有文本信息并包含与网站其他页面的相应链接。一般情况下，这些按钮都有三维视觉效果，按钮的设计和使用应与主题保持一致。

（5）What's New 或 News 链接与快速联系

主页上最重要的项目之一是关于企业或产品的新闻或信息链接，用户单击按钮 What's New 或 News 即可获得公司的最新信息。经常访问的用户会很看重主页到最新信息的链接。

（6）登录注册

如果网站使用会员制，主页应该为新用户注册和老用户登录提供链接或直接登录框，免得访客四处寻找。至于是提供链接还是直接登录框，需要设计师来衡量，考虑的问题包括黏性强还是弱，老用户多还是新用户多，页面上该不该腾出一个地方来放置登录框，用户的使用习惯等。

（7）邮件链接

主页的另一个关键元素是在页面底部放置简单的邮件链接，它可使访客与负责网站运营或负责反馈信息收集的专业人员迅速取得联系。这将为访客请教或讨论问题节省大量的搜索时间，也可使企业获得网站以外的信息反馈。

5.4.3　新闻稿档案和参考页面的设计

在网站上设计新闻稿页面的目的是向网上浏览者动态地发布公司产品、活动等各类信息，把这些新闻稿链接起来就成为公司的活动年表。新闻稿页面的风格应与主页风格保持一致，使用与主页同样的链接颜色，不使用那些不利于文本阅读的任何背景图片和颜色。新闻稿应是理想的可打印的 Web 页面，它应保持清晰、简单、快捷的特点，以便于打印。建立新闻稿档案，首先要编写并设置可单击的新闻标题，这些标题都链接到完整的文本。这些标题要能清楚地描述新闻要点，便于用户确切地知道他们点中的是什么。要使标题的放置保持清晰和简单，可采

用以下方法：

① 注意新闻稿的排列顺序。开头是最近的稿件，依次类推，尾部是最旧的稿件。如果是一个年轻的企业，可用月份标题来分隔各项列表。对成熟企业，可用季度或年度来分隔列表。

② 在最近的新闻标题下放置一条水平标线，以使它与前一个新闻标题分隔开。因为许多网上浏览者只想看最近的稿件，加这样的标记能使它比其他稿件更突出。

③ 可在标题前采用标准编目符或小图形作为点缀，增加页面的可读性。

新闻稿档案同样要满足易于导航的要求。这里的导航有两层内容：一是便于用户从新闻档案页面到其他部分的跳转；二是便于用户迅速到达他所需的新闻页面。按年份将新闻标题分隔开已在一定程度上实现了这个目标，用户可根据时间检索他感兴趣的新闻。若有可能，将新闻事件分类索引，建立菜单，可向浏览者提供另一种检索途径。新闻稿也需要除了菜单栏之处的导航系统，通过建立与前、后新闻稿的链接，用户就能在其中浏览而不必经常返回全新闻档案页面，这可以很容易地通过创建三维按钮来实现，这些按钮放在页面的左上角，可增加一些文字说明，如 Next Press Release 和 Previous Release。

创建企业参考页面可以增强企业宣传的深度，包括两个步骤：一是列出具有参考价值的资源列表；二是创建关于某个主题的有组织的资源链接。在创建参考资源列表之前，首先要做以下的准备工作：

① 确定参考资源的主题以方便搜索。参考页面通过增加用户感兴趣的信息点，达到提高网站访问频率的目的。确定主题的原则首先是，它应能直接吸引客户群，并定位于某个特定的信息点；要保证该信息点既是目标顾客群的兴趣焦点又与本网站的主题直接相关。

② 搜索网络上与所选主题有关的资源集合。通过启动搜索引擎或打开 Usenet 新闻组，看看是否有与自己主题相关的组。

在上述资源集合中，挑选出对本网站最适用的网站，对这些网站写一些非常简单的描述，然后将参考网站的 URL 和这些简单描述放在一起列表，这样有助于访客的浏览。为了保证访客能够从参考页面中选出有用的参考资源并能很快地导航到该网站，还应创建各资源网站的链接。

在参考页面的底部最好设计一个返回主页的链接，并欢迎访客提意见，这样参考页面就完成了。当然，为了增加参考页面的风格，可以为它插入一些图形符号等。

5.4.4　创建产品页面

创建产品页面时需要掌握产品目录的层次结构和导航方法，产品目录的设计思想和整个网站结构的设计思想是一致的，都是由概括到详细的层次结构。所以，首先要详细分层，将产品信息放在不同详细程度的页面上，允许用户自上而下地找到最适合于其需要的信息层。

产品目录分层通常是这样设计的：

第一层，建立一个产品/价格列表，该表使访客能够全面浏览公司的产品。

第二层，是每种产品的页面，它全面介绍此产品的有关信息。

第三层，产品更深层次的信息。如果访客还想深入了解该产品的技术细节、设计，维护等，可以通过该层页面获得这些信息。

第四层，如果访客对第三层的详细程度还不满足，可以通过网络互动性由公司的有关人员提供他所需要的进一步链接的信息。

产品页面应该达到以下要求：① 包含尽可能多的关于产品的有用信息。② 具有独创性。产品页面不仅是对产品的客观的描述，还包括一些顾客的评价及媒体的报道等，以提高产品可信度。③ 包含网站的导航菜单及其到产品/价格列表目录的链接。④ 不应在产品页面上增加太多无用的链接，以免分散访客的注意力，影响他们的购买决策。⑤ 创建本企业所有产品页面的风格时，布局应保持一致。为此，推荐使用“模板”技术。

下面介绍几种产品目录高级设计的方法。

（1）创建分类目录菜单

创建分类目录菜单可按如下步骤进行：① 确定产品的分类方法；② 按基本目录创建方法，建立每一类产品的清单；③ 创建一个分类目录菜单，并创建到每类产品清单的链接；④ 确保每个目录页上都有到分类目录菜单和主页的返回链接。

如果企业有自己的产品数据库，还可设计程序自动生成上述产品分类目录菜单。

（2）设计各种浏览器都能显示的文档

在网页设计中，还有一个需要注意的问题：一些浏览者仍使用纯文本的、不支持图像、表格、目录显示等高级特征的Web浏览器。这时如何向他们提供信息呢？这就需要在编写HTML文档时采用一些技巧，使设计的目录能以纯文本格式显示。

（3）增加产品页面特色

在介绍产品目录链接到产品页面时，曾要求所有产品页面应保持风格一致。但同时，为了避免单调，可在产品页面上突出特色，增强吸引力。当然，这些页面虽然增加了特色但基本页面布局还应是一致的。

（4）增加产品目录互动特性和多媒体特性

增加产品目录互动特性的方法是，建立搜索目录与创建网站搜索引擎，允许客户自定义目录，该目录可以让客户自己决定如何查看目录及查看的内容。

在产品目录上使用多媒体特性能极大地丰富了目录的内容。多媒体不仅可用于娱乐，还可为产品和服务提供样本和演示。但增加多媒体特性会带来下载时间延长的问题，因此应有效地使用多媒体技术，确定什么能使客户感兴趣且对目录有益，不要强迫用户接受多媒体文件，而要提供链接或其他手段，使客户能选择并观看、收听或使用多媒体文件；不要只依赖多媒体来向客户传达信息，对于大文件，请在链接旁标出文件的大小，这样客户就可以知道下载后的文件会有多大。

5.4.5 针对不同访客需求的网页设计

为了使网站能吸引访客，设计网页要了解目标客户的需求特征，根据不同的需求提供相应的内容。网上访客的需求特征可分为以下5类。

（1）直接信息寻求者

所谓直接信息寻求者是指上网的目的是为了寻找某类特定信息的浏览者。对于企业网站来说，那些经常访问网站以获得关于产品、投资等信息的访客就属于这一类型。对这类访客，务必保证网站包含他们所需要的信息。

直接信息寻求者带着明确的目标在网上寻找特定的、及时的、相关的信息。对此，可采用以下4点网页设计策略：

① 按不同详细程度，将企业的产品、服务、人事、财务、投资等信息分层列出，即网站

中包括这些信息从索引到单项信息不同详细层次的页面。

② 在尽可能多的相关搜索引擎上登记，使访客易于寻找。目前很多搜索引擎都采用主题词自动检索，所以在登记主题词时要尽可能多地包括同义词甚至外围词。

③ 提供访客所需的，但与产品和服务不直接相关的信息。这样做的主要原因是，让目标顾客视你的网站为一个多方位的信息源，这会提高企业在顾客心中的地位，从而增加访问次数，继而增加购买的可能。

④ 利用其他媒介推销网页。

(2) 间接信息寻求者

这类信息寻求者没有明确的信息寻求目标，只是想在网上获得有用的信息和令他惊喜的信息等。这种心态犹如我们每天早上看报纸，目标并不明确，只是通篇浏览，有令人感兴趣的文章就仔细阅读，否则就很快跳过去。间接信息寻求者在网上的浏览过程与此很相似。

为了吸引这类访客，要保证网站中永远有新鲜的内容。可专门设置“What's new”页面，每隔一段时间（一天或一周等）对其内容进行更新，这些内容不一定非要与企业产品或服务直接相关，但一定是企业目标顾客感兴趣的信息，如天气预报、股市行情等。

(3) 免费品寻觅者

这类上网者时常希望得到免费品，如免费软件、免费照片、免费旅游、免费书籍等。总之，网站上 free 字样对他们很有吸引力，犹如现实生活中“大减价”、“清仓甩卖”等字样对一些顾客很有吸引力一样。在网络上，free 是企业网站使用频率很高的噱头词（Buzzword），事实证明效果很不错。因此，在可能的情况下，提供一些额外价值让利给这类上网者，能使他们成为掏腰包买你的产品的顾客。如果他们只是拿走免费品而不购买产品，即使人数再多，访问再频繁，企业也无法获得利润回报。所以，针对这类上网者的策略应是给他们免费品的同时也要设法使他们购买。下面是可供选择的策略：

① 诱饵法。比如，先免费提供低分辨率的图像，如果想要高分辨率的图像请酌情付费；或免费提供摘要，索要全文请付费；或免费提供版本较低或仅具有基本功能的软件，需要专业的高级版本的软件请付费等。

② 匹配法。免费提供的商品本身用途有限，但如果和其他产品匹配使用就能获得很大益处。比如，吉列公司免费提供刀架而销售刀片；美国 US News Online 杂志免费送给上网登录者新闻摘要，而他们如需详细报道就要购买 US News 杂志；有些软件商免费提供某软件，但对该软件的升级服务收费；或免费提供软件，连带销售该软件专门的硬件设备。

③ 竞赛或游戏。在网站设计有趣的竞赛游戏，谁赢了给谁免费品，就这么简单的方法常常能同时吸引网上娱乐追寻者和免费品寻觅者。

④ 在结束时给参加者免费礼物。如果想使上网者从头到尾关注网上的商品展示与销售活动，可以在活动结束时向每个活动参与者（或幸运抽奖）提供一份免费礼物。

⑤ 打折。这是一种变相的免费品。网上销售比真实世界的销售减少了许多环节，降低了成本，不妨将这部分价值让利给一些顾客。

(4) 娱乐追求者

Internet 包罗万象，无所不有，是一个绝好的“娱乐媒体”，许多上网者在网上漫游仅仅是为了寻找乐趣，或找点刺激。对这类上网者，最困难的问题是，如何将他们转化为购买者。策略是提供结合网络特点的娱乐，寓“推销”和“娱乐”为一体。

① 提供寓“教育”和“娱乐”为一体的内容，利用网络互动、信息廉价的特点，让上网者在娱乐时增长知识，这能使他们获得一种良好的感觉：我们不仅仅是在玩。

② 充分利用网络的多媒体特性，提高娱乐的享受程度。

③ 创作系列故事，采用类似“连载”的方法吸引他们反复访问。

（5）购买者

购买者上网的明确目的就是购物，但他可能不知道买什么东西合适，他上网先寻求帮助，等有了好主意后再购买。要满足这类访客的需求，首先要保证订货、付货系统的方便、安全，最好设有购买建议页面，或设置一个易于搜索产品的数据库。对这类访客的网页设计要注意以下三点：① 使购买者能获得其他竞争者所不能提供的价值；② 使购买过程尽可能便捷；③ 保证安全、保密、守信。

5.4.6 网页设计常用软件

为方便网页开发，许多软件开发商推出了专用的网页制作软件，如 FrontPage、Dreamweaver、Flash、Fireworks 等。其中 FrontPage、Dreamweaver 软件是集网页制作和网站管理为一体的网页编辑器，它不需要用户有专业的网页制作知识，甚至无须了解 HTML 语言的基本语法，采取可视化编辑方式可方便地完成网页设计。同时，它们都支持对源代码的直接编辑，功能十分强大。下面介绍颇具代表性的几个网页设计软件。

1. Dreamweaver

Dreamweaver 是一个可视化网页编辑工具，同时不会降低对 HTML 文档源代码的控制，可以方便地在设计视图模式与源代码模式之间进行切换。其网站地图功能可使用户快速制作网站雏形，并快速完成设计、更新和重组网页，提供拖放式表格与页框设计以及以透过资料库来管理网站的内容更新。Dreamweaver 支持跨浏览器的 Dynamic HTML 格式，阶层式样式表单、绝对坐标定位以及 JavaScript 的动画。Roundtrip HTML 功能可完全控制 HTML 文档源代码。当打开其他编辑器产生的网页时，它会保存既有的 HTML 格式，使用绝对坐标可获得精准且弹性的设计。Dreamweaver 以全网站内容管理方式摆脱了主页更新管理的缺点，提升了生产力，Dreamweaver 是完美整合视觉性和源代码的文字编辑器。

Dreamweaver 还有以下功能：① 视觉式页面设计。② 增强的网站管理。③ 团队合作式网页编辑。④ 动态出版的视觉编辑。

Dreamweaver 还集成了程序开发语言，对 ASP、.NET、PHP、JS 的基本语言，完全支持数据库连接操作。

2. Flash

Flash 是美国 Macromedia 公司于 1999 年 6 月推出的网页动画设计软件。它是一种交互式动画设计工具，可以将音乐、声效、动画及富有新意的界面融合在一起，可制作出高品质的动态网页效果。

Flash 的功能特点如下：

① 使用矢量图形和流式播放技术。与位图图像不同，矢量图形可以任意缩放尺寸而不影响图形质量；流式播放技术使动画可以边播放边下载，缓解了网页访客焦急等待的情绪。

② 文件小巧。使用关键帧和图符所生成的动画（.swf）文件非常小，几 KB 的动画文件可以实现许多令人心动的动画效果，不仅使网页更加生动，而且因小巧而下载迅速，使动画可以在打开网页的瞬间就能播放。

③ 音乐、动画、声效交互融合。越来越多的人已经把 Flash 作为网页动画设计的首选工具，并且创作出了许多令人叹为观止的动画（电影）效果。而且 Flash 4.0 版本已经开始支持 MP3 音乐格式，使加入音乐的动画文件也能保持小巧的“身材”。

④ 独立播放。Flash 可以将制作的动画生成独立的可执行文件，在不具备 Flash 播放器的平台上，仍然可以运行该动画文件。

3. Photoshop

Photoshop 是美国 Adobe 公司开发的图形图像处理软件。自 Photoshop 3.0 中文版投放市场以来，由于其强大的图形图像处理功能而深受国内广大用户的欢迎。

Photoshop 提供多种图像涂抹、修饰、编辑、创建、合成、分色和打印的方法，并给出了许多增强图像的特殊手段。在互联网高速发展的今天，Photoshop 已成为网页设计人员的得力助手。

5.5　在线商务系统总体设计方法

以上阐述了设计企业商务网站的各种方法与运营策略，但那只是开展电子商务活动的初级阶段。如今，现代电子商务的发展经历了两个重要阶段。在第一代电子商务活动中，企业在 Internet 上建立了静态网站，并发布基于 HTML 的网页作为在线目录。在过去的十几年中，大量的公司实施了第二代电子商务计划，这就是将其网站前端与后端订单管理和存货控制系统相连接，使客户能直接从公司网站发出和追踪订单，这大大降低了交易费用，并使客户能够更多地控制订购过程。第二代电子商务在很大程度上以供应商为中心，因为公司希望使其内部流程实现自动化，并将其链接到 Internet 上，以便为客户提供服务。

这种后端系统与前端 Internet 界面集成的应用，使公司每分钟都可提供有关库存、价格、订货和发货状况的最新信息。与此同时，市场上也出现了大量的实用工具和程序，使企业可以方便地将其后端系统连入 Internet，它甚至可以将更复杂的 ERP 系统，如 SAP（是 SAP 公司开发的 ERP 软件）连接到 Internet 前端。

目前，第三代供应商将把自动化与集成的优势延伸到客户一端。公司不仅直接向客户系统提供信息，还可定制服务和数据传递，从而在系统间实现更丰富的交互。跨入第三代电子商务的公司已开始有计划地进行商业运作，并采用复杂的商业规则来控制定价和购货等活动。其结果是：供应商采用以客户为中心的方法利用自动化集成和数据传递技术为外部客户带来最大的竞争优势。

5.5.1　系统设计原则

所有新技术的发展都存在着广阔的市场空间，电子商务解决方案也同样如此。电子商务的最关键因素在于：对用户而言，怎样方便地购物，而不是华而不实的运作方式；对商家而言，怎样降低销售成本和扩大用户群，并解决支付、结算、送货问题。另一个需要解决的重要问题是安全性。因此，在应用软件设计中，应遵循以下 5 方面的原则：

① 可扩展性。系统设计除了适应目前的企业需要外，还应充分考虑用户日后的业务发展需要。这样随着数据量的扩大、用户数的增加以及应用范围的拓展，系统的性能才不会受到大的影响，而只需调整硬件设备的性能即可。通过大型数据库管理系统和数据仓库技术对数据进行管理，可保证海量数据的存取、查询和统计等高性能和高效率。

② 开放性。系统设计不仅仅停留在当前的用户需求上，还要为今后业务发展以及社会的发展提供接口。例如，目前解决了与银行业务间的联系，今后还要为和税务部门、政府部门等其他管理部门预留同样的接口，以适应不断发展的要求。

③ 先进性。在兼顾系统成熟性的前提下，采用业界先进技术，保证现有系统的先进性。计算机系统需发挥最大效率，并随着技术发展得到不断更新。

④ 可靠性。计算机系统管理的目的是提高工作效率，如果计算机系统本身不可靠，这一切就无从谈起。当网络计算机发生故障时，整个系统将陷入瘫痪，业务将无法进行。

⑤ 安全性。这是整个电子商务解决方案中最重要的方面。由于电子商务采用非面对面的交易方式，同时整个系统又具有开放性，使安全性成为商家和客户都非常关注的问题。因此，在系统设计时，需要充分保证用户在安全性方面的要求。可通过支付密码技术、安全用户授权体系技术等来实现系统安全性。

5.5.2 系统结构

企业电子商务的总体业务流程如图 5-2 所示。其中，销售中心是整个系统的核心，负责客户登记、商品登记和管理、信息发布等；还负责提供所销售商品信息、接收客户订单、组织货源并进行销售、售后客户支付监管（讨款）的管理。

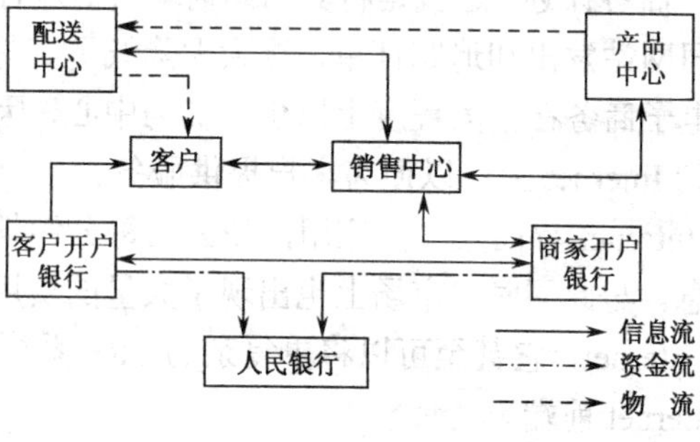

图 5-2　电子商务业务流程

配送中心是商品的存储中心，可进行统一的库存管理，同时对商品进行一定的再包装以及再加工，满足不同用户的不同需要。配送中心的另一个主要职能是保证货物安全、完整地送到客户手中。产品中心是所有商品的来源地，可以是产品生产基地或采购中心，它按照销售中心采集到的客户需求或订单，进行生产或采购，保证商品货源充足。整个商务过程中的支付行为由客户和商家的开户银行共同完成，并通过支付密码技术保障双方交易的安全性。

销售中心、配送中心、客户及银行等多个网络节点之间根据实际需要采用不同的连接方式。在销售中心和配送中心内部采用局域网设计，可以快速地进行数据交换和账务处理。一般可采用 10Mbps 或 100Mbps 快速以太网。

在图 5-3 中，产品中心可以看作企业的内部网（Intranet），包括企业内部产、供、销的信息管理系统；银行金融网是目前各银行业务网，电子支付交易须通过安全认证及网关访问银行金融网。针对本方案，我们重点讨论销售中心和配送中心网络方案。

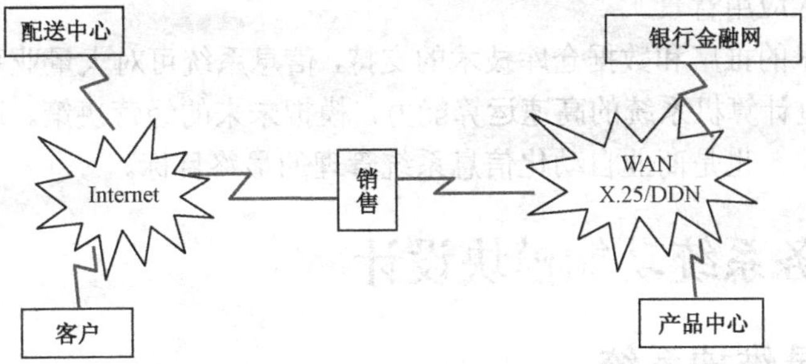

图 5-3　电子商务系统结构

可以采用如下技术路线进行网络方案设计：

① 销售中心。它是电子商务系统的核心，是客户与厂商之间的桥梁，可以向 Internet 用户提供产品信息，并与银行金融网相连进行网上电子交易。为了提高网络系统的高可靠性，建议数据库服务器和 Web 服务器采用双机容错方式，局域网采用快速以太网方式。

② 配送中心。它负责发送客户认购的商品到客户手上，配送系统有其自己的配送网络体系，以配送中心为核心，协调各地配送网站，由离客户就近的配送站发送产品，同时与各产品中心通信。

5.5.3　系统总体功能设计

整个电子商务应用系统可划分为 4 个层次：基础数据层、作业处理层、统计分析层和决策支持层，如图 5-4 所示。

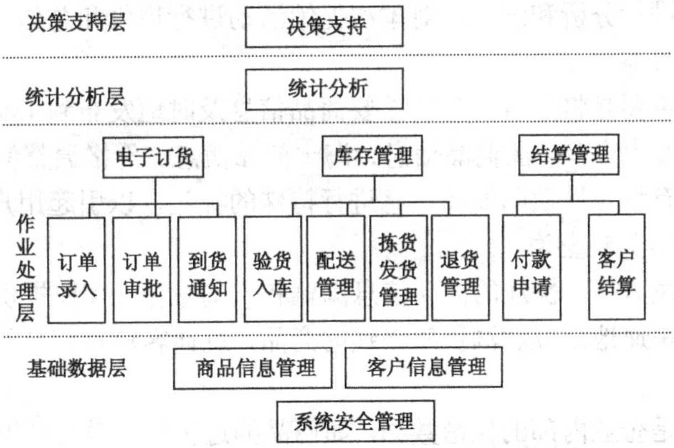

图 5-4　系统功能层次的细分

① 基础数据层负责整个系统基础数据的维护，包括商品信息、客户信息及用户权限的管理等。

② 作业处理层主要负责企业日常业务的处理，其主要目的是替代手工操作，减轻记账人员的劳动强度，加强账务的准确性、实时性，同时收集靠手工操作无法获取的信息。

③ 统计分析层主要负责对基础数据层和作业处理层采集到的信息进行查询和统计，通过

图表方式将各种信息按照用户的要求进行分类、检索，将信息提供给用户。

④ 决策支持层需要各种分析模型和大量历史数据的支持，需要设计者具有丰富的领域知识和数据仓库等技术应用背景。

随着计算机技术的推广和数据仓库技术的支持，信息系统可对大量业务数据和商业经营趋势进行分析，并通过计算机系统的高速运算能力，模拟未来的经营决策。这是商业自动化信息系统的未来发展趋势，也是商业自动化信息系统管理的最终目标。

5.6　在线商务系统功能模块设计

5.6.1　商品目录维护系统

所有网上销售的商品，都需要有相应的编码、产品登记及定价等才能进行网上电子交易。为适应用户面对面的购买习惯，增加用户对网上商家的信任感，网上发布的商品信息应当比较完整，并应包括一些多媒体信息，如声音、图像等，辅助网上客户全面了解商品的特性。因此，商品目录维护系统主要包括以下功能。

（1）商品信息登记和管理

商品信息登记功能主要是维护网上商品信息，其中主要包括：

① 新商品的登记。内容包括：商品的编码、名称、规格、特性、使用方法等信息。

② 制定商品的销售价格。还要根据市场的销售情况和生产情况随时进行价格的调整。

③ 商品的淘汰。由于市场因素、生产策略等原因，被淘汰的商品需要及时从商品档案中删除，并需提前一定的时间向所有用户发布信息，减少由此引发的错误带来的损失。当采用一定的促销策略进行商品的优惠促销时，需要对商品的价格进行临时性调整，当促销期结束时，整个系统内部的商品将自动恢复到正常的价位，同时，统计分析系统将对促销期间商品的销售情况、市场推广情况进行分析和统计，对本次促销活动进行评价和总结。

（2）商品信息的发布

商品信息的发布主要是将系统内部的重要商品信息及时地发布到 Internet 上，便于各方用户查询和检索。其主要内容有：新商品信息、淘汰商品信息、价格调整信息和促销商品信息的发布等。要将这些具有特殊性质的商品信息进行特殊的标记，以引起用户的注意。

（3）商品信息的浏览和查询

为向所有用户提供方便、快速的商品信息浏览和查询服务，需要提供有效的查询工具，以便用户根据各种属性快速地定位和浏览感兴趣的商品，统计客户对商品的浏览次数，掌握客户感兴趣的商品信息。

有一些商品信息是企业内部的保密数据，如商品的进价等，需要利用系统内部的安全机制来保障内部机密信息不被外界获取，保证商家的利益。

（4）商品信息统计

对所销售的商品进行统计，包括价格、品类、数量、浏览次数等，便于掌握商品结构和客户的喜好，确定商品是否满足客户的需要。同时还可利用这些数据向消费者推荐其可能感兴趣的商品。

5.6.2　客户信息维护系统

随着市场竞争的加快，所有商家的经营中心已经发生了从“以商品为中心”到“以客户为中心”的转变。电子商务也不例外，要掌握每个客户的详细资料，同时对他们的购买情况进行分类甚至进行个人消费信息统计，以便及时制定经营策略。因此，对客户信息的管理十分重要。

客户信息维护系统主要包括以下三项功能：

① 客户档案登记。客户档案主要包括：客户的代码、姓名、地址、类型（团体/个人）、电话、开户银行、银行账号、税号等，以及密码、预付款、信誉度、资产状况等多种信息，以便全面掌握客户情况。

另外，为了进行交易信息的认证，需要登记该客户在本系统内使用的密钥，以便对交易信息进行安全性和不可抵赖性认证。

② 客户信用管理。为了保证对每个客户进行严格管理，要根据客户的购买、付款和挂账资金情况等，对客户进行预付款、信誉度的确定，并及时根据客户的实际消费及资金挂账情况进行调整，冻结信用有问题的客户的购买可能，降低企业经营的风险。

③ 客户消费查询与统计。对每个客户的购买情况进行查询和统计，随时掌握客户购买趋势的变化情况，进行往年同期与近期消费情况的对比，了解客户购买需求的变化情况，以便随时调整经营和产品策略。同时，对于客户而言，可以随时查询自身的挂账情况、信誉度、订货情况及付款情况等信息，积极付款或组织进货。

5.6.3　商品订货系统

销售中心接到客户的购买请求后，需要向产品中心订货，通知配送中心做好接货入库的准备，并监督产品的到货情况。订货系统主要包括以下几个方面的功能。

（1）进货咨询

配送中心何时需要对商品进货，由进货咨询系统提供一系列的参考数据，主要包括：商品的近期销售状况、存货数量，库存限额、产品中心产品情况、最少发货数量、到货周期等，以保证采购人员在订货时，有效地控制订购时间点及最佳订货量。

（2）商品订货

根据目前库存商品及客户购买情况，向产品中心订货，这主要包括商品代码、订货数量，预计金额、送货期限等信息。在向产品中心发送订单并得到确认的发货消息后、向配送中心发送到货通知单，便于库房进行仓位和接货人员的准备。同时，向客户发送到货通知单，要求客户准备收货或通知客户目前没有他需要的商品。

商品订货分为日常性订货和特殊性订货两种情况，前者为常规性的，在库存商品存量不足时进行订货；后者当出现某个特殊客户购买需求或超常量的购买请求时，由销售中心经特殊审批后，进行订货。

（3）订单的审核和确认

产品中心接到订单后，根据目前生产情况，确定商品是否可以发货。若可以发货，将该订单审核确认信息发回销售中心，由销售中心通知配送中心接货。若没有合适的商品，则通知销售中心，该笔订单不能发货，便于销售中心及时通知客户。

（4）订货情况查询统计

为了使销售中心和产品中心能及时掌握商品订货情况，需要随时进行查询和统计。查询和统计的内容包括：每笔具体订单及其审批情况查询、可到货商品订单的统计、不能到货商品订单的统计等。

5.6.4 配送中心库存管理系统

配送中心的主要功能是：接收订货商品、库存管理、为客户送货。

（1）接货管理

配送中心接到销售中心发出的接货通知后，据此对产品中心发送的货物验收入库，并将验收入库数据发回销售中心备案，以便和产品中心结算时查询。同时，登记库存账目，入库进行保管。

（2）库存管理

库存管理系统主要负责配送中心的商品存储情况查询。记录每件商品的存储仓位（库房、库区、货架等）、存储数量等信息，供拣货时查询和出库时操作；记录库存商品的详细信息（商品名称、商品编码、计量单位、重量、体积、生产日期、保质期及保管特殊需求等）、库存商品状态（在订、在库、寄存、在提、在运、残损等）和库存商品的数量金额（进价金额、售价金额等），供商品管理人员查询。

（3）盘点管理

为保证配送中心的数据准确性，配送中心需要经常进行实物盘点，通过条形码技术、盘点机等先进设备和技术，完成原来人工无法快速、准确完成的工作，实现盘点的简单化。

（4）发货管理

配送中心接到销售中心的出货通知后，系统首先据此打印送货单，交给配送部门进行配送，同时向接货客户发送出库单，供接货单位接收。客户根据接货通知单进行验收。

（5）拣货管理

根据客户的送货单，系统自动查找每种送货商品所在的货位，并打印相应的拣货单，供库管人员快速拣货操作，装车配送。没有出货区的配送中心，可以根据每张送货单产生拣货单，供库管人员进行拣货；设有出货区的配送中心，可以将本次送货单进行汇总后，产生统一的拣货单，库管人员拣货后，在出库区将商品装车配送。

（6）配送管理

配送中心根据当天的送货单，进行配送车辆的调派，产生本次送货的车辆调度单，并尽量做到运输路线和车辆装载最优化。要做到运输路线最优化配送，要求配送中心必须具有计算机化的配送决策支持系统，特别是配送中心车辆调派系统，需要使用卫星定位系统（GPS）、地理信息系统（GIS）等高科技产品，尽管这些系统的投资很大，但是若车辆运输调派系统使用这些技术，对提高配送效率，将起到关键性作用。

（7）商品返库管理

配送车辆将货品送到客户处后，应由客户签收，并将签收单发回配送中心，供管理人员确认。对没有送到或客户取消订货的情况，应及时将商品做返库处理，并将客户的撤单进行备案，对其信誉度进行调整。

（8）商品退货管理

配送中心验收商品后，合格的商品入库存储，不合格的商品要退还给厂商。另外，各成员店在销售过程中遇到的不合格商品，也返回到配送中心，由配送中心统一进行退货。

（9）库存分析

库存分析的主要目的是进行存货控制管理，通过设定每种商品的最高库存，随时进行报警。若经营的主要商品为食品和日用品，对它们的管理不仅有存货控制，还要根据食品、医药品的保质期，随时进行保质报警。配送中心将以上报警信息及时发送到销售中心，供销售中心制定促销策略。

5.6.5　销售中心电子订货系统

销售中心的电子订货系统由两部分组成：一是向客户提供电子订单录入功能；二是销售中心对客户订单进行审批和回复。因此，该系统主要包括以下 6 项功能。

（1）电子订单的录入与查询

客户在网上查询所需的商品后，直接录入订单，内容包括：订货商品编码、订货数量、订货金额、送货期限、订单有效期限等信息。当该笔订单经过审批后，客户可直接在网上查询到该笔订单的到货时间、应付账款等情况。

（2）订单的审批和身份认证

销售中心接到客户商品订单时，首先验证该客户的身份及信誉度、挂账资金情况等，当确认该用户可以进行订货后，对该订单进行审批，并将审批结果（发货、无货或拒绝等）通知客户。并在可发货情况下，向客户发送到货通知单，通知其准备接货。

（3）到货通知单的确认

当客户收到商品后，根据到货通知单进行商品的验收，将该笔订单与所对应的商品到货通知单进行确认，填写实际所收数量和金额，作为付款依据。对到货验收单，需要对重要信息进行电子签名，以进行不可抵赖性认证。

（4）付款申请

付款主要包括以下三种情况：① 货到付款。② 为采购某种商品，进行预付款。当需要预付款时，需确定付款的订单，由付款信息（包括客户代码、付款订单号、付款金额等）生成付方密码发送给销售中心进行付款。③ 使用目前最普遍的第三方支付平台，买方将货款打入第三方支付平台，当收到货物后再到第三方支付平台确认付款，第三方平台自动将货款打入商家账户。这可以很好地保护买方的利益。

（5）退货申请

当出现产品质量及其他情况时，客户可向销售中心提出退货申请，由销售中心认可后，客户填写退货申请单，以便退货。由配送中心将商品送回销售中心，经销售中心验收后，进行退款处理。

（6）新产品需求登记

当客户所需的商品目前没有提供时，客户可以进行需求登记，保证商家及时了解市场的新需求。主要内容包括：商品名称、主要特性、了解渠道、现有生产厂家等。

5.6.6 销售中心结算管理系统

结算管理是指对销售中心应收、应付往来账款进行管理。其中应收账款主要是向各客户收取的商品订货资金，应付账款主要是销售中心应向产品中心支付的商品货款。因此，结算管理的主要内容包括：客户挂账及付款管理和销售中心应付账款管理。这里，由于销售中心和产品中心属于同一商家，他们之间的结算还需要商家财务管理系统的支持。因此，本系统内不予考虑。

由于存在现款交易和延期付款等多种方式，因此需要对客户的信誉度进行严格的管理。这已经在前面描述过。

对于客户结算（应收账款管理）系统，当客户付款时，收到客户付款申请及付方密码后，由销售中心生成收方密码，并产生该笔付款的发票和发票签名。由销售中心将收方密码、付方密码发送到企业的开户银行，经银行间的清算后，将返回信息通知销售中心。同时，客户的开户银行将返回信息通知客户。在销售中心，根据每个客户的挂账金额和挂账期限，进行账目分析，统计客户挂账期限。

5.6.7 分析统计系统

建立电子商务管理系统的主要目的除了实现异地销售、实现网上购物以外，更重要的是为了更多地采集商品消费信息以及客户需求，进行分析统计，使商家及时制定商业策略。

分析统计的主要内容包括以下5个方面。

（1）商品进销库存分析

进-销-存是每个商业企业最重要的作业流程，进销库存分析提供销售中心及配送中心的进销库存情况的分析、对比和统计报告，准确掌握每件商品的销售、库存情况。根据采集的数据做出科学的计划和决策，并贯彻执行，同时根据市场情况不断地调整计划，修正错误，形成科学的计划管理体系。

（2）销售分析

销售是所有企业的中心环节，经过销售环节，商品最终从流通领域进入消费领域，商品的价值得以最终实现。销售的业绩关系到企业的存亡。通过对销售信息的采集，准确掌握各品种、各价格档次甚至各个单品的销售情况，及时调整经营管理策略，同时也为商品促销及新产品的引进提供依据。

（3）客户消费分析

客户是整个商务活动的中心，因此对每个客户尤其是重要客户的消费进行定期追踪，才能准确了解客户和市场的需求，掌握每个客户的订货情况，根据订货、付款、退货等情况及时对每个客户的信誉度进行调整，降低企业经营风险。

（4）价格分析

价格分析主要是对所经营的商品的价格进行科学的计算统计，提供商品的平均价格、毛利率等信息，为确定经营决策和价格策略提供依据。同时，当条件允许时，可根据从社会其他地方采集的价格数据，进行对比统计，制定本企业在商品销售中的策略。

（5）促销分析

企业为了打开市场、刺激消费或推广某种新产品，会进行某些商品的促销活动。促销分析对所采取的促销策略前、中、后的商品销售情况进行对比统计，以使商家更清晰地了解促销活动的效果，并为今后的经营管理活动提供依据。

5.7 电子商务系统的实施与维护

电子商务系统建设是企业应用电子商务的第一步，它是一个包括商务、技术、支付、物流等许多角色与要素的系统工程。然而随着企业电子商务系统建设的进一步深化，不少已建成或正在建设的电子商务系统仍然面临一些问题。主要问题有：系统与组织发展的目标不匹配；系统效率低下；不能适应环境变化等。因此，在开始建设电子商务系统之前，必须充分研究涉及电子商务系统的所有因素，全面分析、统筹规划，形成尽可能完善的电子商务系统设计方案，在此基础上有条不紊地进行电子商务系统建设。

电子商务系统是商务与技术结合的产物，所以在电子商务应用的全过程中，都必须充分兼顾这两方面的因素，以科学、合理的程序展开系统设计、建设、应用和维护工作。

5.7.1 电子商务系统的规划

（1）电子商务系统规划的定义

电子商务系统规划是指为了完成企业电子商务系统的建设、运行和维护，以企业战略目标为导向，给定未来企业的电子商务规划蓝图，设计企业电子商务系统的体系结构。

电子商务系统的规划需要说明：① 系统各部分的结构及组成；② 选择构造这一系统的技术方案；③ 系统建设的实施步骤及时间安排；④ 系统建设的人员组织；⑤ 评估电子商务系统建设的整体开销和受益；⑥ 提出可行性研究报告及最终的电子商务系统规划报告。

（2）电子商务系统规划的特点

① 强调从战略层次做出规划，因此对未来电子商务系统的描述是概要性的、逻辑性的，并不阐述系统实现的细节和技术手段。

② 它是面向长远的、全局的和关键性的问题。

③ 强调企业间的协作，它不但强调内部环境，还强调和外部环境的信息交换和接口的规划。

④ 它是对资金流、信息流和实物流的综合规划。

⑤ 其前提条件是——企业的商务模式是变化的。

⑥ 依据企业实施电子商务的目标来完成，服从于企业电子商务的整体战略，同时规划中给出的系统结构、实施方式、投资效益分析也是企业电子商务战略实施的参考依据。

⑦ 其工作环境是企业管理环境，人员的主体是高层管理人员，他们对管理与技术环境的理解程度、对管理与技术发展的见识及工作态度是规划工作的重要因素，需要与他们较好的沟通。

⑧ 它是商务、管理和技术相结合的过程，它确定利用现代信息技术有效地支持管理决策和开展商务应用的总体方案。

⑨ 它必须纳入企业的发展规划，随企业的发展而发展，并定期更新。

（3）电子商务系统规划的任务

电子商务系统规划的主要任务包括以下三个方面：

第一，制定电子商务策略。任何企业都有其独特的商业模式。与传统商务活动下的企业商业模式相对应，电子商务系统下的企业商业活动也有其独特的模式。制定电子商务策略的一个重要方面是确定合理有效的、符合企业自身特点和需求的电子商务模式。商务发展策略是总体目标和方向，而商业流程则是需要制定的具体操作步骤和协同管理方法，用以保证商务策略的正常实现。良好的企业电子商务策略是电子商务系统能够顺利实施并获得回报的基础。

第二，明确组织的主要信息需求，形成电子商务系统的总体结构方案，据此安排项目开发计划。具体工作包括：确定目前和规划中的组织在决策支持和事务处理方面的信息需求，以便为整个组织或其主要部门提出电子商务系统的总体结构方案；制定主开发计划，即根据发展战略和系统总体结构，确定系统和应用项目的开发顺序和时间安排。

第三，制定系统建设的资源分配计划。制定为实现主开发计划而需要的硬、软件资源、数据通信设备、人员、技术、资金等计划，提出整个系统的建设概算和可行性分析报告。

（4）系统规划的主要方法

① 企业系统规划法（Business System Plan，BSP）是 IBM 公司提出的企业信息系统规划的结构化方法。它首先自上而下地识别企业目标、企业过程、相关数据类，逐步将企业目标转化为电子商务系统的目标和结构，然后自下而上地规划管理信息系统的总体功能结构，对该结构中各大部件（子系统）排序，进而给出建议的开发进度规划。

企业系统规划法的具体实施步骤如图 5-5 所示，其中定义企业过程是 BSP 方法的核心。

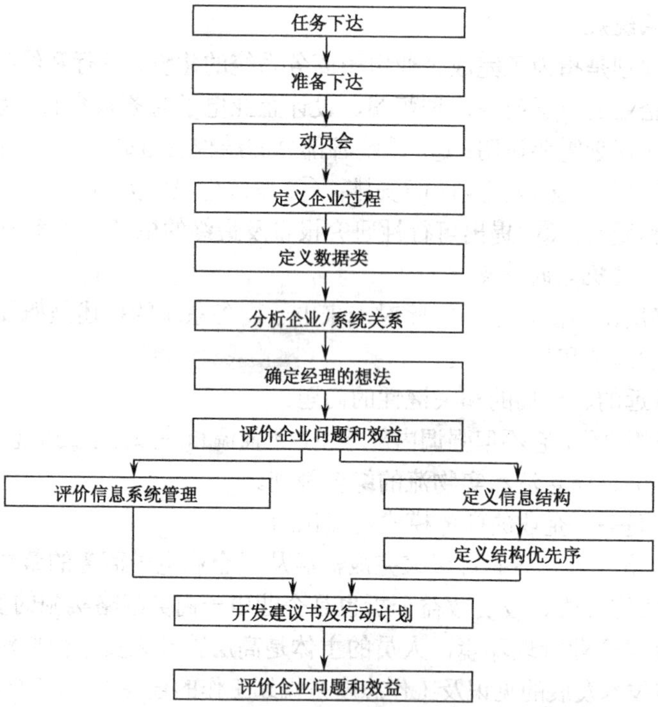

图 5-5　企业系统规划法的实施步骤

② 关键成功因素法（Critical Success Factors，CSF）是指在一个企业运营管理中的一些因素或领域，它们的状态决定着企业的运营状况，这些因素或领域称为关键成功因素。

关键成功因素法，要先找出影响系统成功的关键因素，确定企业运营管理的关键信息需求，从而使设计出的系统能够有效地满足企业的经营目标。其实施步骤如图 5-6 所示。

③ 战略目标集转化法（Strategic Set Transformation，SST）是把企业的战略目标看成一个集合，通过将企业的战略目标转变为管理信息系统的战略目标，进而得到管理信息系统的关键功能需求。其实施步骤如图 5-7 所示。

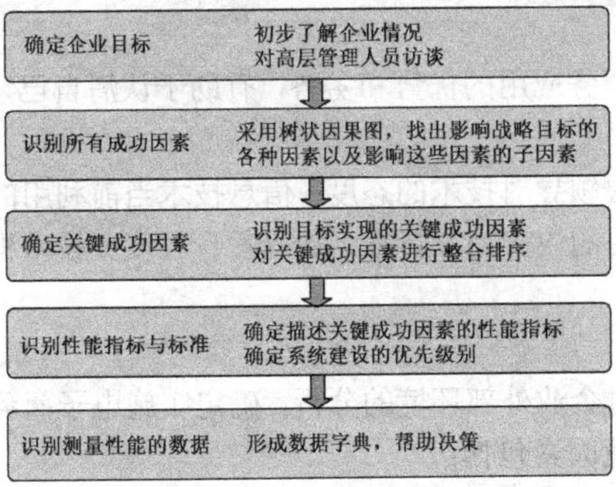

图 5-6　关键成功因素法的实施步骤

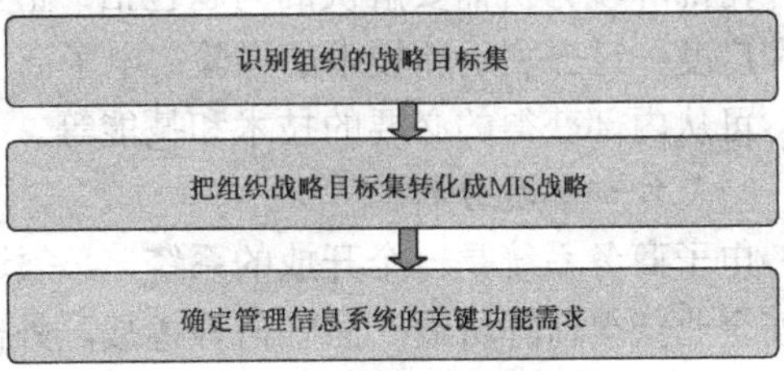

图 5-7　战略目标集转化法的实施步骤

5.7.2　电子商务系统分析

电子商务系统分析是电子商务系统开发的前期工作，包括企业目标和战略分析、内部环境分析、外部环境分析、成本和效益分析 4 个方面。

（1）目标和战略分析

电子商务系统的目标和战略分析首先要对企业本身进行自我诊断，分析企业的总体战略，将其看成一个包括使命、目标、战略及其他战略变量（如管理水平、发展趋向、环境约束等）的集合，然后把组织的这种战略集合转化成电子商务的战略集合，即电子商务系统的系统目标、环境约束和战略规划组成。

在进行电子商务系统战略分析时，要完成的主要工作步骤如图 5-8 所示。

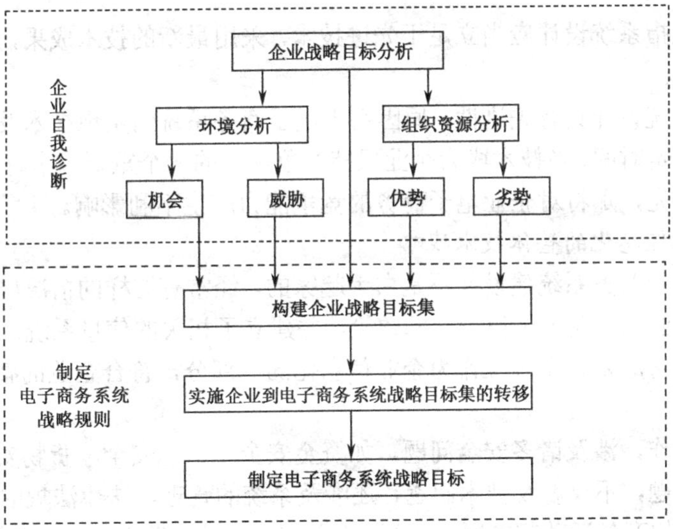

图 5-8　电子商务系统战略分析的工作步骤

电子商务系统分析的目标是定义电子商务系统服务的要求，主要解决企业当前销售或提供什么产品及服务；企业当前目标市场的特征是什么；企业当前采用什么方式实现其目标和成本；企业当前采用什么方式保证其产品和服务质量；企业当前采用什么方法树立企业形象等一系列问题。

（2）内部环境分析

通过分析企业的内部环境，可确定企业电子商务应用的优势和劣势，有助于认清自己，并进行合理规划。

内部环境分析需要解决的问题包括：企业高层领导对技术的态度；信息技术当前利用的深度和广度；过去利用新技术的经验；电子商务应用的内部用户特征，如受教育程度、技术程度等；可从内部获得的必要的技术和技能等。

（3）外部环境分析

电子商务系统是一个开放的系统，必须通过对企业外部环境的分析，确定实施电子商务能够使企业获得何种机遇，面临何种挑战。外部环境因素包括：

① 同行业电子商务的应用情况，竞争对手的电子商务应用情况；

② 可从外部获得的必要的技术和技能；

③ 电子商务应用的外部用户的需求和特征。

（4）成本和效益分析

企业建立电子商务系统必须考虑成本和效益。成本分析包括网络连接费用、硬件费用、人员费用；效益分析包括估算成本/时间的节省、销售额的增加、市场份额的增加。只有成本支出能够获得更大的效益，电子商务系统的应用条件才算成熟，也才可以进一步的开发。

5.7.3　电子商务系统的设计

1. 电子商务系统的设计原则

（1）技术先进性

所谓先进性是指系统设计应当立足于先进技术，采用最新的技术成果，从而使系统具有一个较高的技术起点。

之所以要求系统设计具有先进性，原因在于电子商务系统的实现技术发展很快，而系统的建造过程则需要一定时间，当技术成为企业保持竞争优势的一个重要因素时，如果在设计伊始，没有在技术方面领先，那将对企业电子商务的竞争能力产生不利影响。

（2）符合企业信息化的整体技术战略

很多企业的电子商务系统建设并不是白手起家的，经常有这样的情况出现：为了满足生产和管理的需要，企业已经制定了信息技术政策，并建立了相关的信息系统。在这样的背景下进行系统设计，需要考虑未来系统应作为企业信息化的一部分，符合企业的整体技术战略。

（3）安全性

电子商务的运作，涉及诸多安全问题，如资金安全、信息安全、货物安全、商业秘密等。电子商务的安全问题，不仅涉及技术问题，还涉及系统的管理、法律法规的保障等。实施电子商务后，一切完整的商务活动都在网上进行，从询价、报价、发送订单、订单应答、发货通知、收货通知、取货凭证一直到支付汇兑。这一过程涉及资金流、信息流的流动，因此安全问题显得格外突出。而且在出现问题后再进行补救往往无济于事，所以必须在构建系统时就对安全问题重点考虑。

（4）开放性和可扩充性

良好的开放性使电子商务系统可以独立于硬件、操作系统，使系统在开发建设中能够获得更多的技术支持，容易升级，而且开放的系统结构易于和企业已有的信息资源集成。

产品的可扩充性好意味着电子商务系统投产后，一旦需求发生变化，那么系统能够尽快地得到扩充，原有的投入得到有效的保护，从而在整体上得到良好的投入产出效益。

2. 电子商务系统设计的内容

(1) 电子商务系统总体结构设计

电子商务系统的总体结构设计是系统设计的一个重要部分，是在系统体系结构的基础上针对企业电子商务的目标，界定系统的外部边界和接口，确定未来电子商务系统的逻辑结构。

总体结构设计阶段忽略系统的细节，但要阐述系统的组成及功能。它的内容包括：电子商务系统的组成结构、企业应用软件结构和功能、系统软件平台、系统外部环境。

在系统总体结构中，仅对应用软件的子系统进行划分，确定子系统的核心功能。典型的电子商务系统结构如表 5-4 所示。

表 5-4　典型的电子商务系统结构

电子商务系统组成部分	具 体 内 容
网络站点	• Web 服务器：包括负载均衡器和 Web 服务器 • 应用服务器：包括应用逻辑处理、邮件处理等 • 数据库服务器：包括数据库服务器、磁盘阵列
企业内部信息系统	• 内部各个部门 • 客户服务中心
分公司	• 分公司和总公司的连接 • 分公司客户服务中心 • 分公司内部信息系统
与外部系统接口	• 和 CA 支付网关的接口 • 与合作企业的接口

在系统总体结构设计中，应给出应用软件的主要功能，说明系统应用软件的体系结构，描述子系统的设计和系统组成等。企业应用软件包括总公司和分公司的应用软件。其设计内容应包括企业信息资源、组织结构、生产及销售流程、工作流和数据流等。

电子商务应用软件是在电子商务服务平台、电子商务服务支持平台上构建的，这些平台由系统软件、电子商务构件等组成。在系统总体结构设计中，应该明确说明支持电子商务应用软件运行的平台主要包括的内容：① 明确电子商务活动依赖的内部信息资源。② 界定企业内部信息系统与电子商务系统之间的界限。③ 归纳内部信息系统和电子商务系统之间的信息需求。④ 分析内部信息系统与电子商务系统之间的数据交换及接口关系。

企业通过电子商务系统与外部环境进行信息沟通，开展电子商务活动。所以设计电子商务系统时，要分析其外部环境，设计与外部环境的信息接口。如与供应商、消费者、银行、CA 认证机构等的接口及信息沟通机制。

(2) 电子商务系统基础设施设计

电子商务系统基础设施设计主要包括网络环境设计、计算机系统硬件平台设计及产品选型。这是电子商务系统体系结构中的基础支持层，主要通过选择合适的产品来实现。

电子商务系统的网络环境包括 Internet、Intranet 和 Extranet 三个组成部分。

Internet 是企业电子商务系统的用户访问通道，主要任务是实现企业与外部消费者、客户、合作伙伴、供应商的直接互连。它的主要设计内容包括接口方式、接口规格的设计，实现各个部分的连接。

Intranet 的设计要考虑两个方面：① 电子商务系统的用户访问流量难以准确估计，用户访问时，要求比较高的响应速度，因此设计时，局域网具备较高的带宽是非常必要的。② 电子商务系统的局域网必须具备隔离措施，提供安全可靠的网络环境。

Extranet 是一个使用 Internet 技术使企业与其客户和其他企业相连来完成共同目标的合作网络。Intranet 和 Extranet 设计的关键都是互连问题，这种互连体现在以下两方面：① 低层互连。指企业内部信息系统或外部信息系统与电子商务系统之间通信子网的连通。Extranet 互连的通信子网是一个 VPN（Virtual Private Network），可以在多种数据通信网（如 DDN、FSDN、PSTN、FR 等）的基础上构造。② 高层互连。指 Intranet 或 Extranet 上的应用系统和电子商务系统之间能够相互通信，交换数据。这主要涉及互操作及数据共享问题。

（3）电子商务系统平台设计

电子商务系统软件平台指电子商务系统运行所依赖的软件。系统平台的设计就是根据新系统的目标，在各种技术手段和实施方法中权衡利弊，合理利用各种资源，选择适当的计算机软件，以满足新系统逻辑模型的需要和技术需要。电子商务系统平台的选择与设计主要包括网络操作系统、Web 服务器、应用服务器、数据库管理软件及电子商务应用软件的选择与设计。

网络操作系统是使网络上的计算机能方便、有效地共享网络资源，为网络用户提供所需的各种服务的软件和有关规程的集合。它除了具有通常操作系统应具有的进程管理、存储管理、设备管理、文件管理和作业管理 5 大基本功能以外，还应具有支持多任务、大内存、对称多处理、网络负载平衡、远程管理等功能。

Web 服务器软件是指驻留在 Internet 的某种类型的计算机程序。在 Internet 或 Intranet 上的计算机通过 TCP/IP 协议连接，其中某些机器运行了 Web 服务器软件以后，成为 Web 服务器，然后通过 Web 页面制工具具将各类信息按 HTML 规范保存在 Web 服务器的各个文件中，其他客户机只要运行浏览器，输入正确的地址，就能访问任何一台 Web 服务器的主页了，并且通过超链接可访问其他的页面或 Web 服务器。选择 Web 服务器要考虑它与网络操作系统的匹配、响应能力、稳定性、可靠性和安全性。

应用服务器是三层/多层体系结构的组成部分，它位于中间层，运行于浏览器和数据资源之间。在企业级应用中，应用服务器是位于企业数据和访问企业数据的客户之间的中间件。它提供业务代码的存放和运行环境，从物理上把业务逻辑同客户端和数据资源分离开来。应用服务器可使一个商业系统得以快速简便地开发和部署，也可以适应商业系统用户增加而无需重构系统。

在电子商务系统中，数据库是必不可少的核心组成部分。选择数据库时要参考 DBMS 的成熟度和先进性、对多媒体和全文检索的支持、价格和开发队伍的技术背景等因素。

在设计电子商务应用系统之前，先要确定系统的体系结构。常见的体系结构有 C/S 体系结构、三层体系结构和多层体现结构。然后，将整个应用软件分解为不同的、功能相对独立的子系统。在此基础上，进一步将每个子系统细化，最终是可编程的应用程序模块。接下来，进行数据库设计。最后，进行输入/输出设计，其主要是对应用软件的输入/输出数据格式、内容、方法、校验等方面进行设计，目的是保证应用软件所要处理的输入数据是合法的、准确的，系统输出的数据是正确的、直观和美观的。

5.7.4　电子商务系统的实施

在电子商务系统的建设过程中，经过系统规划、系统分析和系统设计等阶段以后，便开始了系统实施阶段。系统实施是以系统分析和设计为基础的，必须按照系统设计文档进行，因此在电子商务系统的整个建设过程中，相对来讲，系统分析与设计比系统实施要重要得多。只有在系统分析和设计工作完成以后，才能开始系统实施工作，切忌在系统开发工作中提前开展这部分工作。因为有些开发者，特别是程序员往往把开发的重点放在编程上，在没有完全了解系统需求分析情况和总体设计的条件下，就匆匆开始程序编制，这必然给系统开发工作带来巨大挫折。

1. 系统实施的主要内容

系统实施工作在系统分析和系统设计工作完成后，严格按照系统开发文档进行，将纸面上的设计蓝图转变为物理的电子商务系统。从物理设施讲，实施是计算机系统和网络系统的安装调试；就软件而言，实施是根据详细设计文档将详细设计转化为要求的网页、程序、数据库语言、合适的 Web 服务器等，并对这些程序进行测试，验证程序模块接口与系统分析与设计的输出文档的一致性。软件实施以系统分折和设计文档为依据，系统开发者只有通过系统开发文档，对系统目标、系统总体结构、系统代码设计、接口设计、数据库设计及系统运行环境有了明确理解和认识以后，才能开始系统软件的实施活动。

系统实施主要包含以下内容：物理设施的实施，数据库系统的建立，电子商务系统的程序开发与调试、测试，基本数据的录入和人员培训，系统的转换、试运行与发布等，如图 5-9 所示。

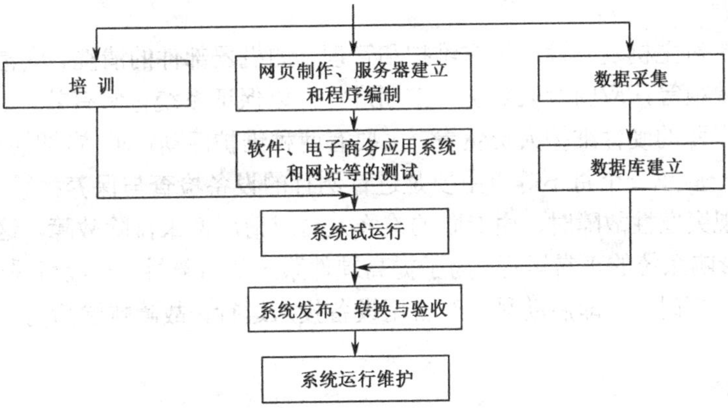

图 5-9　电子商务系统实施的内容

2. 电子商务系统开发与集成的特点

① 电子商务系统基本上是基于 B/S 结构的系统，其应用软件分为客户机、服务器两部分，大多数情况下，前台程序直接使用浏览器而不必重新开发，而后台程序包括 Web 页面和应用程序两部分。

② 电子商务系统应用程序是基于 Web 服务器运行的，而传统应用程序则直接运行于操作系统之上。

③ 电子商务系统应用程序的开发方式基于软件重用的思想，多采用各种组件技术。

④ 电子商务应用运行于分布式环境中，应用软件中的各个部分可能跨平台。

3. 电子商务系统开发模式

目前，电子商务应用系统的开发模式可以分为两类：

① 基于 Web 的开发模式。软件开发工作集中在 Web 服务器上各类静态、动态网页的开发方面。

② 基于构件的开发编程模式。主要利用软件的可重用思想。基于构件的开发是在一定的软件模型支持下，重用构建库中的软件构件，通过组合构造应用系统软件的过程。主要的开发工作是在构建库中查找各类合适的构件，对构件库中没有的构件，在网上查询购买或自己开发，最后把相关的构件组装在一起。

5.7.5 电子商务系统的维护

电子商务系统在完成系统实施、投入正常运行之后，就进入了系统维护与运营阶段。系统维护是为了保证系统中各个要素随着环境的变化处于最新的、正确的工作状态。电子商务系统的运行维护是对电子商务系统进行全面的管理。它一方面监控和管理系统输入/输出两个方向的信息流，保证网上业务安全顺利的进行；另一方面，确保整个系统内容的完整性和一致性，为企业电子商务的运作提供良好的服务。因此，在系统的整个生命周期中，都将伴随系统维护工作。

1. 在线商务系统维护工作的主要内容

按照维护对象的不同，系统维护工作的内容可分为以下三类。

（1）硬件维护

硬件维护是指对主机及外设的日常维护和管理。如机器部件的清洗、润滑，设备故障的检修，易损部件的更换等，应由专人负责，定期进行，以保证系统正常有效地运行。

硬件维护由专职的硬件维护人员负责，主要有两种维护活动：① 定期的设备保养性维护，保养周期可以是一周或一个月不等，主要是进行例行的设备检查与保养；② 突发性的故障维修，即当设备出现突发性故障时，由专职的维修人员或请厂商来排除故障，这种维修所花时间不能过长，以免影响系统的正常运行。为了提高硬件系统的可靠性，一般可采取双机备份方式，当一组设备出现故障时，立即启动另一组备用设备投入运行，故障排除后再一次进入双机备份状态。

（2）软件维护

系统的业务处理过程是通过应用程序的运行而实现的，一旦程序发生问题或业务发生变化，必然引起程序的修改和调整，因此系统维护主要是对软件程序的维护。软件维护主要包括以下 4 项：

① 纠错性维护。指对系统测试过程中没有暴露，而在系统运行后发现的应用程序错误进行维护。

② 适应性维护。指由于系统运行环境升级换代导致应用程序需要维护。例如，系统运行后，由于业务规模、用户访问人数的增加，导致计算机设备的更高档次更新、操作系统或数据库版本升级，此时应用软件可能需要进行相关的调整，以适应系统环境的变化。

③ 完善性维护。一般发生在企业提出了新的需求，或者要求应用软件增加新功能时，需要为原来程序增加一定的新代码以满足用户的要求。

④ 预防性维护。软件维护不应总是被动地等待用户提出要求才进行维护，而应主动地进行预防性维护，即对那些还有较长使用寿命、目前尚能正常运行，但可能会发生变化或调整的系统进行维护，目的是为未来的修改与调整奠定更好的基础。例如，将目前尚能应用的报表功能改成通用报表生成功能，以应对今后报表内容和格式可能发生的变化。

（3）数据维护

业务处理对数据的需求是不断变化的。数据维护工作除了对系统中主体业务数据定期正常更新外，对许多数据还要进行不定期更新、随环境或业务变化进行数据调整、数据内容的增加、数据结构的调整等。此外，数据的备份与恢复也是数据维护的工作内容。

数据维护工作一般由数据库管理员负责，以保证数据库的安全性、完整性及并发性控制。用户要向数据库管理员提出数据操作请求，由他审核用户身份，定义其操作权限，并依此监督用户的各项操作。同时，数据库管理员还负责维护数据库中的数据。当数据库中数据的数据类型、长度等发生变化时，或者需要添加某个数据项、数据文件时，负责修改相关的数据库、数据字典，并通知有关人员。另外，数据库管理员还负责定期出版数据字典文件及一些其他的数据管理文件，以保留系统开发和运行的轨迹。当系统出现硬件故障并得到排除后，负责数据库的恢复工作。

2. 在线商务系统维护的特点

（1）成本高

系统维护需要付出的有形成本直接来自维护工作本身。维护工作可分为两部分：一部分为非生产性活动，主要是理解源程序代码的功能，解释数据结构、接口特点等，这部分工作量和费用与系统的复杂程度、维护人员的经验水平以及对系统的熟悉程度密切相关；另一部分为生产性活动，主要是分析评价、修改设计和编写程序代码等，这部分工作量与系统开发的方式、方法有直接的关系。因此，如果系统开发途径不好，且原来的开发人员不能参加维护工作，则维护工作量和费用将直线上升。

系统维护需要付出的无形成本来自维护所产生的效果和影响。如合理的维护要求不能及时满足，将引起用户的不满；若维护过程中又引入了新的错误，会使系统的可靠性下降，这都将使系统维护工作付出很大的代价。

（2）对维护人员要求较高

系统维护所要解决的问题可能来自系统整个开发周期的各个阶段，因此维护人员应对开发阶段的整个过程、每个层次的工作都有所了解，如从系统需求分析、系统设计到编码、测试等，并且应具有较强的程序调试和排错能力。这对维护人员的知识结构、职业素质和水平有较高的要求。此外，系统维护工作相对开发工作来讲，不具挑战性，不吸引人，使系统维护人员队伍不够稳定。

（3）维护对象是整个系统

系统维护所要解决的问题可能来源于系统的各个组成部分，因此系统维护并不仅针对源程序代码，还包括系统从分析设计到编码测试的全部开发文档。需要说明的是，系统维护中的绝大部分问题源于系统分析和设计阶段，而编码本身造成的错误比例并不高，据统计仅占 4%左右，但是理解别人编写的程序很难，其难度随着软件开发文档的增加而减少，并且系统维护工作往往得不到系统开发人员的帮助。有些系统在设计和开发时，并没有考虑到将来可能的修改。例如，有些模块不够独立，牵一发而动全身。

3. 电子商务系统维护的组织与管理

系统维护并不仅仅是技术性工作，为保证系统维护工作的质量，需要完成大量的管理工作。具体的组织和管理工作主要包括三个方面：

① 建立维护组织。建立一个电子商务系统维护的组织机构。该机构的成员应包括技术主管、软件维护人员、数据库管理员、应用软件和网页维护人员等。

② 维护计划安排。电子商务系统维护应该按照计划按部就班地进行。各类维护申请应首先提交给维护主管，再由技术主管负责对维护申请进行评估，提出评估报告，该报告要对所提出的问题的原因、严重程度、维护方法、维护计划和维护时间等进行论证，制定合理的维护计划，然后由维护主管出面协商并下达任务。

③ 保存维护文档。维护工作完成后，维护人员应填写一份书面维护报告交给维护主管。维护主管应按验收标准对维护结果进行验收，最后将整个文档资料保存起来。

4. 在线商务系统维护的注意事项

（1）避免系统修改带来的副作用

系统修改会产生副作用，即由于修改而出现新的错误或其他不合要求的行为。其主要原因来自三个方面：① 对源代码的修改可能会引入新的错误；② 对数据结构进行修改，如局部或全局变量的重新定义、文件格式的修改等，可能会带来数据的不匹配等错误；③ 任何对源程序的修改，如不能对相应的文档进行更新，造成源程序与文档的不一致，必将给今后的应用和维护造成混乱。在系统维护中，应注意以上三个问题，以避免修改带来的副作用。

（2）维护人员的职责分明

当给维护人员安排维护工作时，应注意，每个人员的维护职责要明确，对每一个子系统或模块至少应安排两个人共同完成维护工作，这样可以避免系统维护工作对某个人的过分依赖，或由于工作调动等原因使维护工作受到影响而落空。应尽量保持维护人员队伍的稳定性，在系统运行尚未暴露问题时，维护人员应着重于熟悉、掌握系统的有关文档和功能，了解程序的实现过程。一旦维护要求提出，就应快速、高质量地完成。

（3）注意系统维护的限度

系统维护是在原有系统的基础上进行修改、调整和完善，使系统能够不断适应新环境、新需要。但一个系统总有生命周期结束的时候，当对系统的修改不再奏效、修改的困难很多且工作量很大，以及改进、完善的内容远远超出原系统的设计要求时，应提出研制新系统的要求，从而开始新系统的开发。

本 章 小 结

本章主要介绍了电子商务系统设计、建设、实施与维护的相关内容。具体的要点包括：域名的基本概念和注册，ISP 的基本内容与选择，企业网站的构成与创建流程，在线商务系统的总体设计、页面设计、功能模块设计，以及电子商务系统的规划、分析、设计、实施与维护。

习　题　5

一、思考题

1. 什么是 IP 地址？什么是域名？它们之间有什么关系？申请域名有哪三种途径？

2. 什么是 ISP？它包含哪两部分内容？

3. 在线商务系统设计的原则有哪些？

4. 电子商务系统的维护包含哪些方面？

二、讨论题

1. 你认为一个完整的企业网站应该由哪些基本部分构成？

2. 根据你对网页设计风格的偏好，选择你所喜欢和不喜欢的网站，对其网页设计技巧进行对比评价，并对你不喜欢的网站的网页设计提出改进建议。此外，与你的同学进行讨论，陈述你们各自喜欢和不喜欢的网页设计风格的理由。

三、实验题

试为一家你喜欢的企业完成一份在线商务系统功能模块设计。

第 6 章

企业电子商务活动基础

近几年来，中国电子商务的发展速度十分惊人， 2001 年中国电子商务交易总额为 1088.2 亿元，2010 年电子商务交易总额已经突破 4 万亿元，并以每年 40%以上的速度持续增长。从这个发展速度来看，电子商务的发展已经成为现代企业一个必不可少的经营手段。

6.1 电子商务与现代企业管理

电子商务技术的有效应用将为现代企业改革管理模式提供崭新的手段和自由发挥的空间，而电子商务也将渗入到现代企业管理的方方面面。阿里巴巴创始人马云认为：电子商务是中小企业的营销利器，至于对现代企业管理的影响主要是管理者在思想上要转变，从传统的销售渠道要发展到电子商务渠道管理模式的创新。

6.1.1 现代企业管理中的电子商务运行模式

电子商务的模式有多种分类方法，在第 1 章已经有所介绍。这里详细介绍与企业相关的按交易对象划分的 4 种模式。

1. 企业内部电子商务

即企业内部之间，通过企业内联网 Intranet 方式处理与交换商贸信息。企业内联网是一种有效的商务工具，通过防火墙，企业将自己的内部网与 Internet 隔离，它可以用来自动处理商务操作及工作流，增强对重要系统和关键数据的存取的管理和控制，共享经验，共同解决客户问题，并保持组织间的联系。

通过企业内部电子商务，可以使企业增加商务活动的敏捷性，对市场状况能更快地作出反应，更好地为客户提供服务。

2. 企业对消费者的电子商务

企业对消费者（Business-to-Consumer，B to C 或 B2C）的电子商务指企业与消费者之间进行的电子商务活动。这类电子商务主要是借助 Internet 所开展的在线式销售活动。随着近年来 Internet 的发展，这类电子商务的发展异军突起。例如，在 Internet 上目前已出现许多大型超市，所出售的产品一应俱全，从食品、饮料到计算机、汽车等，几乎包括了所有的消费品。

企业对消费者的电子商务近年来发展较快。其主要原因是，Internet 的发展为企业和消费者之间开辟了新的交易平台。随着全球上网人数的不断增多，Internet 的使用者已经成为企业进行电子商务活动的主要对象。

从技术角度看，企业上网面对广大的消费者，并不要求双方使用统一标准的单据传输。在线式零售和支付行为通常只涉及信用卡或其他电子货币。另外，Internet 所提供的搜索浏览功能和多媒体界面使消费者更容易查找适合自己需要的产品，并能对产品有更深入的了解。因此，开展企业对消费者的电子商务，障碍最少，潜力巨大。就目前发展看，这类电子商务仍将持续发展，它是推动其他类型电子商务活动的主要动力之一。

B to C 电子商务模式因网上销售的产品不同有很大的差别。例如，无形产品和劳务与销售实物商品不同。以下分别介绍这两种电子商务模式，以及 B to C 电子商务的基本要求。

（1）无形产品和劳务的电子商务模式

网络本身既有信息传递功能，又有信息处理功能。因此，无形产品和劳务，如信息、计算机软件、视听娱乐产品等，往往就可以通过网络直接向消费者提供。无形产品和劳务的电子商务模式主要有 4 种：网上订阅、付费浏览、广告支持和网上赠与。

① 网上订阅（Subscription-Based Sales）模式。指企业通过网页向消费者提供网上直接订阅，消费者直接浏览信息的电子商务模式，该模式主要被商业在线企业用来销售报刊杂志、有线电视节目等。网上订阅模式主要有以下三种。

A. 在线服务（Online Services）。在线服务是指在线经营商通过每月向消费者收取固定的费用而提供各种形式的在线信息服务。1996 年以前，在线服务商一般都是按实际使用信息向客户收取费用。但从 1996 年起，一些网络服务商收取固定的费用向消费者提供 Internet 接入服务。

B. 在线出版（Online Publications）。在线出版是指出版商通过计算机 Internet 向消费者提供除传统纸面出版物之外的电子刊物。在线出版一般都不提供 Internet 接入业务，仅在网上发布电子刊物，消费者通过订阅来下载刊物的内容信息。但是，以订阅方式向一般消费者销售电子刊物被证明存在一定的困难，因为一般消费者基本上可以从其他途径获取相同或类似的信息。因此，此项在线出版模式主要靠广告支持，1996 年以来，大多数在线出版商实行双轨制，即免费和订阅相结合。有些内容是免费的，有些内容是专门向订户提供的。这样，这些网址既能吸引一般的访客，保持较高的访问率，同时又有一定的营业收入。

C. 在线娱乐（Online Entertainment）。在线娱乐是无形产品和劳务在线销售中令人瞩目的一个领域。商家通过网站向消费者提供在线游戏，并收取一定的订阅费。

② 付费浏览模式（the Pay-Per-View Model）。指企业通过网页向消费者提供计次收费性网上信息浏览和信息下载的电子商务模式。该模式让消费者根据自己的需要，在网上有选择地购买一篇文章，或书的一章内容，或参考书的一页。数据库查询的内容也可以付费获取。该模式的成功，一般应具备两个条件：一是消费者必须事先知道要购买的信息，并且该信息值得付费获取；二是商家必须有一套有效的交易方法，并以较低的价格收费。

③ 广告支持模式（Advertising-supported Model）。是指在线服务商免费向消费者或用户提供信息的在线服务，而营业活动全部用广告收入支持。例如 Yahoo 等在线搜索服务网站就是依靠广告收入来维持经营活动的。

④ 网上赠与模式。企业借助 Internet 用户遍及全球的优势，向 Internet 用户赠送软件产品，以扩大企业的知名度和市场份额。通过让消费者使用该产品，使消费者下载新版本的软件或购

买另一个相关的软件。网上赠与模式的实质是“先试用，后购买”。用户可以从 Internet 上免费下载喜欢的软件，试用后再决定是否购买。采用这一模式的企业主要有两类：一类是软件公司，如网景、微软公司等，它们将浏览器在网上无偿赠与，以推动该网络浏览器新版本的销售；另一类是出版商，如美国《华尔街日报》，其在免费测试期间拥有 65 万用户，其中很大一部分后来成为了付费订户。

（2）实物商品的电子商务模式

实物商品指传统的有形商品，这种商品和劳务的交付不是通过计算机的信息载体，而是仍然通过传统方式来实现。该模式也称在线销售，目前企业实现在线销售有两种形式：一种是在网上设立独立的虚拟商店（Independent Storefronts）；另一种是参与并成为网上在线购物中心的一部分（Part of Onlinemall）。Internet 服务商（ISP）可以帮助企业设计网页，创建独立的虚拟商店，为用户提供接入服务。在线销售较成功的商品是一些众所周知、内容确切的商品，如书籍、唱片和计算机等。

实际上，多数企业网上销售并不仅仅采用一种电子商务模式，而往往采用综合模式，即将各种模式结合起来实施电子商务。例如，一家书店不仅销售书籍，还举办“读书俱乐部”，接受来自于其他行业的广告。在网上尝试综合电子商务模式可能带来额外的收益。

（3）B to C 电子商务的基本要求

B to C 作为一种全新的商品流通模式，应以严格限时的社区配送网络为核心，以网页、电话等多种信息模式为订购手段，以现有的超市等商品作为货源，以现金为主要支付方式。目前主要的问题在于，庞大的限时配送体系难以建立，因此在配送体系达到实用化之前，B to C 电子商务仅作为一种时尚而存在。

为 B to C 进行物流配送的系统应具备几个基本条件：① 物流系统须是独立于网站的自主公司（电子商务企业实为其客户）；② 该公司的经营活动必须高度专业化（如系统化的物流管理）；③ 该企业的连锁店或联手商家的覆盖范围极广，同时必须实现信息管理的专业化、数字化。由于这种物流配送是第三方企业，它实现了经营管理的专业化，其客户范围广泛的优势所形成的低成本、高时效性的运营模式，正好可与电子商务实现对接。

此外，B to C 电子商务的成功运行，还要求网站商家做到：现代化的库存管理；业务流程的重新设计。这些又要求商家以 B to B 为基本依托，并使两种电子商务实现无缝化衔接运作。

B to C 电子商务应该首先是一种全新的、高度完善的物流模式，电子手段仅仅是新商务流程中引入的非主体因素之一；它以提供简单便捷的生活方式为基点，其出售给顾客的并非只是可以从任何商店买到的普通商品，而是一种网络生存的体验——使顾客感受到自己无所不能。

B to C 电子商务成功的重要因素有：完整的商品线和精确的限时配送。

不重要因素有：① 价格。作为提供最大便捷性的代价，网络电子商务的价格不重要。其低价格是以减少流通环节来实现的。事实上，目前现货配送环节的代价相当高，而其他的配送方式并不现实。② 售后服务。作为消费便捷性的代价，顾客应可以接受相对较弱的售后服务，完善的售后服务必然使配送的代价变得不可接受。③ 商品信息的完善描述。对于大部分日常用品，并不需要图片和文字描述。只需将它们放入数据库，保证顾客能够找到即可。④ 商品-消费者之间的最短流通路径。实现最短流通路径可以使配送的代价降至最低，是商务电子化的重要价值之一，但目前极难实现。

比较可行的方案有：① 货源。以区域内相距较远，信息化较好的几家超市内部货物数据库为基础，建立真正完备的货源体系。② 信息平台。以面向大量货品数据的数据库搜索操作为基础，仅对少量特殊物品和商家促销的货品进行图片和文字描述。③ 配送。市区内结合现有的社区服务模式，现货配送，限时送抵。④ 支付。以货到付款（揽收货款）为主要结算手段。

3. 企业对企业的电子商务

企业对企业（Business-to-Business，B to B 或 B2B）的电子商务指企业与企业之间进行的电子商务活动。从电子商务的三种业务模式来看，B to B 依然是电子商务市场的主旋律。2008 年，B to B 交易额占中国电子商务总体交易额的 89.5%，达到 21480 亿元；而 B to C 交易额占整体交易额的 7.4%，达到 1776 亿元；C to C 交易额仅占 3.1%，达到 744 亿元。可见该模式的重要市场价值。

由表 6-1 可见，B to B 电子商务将是电子商务的主流，因为企业之间的交易和企业之间的商业合作是商业活动的主要内容，企业目前面临的激烈竞争也需要通过商务活动的电子化来改善竞争条件，建立竞争优势。企业在寻求自身发展的同时，不得不逐渐改善电子商务的运作环境。目前，B to B 电子商务模式主要有 4 种：

① 在线商店模式（Online Stores Model）。指企业在网上开设虚拟商店，以此网址宣传和展示所经营的产品和服务，进而提供网上交易的便利。

② 内联网模式。指企业将内联网有限度地对商业伙伴开放，允许已有的或潜在的商业伙伴有条件地通过 Internet 进入自己的内部网络，从而最大限度地实现商业信息传输和处理的自动化。安全问题是内联网模式首先要解决的问题。随着安全技术（如防火墙）的不断提高，企业将能够放心地让其贸易伙伴进入内联网，安全问题一般不会成为突出问题。

③ 中介模式。指一家中介机构在网上将销售商或采购商汇集在一起，企业的采购代表从中介机构网站上查询销售商或其销售的产品。多数中介机构通过向客户提供会员资格收取费用，也有的中介机构向销售商收取月租费或按每笔交易收费。

④ 专业服务模式。指网上机构通过标准化的网上服务为企业内部管理提供专业化的解决方案，使企业减少不必要的开支，降低运营成本，提高客户对企业的信任度。

表 6-1　美国各行业加入 B to B 的时间阶段

时间（年）	行　业	时间（年）	行　业
1997	计算机行业	2001	石化工业、仓储业、造船业
1998	图书、音乐、影视，旅游	2002	医药行业
1999	金融业、航空业、国防	2003	食品农业、重型工业
2000	汽车业、公共事业	2004	消费品、工业设备、建筑业、造纸业、办公用品

综合运用上述商业模型的思想，一些网站相继推出了各具特色的现阶段 B to B 交易模式。以下是一些典型代表：

（1）名录模式。这种模式主要是介绍各类公司的经营特点，推荐产品，宣传企业的业绩。主要代表有 ThomasRegister、Chemdex、SciQuest.com 和中国黄页 Chinapages。

（2）兼营模式。指既作 B to B，又作 B to C。比如华夏旅游网的 B to B 网上旅游交易会，B to C 网上旅游超市。

（3）政府和公司采购模式。政府采购和公司采购数量庞大，仅美国 MRO（Maintenance，Repair，Operation，维护、维修和操作）市场每年就高达 2500 亿美元。主要网站有 W.Grainger、

Fastparts 和亚商商务在线网。

（4）供应链模式。《做数字商场的主人》一书的作者奥尔德里奇认为，零售货物的运输服务会增长。（在美国）建立一个全国性的面包连锁店可以节省 1500 万美元；同时，控制装置安装到位，有约 5000 万美元的货物可免遭偷窃。按该模式运营的主要商家包括：EMS、e-speed、世联配送中心、阳光快递等。

（5）中介服务模式。

① 信息中介模式。这种模式与名录模式有类似的特点。其实，名录模式应该说也属于信息中介模式。主要网站有中联在线 CNUOL、易创全球电子商务等。此外，还有阿里巴巴，截至 2006 年 12 月 31 日，该公司已拥有超过 3500 名专职雇员。成为全球首家拥有超过 800 万网商的电子商务网站，网商遍布 220 个国家和地区，每日向全球各地企业及商家提供 810 万条商业供求信息，被商家评为“最受欢迎的 B to B 网站”。

② CA 中介服务。如德达创新 datatrust 等。

③ 网络服务模式。提供电子商务技术支持，为落实商业计划提供整套的网络服务和网络服务自助餐。

④ 银行中介服务。提供相关的金融服务，包括：境内代收货款、承兑汇票、银行汇款等；境外信用证、DA、DP、TT。主要的银行包括：招商银行、建设银行、中国银行。

（6）拍卖模式。主要代表包括 iMark.com、Adauction.com 等。

（7）交换模式。代表网站有 PaperExchange、e-steel 等。

4. 企业对政府的电子商务

企业对政府（Business-to-Government，B to G 或 B2G）的电子商务指企业与政府机构之间进行的电子商务活动。例如，政府将采购的细节在 Internet 上公布，通过网上竞价方式进行招标，企业通过电子方式进行投标。目前这种方式发展很快，因为政府可以通过这种方式树立政府形象，以示范作用促进电子商务的发展。此外，政府还通过这类电子商务实施对企业的行政事务管理，如政府用电子商务方式发放进出口许可证、开展统计工作，企业网上办理交税和退税等。

政府应在推动电子商务发展方面起重要作用。我国的“金关”工程通过商业机构对行政机构的电子商务，如发放进出口许可证、 办理出口退税、电子报关等，建立起了我国以外贸为龙头的电子商务框架，并促进了我国各类电子商务活动的开展。

6.1.2　电子商务对现代企业管理的影响

1. 现代企业电子商务管理的基本构建模式

现代企业开始使用各种高效便捷的管理模式进行业务管理，尤其在企业内部管理、供应链管理（企业与企业间）和客户管理（企业与消费者间）方面逐渐形成了专门的网络，即使用企业“内联网”进行内部管理，使用“外联网”进行供应链管理，使用“国际互联网”进行客户管理。三种网络管理相互独立又相互依赖，缺一不可，相互间有效的应用构建了企业电子商务管理的完整模式。

2. 电子商务技术对现代企业管理带来的深远影响和挑战

（1）企业组织结构在电子商务下的良性发展

适应电子商务发展的管理模式要求在计算机和网络技术支撑下，把技术、知识、管理和人力等多种资源整合起来，使各生产要素紧密结合，协调运作，充分发挥各种资源的优势，使其在缩短产品开发周期、保证产品质量、降低生产成本、提供及时服务和提高企业竞争力等方面起到应有的作用。这种创新型管理模式具有柔性化、集成化和智能化的特征。

与传统的管理模式相比，它更具鲜明的优势特征：① 在管理思想上，强调高效、快捷，要求对市场变化作出迅速反应；② 在管理体制上，注重各环节的协调、配合和并行工作；③ 在组织功能上，强调企业领导者的协调、服务和创新，着力培养企业员工的团队精神，增强企业的凝聚力；④ 在管理任务上，强调以客户需求为中心，以满足客户需要、赢得客户信任为企业管理活动的出发点。

（2）电子商务技术对营销的影响

电子商务活动的市场运作，从根本上减少了传统商务活动的中间环节、中间费用、库存和流动资金，使生产“直达”消费，缩短了企业与用户需求之间的距离，减少了各种经济资源的消耗，使产销双方共同受益。透明、高效的电子商务活动让企业适应市场的能力大大增强。

营销活动的运作方式也将出现新的特点，营销环节中的谈判、咨询、签约、履约、支付和商品的质量、价格、服务等均可通过电子商务实现，网络技术使产品的各种相关信息得以完整、准确地展现和共享。电子商务在使企业营销活动变得简单化、直接化的同时，也使营销活动的知识和智力水平提升到新的高度。

（3）电子商务技术对企业生产方式的挑战

电子商务技术对企业生产方式的影响可概括为以下三个方面：

① 企业生产过程的现代化。电子商务可在企业生产过程中得到应用， 在管理信息系统（MIS）的基础上采用计算机辅助设计与制造（CAD/CAM）技术，可建立计算机集成制造系统（GIMS）；在开发决策支持系统（DSS）的基础上，通过人机对话实施计划与控制，从物料资源规划（MRP）发展到制造资源规划（MRPII）和企业资源规划（ERP）。这些新的生产方式把信息技术和生产技术紧密地融为一体，使传统的生产方式升级换代。

② 低库存生产。这主要借助于电子商务技术快速地调研市场需求，对市场反馈做出最快反应，同时利用网络掌握竞争者的最新动态，调整、改良企业的产品与服务。生产商可以准确地依据销售网络反馈的需求来生产，提高了库存周转率，使库存成本降到最低。

③ 数字化定制生产。即顾客化规模生产，它是在广泛应用网络、信息、管理技术的基础上，用标准化的部件组合成顾客化的产品（或服务），以单个顾客为目标，保证最大限度地满足顾客需求。

（4）电子商务技术对企业采购管理的影响

电子化采购通过互联网，借助计算机管理企业的采购业务。企业可以更大范围地取得供应商的供货信息，更有利于找到合适的合作伙伴，购买到更合适的、物美价廉的原材料和零部组件，优化存货管理，降低采购的交易费用。

（5）电子商务技术对企业财务和人力资源的影响

电子商务的发展要求财务管理从基本的静态事后核算向实时动态的、参与经营过程的财务管理方向发展；从内部的、独立的职能管理向开放的，物流、信息流、资金流“三流合一”的集成管理方向发展；从传统的利润目标向企业未来价值（包括无形资产价值）的方向发展；从单机、封闭式的财务数据处理方式向连网的、集成化的财务数据处理方式发展。

在电子商务实践中，人力资源管理具有了新的特点：一方面，利用电子商务平台进行人才招聘具有十分明显的优势，可降低人才招聘开支，提高招聘效率；另一方面，打破了人才招聘范围的地域限制，通过人才网上测评提高了测评的科学性和准确性。

6.2　企业资源计划（ERP）与企业流程再造（BPR）

6.2.1　企业资源计划（ERP）概述

1. ERP 的含义

ERP 即 Enterprise Resource Planning 的缩写，指企业资源计划。

从狭义上说，ERP 是指企业内部信息系统。它是一个以管理会计为核心的信息系统，对企业资源进行识别和规划，从而获取客户订单，完成加工和交付，最后是客户付款。在整个生产和管理过程中，ERP 将企业内部所有资源整合在一起，对采购、生产、成本、库存、分销、运输、财务、人力资源进行规划，从而达到最佳资源组合，取得最佳效益。

从广义上说，ERP 是一个将企业内部和外部资源有机整合的经营管理系统。ERP 通过软件把企业的物流、信息流、资金流、管理流、增值流等紧密地集成起来，实现资源优化和共享。它实现了企业内部资源和相关外部资源的优化配置和整合，提高了资源的利用效率。

ERP 不仅仅是一个软件，更是一种企业管理思想。ERP 是建立在信息技术基础上，以系统化的管理思想，为企业决策层及员工提供决策运行手段的管理平台，ERP 的合理运用已经改变了企业运作的面貌。可以说，ERP 系统集信息技术与先进的管理思想于一身，成为了现代企业的运行模式。

电子商务所带来的丰富的企业竞争手段和工具，能够帮助企业更好地运用 ERP 将广阔的网络商机和传统信息系统中的企业资源信息有效地结合起来，将企业、客户、供应商、交易商和企业员工以前所未有的方式通过网络结合在一起。

2. ERP 的形成和发展

ERP 的形成和发展大致经过了以下 4 个阶段。

（1）订货管理阶段

此时计算机尚未出现，该系统主要采用“订货点法”，用于发订单和催货，其实质是立足于“库存补充”的原则，解决的是“何时订货”的问题。然而，对于生产企业来说，要先明确“何时需要物料？”然后才能决定“何时订货”。而这一阶段的库存管理系统无法解决物料需求的问题，这也催生了 MRP。

（2）MRP 阶段

MRP 即 Material Requirements Planning，指物料需求计划，是在解决“订货点法”缺陷的基础上发展起来的。MRP 系统借助计算机的运算能力，从主生产计划、独立需求预测及客户零部件订货的输入等信息，确定企业“将要生产什么？”；通过物料清单回答“用什么来生产？”；根据主生产计划反映的需求和各产品物料清单分解的情况，可知道“需要用些什么？”；然后，与库存记录比较来确定"我们还需要得到什么？"——物料需求。MRP 系统实现了减少库存、优化库存的管理目标。

后来，MRP 得到进一步完善，将生产能力计划、车间作业计划和采购作业计划纳入其中，形成了一个闭环系统——闭环 MRP。该系统利用来自车间、供应商和计划人员的反馈信息对计划进行小调整和平衡，使生产资料计划的各个子系统得到协调统一。

（3）MRP II 阶段

MRP II 即 Manufacturing Resource Planning，指制造资源计划，为了区别于基本的 MRP 而记为"MRP II"。MRP II 把生产、采购、销售、工程技术、财务等子系统结合成一体化的系统。与闭环 MRP 比较，MRP II 增加了对企业生产中心、加工工时及财务等方面的管理，实现了由计算机安排生产的功能，动态地监管产、供、销的全过程。

（4）ERP 阶段

ERP 是在 MRP II 基础上发展起来的。由于经济全球化和市场国际化的发展趋势，制造业的竞争日趋激烈，以客户为中心、基于时间、面向整个供应链成为在新形势下制造业发展的基本方向，而传统的 MRP II 已经不能满足企业发展的需求，因此 ERP 应运而生。ERP 系统增加了财务预测和资源调度等功能，以计算机和 Internet 为核心的现代化技术使系统增强了与客户、供应商的信息沟通能力，强化了企业之间的联系，为企业开展电子商务、提高核心竞争力创造了良好的条件。

3. ERP 系统的管理思想

ERP 超越了传统 MRP 的概念，吸收了准时生产（JIT），全面质量管理（TQC ）等先进的管理思想，极大地扩展了管理信息系统的范围，除财务、分销、制造、人力资源外，还集成了质量管理、决策支持等多种功能。ERP 系统的实施，将导致企业业务和信息流程的重组。

ERP 的主要宗旨是将企业的各方面资源充分调配和平衡，使原来企业内部分散、孤立的"信息化孤岛"通过内联网和因特网连接到一起，实现企业由相对封闭走向开放，信息处理由事后走向适时，管理方式由传统走向现代的转变，最终提高企业的核心竞争力。ERP 的核心管理思想就是实现对整个供应链的有效管理，主要体现在以下三个方面。

（1）体现对整个供应链资源进行管理的思想

在网络经济时代，仅靠企业自己的资源不可能有效地参与市场竞争，还必须把经营过程中的有关各方，如供应商、制造工厂、分销网络、客户等纳入一个紧密的供应链中，才能有效地安排企业的产、供、销活动，满足企业利用全社会一切市场资源快速高效地进行生产经营的需求，以期进一步提高效率和在市场上获得竞争优势。换句话说，现代企业竞争不是单一企业与单一企业间的竞争，而是一个企业供应链与另一个企业供应链之间的竞争。ERP 系统实现了对整个企业供应链的管理，适应了企业在网络经济时代市场竞争的需要。

（2）体现精益生产、同步工程和敏捷制造的思想

"精益生产（Lean Production，LP）"思想，是由美国麻省理工学院（MIT）提出的一种企业经营战略体系。即企业按大批量生产方式组织生产时，把客户、销售代理商、供应商、协作单位纳入生产体系，企业同其销售代理、客户和供应商的关系，已不再简单地是业务往来关系，而是利益共享的合作伙伴关系，这种合作伙伴关系组成了一个企业的供应链，这就是精益生产的核心思想。

当市场发生变化，企业遇有特定的市场和产品需求时，企业的基本合作伙伴不一定能满足新产品开发生产的要求，这时，企业会组织一个由特定的供应商和销售渠道组成的短期或一次性供应链，形成“虚拟工厂”，把供应和协作单位看成企业的一个组成部分，运用“同步工程（SE）”组织生产，用最短的时间将新产品打入市场，时刻保持产品的高质量、多样化和灵活性。这就是“敏捷制造（Agi1e Manufacturing）”思想。

（3）体现事先计划与事中控制的思想

ERP 系统的计划体系主要包括：主生产计划、物料需求计划、能力计划、采购计划、销售执行计划、利润计划、财务预算和人力资源计划等，而且这些计划功能与价值控制功能已完全集成到整个供应链系统中。

另一方面，ERP 系统通过定义事务处理相关的会计核算科目与核算方式，以便在事务处理发生的同时自动生成会计核算分录，保证资金流与物流的同步记录和数据的一致性。从而实现根据财务资金现状，追溯资金的来龙去脉，并进一步追溯所发生的相关业务活动，改变资金信息滞后于物料信息的状况，便于实现事中控制和实时决策。

此外，计划、事务处理、控制与决策功能都在整个供应链的业务处理流程中实现，这就要求在每个流程业务处理过程中，最大限度地发挥每个人的工作潜能与责任心，流程与流程之间则强调人与人之间的合作精神，以便在有机组织中充分发挥每个人的主观能动性与潜能，实现企业管理从“高耸式”向“扁平式”组织机构的转变，提高企业对市场动态变化的响应速度。

4. ERP 系统的实施

（1）准备工作

ERP 与现代企业管理之间不是简单的因果关系，企业在实施 ERP 系统前需要从以下 5 个方面做大量的准备工作：

① 知识更新。ERP 是信息和管理技术的完美结合，这需要企业决策人和管理者，甚至普通员工，不断学习、研究、掌握现代企业管理思想和方法，了解计算机和通信技术的最新发展，用现代管理理论和信息技术武装头脑，开阔眼界。

② 数据规范。ERP 作为一种管理信息系统，处理的对象是数据，因此要求数据必须规范化，也就是必须有统一的标准。数据规范化是实现信息集成的首要条件，在此基础上，才能保证数据处理的及时、准确、完整。

③ 机构重组。ERP 中的信息实现了最小冗余和最大共享，传统上需要几步或几个部门完成的工作，在 ERP 中可能一次就可以完成。ERP 软件模块虽然按功能划分，但是每个模块中的应用程序并不限定在某个部门使用，也就是说，ERP 是面向工作流的，而工作流可以因企业、因时而异。这样，企业就有必要在业务流程和组织机构方面加以调整和变革，实行机构重组。而这一点正是 ERP 系统实施难度最大的环节。

④ 全员参与。ERP 是企业级的信息集成，它可应用于企业的方方面面，涉及每个员工，其包含的全面质量管理思想，更要求全体员工的积极参与，各负其责。另外，企业最高领导人的亲自参与，也是保证 ERP 系统成功实施的必不可少的因素。

⑤ 风险控制。ERP 系统内容庞大，模块繁多，模块间的关联也较复杂，其实施周期长，难度大，相应的系统实施风险也很大。很多企业在 ERP 产品的选型、项目管理、费用控制及未来企业业务重组等方面考虑不足，造成 ERP 系统的实施往往半途而废，不但浪费大量金钱、

时间，而且还使人们对ERP本身发生怀疑，对现代企业管理产生畏惧情绪。

（2）产品选择

建设好ERP的一个关键因素是选择ERP产品。目前市场上ERP产品很多，它们各有所长，所以企业在选择ERP软件时，要解决以下8个问题：

① 明确需求。在选择ERP软件之前，首先要明确企业需求，即管理要达到的目标，实际管理中存在的问题，这些问题的急迫程度，需要用什么手段解决，应达到什么目标。另外要考虑对此需求，企业内部是否已经形成共识，主要决策人是否给予足够的重视等。

② 软件功能。商品化ERP软件功能模块很多，适用范围较广，需要针对不同的企业，选择不同的功能模块。软件功能应满足企业当前和今后发展的需要，多余的功能只会造成使用和维护的复杂性。软件可用部分的比率，取决于软件对企业的适用程度，而不是以进口或国产来区分。另外，要考虑系统的开放性，预留各种接口。

表6-2给出了6种典型生产类型企业对ERP应用软件主要模块和能力的不同要求。

表6-2　6种生产类型企业对ERP应用软件主要模块和能力的要求

生产类型	ERP应用软件主要模块和能力要求	
按订单设计	* 高度复杂的产品配置 * 支持分包制造 * 高级工艺管理与跟踪 * CAD/CAM * 有限排程功能	* 支持有效的并行生产 * 车间控制与成本管理 * 多工厂的排程 * 集成功能
按订单装配	* 产品配置 * 车间管理和成本控制 * 分销与库存管理 * 设计界面	* 分包生产 * 高级工艺管理与跟踪 * 多工厂的排程 * 集成模块
按库存生产	* 基本不需特殊模块	
批量生产	* 并发产品和副产品 * 配方管理 * 营销规划 * 质量、实验室管理	* 连续生产 * 维护 * 多度量单位
重复生产	* 倒冲法管理原理 * 跟踪管理 * 原料来源及使用跟踪	* 高级库存管理 * 电子数据交换 * 购买者信息跟踪
连续生产	* 并发产品和副产品 * 配方管理 * 多度量单位	* 连续生产 * 维护

③ 开发工具。任何商业软件都不可能完全满足企业的需求，都存在用户化和二次开发的问题。所以，商业软件应提供必要的开发工具，并保证开发工具简单易学，使用方便。

④ 软件文档。商业软件必须配备齐全的文档，其全面详尽程度应达到用户能够自学使用，如用户手册、不同层次的培训教材（如ERP原理与概念、产品模块、开发工具等）及实施指南等。

⑤ 售后服务与支持。这非常重要，它关系到项目的成败。售后服务包括各种培训、目标管理、实施指导、二次开发及用户化，可由专业咨询公司或软件公司承担，由熟悉企业管理、

有实施经验的专家组成顾问组完成售后支持与服务工作。在国外，服务与支持的费用和软件价格之比一般为 1:1 或更高，由此也可以看出售后服务与支持的重要性。

⑥ 软件商的信誉和稳定性。软件供应商应当有长期的经营战略，能够跟踪技术的发展和客户的要求，不断对软件进行版本更新和维护工作。

⑦ 价格。要考虑软件的性能、功能、技术平台、质量、售后服务与支持等，还要做投资效益分析，包括资金利润率、投资回收期。要考虑实施周期及难度，避免造成实施时间、二次开发或用户化时间过长而影响效益的兑现。所以有

软件的投资 = 软件费用 + 服务支持费用 + 二次开发费用 + 因实施延误而损失的收益

为此要重视全面平衡，并考虑对企业原有资源的保护。这里所说的资源，不仅指硬件资源，还包括已有的数据资源。因此在选择软件时，要考虑软件产品对硬件平台的要求是否过高，原有的 PC 能否使用，原有的数据资源能否平滑地移植到新系统中。

⑧ 公司背景。企业需要考察软件公司的技术人员情况，如绝大部分软件实施人员是否参与过软件产品的开发制作，对产品是否熟悉，是否具备计算机技术和专门业务知识，这些对用户 ERP 系统的实施成功起着重要作用。

（3）提高成功率

为了提高 ERP 应用的成功率，应把握好以下三方面的问题：

第一，要确定清晰、务实、令人振奋的目标。对于任何一件事，成功总是相对的，而非绝对的。成功与否有一个衡量的标准，即目标是否得到实现。那么如何确定 ERP 系统实施成功的标准呢？应从以下三方面考虑：

① 根植于电子商务系统规划。企业应有一个长期的电子商务战略规划，ERP 系统作为电子商务系统的重要组成部分，是长期规划的手段和保证。ERP 的目标源于系统规划，是评价 ERP 系统成败的基本标准。因此，应依据电子商务系统规划，明确 ERP 系统的实施范围和实施内容。

② 明确 ERP 能解决什么问题。对那些准备实现 ERP 系统的企业来说，仅仅知道一些 ERP 概念是远远不够的。企业高层领导应对 ERP 有一个全面的认识，领会 ERP 的先进管理思想，要知道 ERP 能做什么，不能做什么。为了找到答案，企业领导一方面要认真学习，同时也可以请咨询公司进行培训。

③ 做好需求分析和投资效益分析报告。在企业电子商务长期规划的指导下，结合 ERP 系统的核心管理理念，具体应做好如下的需求分析和投资效益分析：

A. 功能需求分析。一般由咨询顾问协助企业做好业务调查，确定企业管理中存在的问题，并分清这些问题的轻重缓急，在总体目标下，根据企业目前的管理水平、人员素质及财务状况，确定阶段性目标。

B. 管理层信息需求分析。现代企业间的竞争不仅要求企业管理者随时了解企业内部的信息，更需要及时地掌握整个供应链上各环节的信息。咨询顾问在协助企业做需求分析时，要不断沟通，使管理层对信息的需求明朗化，并由此选择相应的软件。

C. 流程需求分析。ERP 系统可实现企业供应链各个环节的管理，其应用与企业的业务流程紧密关联。为保证 ERP 系统应用成功并达到预期的应用效果，必须首先对企业业务流程进行重新设计。

D. 收益与成本的权衡。合理估算 ERP 应用的收益与成本。

第二，抓好科学、严格、协调的事中控制。在 ERP 系统实施中，通常采用项目管理技术对实施过程进行控制和管理。有效的实施控制表现在科学的实施计划与控制、明确的阶段成果和严格的成果审核、积极的协调和通畅的信息传递渠道。

① 科学地实施计划与控制。项目管理主要包括三个要素：项目范围、所需资源和时间表（进度表）。项目能否成功实施很大程度上取决于项目小组的有效工作，具体包括：第一，合格的项目小组成员。小组成员包括企业内部信息主管、管理人员及外部咨询专家。第二，项目小组内部有明确的分工和合作，并十分清楚项目的目标、方法和里程碑。第三，切实可行的项目工作计划和质量管理计划。第四，项目小组在项目实施全过程中要充分理解项目的前提假定和风险。项目实施控制主要包括：项目进度跟踪与控制、财务跟踪与控制、人力资源管理、通信管理、质量管理、风险管理、变化控制及配置管理。

② 明确的阶段成果。目标不清是项目失败的主要原因。在实施过程中，除了项目实施的总目标，还需明确项目实施的阶段目标，同时要制定达到这些分阶段目标的时间表和所需要的资源（人力、资金等），以及达到这些目标的标准和方法。

③ 严格的成果审核。按照实施计划方案中确定的时间进度目标，对项目实施进行严格的成果审核。由于在实施过程中，一个偶然的因素或突发事件会使原先制定计划的假设发生变化，并直接导致实施结果偏离计划和目标。这就需要实施项目小组及时分析偏离的原因，并据此确定相应的处理方法，保证项目的顺利实施。

④ 积极的协调。ERP 系统的实施涉及企业的各个部门和方方面面的人员，它的成功实施需要对原有的流程进行重组和管理模式的改变，必然触及企业中部分员工的利益。为了保证系统的顺利实施，需要项目小组积极的协调，必要时需要企业高层领导的亲自参与。

第三，要有公开、全面、可量化的事后考评。ERP 系统实施后应该考察：系统实施的结果如何？事前制定的目标是否实现？在评价方法方面，可以选取以下评价项目：营销计划与业绩；财务计划、报告和考核；责任指标的预测流程；主生产计划物料计划和控制与业绩；供应商计划和控制；能力计划和控制；客户服务；物料清单结构和准确度；库存记录准确度以及工艺路线的准确度等。

6.2.2　企业流程再造（BPR）概述

1. BPR 的概念

（1）BPR 的含义

BPR 即 Business Process Reengineering，是 20 世纪 90 年代由美国麻省理工学院教授哈默和 CSC 管理顾问公司董事长钱皮提出的。1993 年，在他们合著出版的《公司重组——企业革命宣言》一书中指出，近 200 年来，人们一直遵循亚当·斯密的劳动分工思想来建立和管理企业，即注重把工作分解为最简单和最基本的步骤；而目前应围绕这样的概念来建立和管理企业，即把工作任务重新组合到首尾一贯的工作流程中去。他们给 BPR 下的定义是："为了飞跃性地改善成本、质量、服务、速度等现代企业的主要运营基础，必须对工作流程进行根本性的重新思考并彻底改革。"它的基本思想就是：必须彻底改变传统的工作方式，也就是彻底改变传统的自工业革命以来，按照分工原则把一项完整的工作分成不同部分，由各自相对独立的部门依次进行工作的工作方式。

BPR 思想在 20 世纪 90 年代达到了全盛时期。它强调以业务流程为改造对象和中心，以关心客户的需求和满意度为目标，对现有的业务流程进行根本的再思考和彻底的再设计，利用先进的制造技术、信息技术以及现代化的管理手段，最大限度地实现技术上的功能集成和管理上的职能集成，以打破传统的职能型组织结构，建立全新的过程型组织结构，从而实现企业经营在成本、质量、服务和速度等方面的巨大改善。

（2）BPR 的模式

① 以作业流程为中心，打破金字塔状的组织结构并使之扁平化。

② 使企业适应信息社会的高效率和快节奏，适合员工参与企业管理。

③ 实现企业上、下、左、右的有效沟通。

④ 使企业具有较强的应变能力和较大的灵活性。

（3）BPR 的特性

① 强调顾客满意。

② 使用业绩改进的度量手段。

③ 关注更大范围的、根本的、全面的业务流程；强调团队合作。

④ 对企业的价值观进行改造，注重高层管理者的推动。

⑤ 在组织中降低决策的层级。

BPR 作为一种重新设计工作方式和工作流程的思想，具有普遍意义，但在具体做法上，必须根据本企业的实际情况来实施。

2. BPR 的实施方法

根据 BPR 的核心思想，可以将 BPR 的实施结构设想成多层次的立体形式，整个 BPR 实施体系由观念重建、流程重建和组织重建三个层次构成，其中以流程重建为主导，而每个层次内部又有各自相应的步骤过程，各层次也交织着彼此作用的关联关系。

（1）BPR 的观念重建

这一层次解决有关 BPR 的观念问题，即在整个企业内部树立实施 BPR 的正确观念，使企业员工理解 BPR 对于企业管理、应用 ERP 的重要性。它主要涉及三方面的工作：

① 组建 BPR 小组。由于 BPR 要求大幅度地变革基本观念、转变经营机制、重建企业文化、重塑行为方式和重构组织形式，这就需要有良好的领导和组织的保证。因此，在企业内部要成立专门的领导小组负责 ERP 应用中的业务流程重组。

② 前期的宣传准备工作。帮助企业员工从整个企业发展的角度，客观地看待并理解企业流程重组及其对本企业带来的重要意义，避免由于员工的不理解造成的抵触情绪。

③ 设置合理目标。给业务流程重组活动设置一个明确的目标，以便做到“心中有数”。常见的目标有：降低成本、缩短时间、增加产量、提高质量、提高顾客满意度等。

（2）BPR 的流程重建

流程重建是 BPR 中最重要的部分，是革命性和创造性的一步。它是指对企业的现有业务流程进行调研分析、诊断、再设计，然后重新构建新的流程的过程。它主要包括三个环节：

① 业务流程的分析与诊断。对企业现有的业务流程进行描述，分析其中存在的问题，进而给予诊断。

② 业务流程的再设计。针对前面分析诊断的结果，重新设计现有业务流程，使其趋于合

理化。

③ 业务流程重组的实施。这一阶段是将重新设计的业务流程真正落实到企业的经营管理中。

（3）BPR的组织重建

组织重建的目的是给业务流程重组提供制度上的维护和保证，并追求不断改进。具体包括三方面的工作：评估BPR实施的效果，建立长期有效的组织保障和文化与人才建设。

3. BPR与电子商务

电子商务的开展对企业的经营理念、生存环境和生存方式等各方面都产生了极大的影响，企业运营流程需要加以再造，才能适应电子商务环境，因此对企业经营提出了新的问题：

第一，调整企业内部管理与外部管理之间的关系。电子商务的发展使整个世界连为一体。这对企业而言，是机遇也是挑战。在电子商务环境下，要求企业内外保持良好的互动能力，即内部管理、内部流程通过上网与外部环境之间的一种互动的能力。因此无论采购者还是供应商，必须根据电子商务活动中信息流的运行规律来重组内部的流程体系，改变内部的管理标准。因为在网络化、数字化时代，消费者的消费行为发生了改变，企业面临许多新的问题，例如，如何提供个性化服务，改变大批量少品种的生产方式？如何形成企业内部与外部环境的柔性制造体系？实施电子商务，就是以客户为中心，根据客户的需要进行生产，因此必须按照电子商务的要求来实行BPR，调整企业的内部管理与外部管理之间的关系。

第二，企业内部的流程再造。我国大多数企业内部的传统流程已经不能适应今天网络时代和电子商务的要求，它们需要市场化和电子化相互交织的流程再造。企业的内部流程必须按照经营机制、管理体制、市场要求和电子商务基础加以再造；没有这些方面的力量推动是难以成功的。通过实行BPR，对企业的经营机制、管理体制、业务流程进行重新调整或构建，将带来整个企业制度的根本性改造与创新，使企业适应电子商务的运行环境。

第三，强调物流体制与方式的改造。电子商务环境下，必须强调物流配送能力，企业需要仔细研究如何改造已形成的销售网络使其与电子商务结合。其实，企业不一定都从头开始建立各自的营销和配送网络，可以通过合作来解决自身的企业流程再造，以适应电子商务的要求，改变企业自身与外部环境之间的互动能力。

6.2.3　BPR与ERP的关系

1. ERP实施中进行企业流程再造的必要性

企业实施ERP中进行企业流程再造的必要性体现在以下三方面：

① ERP软件的设计背景要求企业进行相应的业务流程重组。因为ERP来自西方发达国家，因此ERP软件的设计适应西方发达国家典型的市场经济运行模式下的市场状况和管理要求。而我国目前市场经济的发展还不完善，许多企业的管理方法和管理手段还较落后，与西方发达国家存在较大的差异，直接应用ERP是不合适的。因此，企业首先要适当进行业务流程的重组，按照先进的ERP软件的管理要求对现有的业务流程进行根本性的改造，才能有效地应用ERP。

② ERP软件的功能实现要求企业必须进行一定的业务流程重组。ERP软件将企业的经营管理活动分为制造、分销、财务、人力资源管理等功能模块，ERP应用将会改变传统的经营管理方式，因此必然要求企业重新安排组织机构、人员设置、工作思路，以保证ERP功能的实

现。例如，ERP 系统运行需要大量、有效的基础数据，而系统自身却无法判断这些数据的准确性。这就需要对基础数据进行优化分析，也就是说，企业在 ERP 应用前一定要开展管理咨询和业务流程重组，通过强化企业管理来确保基础数据的准确性。这个阶段的工作是必不可少的。

③ ERP 的应用目的要求企业实施业务流程重组。毫无疑义，企业应用 ERP 的目的在于改善企业经营管理，提高企业经济效益。为此必然要求企业能够借助于 ERP 的实施应用，不断地优化企业的业务流程，使整个经营活动更加符合科学管理的要求。对大多数企业来说，现有的业务流程都存在一些不合理的地方，如果不能对此进行彻底改造，而仅仅是盲目地将原有的业务流程通过 ERP 软件的实施进行自动化转变，那自然不能真正提高生产效率和管理效率，只会导致低效的流程和浪费。

因此，企业在 ERP 系统导入之前要进行 BPR，由企业管理层先确定企业的经营策略及改革目标，通过流程改善和相应的组织变革，再选择并导入适合企业使用的 ERP 系统，才能使 ERP 系统事半功倍，最终获得成功。

2. 实行企业流程再造是应用 ERP 的基础

在企业应用 ERP 系统的进程中，一定要注意研究和分析业务流程，并改造不合理的地方。只有这样，实施 ERP 才能收到管理上的实效，否则就会遇到重重压力，陷入困境。国内外大量实践证明，实行企业流程再造是应用 ERP 的基础。

例如，企业应用 ERP 可以对生产负荷与生产能力进行平衡分析，确保生产过程的均衡性和连续性。如果对作为能力要素的设备、员工、技术等没有进行有效的组合、维护、培训、改进和提高，那么 ERP 系统就不可能有效地对生产负荷与生产能力进行平衡分析，确保生产过程的均衡性和连续性。应用 ERP 可以有效地加强成本分析和控制，但如果企业不从思想、方法、业务流程和规章制度上进行根本性的调整和改进，那么 ERP 系统中的成本管理功能就不能有效地得以应用，企业就不能有效地加强成本分析和控制。应用 ERP 可缩短产品生产周期，优化资源配置，降低产品成本，提高产品准时交货率。但如果不能准确地计算每个零部件乃至每道工序的加工时间、准备时间、传送时间、排队时间和等待时间，那么 ERP 系统就不能有效地缩短整个产品的生产周期，降低产品成本。这些问题都与企业的管理思想、管理模式、管理方法、管理机制、管理基础、业务流程和规章制度等有着密切的关系，如果建立 ERP 系统之前，这些问题不通过实行业务流程重组得以有效地解决，那么企业应用 ERP 就不能有效地提高整体水平和竞争能力。

3. BPR 和 ERP 应用结合的必然性

业务流程重组（BPR）和企业资源计划（ERP）本是毫无关联的两件事，前者关注管理思想，后者关注技术手段。BPR 的提出是管理领域的最新成果，其本身与 ERP 系统的应用并没有直接的关联。早期 ERP 系统在企业的应用中，人们并没有明确地意识到需要进行业务流程重组。但是在企业管理模式和管理手段改造的实践中，从失败的经验教训中，人们找到了问题的答案：进行企业管理模式改造的 BPR 离不开 ERP 系统的应用，并通过 ERP 系统应用支撑新的业务流程。要想靠 ERP 应用改善经营，需要对企业原有业务流程进行重组，不做 BPR，ERP 应用也很难达到预期效果。

ERP 不仅是一种先进的企业计算机管理系统，同时也体现了先进的管理思想，BPR 正是自始至终贯穿于 ERP 的思想精髓，其目的是从数据处理环节逐步树立规范，为 ERP 做好准备。反之，BPR 作为一种管理思想同时需要具体的实现手段，ERP 可以看作 BPR 实现过程中的一种手段。要成功应用 ERP 系统，BPR 是一个有力的保证。二者是相辅相成、不可或缺的关系。

企业实现 BPR 和应用 ERP 时，在设定的绩效改善指标方面大多是相同的，而两者又几乎是对方取得成功的前提条件。因此，BPR 和 ERP 应用相结合不仅是必然的，而且在改善企业管理绩效方面可达到“双赢”的效果。

6.3　商务智能与知识管理

面对企业竞争的全球化、市场环境的复杂化，员工需要各种有效信息来进行管理和决策活动。企业管理的核心是决策，及时准确的信息和知识意味着决策质量的提高和企业绩效的改进。商务智能（Business Intelligence，BI）和知识管理（Knowledge Management，KM）是改善决策者所获得信息和知识质量的两项核心技术。

很多企业为了充分利用数据、信息和知识，提高决策速度和质量，纷纷投资建设商务智能系统（Business Intelligence System，BIS）与知识管理系统（Knowledge Management System，KMS）。充分了解和认识 KM 和 BI 是实施成功的前提，但是学术界和企业界对于 KM 和 BI 的内涵及关系还存在着不同的看法。有人认为，KM 和 BI 是两个不同但有重叠的系统；有人认为，BI 是 KM 的助手；有人认为，KM 是 BI 的子系统。OTR 咨询机构的调查显示，在企业中许多人分不清 KM 和 BI，60%的被访者不理解两者之间的差异。

6.3.1　商务智能和知识管理概述

1. 商务智能的定义

商务智能源于 20 世纪 70 年代末的决策支持技术，已经成为继企业资源计划之后最重要的信息系统。Gartner Group 将商务智能定义为：一类由数据仓库（或数据集市）、查询报表、数据分析、数据挖掘、数据备份和恢复等部分组成的，以帮助企业决策为目的的技术及其应用。不同的专家和咨询机构从不同的角度对商务智能做了定义。简单地说，商务智能是指将企业的各种数据及时地转换为企业管理者感兴趣的信息（或知识），并以各种方式展现出来，帮助企业管理者进行科学决策，加强企业的竞争优势。这里的数据，不仅指企业内部的各种数据，而且包括企业外部的数据。

2. 商务智能在不断发展

商务智能是不断发展的。传统 BI 系统包括：后端数据库、前端用户接口软件和报告系统，其主要功能有：决策支持、在线分析处理、统计分析、预测和数据挖掘。传统 BI 主要处理结构化数据，现代 BI 不仅处理结构化数据，也可以借助先进的信息技术处理非结构化和半结构化数据。新的实时功能使 BI 能迅速处理信息并做出决策，它也能与其他应用集成。基于 Web 的 BI 可通过互联网实现其功能。

目前，商务智能的普及明显快于过去。IDC 公司的市场研究数据表明，商务智能技术已成为导致市场领先企业与普通企业差异化的重要因素。66%的市场领先企业的管理层对商务智能投资需求的理解被评为优秀，而普通企业这一比例仅为 15%。

3. 知识管理与知识管理系统

不同学者从不同角度对知识管理给出了定义，目前仍无定论。较早提出知识管理概念的哈佛大学教授彼得•F•德克鲁认为，知识管理应建立在学习型组织之上。狭义的知识管理，主要是指对知识本身的管理。包括对知识的创造、获取、加工、存储、传播与应用；广义的知识管理不仅包括对知识的管理，还包括对知识有关的各种资源的管理。本文的知识管理主要侧重于狭义的知识管理。

为了理解知识管理，必须明确知识的定义和分类。Russell Ackoff 从区分数据、信息、知识的角度对知识进行了定义。他认为，数据是未经处理的符号，信息是经过处理的、赋予了意义的、有用的数据，而知识是数据和信息的运用。关于知识的分类，普遍接受的是显性知识和隐性知识的划分。波兰尼将人类知识分为显性和隐性知识，前者是可以用文字、语言等清楚表达的知识，后者则难以表述，需要在实践和行动中体会。Nonaka 和 Takeuchi 的知识螺旋上升模型把隐性知识与显性知识的相互作用分为外化、内化、中介和认知 4 种方式。根据 Delphi Group 的调查显示，企业中大部分知识（42%）是存在于员工头脑中的隐性知识。

知识管理系统是组织实施知识管理的平台，是一个对知识进行创造、捕获、整理、传递、共享，进而创造出新知识的完整的管理系统，它必须同时包含对显性知识和隐性知识进行管理的工具。它具备知识管理的 4 个基本职能：外化、内化、中介和认知。

6.3.2　知识管理和商务智能对比分析

知识管理和商务智能同属先进的管理信息系统，都具备处理信息和用知识支持企业决策的能力。它们既有共同点，又有很多不同之处。

1. 知识管理和商务智能的共同点

① 都以信息技术为基础。两者都依赖于计算机硬件、软件、数据存储和网络通信等技术；它们支持共同的业务过程，都是为企业的业务活动服务的；它们基于同一个网络，为企业管理活动提供平台和环境；它们具有共同的使用者，即企业各层次的决策人员；它们所处理的业务对象具有很大的重叠性，都是企业管理过程中的各项活动。在企业中，知识管理系统和商务智能系统是相辅相成的。

② 最终的结果都是知识。知识管理中的知识显然总是直接来自于人。商务智能中的知识源自对数据的分析。例如，如果一个公司通过商务智能分析得出在假期推出产品促销可以获利，这就是一条可以捕捉、存储、分发的知识，并且可以和其他知识一样使用。从这一点来说，商务智能是使数据转化成知识，然后管理知识的过程。

③ 两者都包含收集、组织、共享、利用阶段。商务智能的处理对象是数据和信息，知识管理的主要处理对象是知识。虽然有学者对数据、信息和知识做了严格的区分，但实际上，不管是数据、信息还是知识，其处理过程都有收集、组织、共享、利用等阶段。

④ 两者都强调人的因素。知识管理的对象是知识，但也重视和人相关的文化和行为，强调人的重要性，注重知识创新及其有效利用。商务智能最初的焦点是技术和数据，事实上，商务智能的使用效果和人的技能有很大的关系。人借助商务智能系统，用专业技术进行定量分析，解决商业问题。

⑤ 两者都深受企业文化影响。企业文化影响商务智能的效果和决策行为，应用商务智能

技术既要充分考虑技术因素，还要注重相应企业文化及理念的培育。知识管理要求合适的企业文化环境。Arthur Anderson 咨询公司认为，组织应该鼓励并支持知识的共享，创造开明和彼此信任的气氛，协助顾客创造最大价值，让组织内的员工自我学习和成长。

2. 知识管理和商务智能的不同点

① 发展历程不同。商务智能是从事务处理系统、经理信息系统、管理信息系统、决策支持系统等演变来的，而且仍在不断发展中。知识管理起源于公司图书馆、竞争智能、质量管理中的最佳实践共享、知识转移等应用。它最早的焦点是捕捉、共享、分发非结构化的文本和图形信息，与商务智能最初关注的结构化的、定量的信息相反。

② 运作过程不同。商务智能从不同的数据源收集数据，对数据进行清理以保证数据的正确性，经提取、转换后将数据加载入数据仓库，然后通过联机分析处理、数据挖掘等工具加上决策规划人员的行业知识，对信息进行处理（这时信息变为辅助决策的知识），最后将知识呈现于用户面前，最终转变为决策。知识管理的运作过程包括：知识集约、知识应用、知识交流和知识创新 4 个过程。知识创新是知识管理的目的，知识集约、知识运用和知识交流是实现知识创新不可缺少的重要步骤。

③ 关注重点不同。商务智能主要处理信息资源，是以信息资源的有序化和结构化为目的，是相对封闭和独立的过程，比较注重信息外部形态的组合和整合。知识管理系统处理的是知识资本，是以知识共享和创新为主要目标的开放过程，重点解决信息超载而知识馈乏的问题，重视显性知识和隐性知识的交互作用。对于组织来说，商务智能处理的对象是现实世界的客观属性信息，知识管理系统处理的对象是客观世界信息的个人化知识，包括存储在人脑中的隐性知识，如人的思想、技能、经验和观点。

④ 采用的核心技术不同。虽然两个系统采用的核心技术有重叠，但管理的重点不同。商务智能核心技术包括数据仓库、联机分析处理、数据挖掘和企业信息门户。从技术角度来看，BI 重视分析数据的技术。知识管理的核心技术包括文档管理技术、群件技术、文本挖掘与检索技术、企业知识门户技术等。从技术角度来看，知识管理重视管理和分发知识的技术。

⑤ 对象的加工深度不同。商务智能系统的信息加工过程更多的是计算、合并、汇总、连接等表层处理，而知识管理系统的加工过程较多着眼于对知识的解析、分类、合成、整理、映射等深层处理。知识管理系统对知识的加工深度，远远大于商务智能系统对信息的处理深度。

6.3.3　知识管理和商务智能集成研究

现在的知识管理系统缺少与企业信息系统的联系，特别是数据层次上的联系。企业信息系统缺少知识存储和处理功能，知识管理系统通常独立于企业信息系统之外，或者作为一个独立的模块通过接口与信息系统连接。对于企业来说，知识管理与数据管理、信息管理一样贯穿于整个业务过程，都是业务活动的有机组成部分。现有的知识管理系统需要与企业信息系统融合，才能更好地满足企业知识管理的需要。商务智能系统是与企业信息系统紧密相连的系统。集成商务智能与知识管理可以实现知识管理与企业信息系统的紧密联系。我们把商务智能与知识管理集成系统称为 KMBI，它可以处理、分析企业数据、信息、知识，支持企业的各项活动，根据信息系统开发的分层设计思想，KMBI 分为数据集成、功能集成和表示层集成三个层面的集成。

① 数据层集成。商务智能系统的数据层主要包括：企业各种底层数据库及来自CRM、ERP、SCM的信息资源、数据仓库、数据集市。知识管理系统的数据层主要指知识库和元知识库。所有的知识均存储在逻辑上统一的知识库中，知识库负责响应检索请求、知识的存储管理和安全管理等。KM和BI在数据层上的集成主要采用中间件等技术实现分布的、异构数据集成。数据层是KMBI系统的关键层，它通过高性能的数据库、数据仓库、知识库、元数据库、元知识库，为各种信息转化和知识应用提供有力支持。

② 功能层集成。功能层整合了知识管理和商务智能的关键功能，包括数据挖掘、联机分析、知识评价、知识地图等，各功能模块之间遵守“高内聚、低耦合”的原则。它实现了对企业数据、信息、知识的全面分析和联系。知识交流平台帮助员工以直接交流的方式来进行经验、诀窍等隐性知识的交流和共享。知识地图使人们知道在哪里能找到知识，它是利用现代信息技术制作的组织的知识资源的总目录及各知识条目之间的关系。联机分析（OLAP）既能对商务数据进行多维分析处理，生成新的商业信息，又能实时监视商务运作的成效，使管理者能自由地与商务数据相互联系。利用数据挖掘技术可以从存放在数据库、数据仓库或知识库中的大量数据中挖掘出人们感兴趣的知识。常用的数据挖掘方法有关联规则、决策树、神经网络、粗糙集法、聚类方法、遗传算法和统计分析方法等。

③ 表示层集成。它是用户与系统的接口，用于实现用户界面。知识管理和商务智能在内容获取和显示上都共有终端技术。现在，通过集成的KMBI平台，可以容易地显示数据、信息、数据驱动的知识以及人驱动的知识，集成平台将知识管理和商务智能进一步集成，形成了整合知识管理和商务智能系统的企业智能门户，为企业的决策和管理提供更便利的信息和知识服务。企业员工可以方便地查询和获取知识库中的知识，以实现知识的共享和交流，并不断对知识库进行丰富及更新。也可以实时获取企业的相关数据，利用OIAP、数据挖掘、文本挖掘等技术从大量的数据资源中获得规律或新的知识，并将经过验证的规律和知识存储在知识库中，以方便知识的重复使用和创新。决策者可将数据、信息和知识与企业具体的运用过程相结合，将分析后得到的系统化知识运用到实际工作中去。

6.4 电子商务与现代服务业

随着科学技术的发展和全球可持续发展意识的提高，世界产业结构由“工业型经济”逐步向“服务型经济”转型，服务业的发展程度已成为当今世界一个国家或地区经济发展水平的重要标志。同时，电子商务作为信息技术在经济活动中的一个典型应用，越来越成为现代服务业成长的一个不可或缺的重要环节。

6.4.1 现代服务业概述

1. 现代服务业的概念

现代服务业是指在工业化比较发达阶段产生的，主要依托信息技术和现代经济与管理体系发展起来的信息和知识相对密集的服务业，包括由传统服务业通过技术改造升级和经营模式更新而形成的现代服务业，以及随着信息网络技术的高速发展而产生的新型服务业，如金融业、保险业、不动产业（房地产业）、咨询业、信息服务、科技开发、商务服务、教育培训等。

现代服务业的发展，本质上来自于社会进步、经济发展、社会分工的专业化等需求。它具有智力密集度高、产出附加值高、资源消耗少、环境污染少等特点。现代服务业既包括新兴服务业，也包括对传统服务业的技术改造和升级，其本质是实现服务业的现代化。

2. 现代服务业的分类

现代服务业的分类如下：

① 基础服务（包括通信服务和信息服务）；

② 生产和市场服务（包括金融、物流、批发、电子商务、农业支撑服务及中介和咨询等专业服务）；

③ 个人消费服务（包括教育、医疗保健、住宿、餐饮、文化娱乐、旅游、房地产、商品零售等）；

④ 公共服务（包括政府公共管理服务、基础教育、公共卫生、医疗以及公益性信息服务等）。

3. 现代服务业的特点和特征

现代服务业具有资源消耗少、环境污染小、技术含量高、人力资本含量高、附加值高、产业带动性强等特点。现代服务业具有如下5个基本特征：

① 高技术性，即科技含量高。例如，目前银行的部分业务可以通过计算机网络和相关应用系统实现电子银行网上服务，客户可以在网上查询或交易，这是现代服务业的具体表现。

② 知识性，即为消费者提供知识的生产、传播和使用服务，使知识在服务过程中实现增值。如教育服务、科研服务、文化传媒服务、专业技术服务、计算机软件应用服务等。

③ 高附加值性和集群性，即不仅可以使服务过程产生的知识增值，而且可以产生服务的规模效应和各种服务相互融合的聚集效应，引起服务的大幅度增值。例如，企业将物流职能交由第三方物流公司代理，可使企业不必在物流的硬件设施上花费大量的投资，大幅降低了物流成本。

④ 从业人员具有高素质，即从业人员大都具有良好的教育背景、专业知识和技术、管理能力，从而构成了现代服务业的核心能力。

⑤ 新兴性，即在时间上是现代兴起的或从过去演变而来的。例如，计算机服务业和软件业就是新兴的、以电子商务和第三方集中配送为基础的。又如，物流服务业就是从传统商业、运输业中发展起来的。

6.4.2　电子商务在现代服务业中的作用

1. 电子商务能提高现代服务业的服务能力

电子商务促进了服务企业营销范围的扩大，营销的针对性更强，促进了企业的客户关系管理。在流通领域，商家应用电子商务平台整合、分析购买者的需求特征，及时补充货源，并通过消费者行为分析，依托网络渠道把新产品信息、优惠打折信息迅速传递给消费者，提高了主动营销的针对性。生产性服务业利用电子商务可以向生产者提供更加全面的服务，使其能在生产前更深入地了解市场供求状况，经过充分的信息交换，生产更具针对性，使原材料的采购费用降低，产品储运更合理，从而降低企业生产成本，提高生产效率。

2. 电子商务能提高现代服务业的服务效率

电子商务应用可以节约大量交易成本，为客户提供更好的服务，从整体上提高运营效率。特别在金融、物流、旅游、咨询等服务领域，电子商务应用具有先天优势。这些领域的一个共同特点是，对信息的依赖程度高，有的其服务内容就是信息服务，有的需要进行大量的信息处理，为服务提供分析依据，提高了资源利用率和企业自身的经营效率，也为客户提供了更便利的服务。

3. 电子商务帮助开辟新的现代服务领域

电子商务在不断提高传统服务业服务能力的同时，还帮助开辟新的服务领域，形成更多的新兴行业和就业机会。如网上商店、网上银行、信息技术支持及第三方电子商务服务提供商等。这些新兴服务业如雨后春笋，迅速扩张，展现了强大的生命力。网上商店、网上银行可以脱离传统店面式经营而独立存在，使商品买卖和金融服务更为周到、人性化和个性化，可大大降低服务成本，并适应城市生活快节奏的需要。以阿里巴巴为代表的第三方电子商务服务平台，为中小企业提供电子商务服务，既节省了中小企业自主开发和管理电子商务平台的费用，又可为中小企业提供大量买家信息及产品进出口服务，其电子商务网站的知名度远远超出中小企业自己建立的网站。

本 章 小 结

本章着重探讨了企业电子商务活动，企业电子商务对现代企业管理的影响，企业电子商务在现代服务业中的作用。同时，本章还介绍了企业资源计划（ERP）和企业流程再造（BRP）这两种信息系统在企业电子商务经营管理中的实施与应用，以及商务智能和知识管理在企业电子商务运营与管理中发挥的作用。

习 题 6

一、思考题

1. 什么是 ERP，BPR，它们之间有什么联系？

2. 简述商务智能和知识管理的异同。

3. 什么是现代服务业，电子商务在现代服务业中的作用有哪些？

二、讨论题

1. 简述 B to C 电子商务模式的分类，并为每种 B to C 电子商务模式举出现实中的例子，讨论它们的盈利模式。若盈利模式有可改进的地方，请提出你的改进建议。

2. 你认为电子商务为现代企业的运营管理带来哪些机遇和挑战？

三、实验题

做一个小型调查，列举电子商务已经涉及了现代服务业中的哪些领域？还有哪些领域没有涉及？

第7章 电子商务物流与供应链管理

电子商务作为一种新的数字化生存方式，代表未来的贸易、消费和服务方式，因此要完善整体生存环境，就需要打破原有工业的传统格局，建立以商品代理和配送为主要特征，物流、商流、信息流有机结合的社会化物流配送体系。电子商务物流的概念是伴随电子商务技术和社会需求的发展而出现的，它是辅之于电子商务的真正经济价值实现不可或缺的重要组成部分。本章将从电子商务物流基本理论、电子商务下的物流模式、管理方法、信息系统以及供应链管理几方面来介绍电子商务物流的相关知识。

7.1 电子商务物流理论

7.1.1 现代物流基本理论

1. 物流的概念

从世界角度来看，物流的定义有很多种，包括美国管理派、中国国家标准、欧洲物流协会等一些权威机构对物流的定义。正所谓仁者见仁，智者见智，在这里，本书将列出主流的两种定义。

① 美国物流管理协会的定义：物流是对货物、服务及相关信息从起源地到消费地的有效率、有效益的流动和储存进行计划、执行和控制，以满足顾客要求的过程。该过程包括进向、去向、内部和外部的移动以及以环境保护为目的的物料回收。

② 中国《物流术语国家标准》的定义：物品从供应地向接收地的实体流动中，根据实际需要，将运输、储存、装卸、搬运、包装、流通加工、配送、信息处理等功能有机结合起来实现用户要求的过程。

2. 物流创造的价值

物流可以创造出时间价值和场所价值，包括物流加工作业中所创造的加工附加值。物流不是“物”和“流”的简单统一，生产、分配、交换、消费的物质运动过程是时间和空间的统一。“时间就是金钱”是物流真实的反映。商品在不同时间、不同地点具有不同价格，因此时间差别和场所区别给物流带来了“时间价值”和“场所价值”；物流过程中不同场所，根据专业化分工和场所优势所从事的补充性的加工作业也会形成劳动对象的附加值。总的来说，物流主要创造了以下三方面的价值。

（1）时间价值

“物”从供给者到需要者之间有一段时间差，由于改变这一时间差所创造的价值，称为“时间价值”。

① 缩短时间差创造价值。缩短物流时间，可获得多方面的好处：减少物流损失，降低物流消耗，提高货物的周转率，节约资金等。马克思从资本角度早就指出过：“流通时间越等于零或近于零，资本的职能就越大，资本的生产效率就越高，它的自行增值就越大。”这里所讲的流通时间完全可以理解为物流时间，因为物流周期的结束是资本周转的前提条件。这个时间越短，资本周转越快，表现出资本的增值速度越快。所以，通过物流时间的缩短可取得高的时间效用。

② 弥补时间差创造价值。在经济社会中，需要和供给普遍存在时间差。例如，粮食、水果等农作物的生产、收获有严格的季节性和周期性，这就决定了农作物的集中产出，但是人们的消费是天天有需求，因而供给和需求不可避免地会出现时间差。正是有了这个时间差，商品才能取得自身最高价值，才能获得十分理想的效益。但是，由这个时间差产生的效用不会自动实现，如果不采取有效的方法，集中生产出的粮食除了当时的少量消费外，就会损坏、腐烂，而在非生产时间，人们就会找不到粮食、水果吃，所以必须进行储存、保管以保证经常性的需要，通过供人们食用以实现其使用价值。这种使用价值是通过物流活动克服了季节性生产和经常性消费的时间差才得以实现的。这就是物流的时间效用。

③ 延长时间差创造价值。尽管加快物流速度，缩短物流时间是普遍规律，但是在某些具体物流中也存在人为地、能动地延长物流时间来创造效用的情况。例如，囤积居奇便是一种有意识地延长物流时间，利用增加时间差来创造效用的例子。

（2）场所价值

“物”从供给者到需求者之间有一段空间差异。供给者和需求者往往处于不同的场所，由于改变这一场所的差别，创造的价值被称为“场所价值”。物流具有向高价值区流动的趋向，在竞争的市场经济中，商品总是向价值高的场所流动。无论从集中生产场所流向分散的需求场所，还是从分散生产场所流向集中需求场所的物流，追求场所价值是区域间、国际间物流发展的主要因素之一，也是物流产业链不断延伸的根本所在。

① 从集中生产场所流入分散需求场所创造价值。现代化大生产的特点之一，是通过集中的大规模生产提高生产效率，降低成本。在一个小范围集中生产的产品可以覆盖大面积的需求地区，有时甚至可覆盖一个国家乃至若干国家。通过物流将产品从集中生产的低价位区转移到分散于各处的高价位区有时可以获得很高的利益。例如，汽车的密集生产有时在一个厂区的年产量可达百万辆以上，这些车辆都需通过物流渠道流入分散需求地区，物流的“场所价值”也依此决定。

② 从分散生产场所流入集中需求场所创造价值。和上面的情况相反，如粮食是在一亩地一亩地上分散生产出来的，而一个大城市的需求却相对大规模集中；一个大汽车厂的零配件生产也分布得非常广，但却集中在一个大厂中装配，这也形成了分散生产和集中需求，物流便依此取得了场所价值。

③ 从甲地生产流入乙地需求创造场所价值。现代社会中供应与需求的空间差比比皆是，十分普遍，除了由大生产所决定之外，还有不少是自然地理和社会发展因素决定的，如农村生产的粮食、蔬菜而于异地的城市消费等。现代人每日消费的物品大多都是相距一定距离甚至十分遥远的地方生产的。这么复杂交错的供给与需求的空间差都是靠物流来弥合的，物流也从中

取得了利益。

（3）加工附加价值

物流也可以创造加工附加价值。加工是生产领域常用的手段，并不是物流的本来职能。但是，现代物流的一个重要特点，是根据自己的优势从事一定的补充性加工活动，它不是创造商品主要实体，形成商品主要功能和使用价值，而是带有完善、补充、增加性质的加工活动，这种活动必然会形成劳动对象的附加价值，如物品的分拣、包装等。

3. 现代物流的发展过程

（1）从宏观角度看，现代物流发展过程经历了以下三个阶段：

① 实体配送阶段。主要任务是通过配送中心实现产品从厂家到顾客的转移，追求的目标是以尽可能低的成本将产品运至顾客手中，同时强调成本与服务水平之间的平衡。

② 物流管理阶段。物流系统的任务从产成品的配送扩展到采购、生产阶段的物资运输，这一阶段的重点是库存管理。

③ 综合物流管理阶段，即供应链管理阶段。这一阶段物流管理的内容从企业内部延伸到企业外部，企业更加注重外部关系的管理，同时加入了信息技术应用，强调综合职能、集约化和一体化。

（2）从微观角度看，对于一个企业而言，物流发展经历了以下三个阶段：

① 降低成本阶段。由于存在着过剩物流成本，通过物流活动的效率化可以降低物流成本，实现物流费用最小化，从而为企业的利润增长做出贡献。

② 促进企业收益增长的阶段。通过向顾客提供满意的物流服务，带动销售收入，实现收益——费用的最大化阶段。

③ 列入企业长远战略地位阶段。思考物流在企业经营中的定位，将物流从日常事务的管理水准上升到经营结构的水准，建立起战略物流的新理念，将物流作为提高企业竞争能力的战略资源及利润源泉。

4. 物流系统分类

现代物流主要分为两大类：宏观物流与微观物流。

① 宏观物流，也称社会物流，它是带有总体性的物流活动，具有宏观性与全局性。宏观物流的状况如何，直接影响国民经济的效益。

② 微观物流，也称企业物流，是指企业内部物品实体流动，具有微观性。微观物流的状况如何，直接影响一个企业的经济效益。

物流的分类与具体内容如图 7-1 所示。

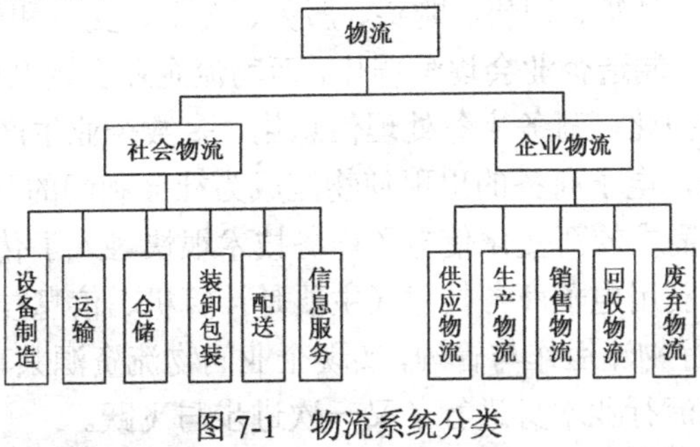

图 7-1　物流系统分类

5. 物流系统的功能要素

物流系统的功能要素指物流系统具有的基本功能。物流系统的总功能就是将这些基本功能有效地组合在一起。一般认为，物流系统有运输、包装、装卸搬运、储存保管、流通加工、配送、物流信息处理等功能要素。

① 运输。包括供应及销售物流中的汽车、火车、轮船、飞机等运输方式，以及生产物流中的管道、传送带等运输方式。

② 包装。包括产品的出厂包装、生产过程中在制品、半成品的包装，以及物流过程中换装、分装、再包装等活动。

③ 装卸搬运。包括对运输、包装、储存保管、流通加工等物流活动进行衔接活动，以及在保管活动中为检验、维护、保养所进行的装卸活动。

④ 储存保管。包括堆存、保管、保养、维护等活动。

⑤ 流通加工，又称流通过程的辅助加工活动。

⑥ 配送。它是物流进入的最终阶段，以配货、送货形式最终完成社会物流并实现资源配置的活动。配送作为一种现代流通方式，集经营、服务、社会集中库存、分拣、装卸搬运于一身，已不是单单一种送货运输能包含的，所以将其作为了独立功能要素。

⑦ 物流信息处理。在物流过程中，会产生大量的反映物流过程的有关输入、输出物流的结构，流量与流向，库存动态，物流费用，市场情报等信息，并不断传输和反馈，形成物流信息。同时，应用计算机加工处理可获得实用的物流信息，这有利于及时了解和掌握物流动态，协调物流各个环节，有效地组织物流活动。

7.1.2　电子商务物流基本理论

1. 电子商务物流的概念

电子商务物流概念到目前为止还没有统一的定义。有人认为，电子商务物流是为电子商务服务的物流；也有人认为，电子商务物流是传统物流企业的电子商务化。在这里，本书将通过讨论电子商务与物流的关系，来说明电子商务物流的含义。

首先，物流在电子商务流程中起着非常重要的作用。众所周知，物流是电子商务系统的基本组成部分，也是实现电子商务的重要环节和基本保证。在完成在线交易与支付之后，物流是交易完成的最后一个必不可少的重要环节。

其次，电子商务将物流这一行业推向了前所未有的高度。电子商务的产生导致了社会产业大重组，重组的结果使社会上的产业只剩下两个行业：一个是实业，包括制造业和物流业；另一个是信息业，包括广告、订货、销售、购买、服务、金融、支付和信息处理业等。在实业中，制造业和物流业二者相比，制造企业会逐渐弱化，而物流企业会逐渐强化。在电子商务环境下，随着绝大多数商业银行虚拟化、商务事务处理信息化、多数企业生产柔性化以后，实物物流处理就尤为重要了。所以说，电子商务的出现使物流成为社会利润的又一源泉。

最后，物流产业本身需求的新变化使电子商务技术很快融入了传统物流产业中，即实现了物流管理电子化，也就是利用电子商务技术（主要是计算机、信息技术）对传统物流管理的改造，以计算机网络技术进行物流运作与管理，实现企业间物流资源共享和优化配置的物流方式。可见电子商务物流引领物流行业本身进行了又一次进步与飞跃。

由上述分析可知，电子商务物流是指在实现电子商务特定过程的时间和空间范围内，由所需位移的商品（或物资）、包装设备、装卸搬运机械、运输工具、仓储设施、人员和通信联系设施等若干相互制约的动态要素所构成的具有特定功能的有机整体。其目的是在保证电子商务过程中商品满足供给需求的前提下，实现各种物流环节的合理衔接，并取得最佳时间效益和空间效益。

2. 电子商务物流的特点

电子商务时代的来临，给全球物流带来了新的发展，使电子商务物流具备了以下5个新特点：

① 信息化。电子商务时代，物流信息化是电子商务的必然要求。物流信息化表现为物流信息的商品化、物流信息收集的数据库化和代码化、物流信息处理的电子化和计算机化、物流信息传递的标准化和实时化、物流信息存储的数字化等。因此，条码（Bar Code）技术、数据库（Database）技术、电子订货系统（E1ectronic Ordering System，EOS）、电子数据交换（Electronic Data Interchange， EDI）、快速反应（Quick Response，QR）及有效的客户反应（Effective Customer Response，ECR）、企业资源计划（Enterprise Resource Planning，ERP）等技术与观念都在我国的物流中得到了普遍应用。信息化是一切的基础，没有物流的信息化，任何先进的技术设备都不可能应用于物流领域。信息技术及计算机技术在物流中的应用彻底改变了世界物流的面貌。

② 自动化。自动化的基础是信息化，自动化的核心是机电一体化，自动化的外在表现是无人化，自动化的效果是省力化。另外，物流自动化还可以扩大物流作业能力、提高劳动生产率、减少物流作业的差错等。物流自动化的设施非常多，如条码、语音、射频自动识别系统，自动分拣系统，自动存取系统，自动导向车，货物自动跟踪系统等。这些设施在发达国家已普遍用于物流作业流程中，而在我国，由于物流业起步晚，发展水平低，自动化技术的普及还需要较长的时间。

③ 网络化。物流领域网络化的基础也是信息化，这里网络化有两层含义：一是指物流配送系统的计算机通信网络，包括物流配送中心与供应商或制造商的联系要通过计算机网络。另外，与下游顾客的联系也通过计算机网络通信，如物流配送中心向供应商报送订单这一过程，就可以使用计算机通信方式，借助于增值网（Value Add Network，VAN）上的电子订货系统（EOS）和电子数据交换（EDI）技术来自动实现，物流配送中心通过计算机网络收集下游客户的订货过程也能自动完成。二是指组织的网络化，即应用所谓的企业内部网。物流网络化是物流信息化的必然产物，是电子商务环境下物流活动的主要特征之一。当今世界 Internet 等全球资源的可用性及网络技术的普及为物流网络化提供了良好的外部环境，物流网络化不可阻挡。

④ 智能化。这是物流自动化、信息化的一种高层次应用。物流作业过程大量的运筹和决策，如库存水平的确定、运输（搬运）路径的选择、自动导向车的运行轨迹和作业控制、自动分拣机的运行、物流配送中心经营管理的决策支持等问题都需要借助大量的知识才能解决。在物流自动化进程中，物流智能化是不可回避的技术难题。好在专家系统、机器人等相关技术在国际上已经有比较成熟的研究成果。为了提高物流的现代化水平，物流智能化已成为电子商务环境下物流发展的一个新趋势。

⑤ 柔性化。柔性化本来是为实现“以顾客为中心”理念而在生产领域提出的，但要真正做到柔性化，即真正能根据消费者需求的变化来灵活调节生产工艺，没有配套的柔性化的物流

系统是不可能实现的。20 世纪 90 年代，国际生产领域纷纷推出弹性制造系统（FMS）、计算机集成制造系统（CIMS）、制造资源计划（MRP）、企业资源计划（ERP）以及供应链管理的概念和技术，它们实质上是将生产、流通集成在一起，根据用户端需求组织生产，安排物流活动。因此，柔性化的物流正是适应生产、流通与消费需求而发展起来的一种新型物流模式。要求物流配送中心根据消费需求的“多品种、小批量、多批次、短周期”特色，灵活组织和实施物流作业。

另外，物流设施、商品包装的标准化，物流的社会化、共同化也是电子商务环境下物流模式的新特点。

3. 电子商务物流服务的内容

电子商务物流除了提供传统物流提供的，如运输、储存、装卸搬运、包装、流通加工功能、物流信息处理功能外，还提供以下 4 种增值物流服务：

① 增加便利性的服务。一切能够简化手续、简化操作的服务都是“增值性服务”，推行一条龙的门到门服务、提供完备的操作或作业提示、免培训、免维护、省力化设计或安装、代办业务、24 小时营业、自动订货、传递信息和转账（利用 EOS、EDI、EFT）、物流全过程追踪等都是对电子商务销售有用的增值性服务。

② 加快反应速度的服务——使流通过程变快的服务。一是提高运输基础设施和设备的效率；二是优化电子商务系统的配送中心、物流中心网络，重新设计适合电子商务的流通渠道，以此来减少物流环节，简化物流过程，提高物流系统的快速反应能力。

③ 降低成本的服务——发掘第三利润源泉的服务。采用第三方物流服务、联合采取物流共同化计划、寻找能够降低物流成本的物流方案。

④ 延伸服务——将供应链集成在一起的服务。向上可以延伸到市场调查与预测、采购及订单处理；向下可以延伸到配送、物流咨询、物流方案的选择与规划、库存控制决策建议、货款回收与结算、教育与培训、物流系统设计与规划方案的制作等活动。

7.2 电子商务物流模式

从现阶段来看，电子商务物流模式有以下 6 种：企业自营物流、借助传统流通渠道、物流企业联盟、第三方物流模式、物流一体化模式及第四方物流模式。

7.2.1 企业自营物流模式

企业借助自身的物质条件，自行开展经营的物流网络活动，称为企业自营物流。企业自营物流模式的优点是，企业能够掌握交易的最后环节，有利于控制交易时间。这一优势在同城商品配送上表现得尤其突出，网站拥有自己的配送队伍，可以减少对其他配送公司下达配送要求的手续，节省了时间；在网上接受订购之后，还可以立即配送，这使“当日配送、限时配送”成为可能。

当然，对于任何一家公司而言，拥有一支自己的配送队伍都将是一笔庞大的开支，不是所有的电子商务公司都有必要、有能力自己组织商品配送的，具有以下 4 个特点的企业一般可尝试自营物流模式：

① 业务相对集中，送货方式比较单一。

② 业务量较大，有一定规模效应。

③ 规模比较大、资金比较雄厚、管理能力强的企业。

④ 物流对企业具有非常重要的战略地位。

这里还必须强调，自营物流并非不能把某些物流业务外包，如购买运输、购买仓储。

企业自营模式的典型应用企业是海尔公司。在自建基础上小外包，总体实现采购 JIT（及时制）、原材料配送 JIT 和成品配送 JIT 的同步流程。海尔公司自 1999 年开始进行以“市场链”为纽带的业务流程再造，以订单信息流为中心，带动物流、商流、资金流的运作。海尔物流的“一流三网”充分体现了现代物流的特征。

7.2.2　借助传统流通渠道模式

这种模式是指已经拥有良好的传统流通渠道的企业自行建立基于网络的电子商务销售系统，利用原有的物流渠道承担新建电子商务的物流业务。建立这种物流模式的企业往往拥有成熟发达的货物流通网络，但是这些企业在信息交换、反应速度上与电子商务的要求还有一定的差距。它们要么借助电子商务改造信息处理系统，要么忍受一些效率上的不足。总的来说，这种物流模式是由传统行业的电子商务化催生的。这类企业主要包括：制造商、批发商、零售商等。

7.2.3　物流企业联盟模式

物流企业联盟是两个或两个以上的经济组织为实现特定的物流目标而采取的长期联盟与合作。一般来说，组成物流联盟的企业之间具有很强的依赖性，物流联盟的各个组成企业明确自身在整个物流联盟中的优势及担当的角色，内部的对抗和冲突减少，分工明晰，使供应商把注意力集中在提供客户指定的服务上，最终提高企业的竞争能力和竞争效率，满足企业跨地区、全方位物流服务的要求。通常，这种模式适用于以下两种情况：

① 物流在企业的发展战略中起主要作用，而企业自身的物流管理能力、水平比较低。

② 物流在其战略中不占关键地位，但物流成本很高。

7.2.4　第三方物流模式

第三方物流（Third Party Logistics，TPL 或 3PL）是物流专业化的一种形式，指物流配送活动由商品的供方和需方之外的第三方提供，第三方不参与商品的买卖，只提供从生产到销售整个流通全过程的物流服务，包括商品运输、储存、配送及包装加工等一系列增值服务。对于一个选择第三方物流服务的企业而言，第三方物流的作用是让生产经营企业集中精力搞好主业，把原来属于自己处理的物流活动，以合同方式委托给专业的第三方物流服务企业，同时通过信息系统与第三方物流企业保持密切联系，以达到对物流全程管理和控制的一种物流运作与管理方式。因此第三方物流又叫合同制物流。从广义的角度看，第三方物流包括一切物流活动，以及发货人可以从专业物流代理商处得到的其他一些价值增值服务。

常见的第三方物流企业提供的主要业务有：

① 基本业务。仓储、长途运输、市内配送、装卸等。

② 附加值业务。订单处理、货物验收、仓库再包装/加工、代理货物保险、送货代收款、货物回收/替换等。

③ 高级服务。库存分析报告、库存控制、分销中心的建立、供应链的设计等。

第三方物流与传统物流提供的服务主要区别在于，相比于传统物流服务的短期合同、注重价格、服务于许多供应商的特点，第三方物流往往关注长期合同、注重服务、只服务于单个或少数供应商。第三方物流产生的主要原因是，帮助企业降低物流成本，通过业务外包让生产制造企业能够集中精力，强化主业，专业的物流服务可缩短出货至交货时间，提高资源利用率，减少投资；同时第三方物流也是整合供应链、国际化、虚拟化的需要。

当一个公司考虑选择第三方物流模式时，需要考虑以下 5 方面因素：

① 第三方物流价格与企业自营物流成本的比较。

② 第三方物流的客户化——是否能够顺畅地进入货主的工作。

③ 第三方物流的专业化——是否熟悉货主所在的行业特点和对物流运作管理的影响。

④ 自拥有资产与非自拥有资产的第三方物流的比较，自有资产的第三方物流规模大，客户基础雄厚，服务质量高，但不灵活，决策期长；非自有资产的第三方物流运作灵活，成本低，但资源有限，价格谈判力低。

⑤ 其他重要因素，如可靠性、灵活性及反应能力、成本等。

7.2.5 物流一体化模式

所谓物流一体化是指以物流系统为核心的由生产企业、物流企业、销售企业直至消费者供应链的整体化和系统化。它是物流业发展的高级和成熟阶段。它分为三个层次：

① 物流自身一体化。指物流系统的观念逐渐确立，运输、仓储和其他物流要素趋向完备，子系统协调运作，系统化发展。

② 微观物流一体化。指市场主体企业将物流提高到企业战略的地位，并且出现了以物流战略作为纽带的企业联盟。

③ 宏观物流一体化。指物流业发展到这样的水平：物流业占到国家国民生产总值的一定比例，处于社会经济生活的主导地位。它使跨国公司从内部职能专业化和国际分工程度的提高中获得规模经济效益。

物流一体化是物流产业化的发展形式，它必须以第三方物流充分发展为基础。物流一体化的实质是一个物流管理问题，即专业化的物流管理和技术人员，充分利用专业化的物流设备、设施，发挥专业化物流运作的管理经验，以求取得整体最优的效果。

从物流业的发展看，第三方物流是在物流一体化的第一个层次时出现萌芽的，但是这时只有数量有限的功能性物流企业和物流代理企业。第三方物流在物流一体化的第二个层次得到迅速发展，此时专业化的功能性物流企业和综合性物流企业及相应的物流代理公司出现，且发展很快。这些企业发展到一定水平，物流一体化就进入了第三个层次。

西方发达国家在发展第三方物流、实现物流一体化方面积累了丰富的经验。德国、美国、日本等发达国家认为，实现物流一体化的关键是物流管理队伍、物流专业知识、管理者规划能力与管理水平。第三方物流和物流一体化为中国物流产业提出了新的发展方向，也将再一次促进中国物流行业的发展与进步。

7.2.6　第四方物流模式

关于第四方物流的定义有很多种，本文列出以下三种具有代表性和得到公认的定义：

① 第四方物流指集成商利用分包商来控制与管理客户公司的点到点式供应链运作。

② 第四方物流指集中管理自身资源、能力和技术并提供互补服务的供应链综合解决办法的供应者。

③ 第四方物流指通过调集、管理和组织自己的以及具有互补性的服务提供商的资源、能力和技术，以提供一个综合的供应链解决方案的供应链集成商。

总的来说，第四方物流（4PL）可以定义为综合供应链解决方案的物流整合和物流作业的组织者。第四方物流负责传统第三方物流安排以外的更广的功能整合。

第四方物流与第三方物流相比具有两大特点。

特点之一，提供一个综合性供应链解决方案，以有效地适应需方多样化和复杂的需求，集中所有资源为客户完美地解决问题。这主要体现在以下 4 个方面：

① 供应链再建。通过供应链的参与者同步进行供应链规划与实施，或者利用独立的供应链参与者之间的合作提高规模和总量。

② 功能转化。主要是销售和操作规划、配送管理、物资采购、客户响应以及供应链技术等，通过战略调整、流程再造、整体性改变管理和技术，使客户间的供应链运作一体化。

③ 业务流程再造。将客户与供应商信息和技术系统一体化，把人的因素和业务规范有机结合起来，使整个供应链规划和业务流程能够有效地贯彻实施。

④ 实施第四方物流，开展多功能、多流程的供应链业务。其范围远远超出传统外包运输管理和仓储运作的物流服务。企业可以把整条供应链全权交给第四方物流运作，第四方物流可为供应链功能或全部流程提供完整的服务。

特点之二，通过影响整个供应链来获得价值，即它与类似外包的供应链的区别在于，它能够为整条供应链的客户带来利益。这表现在以下 4 个方面：

① 利润增长。第四方物流的利润增长将取决于服务质量的提高、实用性的增加和物流成本的降低。

② 运营成本降低。利用运作效率提高、流程增加和采购成本降低来实现。流程一体化、供应链规划的改善和实施将使运营成本和产品销售成本降低。

③ 工作成本降低。采用现代信息技术、科学的管理流程和标准化管理，使存货和现金流转次数减少，可望得到占总成本 30%的工作成本的降低。

④ 提高资产利用率。客户通过第四方物流减少固定资产占用，提高了资产利用率，使客户通过投资研究与设计、产品开发、销售与市场拓展等获得更高的经济效益。

7.3　电子商务物流管理方法

7.3.1　及时制生产

1. 及时制生产概述

及时制（Just In Time，JIT），是由日本丰田汽车公司在 20 世纪 60 年代实行的一种生产方式，1973 年以后，它对丰田公司度过第一次能源危机起到了突出的作用，后来引起了其他国家生产企业的重视，并逐渐在欧洲和美国的日资企业及当地企业中推行开来。其中，日本的生产、流通企业的物流模式对欧美的物流产生了重要影响。近年来，JIT 不仅作为一种生产方式，也作为一种物流模式在欧美物流行业中得到推行。

JIT 指将必要的零件以必要的数量在必要的时间送到生产线，并且只将所需要的零件、只以所需要的数量、只在正好需要的时间送到生产线。这是为适应 20 世纪 60 年代消费需求的多样化、个性化而建立的一种生产体系以及为该生产体系服务的物流体系。在倡导 JIT 生产方式以前，世界汽车生产企业包括丰田公司均采取福特式的“总动员生产方式”，即一半时间人员、设备、流水线等待零件，另一半时间等零件一运到，全体人员总动员，紧急生产产品。这种方式造成了生产过程中的物流不合理现象，尤以库存积压和短缺为特征，生产线要么不开机，要么一开机就大量生产，这导致了严重的资源浪费。丰田公司的 JIT 方式在这种情况下问世了，它采取多品种、少批量、短周期的生产方式，大大消除了库存，优化了生产物流，减少了浪费。

2. JIT 在物流中的作用

JIT 是一种生产方式，但其核心是削减库存，直至实现零库存，同时又能保证生产过程顺利进行，这种观念本身就是物流功能的一种反映，而 JIT 应用于物流领域，是指将正确的商品以正确的数量在正确的时间送到正确的地点，这里的“正确”就是 just 的意思，既不多也不少、既不早也不晚，刚好按照需要送货。这当然是一种理想化的状态，在多品种、小批量、多批次、短周期的消费需求的压力下，生产者、供应商、物流配送中心、零售商都要调整自己的生产、供应、流通流程，按下游的需求时间、数量、结构及其他要求组织均衡生产、供应和流通，在这些作业内部采用“看板”管理的一系列手段来削减库存，合理规划物流作业。这便是 JIT 思想运用在物流行业的核心思想。

在此过程中，无论是生产者、供应商还是物流配送中心或零售商，均应对各自的下游客户的消费需求进行精确预测，否则就用不好 JIT，因为 JIT 作业的基础是假定下游需求是固定的，即使实际上是变化的，但通过准确的统计预测，能把握下游需求的变化。在物流行业中，JIT 是指严格按照客户的订单进行生产，以较高的生产率生产高质量的产品，同时降低成本、消除浪费的一种管理方法。其核心思想可概括为“在需要的时间、按需要的数量生产所需的产品”，即通过生产的计划、控制及库存管理，追求一种无库存或库存达到最小的目标的生产系统。

7.3.2 物料需求计划（MRP）

1. MRP 的概念

首先明确物料的概念。物料在这里是一个广义的概念，它不仅指原材料，而且包含原材料、自制品（零部件）、成品、外购件和服务件（备品、备件）这个更大范围的物料。因此，这是一个广义的物料概念。

对物料的管理，不仅指物料的库存管理，企业更关注怎样才能在规定的时间、规定的地点、按照规定的数量得到真正需要的物料。换句话说，就是库存管理怎样才能符合生产计划的要求，这是物料需求计划所解决的关键问题。在物料管理中，一方面，要满足生产过程中对物料的充分供应，保证生产过程的连续进行而不发生中断；另一方面，又要控制物料储备量的限度，减少所占用的流动资金，加速资金周转，降低产品成本。

物料需求计划（Material Requirement Planning，MRP）最早出现在美国，并由美国生产与库存管理协会倡导而发展起来。它是一种以计算机为基础的编制生产计划与实行控制的系统，它既是一种新的计划管理方法，也是一种新的生产组织方式。MRP 的出现和发展，引起了生产管理理论和实践的变革。MRP 根据总生产进度计划中规定的最终产品的交货日期，规定必须完成各项作业的时间，编制所有较低层次零部件的生产进度计划，对外计划各种零部件的采购时间与数量，对内确定生产部门应进行加工生产的时间和数量。一旦作业不能按计划完成，MRP 系统就要对采购和生产进度的时间和数量加以调整，使各项作业的优先顺序符合实际情况。

2. MRP 原理

首先，在进行物料需求计划之前，需要准备以下基本数据：

① 主生产计划。它指明在某一计划时间段内应生产的各种产品和备件，它是物料需求计划制定的一个最重要的数据来源。

② 物料清单。它指明物料之间的结构关系，以及每种物料需求的数量，它是物料需求计划系统中最基础的数据。

③ 库存记录。它反映每个物料品目的现有库存量和计划接受量的实际状态。

④ 提前期。决定每种物料何时开工、何时完工。

在有了上述 4 项重要基本数据后就可以开始物料需求计划的计算步骤了。一般来说，物料需求计划的制定是遵照先通过主生产计划导出有关物料的需求量与需求时间，然后再根据物料的提前期来确定投产或订货时间的计算思路。其基本计算步骤如下：

① 计算物料的毛需求量。根据主生产计划、物料清单得到第一层级物料品目的毛需求量，再通过第一层级物料品目计算下一层级物料品目的毛需求量，依次一直往下展开计算，直到最低层级原材料毛坯或采购件为止。

② 计算净需求量。根据毛需求量、可用库存量、已分配量等计算出每种物料的净需求量。

③ 批量计算。由相关计划人员对物料生产做出批量策略决定，不管采用何种批量规则或不采用批量规则，净需求量计算后都应该表明是否有批量要求。

④ 计算安全库存量、废品率和损耗率等。由相关计划人员决定是否对每个物料的净需求量进行这三项计算。

⑤ 下达计划订单。指通过以上计算后，根据提前期生成计划订单。物料需求计划所生成的计划订单，需综合考虑企业的财务能力以及资源需求，两者平衡后，才能正式下达计划订单。

⑥ 再一次计算。物料需求计划的再次生成一般有两种方式：一是对库存数据重新计算，同时覆盖原计算数据，生成全新的物料需求计划；二是在制定、生成物料需求计划的条件发生变化时，相应地更新物料需求计划有关部分的记录。这两种生成方式都有实际应用案例，具体选择哪一种方式要看企业的实际条件和状况。

3. MRP 的作用

MRP 是一种极好的计划与进度安排工具，它的最大好处是，可以根据不可预见的意外情况，重新安排计划和进度。MRP 系统能及时发现物料的短缺与过量，以便采取措施阻止这种情况的发生。通过重排订单应完工的日期，可使订单的优先级及时得到更新。只要存在供求差异，MRP 就发出例外报告。MRP 是一个按优先级划分订单的系统，它提供的信息包括：订单已推迟、提前，取消现有订单，发生一个新的订单等。MRP 谋求使应当完工的日期与需求相符，所以当作业按计划进行时，库存投资额比较准确。如果某组件的一个零件缺货，MRP 能重新安排属于同一组件的其他零件的进度，使它们推迟完工，同时也能重新安排车间里各种订单的优先级别。MRP 实际上并不重排订单，但它会输出信息，标明在哪里变动最适合做出新的决策。MRP 管理方法实质上是一个不断平衡供需矛盾的过程，当工厂订单增加，或制造订单增加时，由 MRP 进行分配，使供需得到平衡。工作订单增加，利用 MRP 再进行分配，使供需再次平衡，那就是采购订单增加。

7.3.3 制造资源计划（MRPII）

20 世纪 80 年代出现的制造资源计划（Manufacturing Resources Planning，MRPII），是从物料需求计划（MRP）发展而来的，或者说 MRP 是 MRPII 的基础和核心。它与闭环 MRP 的最大区别在于统一管理物流以及与物流密切相关的资金流，也就是说，它除了 MRP 的所有功能之外，还增加了财务管理功能。MRPII 的管理理念认为，企业资源不仅是材料，也包括人力、资金、设备和时间，这些都需要加以控制。因此，MRPII 实现了生产与财务两大系统的统一，形成了一个集采购、库存、生产、销售、人力、财务、设备、工程技术为一体的大系统。MRPII 的功能已能满足制造业的所有经营及生产活动，但 MRPII 仍然只是对内部实行管理的一种系统，在战略规划、市场以及高层决策方面的功能仍然较弱。

1. MRPII 的总体结构

目前常见的 MRPII 系统包含分销、制造和财务三大部分，具体包括：销售、订单、预测、主生产计划、库存、制造标准、物料需求计划、能力需求计划、车间控制、采购、成本、总账、应收账款、应付账款、工资和固定资产等模块。MRPII 是一个集成度相当高的信息系统。

2. MRPII 的主要特点

① 有机地统一了企业各种子系统，形成了一个面向整个企业管理的综合性管理软件系统，全面管理企业的物流、资金流和信息流。

② 通过重组数据结构，建立统一的中央数据库，实现了数据的高度共享，既避免了数据在不同子系统中重复输入和存储，又保证了数据的一致性。

③ 具有模拟功能，能够根据不同的决策方针模拟可能发生的多种结果，在某种程度上它是企业高层管理的决策工具。

据权威机构 APICS 的统计表明，企业在使用 MRPII 管理后，可明显改善库存管理，减少库存资金占用，提高资金周转次数，提高劳动生产率，有效降低生产成本，从而提高经济效益和企业的市场竞争力。

7.3.4 企业资源计划（ERP）

在第 6 章已经对企业资源计划（ERP）进行了概述，这里只着重介绍其主要功能模块。

1. 企业内部资源管理基本模块

（1）生产控制管理模块

生产控制管理模块是 ERP 系统的核心所在，它将企业的整个生产过程有机地结合在一起，使企业能够有效地降低库存，提高效率；同时各个原本分散的生产流程的自动连接，也使生产流程前后连贯地进行，而不会出现生产脱节、耽误生产交货时间的情况。

生产控制管理是一个以计划为导向的先进的生产管理方法。首先，企业确定一个总生产计划，再经过系统层层细分后，下达到各部门去执行，即生产部门以此生产，采购部门按此采购。

① 主生产计划。它是根据生产计划、预测和客户订单的输入来安排将来各周期中提供的产品种类和数量。它将生产计划转为产品计划，是在平衡了物料和能力的需要后精确到时间、数量的详细的进度计划，是企业在一段时期内总的活动安排，是一个稳定的计划，是由生产计划、实际订单和对历史销售数据分析得来的预测而产生的。

② 物料需求计划。在主生产计划决定生产多少最终产品后，再根据物料清单，把整个企业要生产的产品数量转变为所需生产的零部件数量，并对照现有库存量，得到还需加工多少、采购多少的最终数量。这是企业所有部门真正实施计划的依据。

③ 能力需求计划。它是在得出初步的物料需求计划之后，将所有工作中心的总工作负荷与工作中心的能力平衡后产生的详细工作计划，用以确定生成的物料需求计划是否是企业生产能力可行的需求计划。能力需求计划是一种短期的、当前实际应用的计划。

④ 车间控制。这是随时间变化的动态作业计划，将作业分配到各个具体车间，再进行作业排序、作业管理和作业监控。

⑤ 制造标准。在编制计划中需要许多基本生产信息，这些基本信息就是制造标准，包括零件、产品结构、工序和工作中心，它们都可用唯一的代码在计算机中得到识别。

（2）财务管理模块

在企业中，清晰分明的财务管理是极为重要的，所以在 ERP 方案中，它是不可或缺的一部分。ERP 财务模块与一般的财务软件不同，作为 ERP 系统的一部分，它和系统的其他模块有相应的接口，能够相互集成。比如，它可将由生产、采购活动输入的信息自动计入财务模块生成总账、会计报表，取消了输入凭证烦琐的过程，几乎完全替代了以往传统的手工操作。一般 ERP 软件的财务模块分为会计核算与财务管理两部分。

① 会计核算。主要记录、核算、反映和分析资金在企业经济活动中的变动过程及结果。它由总账、应收账、应付账、现金、固定资产、多币制等部分构成。

② 财务管理。主要基于会计核算的数据加以分析，从而进行相应的预测、管理和控制活动。它侧重于财务计划、控制、分析和预测。财务计划是指根据前期财务分析做出下期的财务计划、预算等。财务分析则提供查询功能，通过用户定义的差异数据图形显示进行财务绩效评估，账户分析等。财务决策是财务管理的核心部分，其中心内容是做出有关资金的决策，包括资金筹集、投放及管理。

（3）人力资源管理模块

近年来，企业内部的人力资源越来越受到企业的关注，被视为企业的资源之本。在这种情况下，人力资源管理作为一个独立的模块，被加入到了 ERP 系统中，它与 ERP 的财务、生产系统组成一个高效的、具有高度集成性的企业内部资源管理系统。它与传统方式下的人事管理有着根本的不同，主要功能如下：

① 通过人力资源规划辅助决策。针对企业编制的人员、组织结构的多种方案，进行模拟比较和运行分析，并辅之以图形进行直观评估，辅助管理者做出最终决策。制定职务模型，包括职位要求、升迁路径和培训计划，根据担任该职位的员工资格和条件，系统会提出针对员工的一系列培训建议，一旦机构改组或职位变动，系统又会提出一系列职位变动或升迁的建议。可进行人员成本分析，对过去、现在、将来的人员成本做出分析及预测，并通过 ERP 集成环境，为企业成本分析提供依据。

② 招聘管理。主要对招聘过程进行管理。优化招聘过程，减少业务工作量，科学管理以降低招聘成本，为选聘人员提供岗位辅助信息，并有效地帮助企业挖掘人才资源。

③ 工资核算。根据企业跨地区、跨部门、跨工种的不同薪资结构及处理流程，制定与之相适应的薪资核算方法；与时间管理模块直接集成，及时更新数据，实现员工薪资核算的动态化管理；通过与其他模块集成，自动根据要求调整薪资结构及数据。

④ 工时管理。根据本国或当地的日历，安排企业的运作时间及劳动力作息时间表。运用远端考勤系统，将员工的实际出勤状况记录到主系统中，并把与员工薪资、奖金有关的时间数据导入薪资系统和成本核算中。

⑤ 差旅核算。系统能够自动控制从差旅申请、差旅批准到差旅费报销的整个流程，并通过集成环境将核算数据导入财务成本核算模块中。

2. 外部资源管理功能模块

（1）供应链管理

① 分销管理。销售管理从产品的销售计划开始，是对销售产品、销售地区、销售客户等各种信息的管理和统计，并对销售数量、金额、利润、绩效、客户服务做出全面分析。

② 库存控制。ERP 系统的库存控制不仅在企业内部对正常生产的物料进行计划和管理，而且还要求面向供应链进行管理，以消除“牛鞭效应”，最大程度地减少企业内部和整个供应链的库存成本。

③ 采购管理。确定合理的订货量、优秀的供应商和保持最佳的安全储备；随时提供订购、验收信息，跟踪和催促对外采购或委外加工的物料，保证货物及时到达；建立供应商档案，用最新的成本信息来调整库存成本。

（2）客户关系管理

客户关系管理（CRM）是指能从企业现存数据中挖掘所有关键信息，以自动管理现有顾客和潜在顾客数据的系统。它通过建立一个客户信息档案，对其进行分类管理，进而进行针对性的客户服务，以达到最高效率地保留老客户、争取新客户。CRM 强化前端的数据仓库技术，通过分析、整合企业的销售、营销及服务信息，协助企业提供更客户化的服务及实现目标营销的理念。它可以大幅度改善企业与顾客间的关系，带来更好的销售机会。CRM 的基本功能包括：客户管理、联系人管理、时间管理、潜在客户管理、营销管理等，有的软件还包括：呼叫中心、合作伙伴关系管理、商业智能、网上营销、知识管理等。

（3）电子商务

产业界对电子商务的定义存在分歧，电子商务一般指具有共享企业信息、维护企业间关系及产生企业交易行为等三大功能的远程网络通信系统。目前 ERP 软件供应商提供的电子商务应用方案主要有：

① 提供可外挂于 ERP 系统下的 SCM 功能模块。例如，使企业依据整合过的、实时的供应链信息实现自动订货的模块，可协助企业推动企业间的电子商务。

② 提供可外挂于 ERP 系统下的 CRM 功能模块。例如，企业经营的网络商店模块，可协助企业推动企业与个人的电子商务。ERP 提供的中介软件还可协助企业整合前、后端信息，使其达到内外部信息全面整合的境界。

7.3.5　配送资源计划（DRP）

1. DRP 概述

配送资源计划（Distribution Resource Planning，DRP）是以交易流程优化为基础，以销售与库存综合控制管理为核心的集采购、库存、销售、促销、财务及企业决策分析功能于一体的高度智能化的企业分销业务解决方案；是针对生产企业供应链后端强化管理的高效工具。DRP 是管理企业分销网络的系统，目的是使企业对订单和供货具有快速反应和持续补充库存的能力。它通过互联网将供应商与经销商联系在一起，为企业的业务经营及与贸易伙伴的合作提供了一种全新的模式。供应商和经销商之间可以实现实时地提交订单、查询产品供应和库存状况，并获得市场、销售信息及客户支持，实现供应商与经销商之间端到端的供应链管理，有效地缩短了供销链。新模式借助互联网的延伸性及便利性，使商务过程不再受时间、地点和人员的限制，企业的工作效率和业务范围都得到了有效的提升。总公司能够对分公司的财务及费用数据实行全面监控，合理控制，有效降低了财务风险和管理费用。企业也可以在兼容互联网时代的现有业务模式和现有基础设施的情况下，迅速构建 B to B 的电子商务平台，扩展现有业务和销售能力，实现零风险库存，降低分销成本，提高周转效率，确保获得领先一步的竞争优势。

2. DRP 的优点与局限性

（1）DRP 的优点。DRP 系统为物流提供了很多好处，其优点表现在：① 由于实行了协调装运，降低了配送中心的运输费用；② 能准确把握何时需要何种产品，降低了存货水平和仓库空间需求；③ 减少了延迟供货现象，降低了顾客的运输成本；④ 改善了物流与制造之间的存货可视性和协调性；⑤ 有效地模拟存货和运输需求，提高了企业的预算能力。

（2）DRP 的缺点。DRP 本身还有诸多限制，在实际应用时要加以注意：① DRP 系统需要每一个配送中心具有精确的、经过协调的预测数。而在实际情况中，预测的误差是不可避免的，这可能成为一个大问题。② DRP 系统要求配送设施之间的运输具有固定而又可靠的完成周期。虽然完成周期可以通过各种安全的前置时间加以调整，但是完成周期的不确定因素则会降低 DRP 系统的效率。③ 由于生产故障或递送延迟，综合计划会经常受系统故障或频繁改动的影响，尤其是补货运输周期和卖主递送可靠性等方面的不确定因素可能会使 DRP 系统在实际应用中存在一定的局限性。

7.3.6 物流资源计划（LRP）

1. LRP 的概念

物流资源计划（Logistics Resource Planning，LRP）是以物流为基础手段，打破生产与流通界限，集成制造资源计划、分销需要计划以及功能计划而形成的物资资源优化配置方法。

2. LRP 原理

LRP 实际上是把 MRP 和 DRP 结合起来应用，在生产企业内部实行 MRP，在生产企业外部实行 DRP，而将物流作为联系二者的纽带。物流之所以能成为联系纽带，是因为二者虽然在原理上有许多不同之处，但在物流上有共同之处，即它们都包含物资时间、空间位置的转移。它输入社会需求主文件、产品结构文件、生产能力文件、物流能力文件、生产成本文件和供应商货源文件等，形成产品投产计划、生产能力需求计划、送货计划和订货进货计划、运输计划、物流能力需求计划等，并进行成本核算。而社会需求主文件（即社会订货）总是先由 DRP 从库存中予以供应，仓库中不够的再向 MRP 订货/进货。与一般 MRP 不同之处在于，这里的 MRP 的输入是 DRP 生成的订货/进货计划的一部分，即向生产部门的订货，其输出除了一般 MRP 生成的产品投产计划之外，还加上了向 DRP 输入的外购计划。MRP 根据 DRP 的生产订货进货计划进行 MRP 处理，制定生产任务单，产生加工任务单，并交生产部门加工，外购件又加入 DRP 系统的需求文件，进入 DRP 处理。DRP 仍然先从仓库供应，仓库不够的由订货/进货计划到资源市场去采购进货。

7.4 电子商务物流信息系统

7.4.1 电子商务物流信息系统概论

1. 电子商务物流信息系统的概念

电子商务物流信息系统，也称电子商务物流管理信息系统，是一个由人和计算机网络等组成的，采用电子商务理念和技术，从事物流业务信息的收集、传递、储存、加工、维护和使用的系统。由于电子商务物流是信息网络和传统物流的有机结合，物流企业本身又在以崭新的模块化方式进行要素重组，所以电子商务物流信息系统不仅是一个管理系统，更是一个网络化、智能化和社会化的系统。

电子商务物流信息系统是一个整合性物流管理平台，它将物流全过程各环节中的信号、数据、消息、情况等通过信息技术，进行系统的智能采集和分析处理，并配合决策支持技术，对物流体系进行有效的组织和协调，从而实现物流管理和决策的高效率和高质量，以及降低物流成本的目标。电子商务物流信息系统能实现系统之间、企业之间，以及资金流、物流、信息流之间的无缝连接，为企业建立敏捷的供应链管理系统提供技术支持。

人、硬件、软件和物流数据是电子商务物流信息管理系统的 4 种基本资源。首先，电子商务物流信息系统是一个系统工程，不是单靠计算机开发人员就可以完成的，必须有企业管理人员尤其是物流企业管理人员参与。其次，信息技术（包括硬件和软件）是该信息管理系统得以实施的主要技术，只有计算机进入企业的实际应用，电子商务物流信息系统才能发挥其功能。最后，物流数据是电子商务物流信息系统中不可忽略的因素，如果输入计算机的数据不及时，计算机运行速度再快，也不能形成及时的物流管理和实施方案；如果输入计算机的数据不准确，性能再好的计算机也不可能计算出正确的结果。

电子商务物流信息系统充分利用了以信息技术为代表的现代技术手段，支持了电子商务的发展。满足现代社会对物流速度、安全性、可靠性、低费用的需求，是物流信息系统目前和未来的主要发展方向。

2. 电子商务物流信息系统的特点

（1）开放性

为实现物流企业管理或非物流企业物流管理的一体化和资源共享，物流管理系统应具备与公司内部其他系统，如财务、工资管理、人力资源管理等系统连接的性能，且系统不仅要在企业内部实现数据的整合和顺畅流通，还应具备与企业外部供应链的各个环节进行信息整合和数据交换的能力，达到各方面的无缝连接。物流信息系统应采用EDI方式、门户平台方式和数据对接等多种接口方式来实现数据整合和顺畅流通。

（2）可扩展性和灵活性

随着社会经济的快速发展，企业管理中业务的变化也在加快，这就要求系统能够随着企业的变革而变革。如物流企业实施流程再造，采用了新的流程，原来的系统可能无法适用新的流程。如果企业需要进行大规模再投资，重新引进新的管理系统就会造成资源的极大浪费。所以物流信息系统要具备随着企业发展而发展的能力，并考虑系统的灵活性。在建设物流信息系统时，应充分考虑企业未来的管理及业务发展的需要，以便在原来系统的基础上建立更高层次的管理模块。

（3）安全性

局域网和互联网是电子商务物流信息系统的基本运行条件，它使物流企业的触角得以延伸更远，使数据更集中，但安全性问题也随之而来。在物流信息系统开发初期，其安全性往往被人们所忽略。但随着系统开发的深入，特别是网上银行支付手段的实现和电子单证的使用，安全性已成为电子商务物流信息系统的首要问题。它可分为内部安全性问题和外部安全性问题。

① 内部安全性问题。数据的录入、修改、查询、删除等操作权限应根据实际需要赋予不同部门、不同角色，若相关资料被无权限的人查阅或修改，将造成企业商业机密的泄露及其他损失。内部安全性可以通过对不同的角色授以不同权限、设置操作人员进入系统的密码、对操作人员的操作进行记录追踪、禁用移动存储设备、软件运行加设软件加密狗等措施加以保证。

② 外部安全性问题。系统在接入互联网后，将面临遭受病毒、黑客或未经授权的非法用户访问等攻击而导致系统瘫痪的威胁，也可能遭受外来非法用户入侵和窃取公司的机密，甚至发生数据在传输过程中遭受截获的状况等，因此系统应具备足够的安全性以防止网络用户侵入并保证数据传输的安全性。外部安全问题多通过对数据通信链路进行加密、监听，设置企业内部网与互联网之间的防火墙等措施来解决。

（4）协同性

系统的协同性体现在其与客户、企业各部门、供应链各环节及社会各部门的协同等方面。

① 与客户的协调。系统应具有和客户的ERP系统、库存管理系统等实现连接的能力。

② 系统可以定期给客户发送各种物流信息，如库存信息、车辆配送信息、催款提示等。

③ 与企业内部各部门间的协同。如业务人员可将客户、货物数据输入系统，财务人员可根据业务人员输入的数据进行记账、控制等处理。

④ 与供应链上其他环节的协同。如第三方物流公司应与船舶公司、运输公司、拖车公司、仓储公司、铁路运输公司、公路运输公司等企业，通过网络实现信息传输。

⑤ 与社会各部门的协同。通过网络与银行、海关、税务机关等部门实现信息即时传输。如与银行连网，可以实现网上支付和网上结算，也可以查询企业资金信息；与海关连网，可以实现网上报关等。

（5）动态性

系统反映的数据是动态的，随着物流的变化而变化，能实时反映货物流动的各种状况，支持客户和公司员工在线动态查询，这就需要公司内部与外部数据通信保持及时和通畅。

（6）快速反应

系统能对用户、客户的在线查询、修改、输入等操作做出快速和及时的反应。在市场瞬息万变的今天，企业需要跟上市场的变化才能在激烈的市场竞争中生存。物流信息系统是物流企业的数字神经系统，系统的每一神经元渗入供应链的每一末梢，而每一末梢的刺激都能引起系统的快速、适当的反应。

（7）信息的集成性

物流过程中涉及的环节多、分布广，信息随着物流在供应链上的流动而流动，信息在地理上往往具有分散、范围广、数量大等特点，因此，信息的管理应高度集成，同样的信息只需要一次输入，以实现资源共享，减少重复操作和差错。目前，大型关系型数据仓库通过建立数据之间的关联，基本可以实现这一目标。

（8）支持远程处理

物流过程往往涉及不同的部门并跨越不同的地区。在网络时代，企业同客户间的物理距离等都将变成鼠标距离。物流管理信息系统应支持远程业务查询、输入和人机对话等事务处理。

（9）检测、预警和纠错能力

为保证数据的准确性和稳定性，系统应在各模块中设置一些检测小模块，对输入的数据进行检测，以把一些无效的数据排斥在外。例如，集装箱箱号在编制时有一定的编码规则，在输入集装箱箱号时，系统根据这些规则设置检测模块，提醒并避免操作人员输入错误信息。又如，许多公司的提货单不能重复，系统在操作人员操作时都会自动检测校验。物流信息系统应可灵活设置预警机制、提示信息，如将紧急发货的记录设置为红颜色显示，在客户欠款达到一定数量时自动提示等。

7.4.2　电子商务物流信息系统的构成

通常，一个电子商务物流信息系统的构成如图 7-2 所示。

1. 决策层信息系统

① 统计管理系统。统计工作作为企业管理的基础，按照物流行业的标准，针对物流企业的经营管理活动进行统计调查、统计分析、统计监督，并提供统计资料。按照物流企业的统计要求，对物流企业的各项经营指标及经营状况进行分类统计和量化管理。

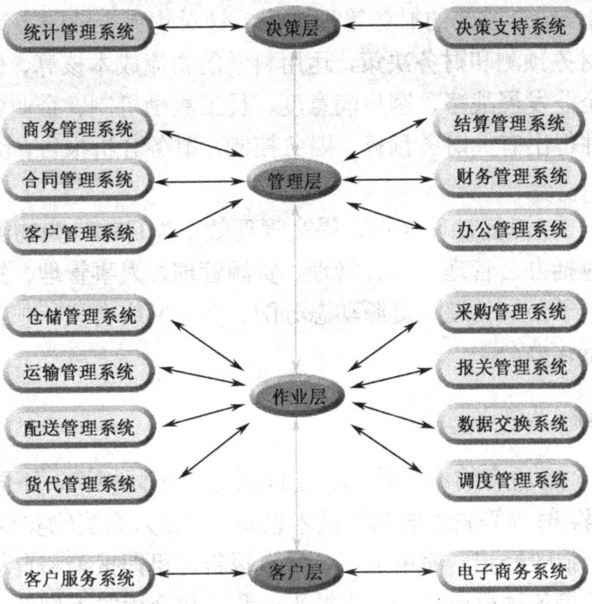

图7-2　电子商务物流信息系统的构成

② 决策支持系统。及时地掌握商流、物流、资金流和信息流所产生的信息并加以科学的利用。在数据仓库技术、运筹学模型的基础上，通过数据挖掘工具对历史数据进行多角度、立体的分析，实现对企业人力、物力、财力、客户、市场、信息等各种资源的综合管理，为企业管理、客户管理、市场管理、资金管理等提供科学决策的依据，从而提高管理层决策的准确性和合理性。

2. 管理层信息系统

① 商务管理系统。物流企业专业营销管理，包括物流市场预测、物流营销策划、物流项目论证、物流资源整合、物流方案设计、价格政策制定、物流绩效评估等，结合合同管理和客户管理系统，准确地把握企业的市场方向、政策动向和客户需求，灵活地制定营销策略，实现企业发展战略目标。

② 合同管理系统。合同是业务和费用结算的依据，系统通过对合同的规范化、模式化和流程化，合理地分配物流服务的实施细则和收费标准，并以此为依据，分配相应的资源，监控实施的效果和核算产生的费用，并对双方执行合同的情况进行评估以取得客户、信用、资金的相关信息，交客户服务和商务部门作为参考。

③ 客户管理系统。通过对客户资料的收集、分类、存档、检索和管理，全面掌握不同客户群体、客户性质、客户需求、客户信用等客户信息，以提供最佳客户服务为宗旨，为客户提供方案、价格、市场、信息等各种服务内容，及时妥善解决与客户合作中遇到的各类问题，培养长期的忠诚的客户群体，为企业供应链的形成和整合提供支持。

④ 结算管理系统。对企业所有的物流服务项目实现合同价格一条龙管理，包括多种模式的仓租费用、运输费用、装卸费用、配送费用、货代费用、报关费用、三检费用、行政费用、办公费用等费用的计算，根据规范的合同文本、货币标准、收费标准自动产生结算凭证，为客户以及物流（仓储、配送中心、运输）等企业的自动结算提供完整的解决方案。

⑤ 财务管理系统。结合成熟的财务管理理论，针对物流企业财务管理的特点，根据财务活动的历史资料进行财务预测和财务决策，运用科学的物流成本核算、作业绩效评估手段，从财务分析的角度，对企业发展战略、客户满意度、员工激励机制、企业资源利用，企业经济效益等方面进行分析，并得出有关财务预算、财务控制，财务分析报告，为实现企业价值最大化提供决策依据。

⑥ 办公管理系统。以降低管理成本、提高管理效率为目的，为物流企业的规范化、流程化和科学化管理提供包括办公管理、项目管理、资源管理、人事管理、知识管理在内的统一的企业管理平台，通过电子公文传递、资源动态分配、多方网络会议、邮件自动管理、定位信息传呼等实现企业的无纸化办公。

3. 作业层信息系统

① 仓储管理系统。对所有的不同地域、不同属性、不同规格、不同成本的仓库资源，实现集中管理。采用条码、射频等先进的物流技术设备，对出入仓货物实现联机登录、存量检索、容积计算、仓位分配、损毁登记、简单加工、盘点报告、租期报警和自动仓租计算等仓储信息管理。支持包租、散租等各种租仓计划，支持平仓和立体仓库等不同的仓库格局，并可向客户提供远程的仓库状态查询、账单查询和图形化的仓储状态查询。

② 运输管理系统。对所有运输工具，包括自有车辆和协作车辆及临时车辆实行实时调度管理，提供货物的分析、配载计算，以及最佳运输路线的选择。支持全球定位系统（GPS）和地理信息系统（GIS），实现车辆的运行监控、车辆调度、成本控制和单车核算。并提供网上车辆以及货物的跟踪查询。

③ 配送管理系统。按照即时配送（JIT）原则，满足生产企业零库存生产的原材料配送管理，满足商业企业小批量、多品种的连锁配送管理，满足共同配送和多级配送管理。支持多供应商和多购买商之间的精确、快捷、高效的配送模式。支持以箱为单位和以部件为单位的灵活配送方式。支持多达数万种配送单位的大容量并发配送模式；支持多种运输方式，跨境跨关区的跨区域配送模式。结合先进的条码技术，GPS/GIS 技术，电子商务技术，实现智能化配送。

④ 货代管理系统。满足国内一级货运代理的要求，完成代理货物托运、接取送达、订舱配载、多式联运等多项业务需求，支持航空、铁路、公路和船务运输代理业务。配合物流的其他环节，实现物流的全程化管理，实现门对门及一票到底的物流服务。

⑤ 采购管理系统。采用规范化的企业采购模式和管理流程，满足企业开放式或供应链采购方式，包括网上招标、供应商管理、采购计划管理、需求管理、报价管理、审批管理、合同管理、订货管理、补货管理、结算管理、信用管理、风险管理等功能，从降低成本、提高效率和控制流程等不同方面为企业创造价值。

⑥ 报关管理系统。实现集报关、商检、卫检、动植物检疫等功能于一体的自动信息管理，满足客户跨境运作的需求。系统支持联机自动生成报关单、报检单，自动产生联机上报的标准格式，自动发送到相关的职能机构，并自动收取回执，使跨境物流信息成为无缝物流信息传递，使报关、报检业务迅速、及时、准确，为物流客户提供高效的跨境物流服务。

⑦ 数据交换系统。系统提供电子商务化的 WEB-EDI 数据交换服务，通过电子商务网站或基于 Internet 的数据交换通道，提供标准的 EDI 单证交换，实现与供应链上、下游合作伙伴之间的低成本的数据交换，为供应链企业数据交换、电子商务数据交换以及未来开展电子支付、

电子交易创造条件。

⑧ 调度管理系统。用于大型物流企业的业务集中调度管理，适用于网状物流、多址仓库、多式联运、共同配送、车队管理等时效性强、机动性强、需要快速反应的物流作业管理，以应付客户的柔性需求，减少部门之间的沟通环节，保证物流作业的运作效率。

4. 客户层信息系统

① 电子商务系统。其功能包括：

- 实时查询——客户在网上实时查询库存情况、运输情况和账单。
- 清单录入——客户直接录入作业指令单、订车单、订仓单等。
- 网上下单——客户直接输入物流服务的需求。
- 信息反馈——客户对物流服务提出建议或投诉。
- 网上报价——客户在线发出询价请求并得到报价回复。
- 网上交易——物流服务项目的在线查询、交易撮合和电子签约。
- 网上联盟——通过联盟的形式整合社会物流资源。
- 数据交换——通过 EDI 方式实现异构信息系统的数据对接。
- 信息外包——以 ASP 方式实现远程物流信息系统功能外包。
- 项目招标——通过电子招标的形式获得最佳的供货方。

② 客户服务系统。其功能包括：

- 流程查询——查询有关作业的流程状态。
- 在库查询——查询有关的库存状况。
- 在途查询——查询货物运输途中状况。
- 定制查询——按照客户的要求选择查询内容。
- 账单下载——在线获取结算清单。
- 实时跟踪——查询有关货物的地理位置图形。
- 定制信息——按照需要发出客户所指定的专业信息。
- 咨询服务——在线解答客户在物流活动中的疑难问题。

7.4.3　电子商务物流信息系统设计

1. 电子商务物流信息系统设计的基本步骤

电子商务物流信息系统的设计并不是单项数据处理的简单组合，必须根据企业的具体情况进行系统规划。该系统涉及传统管理思想向现代管理思想的转化，其应用的最终结果必然是提高物流企业管理的效率。该系统的设计是一个触及范围很广、协调性强且人机紧密结合的过程。

物流信息系统的规划是整个系统设计开发最重要的阶段，一旦有了良好的系统规划，就可以按照数据处理系统的分析和设计持续进行工作，直至系统的实现。物流信息系统的总体规划分成 4 个基本步骤：

① 定义管理目标。确定各级管理的统一目标，原则是，局部目标必须服从总体目标。

② 定义管理功能。确定管理活动中的主要活动和决策。

③ 定义数据分类。在定义管理功能的基础上，把收集到的数据根据不同的管理功能进行分类。

④ 定义信息结构。确定信息系统各个部分及其数据之间的相互关系，导出各个独立性较强的板块，确定板块实现的优先关系，也就是划分子系统。

2. 电子商务物流信息系统设计的内容

在进行系统规划以后，接下来是相当复杂的内容设计。一般而言，电子商务物流信息系统设计的内容包括以下5个部分：

① 系统分析。主要是对现行系统和管理方法及信息流程等情况进行现场调查，给出有关的调查图表，提出信息系统设计的目标和达到此目标的可能性。

② 系统的逻辑设计。在系统调研的基础上，从整体上构造出物流信息系统的逻辑模型，对各种模型进行优选，确定最优方案。

③ 系统的物理设计。以前述的逻辑模型为框架，利用各种编程方法，实现逻辑模型中各个功能模块。比如，确定并实现系统的输入、输出、存储及处理方法。这一阶段最重要的工作是程序设计。

④ 系统实施。分别对系统的各个功能模块进行单独调试和联合调试，然后对发现的漏洞进行修改和完善，最终得到符合要求的物流信息系统软件。

⑤ 系统维护与评价。在物流信息系统试运行一段时间以后，根据现场的要求和变化，对系统做一些必要的修改，进一步完善系统，最后和用户一起对系统的功能和效率做出客观的评价。

3. 电子商务物流信息系统设计所需的数据和信息

- 产品线中所有产品的清单
- 顾客、储存点和供货点的位置
- 处于不同位置的顾客对各种产品的需求
- 运输费率或运输成本
- 送货时间、订单传输时间和订货履行情况
- 仓储费率或仓储成本
- 采购生产成本
- 不同产品的高价批量
- 不同地点、不同产品的库存水平、控制库存的方法
- 订货的频率、订单的规模、季节性特征为订单内容
- 订单处理成本以及产生订单处理成本的环节
- 现有设备和设施处理能力
- 资金成本
- 顾客服务目标

7.5 电子商务供应链管理

7.5.1 供应链概述

1. 供应链的概念

在这里，给出国家标准《物流术语》对供应链（Supply Chain）的定义：生产与流通过程

中所涉及将产品或服务提供给最终用户的上游与下游企业所形成的网链结构。也就是说，由物料获取、物料加工，并将成品送到用户手中这一过程所涉及的企业和企业部门组成的一个网络。

供应链是社会化大生产的产物，是重要的流通组织形式和市场营销方式。它以市场组织化程度高、规模化经营的优势，有机地连接生产和消费，对生产和流通有着直接的导向作用。电子商务将供应链的各个参与方连接为一个整体，实现供应链的电子化管理。

2. 供应链和物流

物流和供应链存在紧密的联系，却是两个不同的范畴。目前大致有三种观点：一是供应链概念是物流概念的扩展；二是物流与供应链是一回事；三是供应链是相关物流企业业务、资源的集成和一体化。以上观点都从一定角度反映了人们对供应链的认识，从特定角度讲，都有一定道理。但是多数专家认为，供应链与物流不同，供应链不仅是对物流概念的扩展，而且与企业的业务集成息息相关。供应链集成的内容包括商流、物流、信息流等，集成的对象有资源、组织、业务、流程等，因此供应链的概念比物流的概念更加宽泛。

供应链分为内部供应链和外部供应链。内部供应链是指企业内部产品生产和流通过程中所涉及的采购部门、生产部门、销售部门等组成的供需网络。而外部供应链是指企业外部的、与企业相关的产品生产和流通过程中涉及的原材料供应商、生产商、储运商、零售商以及最终消费者组成的供需网络。内部供应链和外部供应链共同组成了企业产品从原材料到成品，再到消费者的供应链。可以说，内部供应链是外部供应链的缩小化。如对于制造厂商，其采购部门可看作外部供应链中的供应商，其区别只在于外部供应链范围大，涉及企业众多，企业间的协调更困难。在电子商务中，更加注重 B to B 下从产品供应商开始到订购产品企业的外部供应链的综合管理。

7.5.2　供应链管理概述

1. 供应链管理的概念

供应链是围绕核心企业，通过对信息流，物流，资金流的控制，从采购原材料开始，制成中间产品以及最终产品，最后由销售网络把产品送到消费者手中的将供应商、制造商、分销商、零售商和最终用户连成一个整体的功能网链结构。形象化描述，可以把供应链描绘成一棵枝叶茂盛的大树：生产企业构成树根；独家代理商则是主杆；分销商是树枝和树梢；满树的绿叶红花是最终用户；在根与主杆、枝与杆的一个个节点间，蕴藏着一次次的流通，遍体相通的脉络便是信息管理系统。

供应链上各企业之间的关系与生物学中的食物链类似。在“草—兔子—狼—狮子”这样一个简单的食物链中（为便于论述，假设在这一自然环境中只生存这 4 种生物），如果我们把兔子全部杀掉，那么草就会疯长起来，狼也会因兔子的灭绝而饿死，连最厉害的狮子也会因狼的死亡而慢慢饿死。可见，食物链中的每一种生物之间是相互依存的，破坏食物链中的任何一种生物，势必导致这条食物链失去平衡，最终破坏人类赖以生存的生态环境。同样道理，在供应链“企业 A—企业 B 一企业 C”中，企业 A 是企业 B 的原材料供应商，企业 C 是企业 B 的产品销售商。如果企业 B 忽视了供应链中各要素的相互依存关系，而过分注重自身的内部发展，生产产品的能力不断提高，但如果企业 A 不能及时向他提供生产原材料，或者企业 C 的销售能力跟不上企业 B 产品生产能力的发展，那么可以得出这样的结论：企业 B 生产力的发展不适应这条供应链的整体效率。

2. 供应链管理的载体

供应链管理的载体是计算机管理信息系统，它分为两部分：

一部分是企业内部网络与外部网络。即企业内部财务、营销、库存等所有业务环节全部由计算机管理；代理商与下游企业间的订单体系、管理体系的实现也由计算机完成，从而实现与厂家各个部门的互连，达到快速沟通、快速解决问题的能力；同时计算机管理信息系统还将执行一体化的指令，包括物价指令、库存查询系统、网上培训系统等，通过公共浏览器客户可以浏览所有的公共信息，由此建立起一种整个市场的统计机制，实现信息逆向和顺向的流动。

另一部分是进行严格计算机管理的物流中心和配送中心，由它负责制定适应供应链的配送原则和管理原则。物流中心和配送中心分为面向内部的和面向外部的两部分。后者不仅是物流的配送流动，而且物流在流动过程中还会产生相当多的信息流，包括需求单的确认和发送。同时，对于一个单品来讲，既要面向本地区的区域市场也要面向外部市场。所以内、外物流中心要配合，要对产品的上、下线做相应的管理工作。

3. 供应链管理的特点

在一个完整的供应链中，厚此薄彼必然会使供应链出现薄弱环节，最终导致供应链的断裂，而批发必须依赖于完整的供应链而存在。因此，批发商与上游制造商及下游零售商的关系都要重视。批发商可以与厂商联合搞配送和代理，与零售商联合搞批零一体化，与厂商和零售商联合搞产供销一体化。总之，要与上游及下游靠得更近。供应链管理与传统的物料控制及储运管理有很大的不同，主要表现在以下 4 个方面：

① 将供应链看成一个整体，而不是看成由采购、制造、分销与销售等构成的一些分离的功能块。

② 供应链管理强调并依赖战略管理，“供应”是整个供应链上各个功能部门的共同目标，对整个供应链的成本及供应链的市场份额有重大影响。

③ 供应链管理对库存有不同的看法，从供应链的角度来看，库存不一定是必需的，只是起平衡作用的最后工具。

④ 供应链管理要求采用系统的、集成化的管理方法来统筹管理整个供应链的各个功能。

为了确保达成供应链的共同目标，高层管理部门一定要采取措施消除供应链内各部门之间的目标冲突。

4. 供应链管理倡导的理念

- 从分散管理转向“纵向一体化”和“横向一体化”管理。
- 从职能管理转向过程管理。
- 从产品管理转向顾客管理。
- 从企业间交易性管理转向关系性管理。
- 从物质管理转向信息管理。
- 从零竞争转向多赢竞争。

- 从实有资源管理转向虚拟资源管理。
- 从简单的多元化经营转向核心竞争力管理。

7.5.3　电子商务对供应链的影响

在同一市场，一个企业同另一个企业的区别是什么？几年前，质量是主要的。接着，质量和低成本共同成为盈利的关键。但在今天，质量和成本是一定的，反应力则是区分竞争者的关键。在电子商务技术的支持下，现在的消费者是对市场有充分了解、从不满足的消费者，他们在市场中拥有绝对的力量，决定着生产什么，费用是多少。工业时代是大规模生产并将产品推向市场；消费者时代是大规模定制，并由实时需求拉动，一个企业及其整个价值链都受到消费者的左右。

作为一种全新的商务方式，消费者与那些众多企业参与的整体生态系统和价值网相互影响，所以电子商务有着全新的基础构造。在消费者控制下，企业必须围绕消费者，重建其供应链，把无效的东西彻底清除出去。他们也必须把供应链从推动型转变成拉动型，并将企业流程从里向外延伸到供应商和贸易伙伴，以便企业的整个价值链能对消费者做出更好的响应。

对客户反应最快的企业将成为赢家。因为反应力等同于周期时间，这种新的模式需要周期时间的根本改进。供应链的成员形成了一种新的群体，即虚拟供应链。竞争从单个企业转向整个供应链。企业必须立即参加建立这一新的企业生态系统，否则竞争者将会这样做。

电子商务使客户导向、价值链的最佳化成为现实。需求拉动已经出现，这意味着在供应计划、物流和大规模定制上的一场革命；同时也表明，通过提高计划决策水平，精确地满足客户和伙伴的需求，可以大量削减过高的分销成本。

电子商务为中小企业融入实时供应网络创造了可能性。扩展的供应链管理思想的应用是通过协调众多供应商、内/外供应链管理系统与中小企业形成协作并满足全球市场的需求，扩大了传统供应链管理系统的范围。和传统的供应链管理系统不同，从广度上来说，在扩展的供应链管理系统中，一个公司可以预期将供应商、供应商的供应商、贸易伙伴、客户以及客户的客户整合起来，通过共享从销售点到供应商存货水平等所有环节的信息，所有参与者在扩展的供应链系统中都能够赢得竞争优势、优化绩效和获益。这种供应链管理系统如图 7-3 所示。

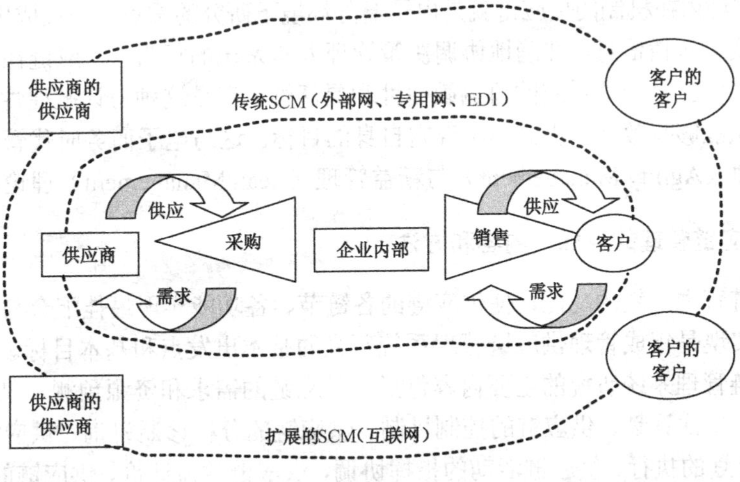

图 7-3　供应链管理系统

电子商务的关键在于，通过传统的供应商、新的中小企业供应商、多种供应链和客户的电子协作，使参与者能够取得实质性的利益。通过整个渠道的全面盈利，整个供应链的全局观念建立起来。每个成员将不再为价格问题患得患失，因为所有价格波动带来的利益或损失都将共同分享或负担。

随着Java、XML等电子商务技术的发展，较大成员的供应链管理系统可以扩展到中小企业浏览器，开放了新的供应来源，提供了新的渠道信息分享机会。Internet提供了突破性的成本节约，使大的或小的供应商都有新的业务机会。在成长的全球市场中，掌握电子商务的公司比那些尚未认识电子商务的公司将获得更多的利益与竞争优势。由于客户提出了更快地交付定制化产品和服务的诉求，那些没有积极主动地融入到扩展的供应链中的公司将被抛弃。

7.5.4 电子商务供应链管理——集成供应链管理

自20世纪90年代以来，随着电子商务的推广，集成供应链管理（Integrated Supply Chain Management）系统的研究，已经成为国内外管理学、物流学、采购学领域专家学者的一个研究热点。

1. 集成供应链管理系统的概念

供应链是由具有多种不同功能的链节形成的链条，每个链节实现供应链的一个或几个功能。供应链各链节之间彼此相互制约、相互影响，组成一个有机整体，共同实现供应链的总目标。为了优化其性能，供应链的各个链节必须以一种协调的方式和相同的节奏运作。但是，电子商务环境下经济活动的多变性使这种协调关系变得复杂化。这些多变的动态因素包括以下5个方面：① 波动的银行利率；② 市场需求的多变；③ 原材料不能及时到达；④ 生产设备出现故障；⑤ 用户改变或取消订单等。

这些动态因素导致传统供应链运作的实际进程和结果与计划发生偏差。在某些情况下，这些问题可能在局部得到解决，也就是说，可能在某个供应链链节或某个供应链功能范围之内得到协调解决。而在另一些情况下，问题就不这么简单了，可能涉及供应链跨链节、跨组织、跨职能之间的协调。因此，供应链管理系统必须具有跨越供应链多个链节或功能来协调计划的内在机制。具有这种内在机制的供应链就是电子商务环境下研究的重点——集成供应链管理系统。

为了能够及时传播信息，准确地协调决策管理人与系统的行为，供应链在战术和战役层次上需要不断提高供应链管理系统的协调敏捷性和灵活性。正是这种协调敏捷性和灵活性，最终决定了企业组织能够有效地、协调地实现它自身的目标。这与电子商务时代管理学上另一个热点——敏捷管理（Agility Management）与精益管理（Lean Management）理论是一致的。

2. 集成供应链管理的目标、内容和方法

优化供应链管理系统的功能，使供应链的各链节、各功能实现最佳配合与协调，共同保证供应链目标的实现是集成管理供应链管理系统研究的基本出发点和基本目标。

集成供应链管理系统研究的主要内容包括：供应链的需求和资源预测、供应链服务水平、供应链运作的多层次计划、供应链的控制机制、供应链的分析诊断咨询、供应链的设计开发和改进、供应链计划的执行、供应链活动的指挥协调、供应链效益评价、供应链的竞争力分析等。

应该说，上述研究内容对供应链管理系统非常重要，但是如前所述，集成供应链管理研究

的重点必须致力于解决供应链系统中战役和战术层次的协调问题，特别是协调的敏捷性和灵活性问题。

目前，多数研究人员正是基于这种认识，遵循一条既有重点又有一般的研究思路：将集成供应链管理系统的内在机制视为由相互协作的、智能代理模块组成的网络；每个代理模块实现供应链的一项或几项职能；每个代理模块又与其他代理模块之间协调行动。

为了建立适应电子商务要求的供应链的敏捷代理模块，必须建立与供应链各链节配套的实时信息发布与传输系统、智能决策支持系统等。因此，从供应链应用信息技术的实际以及存在的问题看，集成供应链管理系统在现阶段的研究目标集中于以某种方式支持供应链智能代理模块系统的构建。从系统开发者的角度来看，这种方式需要最少的代码设计，能够确保代理模块之间采用最迅捷的信息交流、最有效的协调机制以及最佳解决问题的机制。

为达到上述研究目标，目前主要采用以下研究方法：

① 研究供应链信息交流和协作的理论及方法论，以便供应链系统代理模块能够和谐地适应变化，并协调推理以解决问题。

② 规范供应链系统的标准术语，用于统一管理代理模块的信息交流和协调。

③ 建设智能信息基础设施，提供各类最新信息，使供应链系统的代理模块能够保持相关信息的一致性。

④ 开发基于约束理论（Theory of Constraints）的推理方法，作为供应链系统代理模块推理技术的基础。

将上述原理及方法封装到代理模块开发实践中，以确保供应链系统的代理模块能重复使用规范的协调机制和推理机制。

3. 电子商务对供应链整合的影响

这里主要从 4 个维度来看电子商务对供应链整合的影响：① 信息整合；② 同步计划编制；③ 工作流程协调；④ 新业务模式。这 4 个维度按顺序加速了供应链内部成员间的整合和协调的程度，对供应链整合有重要的影响。

（1）信息整合

信息整合是指在供应链内部各成员间共享信息。其中包括任何形式的数据，这些数据能影响供应链其他成员的行动和业绩，如需求数据、库存状况、容量图、生产进度表、促销计划和出货日程表等。事实上，这些信息只需适当的人员基于实时和在线系统就能轻易地获取，并不需要付出巨大的努力。

（2）同步计划编制

同步计划编制是指联合设计和实施产品推广、预测和补给的计划。实质上，同步计划编制详细说明了在信息共享情况下应该做什么；它是合作伙伴成员之间基于共享信息的具体行动的共同协议。因此，供应链成员可以协调它们的订单履行计划，这样就能满足同样的目标——最终的客户需求。

（3）工作流程协调

工作流程协调是指供应链合作伙伴之间的新型的、自动化的工作流程。在这里，不仅定义共享信息基础上我们应“做什么”，还要定义“怎样做”。比如，从制造商到供应商的采购行动可能是紧密相联系的，这样公司就能获得按照准确率、时间、成本衡量的效率。同样地，包含多家企业的产品开发行动也能为获得同样的效率而进行整合。在理想状态下，供应链合作伙伴之间可以依靠技术解决方案真正实现多数供应链相关企业工作流程的自动化。

（4）新业务模式

用电子商务方法进行供应链整合，不仅意味着效率的改进，还会为许多公司带来以前不可能有的新业务。电子商务允许合作伙伴重新定义物流，以改变成员的角色和责任，提高供应链整体的效率。一个供应链网络可以联合起来创造新产品、追求大规模定制、渗透市场和细分客户。供应链游戏新规则的出现是 Internet 促进整合的结果。

7.5.5 电子商务供应链管理策略

传统的供应链管理以生产为中心，力图通过提高生产效率、降低单件成本来获得利润。在销售方面则采用促销方式试图将自己的产品推销给顾客，并通过库存来保证产品能不断地流向顾客。而电子商务环境下供应链管理的理念是以顾客为中心，通过顾客的实际需求和对顾客未来需求的预测来拉动产品和服务。基于这种思想，产生了如下的现代供应链管理策略：快速反应、有效客户反应和电子订货系统等。

1. 快速反应

快速反应（Quick Response, QR）是指供应链成员企业之间建立战略合作伙伴关系，利用 EDI 等信息技术实现信息交换与共享，用高频率、小数量配送方式补充商品，以实现缩短交货周期、减少库存、提高顾客服务水平和企业竞争力为目的的一种供应链管理策略。

快速反应最早源于美国零售商、服装制造商及纺织品供应商开发的整体业务概念，目的是减少原材料到销售点的时间及整个供应链上的库存，最大限度地提高供应链的运作效率。QR 的重点是对消费者需求做出快速反应，其具体策略有商品即时出售（Floor Ready Merchandise）、自动物料搬运（Automatic Material Handling）等。实施 QR 可分为三个阶段：

第一阶段，对所有商品单元条码化，利用 EDI 传输订单和发票文档；

第二阶段，增加内部业务处理功能，采用 EDI 传输更多的文档，如发货通知、收货通知等；

第三阶段，与贸易伙伴密切合作，采用更高级的策略，如联合补库系统等，以对客户的需求做出迅速的反应。

快速反应是基于零售商及其供应商密切合作的策略，通过共享 POS 系统信息、联合预测未来需求、发现新产品营销机会等对消费者需求做出快速反应。

2. 有效客户反应

有效客户反应（Efficient Customer Response，ECR）是以满足顾客要求和最大限度降低物流过程费用为原则，能及时做出准确反应，使所提供的物品供应或服务流程最佳化的一种供应链管理战略。

要实施“有效客户反应”战略思想，首先应联合整个供应链所涉及的供应商、分销商及零售商，改善供应链的业务流程，使其效用最大化；然后再以较低的成本，使这些业务流程自动化，以进一步降低供应链的成本和时间。具体地说，实施 ECR 需要将条码、扫描技术、POS 系统和 EDI 集成起来，在供应链（由生产线直至付款柜台）之间建立一个无纸系统，以确保产品能不间断地由供应商流向最终顾客。同时，信息流能够在开放的供应链中循环流动。这样，才能满足顾客对产品和信息的需求，给顾客提供最优质的产品和适时准确的信息。ECR 的主要策略有：

① 计算机辅助订货（Computer Assisted Ordering，CAO）。CAO 是通过计算机对有关产品转移（如销售点的设备记录）、影响需求的外在因素（如季节变化）、实际库存、产品接收和可接受的安全库存等信息进行集成而实现的订单准备系统。

② 连续补库程序（Continuous Replenishment Programme，CRP）。CRP 改变了零售商向贸易伙伴生成订单的传统补库方式，供应商根据从客户那里得到的库存和销售信息，决定补充货物的数量。在库存系统中，订货点与最低库存之差主要取决于从订货到交货的时间、产品周转时间、产品价格、供销变化及其他变量。订货点与最低库存保持一定的距离是为了防止产品脱销情况的出现。最高库存与订货点之差主要取决于交货的频率、产品周转时间、供销变化等。

③ 交接运输（Cross Docking）。它是将仓库或配销中心接到的货物不作为存货，而是为紧接着的下一次货物发送做准备的一种分销系统。因此，交接运输要求所有的归港和出港运输尽量同时进行。

3. 电子订货系统

电子订货系统（Electronic Ordering System，EOS）指一种信息系统，买方在确定其所需货品之后，将其订货信息经由计算机终端输入，再利用网络将这些信息传送到网路中心，并经由电子信息交换程序，将信息内容转换成标准格式，再传送给卖方的信息系统（有时也可以直接传送给卖方）。这种订货作业方式，又称为无纸订购系统。

使用 EOS 最大的好处在于，经由订货服务中心的转换，各个导入 EOS 的单位并不需要改变公司的现行表单格式或增加公司内部额外的成本，就可以和不同体系的厂商完成连线，如果再加上标准的 EDI 和接单处理系统的连接，便可省去重复输入作业的环节，发挥更大的效益。同时，EOS 能处理从新商品信息说明到会计结算等所有商品交易过程中的作业，可以说 EOS 涵盖了整个商流。在房地产价格寸土寸金的情况下，零售业已没有足够的空间来存放货物，在要求供货商及时补足所售商品数量且不能有缺货的前提下，更需要采用 EOS 系统。EDI / EOS 因含有许多先进的管理手段，故在国际上使用非常广泛。

本 章 小 结

本章内容可分为两部分：电子商务物流和电子商务供应链管理。在电子商务物流部分，以现代物流基本理论为基础，扩展介绍了电子商务物流的基本理论，并进一步介绍了电子商务环境下的物流模式和电子商务物流管理方法；另外，还着重介绍了电子商务物流信息系统的构成及系统设计过程。而在电子商务供应链管理部分，从传统的供应链管理出发，扩展介绍了电子商务环境下的供应链管理模式，系统地讲述了电子商务为供应链管理带来的影响，以及电子商务环境下集成供应链管理的内容和未来发展趋势。

习　题　7

一、思考题

1. 什么是物流？物流创造的价值有哪些？物流的功能要素有哪些？
2. 与传统物流相比，电子商务物流具有什么特点？
3. 电子商务环境下的物流模式有哪些？
4. 电子商务物流管理方法有哪些？
5. 简述电子商务物流信息系统的构成。

二、讨论题

1. 什么是供应链？什么是集成供应链管理？电子商务对供应链的影响有哪些？
2. 试论电子商务环境下的供应链管理策略给电子商务带来的影响。

三、实验题

假设你现在经营一家在线书店，请完成一份为该书店设计电子商务物流信息系统所需数据的调研表。

第8章 网络营销与客户关系管理

在各种在线商务活动中，最重要且最具代表性的是网络营销。根据美国市场营销协会（AMA）的定义，市场营销是研究引导商品和服务从生产者到使用者所进行的一切企业活动。网络营销并不是要取代传统营销，传统营销的许多思想、内容同样适合网络营销，但网络营销又不是简单地把传统营销原封不动地照搬到网络环境中。网络营销具有许多新的、来自网络本身的特征，如互动性、虚拟性、全球性、自适应性（对用户而言，每次发展都变得更有价值，于是就会得到进一步的扩展，这是一个自我复制的过程）和个性化。

8.1 网络营销与网上市场

8.1.1 网络营销概述

1. 网络营销的概念

为了更好地理解网络营销的概念，首先需了解传统营销的概念。

传统营销指在不断发展的市场环境中，企业或其他组织以满足消费者需要为中心进行的一系列营销活动，主要包括市场调研、确立目标市场、研发新产品、产品定价、渠道选择、促销策略、物流运输、产品销售、提供附加服务等一系列与市场有关的企业经营活动。在网络应用广泛的今天，电子商务应用已经十分成熟. 在虚拟网络里存在着真实的制造商、消费者、产品与服务，从而形成了一个名副其实的虚拟市场。自然而然地，营销方式也随着市场的变化有了新的发展，网络营销由此形成。

从“营销”的角度可以将网络营销定义为：网络营销是企业整体营销战略的一个组成部分，是为实现企业总体经营目标所进行的、以国际互联网为基础、利用数字化信息和网络媒体的交互性来辅助营销目标实现的一种新型的市场营销方式。这一定义说明，网络营销与传统营销本质是相同的，都是以客户需求为中心。同时，网络营销并不仅限于在网络上促销，它是贯彻于整个营销过程的理念，包括市场调研、产品设计、产品制造、营销宣传及售后服务等整个营销过程。或者说，网络营销是以互联网为传播手段，通过对市场的循环营销传播，达到满足消费者和商家诉求的过程。

2. 网络营销的特点

网络营销具备传统营销的一切优点，诸如直接面向客户、可定向服务、可获得反馈信息、无地域限制、相对成本较低等。同时网络营销又具有如下10个特点：

① 跨时空。由于互联网能够超越时间约束和空间限制进行信息交换与共享，使营销脱离时空限制进行交易成为可能，企业有了更多时间和更大的空间进行营销，可每周7天，每天24小时随时随地提供全球性营销服务。

② 多媒体。互联网可以传输多种媒体信息，如文字、声音、图像等，为达成交易进行的信息交换可以多种形式存在和交换，能充分发挥营销人员的创造性和能动性。

③ 交互式。互联网通过展示商品图像及由商品信息资料库提供有关查询，来实现供需互动与双向沟通。还可以进行产品测试与消费者满意度调查等活动，并及时得到客户的反馈信息，与客户建立良好的实时互动沟通。

④ 个性化。互联网上的促销是一对一的、理性的、消费者主导的、非强迫性的、循序渐进式的，而且是一种低成本与人性化的促销，避免推销员强势推销的干扰，并通过信息提供与交互式交谈，与消费者建立长期良好的关系。

⑤ 经济性。作为一种直接营销方式，网络营销跨过许多中间环节，直接与消费者沟通，大大减少了营销费用。同时，网络营销建设费用和维护费用相对传统营销来讲都很低，而且网络营销信息的更新也能够节约人力资本。

⑥ 整合性。互联网上的营销可从提供商品信息到收款、售后服务一气呵成，因此也是一种全程营销渠道。同时，网络营销还可以整合许多传统营销方式，使促销手段更丰富和综合化。

⑦ 高效性。计算机可存储大量信息，支持消费者查询，网络可传送的信息量与精确度远超过其他媒体，并能应市场需求，及时更新产品或调整价格，因此能及时有效地了解并满足顾客的需求。

⑧ 超前性。网络营销可以帮助企业通过网站和客户数据库，收集大量的客户信息，通过数据挖掘技术识别重要客户和潜在客户，了解客户偏好，为企业战略决策和营销策略提供有效的依据。

⑨ 成长性。互联网使用者数量快速成长并遍及全球，使用者多属年轻、中产阶级、高教育水准，由于这部分群体购买力强而且具有很强市场影响力，因此是一项极具开发潜力的市场渠道。

⑩ 技术性。网络营销是建立在高技术支撑的互联网基础上的，企业实施网络营销必须有一定的技术投入和技术支持。它改变了传统的组织形态，提升了信息管理部门的功能，引进懂营销与计算机技术的复合型人才，使企业在未来更具市场竞争优势。

3. 网络营销对“生产-消费”环节的改善

在传统的市场营销中，企业所遵从的是市场导向策略，即企业的生产与销售针对的是占市场主体的消费者需求，由于各方面的限制，企业无法针对每一个消费者生产其特定的产品。所以企业传统营销学的做法是，通过市场调查，根据统计结果中出现频率最高的需求特征来设计产品或提供服务；然后，企业通过其广泛的销售网络将产品销售出去。这样的营销策略无法完备地了解消费者需求，样本的选取和统计分析的方法在很大程度上决定了企业营销的成效。

相比之下，网络营销可以在两个层面上帮助企业扩大其产品市场：一是通过网络营销独特的商业模式；二是通过网络环境的广泛承载能力。具体而言，网络营销策略具有以下4个主要特点：

① 网络营销是一种以消费者为导向，强调个性化的营销方式。

网络营销使得消费者将拥有比过去更大的选择自由，他们可根据自己的个性需求在全球范围内找寻满足品，不受地域限制。通过进入感兴趣的企业网站或虚拟商店，消费者可获取比产品更多的相关信息，使购物更显个性。商家则可以巧妙地将“我生产什么、你购买什么”的传统推销模式，调整为“你需要什么、我生产什么”的营销模式。这种个性消费的发展将促使企业重新考虑其营销战略，以消费者的个性需求作为提供产品及服务的出发点。此外，随着计算机辅助设计、人工智能、遥感和遥控技术的进步，现代企业还具备以较低成本进行多品种、小批量生产的能力。网络提供的聚集有关参与者及其信息的环境使消费者和厂商都能更容易地找到对方，从而减少了搜索费用。

② 网络营销具有极强的互动性，是实现全程营销的理想工具。

网络提供了一种联系消费者与厂商的纽带与桥梁，因此增加了消费者的购买倾向。在网络环境中，有的消费者会积极地向自己选择的厂商提供信息，厂商则可获得关于自己现有客户的信息，这些信息的获取使厂商能够及时地调整消费者需求目标，提高交易双方选中对方的能力，并提高厂商对消费者需求的理解能力，从而提高现有产品和服务的价值。

无论是传统销售管理还是现代营销管理都追求全程营销，即必须由产品的设计阶段就开始充分考虑消费者的需求和意愿。然而在实际操作中，这一点往往难以做到。原因在于，消费者与企业之间缺乏合适的沟通。消费者一般只能针对现有的产品提出建议或批评，对尚处于概念阶段的产品则难以涉足。此外，大多数中小企业缺乏足够的资本用于了解消费者的各种潜在需求，他们只能凭自身能力或参照市场领导者的策略进行产品开发。

而在网络环境下，即使是中小企业也可通过BBS、在线讨论区（Disscusion Areas）和电子邮件等方式，以极低成本在营销全过程中及时收集消费者的信息，消费者则有机会对产品设计、定价和服务等一系列问题发表意见。这种双向互动的沟通方式提高了消费者的参与性和积极性，更重要的是，它能使营销决策有的放矢，从根本上提高消费者满意度。

③ 网络营销能使消费者购物更方便，提高消费者的购物效率。

在传统购物方式中，商品的买卖过程大多数是在销售地点完成的，短则几分钟，长则数小时，再加上购买者去购买场所的路途时间、购买后的返途时间及在购买地的逗留时间，无疑大大延长了商品的买卖过程，使消费者为购买商品必须在时间和精力上有很大的付出。然而在现代社会，随着生活节奏的加快，人们越来越珍惜闲暇时间，越来越希望在闲暇时间内从事一些有益于身心的活动，并充分地享受生活。在这种情况下，网络购物是一种良好的解决方案。那么，网络营销是怎样简化购买过程的呢？

销售前：向消费者提供丰富生动的产品信息及相关资料（如质量认证、专家品评等），而且界面友好清晰，易于操作。消费者可以在比较各种同类产品的性能价格比以后，做出购买决定。

销售中：消费者无须驱车到很远的商场去购物，交款时也不需排队，更无须为联系送货而与商场工作人员交涉。在网上，一切都是那么简单迅速。坐在家中即可逛虚拟商店，用电子货币结算等，省去许多麻烦。

销售后：如果使用过程中发生问题，消费者可以随时与厂家联系，得到来自卖方及时的技术支持和服务。

④ 网络营销能满足价格重视型消费者的需求。

网络营销能为企业节省巨额的促销和流通费用，使产品成本和价格的降低成为可能。而消费者可在全球范围内找寻最优惠的价格，甚至可绕过中间商直接向生产者订货，以更低的价格实现购买。

总之，网络营销简化了购物环节，节省了交易时间，提高了交易活动的效率，降低了传统营销的成本，使消费者获得更高的价值。

4. 网络营销的发展阶段

从国外一些企业的网络营销实践看，网络营销可以划分为如下 5 个发展阶段。

阶段一：企业上网宣传

这是网上营销最基本的应用方式。它是在将因特网作为一种新的信息传播媒体的基础上开展的营销活动。建立企业网站是企业上网宣传的前提，而且这一媒体具有高效率和低成本。企业网站信息由企业定制，没有传统媒体的时间、版面等限制，也可伴随企业的发展不断实时更新。媒体宣传的关键在于是否被受众注意并留下印象。与传统媒体相比，因特网上浩如烟海的信息很可能使企业网站成为一朵浪花，目前已有成千上万家企业在因特网上建立网站，因此企业网站如何让人知晓并让上网者留步就成为上网宣传的难题。

尽管企业可以通过在主流搜索引擎和门户网站中留下链接网址以帮助上网者进入，或者以新颖的媒体形式引人注意，但要真正获得长期宣传效果，仍必须回到现实经济世界，在现实世界形成特色，创立让消费者接受的声誉，这样才可能充分发挥网络的威力，实现借助网络宣传扩大市场影响力的目标。

阶段二：网上市场调研

调研市场信息，从中发现消费者的需求动向，为企业细分市场提供依据，是企业开展市场营销的重要内容。网络是一个信息场，为企业开展网上市场调研提供了便利场所。企业可以通过留言簿、E-mail 等手段收集数据，并利用软件分析信息，从而为下一步决策提供强有力的依据。这一无形的调研过程是高效而低成本的，同时还能起到扩大网站和企业知名度的作用。企业开展网上调研的方式有两种：一是借助 ISP 或专业网络市场研究公司的网站进行调研；二是企业在自己的网站进行市场调研。网上市场调研作为一种新的市场调查方式已经得到广泛应用。

阶段三：网络分销联系

尽管电子商务在迅猛发展，但相对于传统营销渠道而言，其份额仍然很小。企业传统的分销渠道仍然是企业的宝贵资源，但因特网所具有的高效、及时的双向沟通功能的确为加强企业与分销商的联系提供了有利的平台。企业通过因特网构筑虚拟专用网络，将分销渠道的内部网融入其中，可以及时了解分销过程的商品流程和最终销售状况，这将为企业及时调整产品结构、补充脱销商品、分析市场特征、实时调整市场策略等提供帮助，从而为企业降低库存、采用实时生产方式创造条件。而对于商业分销渠道而言，网络分销也开辟了及时获取畅销商品信息、处理滞销商品的巨大空间，从而可加速销售周转。

阶段四：网上直接销售

数量众多的网络商店已经在因特网上开张营业，它们是从事网上直接销售的网站，如 Amazon、淘宝、拍拍等 C to C 交易平台中的个人网店。网上直接销售排除了时间的耽搁和限制，克服了地理的距离与障碍，并提供了更大范围的消费选择机会和灵活的选择方式，因此，网上直接销售为上网者创造了实现消费需求的新机会。由于网上直接销售合并了全部中间销售环节，并提供更详细的商品信息，买家能更快更容易地比较商品特性及价格，从而在消费选择上居于主动地位，而且与众多销售商的联系更为便利。对于卖方而言，这种模式几乎不需销售成本，而且即时完成交易，其好处是显而易见的。从网上直接销售的低成本优势看，由于大多数国内消费者对价格十分敏感，因此一般能够接受这一消费方式，但其发展的前提是应尽快完善上述环节和克服众多制约因素。

阶段五：网上营销集成

因特网是一种新的市场环境，这一环境不只是针对企业的某一环节和过程，还将在企业组织、运作及管理观念上产生重大影响。一些企业已经迅速融入这一环境，依靠网络与原料商、制造商、消费者建立了密切联系，并通过网络收集和传递信息，从而根据消费需求，充分利用网络提升生产能力，实现产品设计、制造、销售、服务的全过程，这种模式就是网上营销集成。应用这一模式的典型代表有 Cisco、Dell 等公司。

以“客户定制”而闻名的戴尔（Dell）计算机公司利用因特网进一步加强了效率与成本控制。Dell 公司通过因特网每隔两小时向公司仓库传送一次需求信息，并让众多的供货商了解生产计划和存货情况，以便及时获取所需配件，从而在处理用户定制产品和交货方面取得了无人能比的速度。就这样，每天约有 500 万美元的 Dell 计算机在网上卖出，而且通过网络的实时联系，其存货率远远低于同行。

网上营销集成是对因特网的综合应用，是因特网对传统商业关系的整合，它使企业真正确立了市场营销的核心地位。企业的使命不是制造产品，而是根据消费者的需求，组合现有的外部资源，高效地输出一种满足这种需求的品牌产品，并提供服务保障。在这种模式下，各类企业通过网络紧密联系，相互融合，并充分发挥各自优势，形成共同进行市场竞争的伙伴关系。

8.1.2　网络营销的模式

从网络营销的目的来看，可以将网络营销分为以下 5 种模式。

1. 客户服务——加强合作关系——保持并扩大销售

许多公司在客户服务上下功夫，在网上进行售前服务、产品宣传、性能介绍，而且提供更方便的销售服务。如一些软件公司提供网上下载新版软件，航空公司提供网上订票业务等，同时提供售后服务，收集客户意见和建议。通过因特网，企业与客户得以建立起最有效的连接，真正做到以客户为中心来进行市场营销。

2. 有价值的信息——增加消费量——获得更多的订单

许多企业和商家，如很多零售公司，通过因特网上的 Web 网站向新老客户提供有价值的产品和服务信息，如产品的新功能和新用途等，实际上是通过网络，将信息传递到客户那里，吸引他们的注意力，实现将产品或服务预售给新老客户，获得更多的订单。

3. 购买方便——优惠促销——直接销售——减少开支

最富挑战性也最有价值的模式是通过 Web 网站，直接在线销售产品和服务。这种模式适合那些标准化的产品，如书籍、软件、家用电器、CD、家具、快餐、家用计算机等，客户在购买这些产品时就能确定或评价其质量。因此，企业凭借低成本的网络虚拟公司和高效率的物流系统，能够降低商品和服务费用，而标准化产品的销售风险比较小，客户也乐意接受这种消费方式。

4. 新的娱乐/信息氛围——增加产品的关联性——增强感知

一些公司在网站上建立产品讨论区，某些传媒公司已经在这方面取得了成功。如报纸和杂志出版商利用网站将消费者与其印刷的商品紧密结合起来，他们在网站中为用户提供一个特有的“社区”，使每一个用户能够参与报纸或杂志的相关讨论，并有机会与作者直接交流，结果是增强了用户的归属感和信任度。

5. 提高品牌知名度——取得客户的信任——增加收入

许多公司以树立品牌为目的，通过建立网站来提高企业的知名度，如可口可乐、耐克公司。通过这种方式可增加消费者使用这类产品或服务的荣誉感，获得消费者的长期忠诚度。

8.1.3 网络营销的策略

尽管电子商务时代，网络营销策略的焦点从 4Ps（Product、Price、Promotion、Place：产品、价格、促销、渠道）向 4Cs（Consumer、Cost、Convenience、Communication：顾客、成本、方便、沟通）转移，但是传统的 4Ps 策略仍对网络营销策略有深远的影响，本节将分别介绍网络营销中的 4Ps 策略和 4Cs 策略。

1. 网络营销的 4Ps 策略

① 产品策略。产品是传统营销组合理论的核心，是企业实现利润和再生产的保证。尽管网络营销时代消费者占据了产品的重心地位，但产品在营销中的价值却没有降低。综合考虑网络市场所特有的虚拟性、与消费者交流的及时互动性和消费者需求的个性化、多样化，网络营销下的产品策略内容已经由原来单一的实物产品策略转化为实物产品、软件产品、信息产品和服务产品四位一体的产品策略。

② 价格策略。无论在何种营销条件下，价格依然是企业竞争的制胜法宝，价格策略仍然是我们不能忽视的重要一环。网络营销的价格策略主要有以下几种：低价定价策略、折扣定价策略、拍卖定价策略、个性化商品定价策略、免费价格策略等。

③ 促销策略。网络营销促销，是指利用现代化的网络技术向虚拟市场传递有关产品和服务的信息，以激发消费者的需求欲望，刺激消费者购买产品和服务，促进市场营销的各种活动。网络促销的策略主要有：网络广告促销、搜索引擎促销、免费服务促销、有奖促销、网上赠品促销、积分促销等。

④ 渠道策略。市场营销渠道，是指按某种商品或劳务从生产者转移时所经过的流通途径。营销渠道的起点是生产者，终点是消费者或用户，中间则包括各种批发商、零售商、商业服务机构。中间环节之所以必要，是因为生产和消费之间存在时间、地点、品种和数量等方面的矛盾，中间环节的存在有利于解决这些矛盾。在网络时代，营销渠道有了自身的特点，如虚拟化、数字化、快速化等。针对这些特点，人们开始寻找更加有效的营销策略。一般而言，网络营销的渠道策略可分为直销渠道策略（通过网络直接销售产品）和间接分销渠道策略（通过网络中间商，如中介网站）两种类型。

2. 网络营销的 4Cs 策略

① 顾客策略。网络营销的顾客策略，是指企业根据消费者的需求和愿望来进行产品策划，而不是根据企业的喜好和利益来生产产品。企业通过营销模型和数学理论方法将消费者作为独立的个体精确地确定其需求和潜在价值，并由此做出最有效的营销努力，为客户提供个性化的服务，达到定制营销的目标。

② 成本策略。网络营销的成本摒弃了传统的以生产成本来定价的方法，而是以消费者为中心，并依据消费者为满足需求而愿意付出的价格来定价。同时，网络营销还应考虑企业利益、可替代产品、竞争对手、用户历史数据等因素来综合定价。网络营销允许企业通过网络调研的形式进行虚拟销售，以测试当前价格策略是否可行。

③ 方便策略。网络营销利用网络与消费者直接接触的优势，克服了传统营销中的渠道和地域限制。在网络营销中，企业应该考虑的不是渠道是否畅通，而是如何使消费者的购买更加方便，需要建立方便的网上购物场所、物流体系和支付方式。

④ 沟通策略。传统营销的沟通是以企业为主体，通过营销人员加强用户对企业和产品的忠诚度，而网络营销是一对一交互的，消费者可以与企业随时互动交流，他完全可以参与到企业的营销活动中，使消费者和企业更好地了解对方。因此，网络营销强调的是保持与消费者最快、最及时的沟通。

8.2　网络营销技巧

8.2.1　网络营销规划

以上我们了解了网络营销的基本内容，在实施网络营销之前还有一个必要的步骤，就是网络营销规划。这一工作的前期与传统的市场营销一样，需要仔细分析目前公司营销的基本策略、状态、效果及每一个营销措施面对的顾客群。虽然网络营销具有明显的优势，但在目前的社会环境下，它只能作为传统营销的一个补充和拓展，而不能因为实行了网络营销，就放弃了传统的营销措施。网络营销规划可以从以下 6 个方面来实施。

1. 评估公司目前的市场状况

比如销售什么产品或服务，简要描述销售这些产品和服务工作的主要方面：目前销售采用哪些方式，效果如何，顾客的地域、年龄、职业等分布如何，顾客对公司产品或服务的总体评价如何，对公司品牌的忠诚度如何，市场占有情况如何，明确需要通过网络营销达到什么效果，是要巩固市场地位、树立公司品牌，还是开拓新的市场空间。

2. 分析顾客的基本情况

从产品或服务的基本功能出发，重新审视公司的顾客群。了解他们在网络环境中的生存状态，他们是积极的参与者还是消极的等待者，他们是否有兴趣通过网络来与企业沟通，反映他们的要求；如果公司的顾客根本不可能上网，那么公司是否要进行网络营销呢？比如某公司可能只为老年人提供服务，那么公司除了利用传统的营销策略在老年人头脑中留下深刻印象外，还可以利用网络营销来影响老年人的晚辈，给他们一个表达孝心的机会。总之，在网络发展如此迅速，网络影响力逐渐增大的今天，什么事都是有可能发生的。

3. 分析公司的优势

如果一个公司的产品具有价廉物美、功能齐全的优势，自然可以上网宣传，这么好的东西干嘛不让更多的人知道呢？如果公司的产品或服务与其他同类公司没有多少区别，那么如何宣传自己的产品和服务呢？对于产品或服务，价格和功能只是其中的一个部分，综合考虑公司所处的大环境和小环境，如公司有良好的财务状况、处在一个良好的地理位置等，发现自己公司的哪怕一点点过人之处，都可以通过差异性来宣传自己。实在没有，那么至少可以证明，公司的产品或服务是具有行业标准水平的。

4. 对竞争对手的策略分析

如果竞争对手没有在网上展开行动，那么网络可能会给一个公司带来意想不到的收益，在网络上创立自己的品牌形象绝对是领先一步的机会。如果竞争对手已经采取了一定的行动，可以分析他们采用了什么策略，哪种营销模式，他们的营销目标是什么。同时，借鉴学习竞争对手网站的基本功能和先进技术。

5. 建立公司的网络形象

不要试图建立一个与传统营销完全不同的新形象，而是要将传统形象用网络语言表达出来。当然，如果公司的形象并不是很好，即便有了一个全新的网络形象，如不改变传统市场形象也是无效的，甚至会给消费者造成这个公司不诚实的坏印象。遇到这样的情况，切入点必须是先改善传统市场形象，然后再塑造公司的网络形象。

6. 安排实施具体计划

基本情况和方向都明确之后，就可以拟订工程计划书了。其中包括投资预算、资源分配、人员组织、时间进度和维护工作安排等。

8.2.2 提供网上用户支持

对用户提供支持是企业营销的重要内容。企业在因特网上建立网站以后，可以为用户提供技术支持。利用因特网，企业可以为用户提供简捷的免费服务，让用户直接与企业的管理部门、供销部门及开发小组对话，以获得最新的信息、技术文件、排除故障的方法及有关产品的升级信息。

以前，利用免费电话，用户就能够直接与企业人员对话，但经常遇到因线路忙所导致的长时间等待，这往往会引起用户的不满。此外，用户有时得不到必需的书面资料；即使利用传真提供支持，用户也不一定获得满意的答案；有些公司利用邮寄资料提供支持，对企业而言费用较低，但用户无法及时获得解决问题的方法；派遣业务人员到用户现场解决问题，企业负担又太大，尤其是一般的中小企业，不一定具备足够的人力与财力。与传统的用户支持手段相比，网上用户支持有着无与伦比的优越性。尤其对涉及大量信息的技术支持，其优越性更为突出。

网上用户支持有两个要点需要特别注意：

第一，应利用因特网的各种工具，包括电子邮件、讨论小组、Web 网站、Gopher 等，使所有用户都能获得所需的信息。

第二，应免费提供有价值的信息，吸引因特网上那些还不曾是本企业客户的用户来访问企业网站。

以下介绍 5 种常用的因特网用户支持工具。

（1）电子邮件

电子邮件是最常用的用户支持工具之一。为了有效地建立用户的电子邮件支持渠道，企业内部应设专人阅读邮件并及时给予处理。一种常见的方法是，在企业网站上设置一个电子邮件自动答复软件，收到每个电子邮件后，自动向来件用户发回一个电子邮件，告知用户电子邮件已收到，目前正在处理中。对用户提出的各种问题及答案，要分门别类地加以整理，不断完善与扩大用户支持信息库的内容。这样，对某些经常在电子邮件中提出的问题，有关人员不必逐个重复回答，只需在回件中告诉用户获取信息的 URL（地址），用户自己就能够在因特网上浏览或下载所需的信息。对于多数中小企业，不大可能专门设立一个处理用户电子邮件的小组。因此，对电子邮件中提出的新问题，尤其是专业性较强的问题，可转交有关专业人员来回答，以电子邮件或其他传统手段回复用户。

（2）讨论小组

讨论小组也可提供用户支持。尤其对于大公司来说，其产品遍布全球，更应在因特网上建立与其产品相关的讨论小组。对这些公司而言，妥善地回答这些讨论小组提出的问题，可以成功地向用户提供技术支持。

例如，美国的 Silicon Graphics 公司，在 com.sys.sgi 名下有若干与其产品直接相关的讨论小组。公司内有一个工作组密切注视、跟踪这些小组提出的问题，并加以综合分析，将答案在小组内公布。公司不但帮助在讨论小组中提出问题的用户解决问题，而且还帮助那些遇到类似问题但还没有提出问题的用户。

当然，对我国广大中小企业而言，目前要利用好这一工具还有一定的困难，但应当看到，当企业的产品冲向国际市场时，在因特网上建立自己产品的讨论小组完全是可能的。

（3）FQA

除了逐个回答用户提出的问题，许多国外公司还以常见问题解答（FQA）的方式在有关讨论小组或自己的网站上发布用户支持信息。这种做法的基本思想是，将用户可能遇到的各种问题加以罗列并给出正确解答，以一问一答的方式向用户提供服务信息。这样可以节省用户支持人员的时间，让他们集中精力去应付那些较冷僻的问题。

例如，著名计算机公司 DEC 在世界范围内向它的客户发布两套 FQA，用户可通过电子邮件、FTP（文件传送）以及 6～7 个有关的讨论小组获得这些服务信息。

这种方法在我国的中小企业也可采用，其投入费用很低，而且不需要熟练的计算机软件人员。

企业在采用这种方法提供用户支持时，须遵循以下三个准则：① 问题与解答必须简明扼要；② 文件的开头应列出所有问题；③ 及时更新信息。

如果有条件，可以在因特网上设置一个电子邮件地址，如 fqa@公司名，当接到用户的电子邮件后，自动将 FQA 文件发送到用户的电子信箱。

（4）FTP

FTP 一直被软件公司广泛地用作技术支持的有效工具。将企业已连网的计算机配置成 FTP 服务器，用户就可以通过企业提供技术支持的软件库，获得为修改、校正以及升级已有软件产品所需的资料。由于 Web 浏览器支持 FTP，因此即使企业还没有建立 Web 网站，用户也能方便地访问它。用户只需将自己的计算机与 FTP 服务器相连，就可以将所需软件或文件下载到自己的计算机上。

提供这类用户支持的企业，在建立 FTP 服务器时需投入很大的计算机资源，如 DEC 公司在因特网的一个 FTP 服务器，拥有 1 万多个公司的文件、软件及近 40 万个公用软件，供因特网用户免费使用。用户要从庞大的软件库里找到所需的软件需要一定的技巧与经验。因此，用 FTP 工具提供用户支持，对于非软件产品的公司并不适用。

（5）Web

随着 Web 技术的发展，目前越来越多的公司采用这一工具为用户提供方便有效的技术支持。一些原来采用 FTP 工具的公司也增添了 Web 服务器，有些甚至计划在 Web 技术的基础上提供多媒体技术支持。

一个较先进的用户支持 Web 网站至少要包括以下这些功能：

① 提供技术支持的最新消息。用户只要用鼠标单击有关按钮，就能链接到包括新产品、新技术及新价格的超文本文件。

② 提供解决各种技术问题的答案。用户能简捷地从问题解决信息库找到最新的解决方案。

③ 提供邮递表功能。用户通过电子邮件订阅企业发布的快讯或简报。公司利用邮递表工具，自动将最新的用户支持信息定期发送到用户信箱。

④ 向用户提供浏览其他公司有关信息的链接。用户通过该 Web 网站可浏览分布在因特网上与解决当前问题有关的各种信息。

最后还需说明一点，在利用因特网提供用户支持的同时，还需保留用传统工具提供支持的渠道。毕竟还有部分用户不在网上，尤其在我国，目前这部分用户比较多。

8.2.3　推销网站

目前，国际上有几十万个各种各样的网站，在国内也有几万个网站，而且每星期还会新增上千个，如何使一个网站在“网站的海洋”中被浏览者发现，实在是一个非常关键的问题。即便网站设计非常美观，提供的信息相当实用，如果没有人发现它，所有的努力也都是白费。要在网上进行营销活动，首先要推销自己的网站，让很多人知道，让想知道的人能够找到，这样才谈得上通过网络营销公司的产品或服务。可以说，网络营销的第一步是推销网站。

1. 充分利用传统媒体

目前，网络营销不可能包括全部的营销手段，毕竟传统营销方式还在起决定作用。建立网站之后，可以在所有商品的包装、宣传广告和产品展销会等多种宣传媒体上刊登公司网址。传统媒体的影响力无处不在，不用上网，顾客就可以看到公司网址。对于已经成为网民的顾客来说，他有很大的兴趣登录公司的网页去浏览一番，而还没有上网的顾客则会认为，该公司具有时代精神，对公司会有一个良好的印象。当然，在进行传统营销设计时，不仅要宣传产品或服务，宣传公司网址也成为一项重要的内容。这时，一个琅琅上口的网址的价值是无法估量的，所以在选择网址的时候一定不能太草率。因为公司是提供一般商品或服务的，而不像很多商务网络公司是提供网络服务的，所以他们网站的广告需要铺天盖地。充分利用现有传统营销方式，将网址当成公司的一项服务推销出去，这并不需要增加多大的投入。

2. 灵活利用外界联系

如果公司已经有很多的顾客和合作伙伴，包括每个员工都有自己的社交圈子，这些都是向外发布网址的好途径。由于存在人与人之间的感情因素，朋友们对网站的兴趣及有意无意间的宣传也很重要。所以充分利用好这种非正式的消息传递途径，可能会起到比正式途径还要理想的效果。当然，通过新闻媒介进行宣传，其效果也会非常好。不要以为新闻媒介只能登广告，如果能够让记者在报道本地区企业信息化发展的时候，把公司当作一个典型的例子来宣传，这样的效果可比直接登广告好多了。当然，也可以发动公司的“笔杆子”多向当地的新闻报刊投稿，宣传自己公司出现的新事物，这也能达到理想的宣传效果；同时，还会引起报刊编辑的注意，说不定什么时候就会派个记者下来了解情况，写上一个报道呢。还可以通过多参加一些公益性服务来推销自己的网址，如给新村小区的居民委员会赞助一些物品，在上面标明公司的网址。在现实世界中，宣传的手段和途径是多种多样的，需要不断摸索和发现。

3. 加入搜索引擎

如何让对相关产品和服务感兴趣的网民能够找到网站，是网络营销的关键问题。比如，某公司是生产灯具的，那么用户要了解灯具的信息，就会使用因特网的搜索引擎如 Google、Baidu 等来查找，当然很多商业网站都具有类似的搜索功能，如新浪网等。用户在搜索栏里输入“灯具”字样，搜索引擎就会将相关的站点列举出来。所以，我们需要做的就是，使网站能够被网民常用的搜索引擎搜索到。现在很多这样的搜索引擎是免费提供服务的，只要找到这个站点，将光标定位在“注册新站点”或类似的内容菜单上，然后输入公司的名称、网址以及描绘产品或服务的关键词，如公司生产灯具，就可以输入诸如灯具、照明、装饰等体现产品或服务功能的词汇，便于用户可能从多个途径来搜索同一类产品，关键词越多，被检索到的可能性也就越大。此外，还需要输入公司的电子邮箱地址及一段描述公司产品或服务的介绍性文字。然后根据页面提示，如用鼠标单击“发送”选项等，即可将信息挂在该搜索引擎上。

4. 提供友情链接

用户浏览完一个网站之后，当然希望链接到别的网站去。他们一般希望去两种网站：热门网站和新鲜网站，因此为访问者提供这样的链接是必要的。也就是通过不断的积累，汇集非常值得推荐的网站，提供友情链接。此处，我们讨论的是营销网站的话题，所以提供对本公司的客户和相关企业的网址链接可以进一步满足对产品或服务的信息需求。例如，公司生产灯具，就可以提供灯具销售商店的网址，或者提供某些装饰公司的网址，以满足顾客进一步的需要。

建立友情链接一般分成三个步骤：

① 在某个搜索引擎输入与公司产品相关的行业关键词进行搜索。通过搜索，找到很多相关站点，挑选友情链接网站，就可以进行第②步了。

② 向对方的网络管理员发送电子邮件，提出建立链接的请求。请求信不用写得很长，只要告诉他本站点有（会有）很多访客，访客或许对他们站点的内容也感兴趣，因此希望建立链

接，最后将网址告诉他们即可。

③ 在得到对方同意之后，就可以将这些站点的网址放在主页的友情链接栏中。由于每周都会有新站点出现，因此这一工作需要隔几周就进行一次，以提供最新鲜的网址给访客。

5. 利用个人魅力增加网站影响

在因特网中不但有大量的商业站点，还有很多个人主页。这些主页都是由一些既懂专业知识，如经济、文学、艺术等，又对网络十分着迷的人精心设计的。即便是大量的商业站点背后，也同样有这样一群人。他们一般都非常乐于助人，能帮助他人解决各种各样的问题。所以，平时不妨多浏览一下个人主页，与他们建立良好的私人关系，通过他们可以得到很多非常珍贵的帮助和友谊。这样的推销方式比较特殊，主要还是要靠自己各方面的素质和能力。

6. 网络广告

就像传统营销一样，广告是一个非常有效的手段。与电视广告有黄金时段类似，在网络上张贴广告需要选择黄金网站。现在的一些热门网站，都是商家选择进行网络广告投放的黄金位置。网络广告费的计算方式与传统广告不同，他们通常是按照链接率和印象来收费的。链接率是指点击广告且链接到目标主页的人数和看到广告的人数之比，一般在 1%～10%之间。印象则是看到广告的人数，一般以每千人为单位来收费。搜索引擎网站和综合性网站的广告费也不同。具体的收费要仔细洽谈，按照效果来说，当然实现链接是比较好的，但是网络公司一般不会提供这样的收费方式，除非是大客户。因此需要根据价位作出评估，决定是否投放网络广告，因为网络广告其实并不便宜。

7. 留住访问者

网络推销不仅包括让用户发现网站，将访问者吸引住，而且让他们经常访问网站也是推销的重要内容，这取决于公司主页的质量。网站是否有丰富的信息资源，能否切实解决访客提出的问题，页面是否赏心悦目，是否及时更新信息等都是保证较高回头率的关键所在。网站的质量和网站能够给访客带来的效用比任何营销策略都有吸引力，而一切网站推销手段都应该建立在这样的基础之上。当发现利用了种种推销手段，但访客人数依然不多时，问题极有可能就出在网站吸引力上。网站吸引力可以表述为个性化，也就是说，一个网站一定要有不同于普通网站的特色，如知识性强、新闻实时性强、环境感觉好等。当然，通过一些技术方法也可以提高回头率，如利用主页更新通知提示网页的订阅户，网页已经有了新的信息，吸引他们来访问。

8. 开设 BBS

BBS 就是电子公告牌，通过注册进入的访客可以浏览不同版块的文章，也可发帖子，或网上聊天等，这相当于提供了一个非常自由的交流感受、发表意见的空间。通过在 BBS 上进行热点问题讨论或开办网民沙龙，可以通过网民之间的相互吸引保证访问网站的人数。采取这种做法，一开始需要给版块和沙龙寻找合适的主持人，他的热情和水平会左右版块的受欢迎程度。主持人可以在热心网民中竞争上岗，或通过网络投票方式产生。

9. 电子邮件推广

电子邮件推广是利用邮件地址列表，将信息通过 E-mail 发送到对方邮箱，以期达到宣传推广的目的。电子邮件是目前使用最广泛的互联网应用。它方便快捷，成本低廉，不失为一种有效的联络工具。

电子邮件推销类似传统的直销方式，属于主动信息发布，带有一定的强制性。现在很多网站都提供廉价的电子邮件列表，有的号称只需 20 元便可买到 60 000 个邮件地址，但其实用价值值得怀疑。因为可能有一大半的地址不准确，剩下的也可能不是你需要的目标客户。

目前，市场上还出现了一种“定向邮件系统”。它要么将邮件地址按行业分类，要么干脆就是某站点的邮件列表（Mailing List），对象为列表的订户。与上述混杂的邮件地址比较，定向邮件的针对性显然要强一些。

8.2.4　网络营销常用方法

1. 搜索引擎营销

搜索引擎整合营销（SEM）主要包含竞价广告和搜索引擎优化，现阶段在中国竞价广告推广主要是百度和 Google 的竞价排名推广，它是一种按照点击率付费的推广方式。搜索引擎优化通过对网站符合搜索引擎标准的方法进行优化，从而提高在百度、Google 等搜索引擎上的自然排名，并获得流量，已达到推广的目的。搜索引擎作为网民上网常用的功能，在网络营销中占据了主流的位置。

2. 交换链接

交换链接或称互惠链接，是具有一定互补优势的网站之间的简单合作形式，即分别在自己的网站上放置对方网站的 Logo 或网站名称，并设置对方网站的超链接，使用户可以从合作网站发现自己的网站，达到互相推广的目的。交换链接的作用主要表现在：获得访问量、增加用户浏览时的印象、在搜索引擎排名中增加优势、通过合作网站的推荐增加访问者的可信度等。更重要的是，交换链接的意义已经超出了是否可以增加访问量，比直接效果更重要的在于业内的认知和认可。

3. 病毒式营销

病毒式营销并非真的以传播病毒的方式开展营销，而是通过用户的口碑宣传网络，信息像病毒一样传播和扩散，以快速复制的方式传向数以千计、万计、百万计的受众。病毒式营销的经典范例是 Hotmail。现在几乎所有的免费电子邮件提供商都采取类似的推广方法。例如，新浪网免费电子邮件的末尾都有如下内容：新浪免费电子邮箱：http://mail.sina.com.cn。

这样，邮件的发送人被强制性地发送如上这段话，邮件的接收者则自动地收到同样的内容。人们经常看到的免费邮箱、免费空间、免费域名等，都采取了病毒式营销方式。如果企业欲开展病毒式营销，让人们快速传播企业的产品或服务，就必须首先让他人获利。人们获利越大，传播企业产品或服务的速度也越快，这是典型的双赢策略，利益隐藏于病毒式营销的背后，驱使生意信息以惊人的速度传播。

4. 网络广告

几乎所有的网络营销活动都与品牌形象有关，在所有与品牌推广有关的网络营销手段中，网络广告的作用最直接。旗帜广告（Banner）曾经是网上广告的主流（虽然不是唯一形式），尽管现在它还出现在大部分网络媒体的页面上，但显然它已经走过了其辉煌时期，因为 Banner 广告的平均点击率从最初的 30%降到了 0.4%以下。进入 2001 年之后，网络广告领域发起了一场轰轰烈烈的创新运动，新的广告形式不断出现，最具代表性的是 360×300 像素的巨型广告，由于它克服了标准条幅广告条承载信息量有限的弱点，这种巨型广告目前获得了相对较高的点击率。不过，有研究表明，网络广告的点击率并不能完全代表其效果，网络广告对那些浏览而没有点击广告的、占浏览者总数 99%以上的访客同样产生作用，影响力甚至可以持续相当长的一段时间，因此现在的广告客户已经不再单纯追求点击率，更加重视品牌形象展示和广告效果的转化率。除了投入预算发布网络广告之外，也采用交换广告方式，通常与专业的广告交换网或与合作伙伴相互交换广告。

5. 许可 E-mail 营销

基于用户许可的 E-mail 营销比传统的推广方式或未经许可的 E-mail 营销具有明显的优势，如减少了广告对用户的滋扰、增加了潜在客户定位的准确度、增强了与客户的关系、提高了品牌忠诚度等。开展 E-mail 营销的前提是拥有潜在用户的 E-mail 地址，这些地址是企业从用户和潜在用户资料中自行收集整理的，或利用第三方的潜在用户资源。利用该营销方法的最简单方式是，利用专业的 E-mail 营销服务商的用户资源来开展 E-mail 营销。从国内目前的 E-mail 广告市场来看，可供选择的外部列表 E-mail 营销资源主要有：免费电子邮箱提供商、专业邮件列表服务商、专业 E-mail 营销服务商、电子刊物和新闻邮件服务商、专业网站的注册会员资料等。

6. 邮件列表

邮件列表实际上也是一种 E-mail 营销形式，它基于用户许可原则，用户自愿加入，自由退出。与 E-mail 不同的是，E-mail 营销直接向用户发送促销信息，而邮件列表通过为用户提供有价值的信息，在邮件内容中加入适量的促销信息，从而实现营销目的。邮件列表的主要价值表现在：作为公司产品或服务的促销工具，方便和用户交流，获得赞助或出售广告空间，收费信息服务。邮件列表的表现形式很多，常见的有新闻邮件、电子刊物、新产品通知、优惠促销信息、重要事件提醒服务等。

7. 个性化营销

个性化营销的主要内容包括：用户定制自己感兴趣的信息内容，选择自己喜欢的网页设计形式，根据自己的需要设置信息的接收方式和接收时间等。个性化服务在改善顾客关系、培养顾客忠诚度及增加网上销售量方面具有明显的效果，但个性化服务的前提是获得尽可能详尽的用户个人信息，这两者之间存在一定的矛盾。研究表明，为了获得某些个性化服务，在个人信息得到保护的情况下，用户才愿意提供有限的个人信息，这正是开展个性化营销的前提保证。个性化服务是一个循序渐进的过程，需要在一定的基础条件下进行，如完善的网站基本功能、良好的品牌形象等。

8. 会员制营销

网络会员制营销是拓展网上销售渠道的一种有效方式，主要适用于有一定实力和品牌知名度的电子商务公司。网络会员制营销已经被证实是电子商务网站的有效营销手段，国外许多网上零售商店都实施了会员制计划，几乎已经覆盖了所有行业；国内的会员制营销也表现出发展旺盛的势头，如当当网、百度搜索引擎等都采用了这种网络营销模式。

9. 信息发布

信息发布既是网络营销的基本职能，又是一种实用的操作手段，通过互联网，不仅可以浏览大量的商业信息，同时还可以发布信息。最重要的是，将有价值的信息及时发布在自己的网站上，以充分发挥网站的功能，如新产品信息、优惠促销信息等。

8.3　无线营销

8.3.1　无线营销概述

1. 无线营销的概念

“无线营销”是一个既涉及无线通信又与市场营销有关的跨领域交叉学科。

“无线营销”的第一个概念是，“无线营销”是对“网络营销”技术性的延伸，但它们的基础都是市场营销。“无线营销”是基于一定的网络平台实现的，这个网络平台可以是移动通信网络或无线局域网络，而对应的接入手段或设备包括手机、个人数字助理、便携式计算机或其他专用接入设备等。

“无线营销”的第二个概念是，“无线营销”是对“网络营销”的“无线”延伸，即“无线营销”可以给市场营销创造“无限”应用，即所谓的“A 的立方（A^3）”的概念，具体而言就是，“无线营销”使人们可以在任何时间（Any Time）、任何地点（Any Where）、做任何事情（Any Thing）。

2. 无线营销活动的三个阶段

（1）数据采集

通过礼品和优惠活动吸引目标用户参加活动来采集目标消费者信息。首先，收集对企业发出的礼品优惠活动做出积极反应的客户信息和销售记录，并由此建立数据库。通过收集的信息了解用户的年龄、性别、职业情况、收入水平、消费能力、婚姻状况、兴趣爱好等特点；收集用户参与活动的次数和时间间隔，将用户分组，更有针对性地进行促销活动信息的发布。

（2）数据挖掘

对采集到的信息利用理论模型进行分析。所谓数据挖掘，就是根据一定特征将相似的客户归并到一组，这是了解客户和针对特定客户组进行市场定位所不可缺少的。如将客户根据不同的因素，如年龄、性别、地理位置等进行客户群细分；以需求为前提，在了解消费者行为和心理的基础上，根据需求选择变量。通过收集、加工和处理涉及消费者消费行为的大量信息，确定特定消费群体或个体的兴趣、消费习惯和消费需求，进而推断出相应消费群体或个体下一步的消费行为，然后以此为基础，对所识别的消费群体进行特定内容的定向营销。

（3）建立无线社区（会员制）俱乐部

该方式可增加用户的忠诚度，提高用户的购买率。利用手机覆盖地理面积广、接入标准统一、成本低的特点，企业可通过手机平台建立无线社区俱乐部，从而与消费者建立沟通渠道，随时掌握目标群体的消费心理，实时动态分析消费者的消费行为，对静态数据进行分析补充，从而增强消费者的忠诚度，增强消费者与企业间的互动。

3. 无线营销的4I模型

无线营销的"4I模型"是指分众识别与锁定（Individual Identification）、即时信息（Instant Message）、互动的沟通（Interactive Communication）、"我"的个性化（I Personality），如图8-1所示。

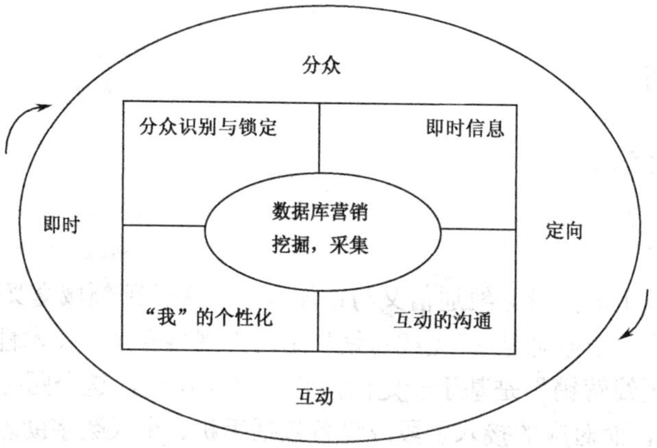

图8-1 无线营销理论的4I模型

（1）分众识别与锁定

分众识别与锁定即识别沟通的分众对象并与其建立"一对一"的关系。分众的含义是指目标消费者已经不是抽象的某一个群体了，而是单独的个体。无线营销通过手机媒介可以实现企业与单独个体的沟通。同时，由于手机这一媒介的特性使这种"分众"是可识别的，即分众的量化。既然可以识别，就可以对目标消费的"分众"进行定量的量化管理。由于每个消费者都有独一无二的个性，无线营销就可以通过对"分众"的量化来解决消费者是谁的问题，与消费者建立可识别的连接关系。总的来说，无线营销可做到分众识别、分众锁定、定向发布广告。

（2）即时信息

即时性体现了无线营销的随时性和定时性。手机的便利性使无线营销可以随时随地与目标消费者进行沟通，即时性可快速提高市场反应速度。在相互影响的市场中，对经营者来说最现实的问题不在于如何控制、制定和实施计划，而在于如何站在顾客的角度及时地倾听顾客的希望、渴望和需求，并及时答复和迅速作出反应，满足顾客的需求。无线营销的动态反馈和互动跟踪为这种营销策略提供了一种可能。要强调的是，无线营销的即时性，对于企业来说意味着广告发布是可以定时的。这是因为，当企业对消费者的消费习惯有所觉察时，可以在消费者最有可能产生购买行为的时间发布产品信息，这需要对消费者的消费行为有量化的跟踪和调查，同时在技术上要有可以随时发布信息的手段。

（3）互动的沟通

互动就是参与。消费者忠诚度是变化的，他们会随时转换品牌。要保持消费者的忠诚度，赢得长期而稳定的市场，“一对一”的无线互动营销，可以与消费者形成一种互动、互求、互需的关系。在无线营销活动中，无线营销中的“一对一”互动关系必须对不同消费者（从一次性消费者到终生消费者之间的每一种消费者类型）的关系营销的深度、层次加以甄别，对不同的需求识别出不同的分众，才能使企业的营销资源有的放矢，使互动成为相互了解的有效方式。

（4）“我”的个性化

个性化就是人性化。手机一直都被视为个性化的产品，从解决个人沟通需求到满足个人形形色色对数据的要求，从生产、供应到消费的链条上，手机完全以个人的需求为中心。广大消费者从最开始对数据业务以尝鲜性、炫耀性消费为主的消费模式逐步转变为以个性化、注重个人感受为主的体验型消费模式，这就要求运营商必须不断地丰富业务内容，为消费者提供能够充分满足其个性化需求的产品，因而手机的属性一直是个性化、私人化、功能复合化及时尚化的，这些也逐渐形成了评价一部手机满足用户需求的默认标准。这使得利用手机进行无线营销活动具有了强烈的个性化色彩。在消费中，人们高喊的“让我做主”、“我有我主张”、“我的地盘我做主”、“我运动我快乐”、“我有，我可以!”、“我能!”等口号，已经传达出市场的个性化特征越来越明显，这种消费诉求要求市场营销活动和所传递的信息也要个性化。人们对于个性化的需求将比以往任何时候都更加强烈。在提供信息的同时，业务提供者需要更加关注每个个体的使用习惯、兴趣偏好等，个性化诉求成为引起消费者共鸣的有力武器。

8.3.2　无线营销的应用

“无线营销”的应用主要包括：① 向用户提供信息咨询服务。② 向用户推广和宣传产品（包括短信、彩信、手机视频广告、游戏广告等方式）。③ 通过与用户的互动收集市场信息和用户数据。④ 网络营销无线化。⑤ 实现移动办公。⑥ 实现无线客户关系管理（CRM）。⑦ 实现移动电子商务。

从整体上看，无线营销的优势在于贴身性、直接性和关注度远高于其他媒介。其缺点是，带宽的限制使广告等宣传手段较单一。因此，无线营销更适用于直接进行产品推介或促销。此外，每一个品牌都可以借助营销平台实现不断增值的数据库营销，可以将用户积累起来，长期并不断地沟通，从而实现高品牌忠诚度和客户关系管理。所以，无线营销最适合用作产品推介（包括无线增值产品）、市场活动、数据库营销（CRM 顾客关系管理），最适合营销的产品或品牌包括无线增值产品、数字影音产品、快速消费品、运动用品及连锁店或各种直接的个人消费服务。

用户可从以下 4 个层次体验无线营销。

层次一，语音营销。指营销人员通过拨打用户手机以语音方式进行无线营销，这种方式主要向用户直接推广和宣传产品，通过与用户的互动进行调查、收集市场信息和用户数据。该方式的缺点是，用户一般对这类电话的感受较差或不愿意接听这类电话，因此语音营销一定要有针对性，并讲究语音营销技巧。

层次二，短信或彩信营销。短信营销是无限营销中占比最大的营销方式，它的优势在于成本低、潜在广告对象群体大。“手机媒体就是促销媒体，而短信促销将商机无限。”如短信投票选举、短信点播、短信竞猜、短信无线折扣券、短信提问、市场及用户调查等。彩信技术使手机不仅可用来进行基本语言交流和简单的文字互动，还可实现图片和视频传送，它支持多媒体功能，能够传输文字、图像、声音、数据等多媒体格式信息，使企业的产品或广告获得更好的展示效果。彩信的多媒体表达效果往往可以吸引用户主动点击。

层次三，WAP 营销。同前两种被动营销方法不同，WAP 营销重新把手机归还到用户手中，根据用户的需要查阅信息，与互联网一样，具有随时随地方便实用的特点。

层次四，WPP 营销。特指针对 kjava、brew、palm、wince 等各类可编程手机、PDA 的营销。如果把 WAP 称为无线技术中的 B/S 技术模型，那么 WPP 就是无线技术中的 C/S 技术模型。只要屏幕尺寸、存储量允许，在 PC 上实现的应用程序和服务几乎都可以在 WPP 设备上实现。因为可以编程，所以安全性、私密性将会得到很好的保障。WPP 营销给用户带来的是更加智能化、人性化的美好体验。

总的来说，“无线营销”是一种全新的很有发展前景的营销模式。“无线营销”为企业带来的利益包括：随时随地处理公司的业务、随时随地与员工保持联系、随时随地掌握市场动态、随时随地了解客户需求、随时随地为客户提供服务、随时随地向客户销售产品。“无线营销”为用户带来的利益包括：随时随地与外界保持联系、随时随地获得新闻和资讯、随时随地了解市场行情、随时随地掌握新产品信息、随时随地得到相关服务、随时随地购买所需的产品。

8.3.3 无线营销的运营模式

无线营销有不少技术上的突破，大大增强了营销的针对性和互动性，也促进了广告主对无线媒体价值的认同，同时创新的运营模式为国内营销服务市场带来了突破。国内的无线营销大致有如下 7 种模式。

1. 强强联合的合作伙伴模式

它是一种双方的合作，采取双方品牌、客户资源、网络营销策划与运营渠道能力整合的合作策略。

例如，2006 年 3 月，飞拓无限信息技术有限公司宣布与国内最大的移动通信运营商——中国移动建立全面的合作伙伴关系，并正式推出与中国移动数据业务运营支撑中心共同打造的手机互动营销平台，此次的手机互动营销平台是依托目前中国最大的手机无线网站——移动梦网，以及当前覆盖的近 1 亿注册用户而打造的专属信息传播平台。中国移动将其移动梦网首页和各频道首页的广告设计策划方案交由飞拓无限公司代理，该公司也因此获得了移动梦网 1 亿多注册用户的客户资料。飞拓无限公司作为中国移动指定的商务合作伙伴，除了负责整个平台的销售及市场推广外，还将为国内众多企业提供创新有效的无线媒体投播及无线解决方案。

从上述例子可以看出，中国移动利用飞拓无限公司的技术优势来设计、宣传自己的信息平台，而飞拓无限公司则利用中国移动的客户资源来获得大量客户信息，从而进行下一层次的无线营销。

2. 大型独立 WAP 网站模式

它指一些企业自行建立无线品牌网站，并开展自己的无线营销业务。这类网站主要是大型独立的 WAP 网站，如 3G、WAP 天下、摩网等。这种模式可使企业拥有用户资源和品牌优势，开展无线营销业务成为网站的一种盈利模式。

3. 用户相对被动接受的 SP 模式

它指拥有大量手机用户号码及相关信息的公司，通过这些信息进行短信群发来进行广告强制推送。

这类模式的典型代表是凯威点告。它掌握了 7000 多万个用户手机号码等信息，几乎囊括了中国所有 WAP 用户号码，80%的 SP 通过其群发 WAP 广告。

这类模式的关键在于对用户信息及渠道的掌握。

4. 终端嵌入营销模式

它指将广告捆绑嵌入手机终端。

摩拜美迪公司是终端嵌入营销模式的代表，它将广告以图片、屏保、铃声和游戏等形式植入国内每年出产的 3000 多万台彩屏手机里，摩拜美迪公司通常以买断的方式，在一个品牌的每部手机里投放 3～4 个广告，并将 1/3 的广告收入分给手机厂商。摩拜美迪公司采取的是 WPP 营销模式，其营销关键是终端的覆盖率。

这种模式是创新的、最具难度的模式，但捆绑嵌入模式值得无线营销策划者借鉴。

5. WAP 网站代理模式

它指网站利用自身的流量来为其他广告主发布广告。

魅媒科技是这种模式的典型代表。在魅媒 Mmclick 建立的营销联盟中，WAP 网站以手机门户网站形式，用免费的内容吸引用户访问，然后利用流量做类似互联网广告的手机广告。这种网站代理模式的关键是对渠道的占有，在这种渠道营销中，魅媒 Mmclick 之所以占有国内领先的市场地位，是因其以专业的 WAP 流量分析平台为基础，拥有 8000 多个著名的独立的 WAP 网站和个人 WAP 网站的核心媒体资源、每天超过 1000 万流量资源、每天上百万手机 UA 资源。魅媒 Mmclick 通过这个庞大的营销数据库协助广告主实现精准的无线分众营销，协助广告主实现无线平台上的跨媒体营销。

WAP 网站代理模式适合各类促销型活动和产品的推广，同时也是实效营销的最佳渠道。

6. 小区短信广播模式

它指对进入小区的用户进行广播发送，如商场的促销打折信息，拉近商场与消费者之间的距离。目标消费者收到此类信息会感到满意，因为消费者来商场就是希望得到此类服务。商家能将这些信息发布到最需要它的人群，较之普通的广告，效果更加直接、有效。

例如，北京开拓公司以山东为据点，在全国多个省份开展小区广播业务，通过小区信息与商户信息的整合进行无线营销。这种服务，既为移动运营商带来利益，又能给商场带来商机，客户也非常满意。

这种模式非常适合区域化商户的促销，尤其是各类传统商户，其定向、定位技术将大大提升营销的效果。

7. 定制营销模式

它指根据客户的自助选择来进行营销。

聚君公司是这种模式的典型代表。聚君公司采取会员制，只针对会员进行广告推送，会员可以自主选择广告种类。更重要的是互动营销，如针对某知名洋酒的互动营销，聚君公司还对免费游戏、音乐、壁纸下载等进行整合。聚君公司曾为一个上海汽车赛事设计了互动营销，包括用户提醒、赛车宝贝投票、抽奖、赛车注册会员，以及帮助赞助商进行营销等一系列内容和应用。另外，其业务还包括替SP、CP提供通道，合法化无线内容分发，结合后台数据挖掘，为用户提供增值服务等。

定制无线营销可以采取捆绑营销、互动式营销、整合营销相结合的方式，在营销的同时为用户提供增值服务。

总的来说，“无线营销”是以市场营销为基础、网络营销为平台的一种新型营销方式，因此它的发展不仅有赖于技术平台（包括软件和硬件）的建设，更有赖于市场营销理念的推广和普及。随着无线技术的迅猛发展以及3G时代的来临，“无线营销”应用将给人们的生活、学习和工作，以及企业的运作方式带来革命性的突破和翻天覆地的变化。

8.3.4　无线营销应用案例解析

1. 中国移动推出的移动商务服务

中国移动提供了多种移动商务服务，如“企信通”。“企信通”服务是将企业信息系统和移动通信网应用结合在一起，提供全方位的、满足各种群体通信需求的信息服务，并通过简易的操作实现短信通知、日程提醒、邮件到达通知、短信发送、企业信息定制及查询等应用服务。

2. 日本进行的书店无线LAN试验

日本SKYLEY网络和内田洋行开始在书店内使用无线LAN向用户发送内容的试验。他们在JR三鹰车站附近的书店“第九书房”内设置了5台无线LAN接入点。书店向顾客出租支持无线通信的PDA，并根据顾客位置发送最近书架上的书籍信息。发送的信息包括位于顾客附近书架上的书籍书评等。由于能够了解顾客在店铺来回走动的路线，因此可作为店铺的营销信息使用。

3. 星巴克咖啡为顾客提供无线上网服务

遍布全球的星巴克咖啡连锁店为了使顾客有理由在非高峰时间光顾咖啡店，并停留更长的时间，在零售店里购买更多的服务，几乎所有的星巴克咖啡店都安装了无线上网接入设备，使顾客可以利用自己的笔记本电脑、智能电话、Pocket PC和其他设备访问互联网。顾客现在可以在享用他们的第二杯或第三杯拿铁咖啡的同时，接入企业的内联网，与他们的办公室保持连接。同时，通过各种无线应用，如Starbucks Express——一种咖啡“信用卡”，星巴克咖啡店让顾客可以进行预订，从而缩短在柜台前排队的时间。

8.4　客户关系管理与网络营销

8.4.1　客户关系管理概述

客户关系管理（CRM）既是企业将其工作流程进行以客户为中心的设计，从而提高客户的忠诚度，为企业带来丰厚的利润和上升空间的管理理念和运营机制；又是企业通过富有意义的交流沟通，理解并影响客户行为，最终实现提高客户保留、客户忠诚和客户创利的目的，将客户信息转化成积极的客户关系的反复循环过程。

CRM 首先是一种管理理念，其核心思想是将企业的客户（包括最终客户、分销商和合作伙伴）作为最重要的企业资源，通过完善的客户服务和深入的客户分析来满足客户的需要。

CRM 也是一种旨在改善企业和与客户之间关系的新型管理机制，它实施于企业的市场营销、销售、客户与技术支持等与客户相关的领域。通过向企业的销售、市场和客户服务的专业人员提供全面、个性化的客户资料，并强化跟踪服务、信息服务能力，使他们能够协同建立和维护一系列与客户和生意伙伴之间卓有成效的一对一关系，从而使企业得以提供更快捷和周到的优质服务，提高客户满意度，吸引和保持更多的客户，从而增加营业额。另外，通过信息共享和优化商业流程来有效地降低企业经营成本。CRM 的实施，要求以客户为中心来构架企业的业务流程，完善对客户需求的快速反应以及管理者快速决策的组织形式，规范以客户为核心的工作流程，建立客户驱动的产品、服务设计，进而培养客户的品牌忠诚度，客户的价值保留，从而扩大可赢利份额。

CRM 又是一种管理软件和技术，它将最佳的商业实践与数据挖掘、数据仓库、一对一营销、销售自动化以及其他信息技术紧密结合在一起，为企业的销售、客户服务和决策支持等领域提供一个业务自动化的解决方案。

1. CRM 系统结构图

一个典型的 CRM 系统结构如图 8-2 所示。从体系结构来看，整个 CRM 架构分为三个关键部分：① 操作型 CRM。用于自动地集成商业过程，包括客户接触点、渠道和前后方办事处的集成。② 分析型 CRM。用于操作型 CRM 产生的数据的分析。③ 合作型 CRM。用于合作的服务，包括电子邮件、人性化的出版、电子社区和其他类似的交流手段，提供这些服务的应用程序方便了客户和机构间的交互。

在这个体系结构中，有很多用于产生和使用信息的客户接触点和发送渠道。经过集成和分析信息，可以完整、准确地得出客户的大概情况——他们的喜好、需求、抱怨和使他们成为公司产品和服务网的终身会员的特性。最后，数据仓库环境下所有主要的部件都将被部署到适当的位置，并提供多种用于集成和分析的重要功能。这些部件不仅包括数据仓库和数据集市，还包括数据挖掘、报表、OLAP 引擎和元数据管理等多种技术。

客户关系数据库管理系统的主要功能，是提供数据库服务器系统功能及数据库整合网络应用功能。

2. CRM 系统业务模型

CRM 系统业务模型如图 8-3 所示，它以数据仓库为中心，各种信息系统及信息源经过数据整合后进入数据仓库；经过决策分析人员依据一定的数据挖掘算法及相应的方案对数据仓库中的数据进行分析，获得相关的市场信息，再由相关的服务人员对客户产生服务活动，这样就可以形成主动服务的业务流程；类似地，被动服务由客户主动发出业务需求，由服务人员提供服务，并且将所进行的各种活动记录在 CRM 系统中，这些信息将成为企业分析客户的主要信息源。

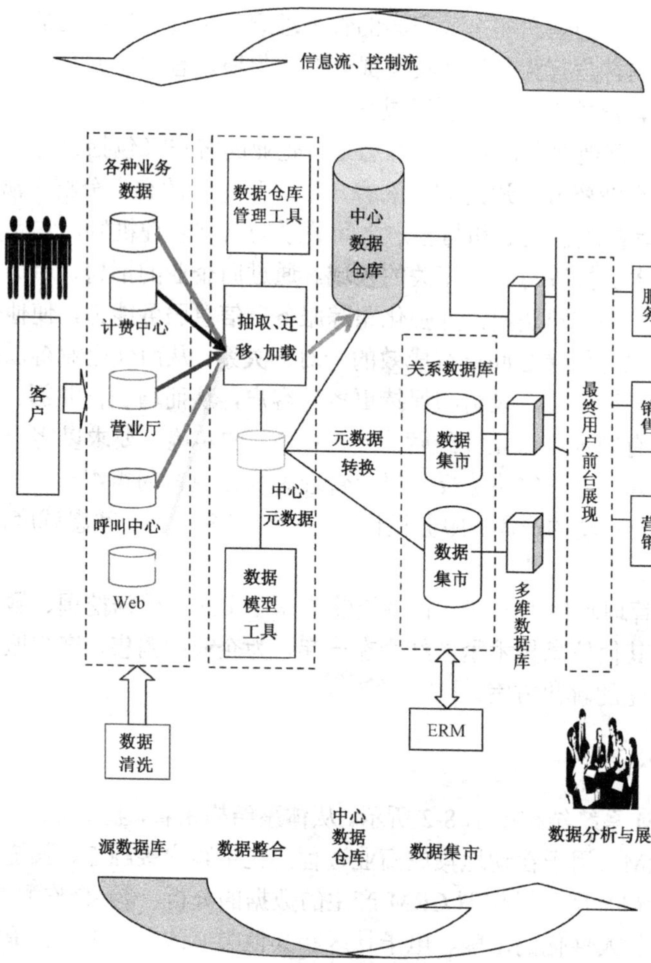

图 8-2　CRM 系统结构

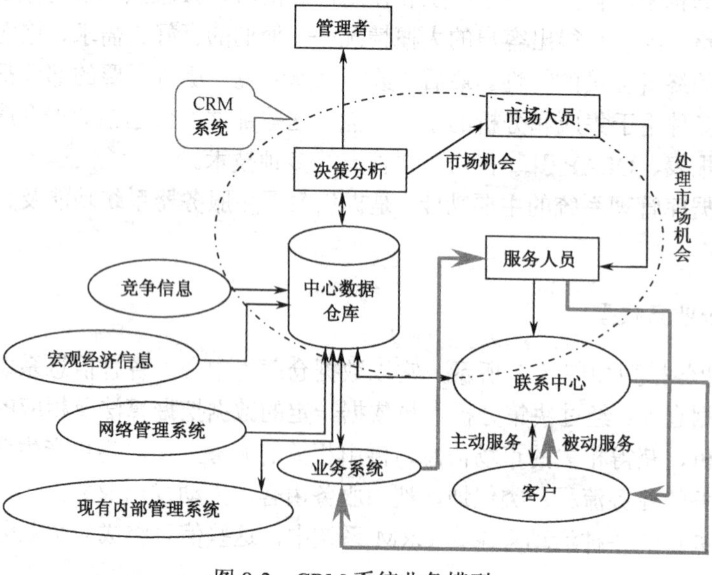

图 8-3　CRM 系统业务模型

3. CRM 管理与分析系统的主要功能

当前，虽然各软件供应商的 CRM 产品各不相同，但其功能都涉及销售、营销、服务和支持，一般包括客户信息管理、营销管理与分析、服务管理与分析、销售管理与分析以及经营管理与分析，如图 8-4 所示；所采用的渠道包括电话、网络、移动通信、传真、面对面等方式。

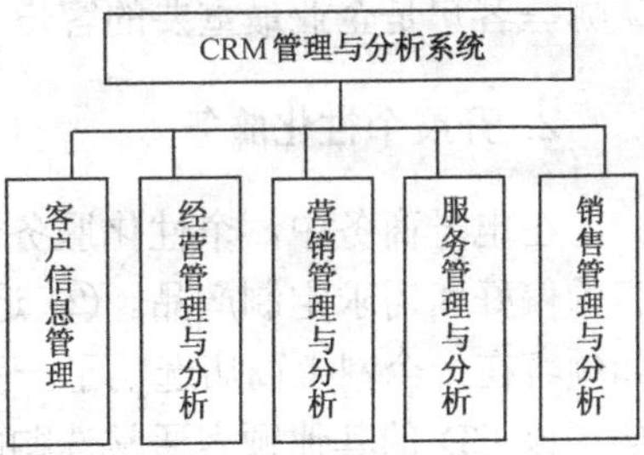

图 8-4　CRM 管理与分析系统

① 客户信息管理。包括客户基本资料/档案管理、客户消费信息管理、客户满意度管理、客户忠诚度管理、客户信用度管理、客户欠费管理、客户黑名单管理、客户流失信息管理、客户分类信息管理、客户经理管理、大客户账户信息管理及潜在大客户管理等。

② 经营管理与分析。对企业经营状况进行管理与分析，包括对节假日信息、政策信息、竞争对手信息、合作伙伴信息的管理；同时包括业务相关分析、业务发展分析、客户流失分析、客户发展分析、区域对比分析等涉及到企业经营的内容。

③ 销售管理与分析。在采用 CRM 解决方案时，较易为人们所接受的功能是销售力自动化（Sales Force Automation，　SFA）。实际上，SFA 也是早期针对客户的应用软件设计的出发点，但自 20 世纪 90 年代初，其应用范围已经得到扩展，开始以整体的视野提供集成性的方法来管理客户关系。

8.4.2　客户关系管理在电子商务中的应用

客户关系管理是电子商务活动的核心部分。在电子商务时代低成本、用户选择范围广的特点下，客户忠诚度和品牌忠诚度是企业竞争的主要焦点，因此客户关系管理变得愈发重要。与客户关系管理联系最多的是“个性化”服务。个性化服务要求根据客户的个性信息、相关群体信息和以前的营销经验来为分众客户定制有针对性的网站。这样做的目的是进行一对一的推销和销售，增加用户经验，使客户重返销售网站。实现个性化服务的前提是，商业机构要具备收集、整理、集成和有效利用所有客户信息的能力。这些信息包括事务和信用记录、买/卖商品的倾向、人口统计和社会信息、个人和职业爱好、经济计划、生活事件等。数据仓库和数据挖掘技术是收集、集成和分析所有客户数据的基础，这些技术包括关系和多维数据库管理系统，客户/服务器体系结构、元数据建模和仓储、图形用户界面等。下面是对一些客户关系管理主题的分析。

1. 客户细分

客户细分是指通过对现有客户数据的分析、整理，做到识别每一个客户的消费习惯，并根据一些特性将客户分成有相似习惯的客户群体。这些不同的客户群体对企业的重要程度和价值是不同的。随着竞争的逐渐加剧，客户与业务的竞争越来越趋向于细分市场的竞争，企业如果想保持行业领先的地位，必须为不同层次、有不同需求的客户提供不同类型的合适的产品。

更通俗地说，客户细分就是将一个大的消费群体划分成一个个细分群体的过程，如以客户的学历为细分标准，则不同的学历将成为不同的群体。通过客户细分，可以对不同的细分客户采取不同的方法。客户细分的标准有很多种，如客户的自然属性、客户的消费属性、客户的消费方式、客户的地理位置、客户的职业、客户的背景等。总的来说，想要真正深入地了解客户，不能只对客户进行一种方式的分类，多种分类方式混合应用可以更好地了解用户的特性，并确认哪些客户是企业最重要的客户。

2. 开展个性化服务

在电子商务中，个性化服务包含的内容十分广泛，总的来说，包括三个方面：① 根据顾客的偏好和需求定制产品。② 追踪顾客的消费习惯，自动为顾客提供最需要的商品和服务，如顾客在一个网上商店选购了一张 CD，网站就会为其推荐音乐风格类似的 CD，还会为其推荐购买该 CD 的其他顾客通常选购的 CD，这就给顾客带来了很多的方便，使其免受在众多商品页面中的淘金之苦。③ 根据顾客的行为特征提供相应的信息服务，如提供定制的或反映顾客偏好的个性化网页，利用网络实现在线帮助，对购买的产品进行网上跟踪服务等。而要想开展这些个性化服务，企业必须对客户的信息和消费行为习惯有详细的了解，并以此为依据进行数据挖掘和分析，才能够预测客户的偏好和需求，从而提供个性化的服务。

3. 客户忠诚度分析

客户忠诚度建立在企业对客户的充分理解的基础上，这种理解基于企业对用户信息的分析以及对这些信息的合理运用，企业要具备这种技能就需要出色的信息处理能力。要保持客户的忠诚度，必须以最简便的方法使客户信息成为连绵不断的信息流。为此企业必须做到，真诚地认真对待客户且坚持不懈，有区分地对待客户，勇于让利于客户，这样企业才能更好地了解客户，从而为自己带来利益。真正了解和赢得客户忠诚度的唯一途径是了解客户的需求和行为，而实现的唯一途径是运用高度发达的信息技术对客户需求和行为进行分析和预测。顾客经常有规律性地购买某些产品或服务，如开车的人经常到加油站或汽车维修站，但是一些顾客却经常绕过附近的加油站，或把车开到较远的汽车代理商那里去维修，这就是顾客的忠诚度。因此，公司必须通过不断地收集和分析客户的行为和信息，加强企业与客户间的沟通，从而促使客户对公司建立忠诚度。

8.4.3 客户关系管理与网络营销的关系

网络营销与客户关系管理紧密联系，相互依存。同时，两者又各有侧重、各负其责。

① 实施的对象。网络营销侧重于寻找潜在用户并将其变成企业用户；而客户关系管理则侧重于对现有客户数据的挖掘和利用，所以网络营销面向的群体比客户关系管理要大。

② 系统的开放性。网络营销是全面开放的，它希望尽可能多地吸引客户的注意力；而客户关系管理则针对特定的利益群体提供特殊的服务，不是无条件地向所有人开放。

③ 服务的层次。网络营销提供较低层次的服务，或者说批量服务，如在线信息发布、新产品介绍、相关知识集锦等；而客户关系管理提供定制服务，包括个性化产品定制、专项问题解答等。

④ 实施目的。网络营销的目标是扩大企业和产品的知名度，提高市场占有率；客户关系管理一方面重组企业业务流程，提高工作效率、降低企业成本，另一方面加强与客户的联系与沟通，提供更好的服务，培养客户的忠诚度。

虽然网络营销与客户关系管理存在很多不同之处，但它们之间还是有很多相辅相成的地方，如它们都是电子商务必不可少的组成部分；网络营销与客户关系管理是一个互动的循环过程，两者之间的相互依赖性极强，一方的效率与成果直接、迅速地影响着另一方。再者，两者作为企业电子商务的前端，都与客户直接发生联系。因此网络营销和客户关系管理应统一风格并以客户友好性为基础，加深对客户的理解，从而增强与客户的联系。

8.5　网络营销案例分析

8.5.1　传统企业网络营销案例——可口可乐公司

全球著名的美国可口可乐公司是传统企业的代表，它在世界软饮料市场占有绝对的优势地位。对可口可乐公司来说，它们的产品单一，在世界各地从不间断地大做广告，其产品在大街小巷随时都可买到。这样的企业需要在网络上推销自己的产品吗？其实，在可口可乐公司看来，以网络营销为代表的新经济，代表着一种商业趋势和发展方向。每个企业要想在未来继续保持领先，就必须对网络营销有足够的重视，并在网络上树立起自己的品牌形象。

1. 网站定位

可口可乐公司将其产品定位为美国文明史的一部分，强调其文化内涵，其产品不仅是饮料，更是美国文化发展的一部分。其网络营销策略是基于自身历史悠久的特点，建立基于文化的营销方式来培养客户的忠诚度。这一策略使可口可乐公司网站内容的题材不仅限于单一产品，而要利用美国文化来使网站内容多元化。这一营销基调赋予了该网站不尽的创意空间和炒作题材，也传承了美国文化中巨大的包容性、强烈的扩张欲和旺盛的生命力。

2. 网页特点

可口可乐公司网页的特点是“别具一格”和“与众不同”。可口可乐公司挟自身品牌优势，采用怪异、独特的喜剧风格，以地道的美国万花筒和西洋景形式，在网页设计和手法上着力于各种出其不意的花样和噱头，刻意追求光怪陆离的视觉效果。其网页上有卡通、保龄、网上电影、艳星、电子卡、有奖竞猜、小恶作剧、文体和娱乐等五花八门层出不穷的名堂，意在使人能从中得到片刻松弛。整个网站营造出了一种热闹纷繁的场面。

3. 网站特点及功能

首先，可口可乐公司的网站并不着力于直接销售，而是通过网站建立一种文化——“如何可乐”来吸引用户的不断关注，从而建立品牌的忠诚度。所以公司采用多幅首页方式，访问者每次看到的首页都不一样，每幅走马灯式的首页都用涂鸦体和嬉皮士腔调来一段话，彼此间互无关联。可口可乐网页在搞笑上做得十分出色，如使用变形词。在体育与文娱栏目中，可口可乐鼓吹它与体育及文娱界有长久的联系，为突出“长久”一词，它将“long”故意拼成“looooooong”，使人仿佛从页面上就能看到百老汇滑稽名角鼓足腮帮作秀时的夸张神态。这些做法意在营造出一次性、感性化、表层化和快捷化的快餐文化。

其次，可口可乐公司在这种文化氛围中开展网络营销。网站在与网民交互中获取信息是其网络营销的核心任务，如在可口可乐网上商场，设有网络调查栏目，设计了很多问题来获取客户的反馈信息，并由此来建立数据库，通过数据分析与挖掘得到更有价值的信息。这些信息将在网站改进、建立客户数据库、开展精确营销、个性化服务和培养客户忠诚度、增强品牌竞争力等方面发挥巨大的作用。

4. 网络营销的商业启示

可口可乐公司是典型的传统企业，并且历史悠久，占据极大的市场分额，它没有固步自封，相反，它将因特网的出现作为对任何知名企业产品和品牌的新的挑战。每一次的网上浏览、页面访问、标记点击、反馈表填写、资料下载等，都是对旧品牌观和传统营销方式的冲击，也是对全球品牌的重新排序。因此，传统企业为保持自己在领域中的绝对竞争优势，都深感必须在网上“分毫不差地满足客户需要，建立新的声誉”才能再造网上名牌。

对可口可乐等传统公司而言，电子邮件、语音信箱、网络站点等技术是成败的关键。可口可乐首席执行官艾华士坚持认为，接触大量的信息，是进行实时决策必不可少的。“我们要做的事情是与消费者沟通，从得到的资料来看，我们与客户的关系正在变得越来越密切。”这是可口可乐公司建立网站和运行网站的原则。

8.5.2 IT 企业网络营销案例——戴尔计算机公司

1. 企业背景

戴尔（Dell）是国际个人计算机销售排名第一的公司，戴尔公司最主要也是其最值得称道的营销方式就是网络营销。戴尔公司是由年仅 19 岁的企业家迈克尔·戴尔创立的，他是计算机业内任期最长的首席执行官，他的销售理念非常简单，那就是：按照客户要求制造计算机，并且向客户直接发货，使公司更能明确地了解客户要求，然后以最快的速度作出回应。

2. 直销模式

Dell 公司的销售理念是直销商业模式的通俗表示。直销商业模式的第一个好处是消除了中间商，从而节约了中间环节的成本和时间；另一个好处是能充分了解客户的需求并对其作出快速响应。通过网络营销，商家的产品从定位、设计、生产等阶段就能充分吸纳用户的要求和观点，而用户的使用心得也能通过网络很快在产品的定位、设计、生产中反映出来。Dell 公司的设计、开发、生产、营销、维修和支持，从笔记本电脑到工作站，每一个系统都是根据客户的个性化要求而量身定做的。因此在美国，Dell 公司是商业用户、政府部门、教育机构、个人消费者市场名列第一的主要个人计算机供应商。

3. 低成本优势

当戴尔接触网络时，凭着对新技术的敏锐，率先搭上了因特网班车。“我们就应该扩大网站的功能，做到在线销售。”戴尔在出席董事会时，坚定地表示：“网络可以进行低成本、一对一且高品质的顾客互动，在线销售最终会彻底改变 Dell 公司做生意的基本方式”。1996 年 8 月，Dell 公司的在线销售开通，6 个月后，网上销售每天达 100 万美元。1997 年高峰期，已突破 600 万美元。因特网电子商务给 Dell 直销模式带来了新的动力，并把这一商业模式推向海外。在开始的 6 个月时间里，Dell 计算机的在线国际销售额从零增加到占总体销售额的 17%。经过多年的发展，到 2006 年，Dell 公司收入中已经有 60%～70%来自网上销售。

4. 互动沟通优势

Dell 公司为消费者提供了互动交流的平台，为消费者提供售后技术支持。

Dell 公司还以博客形式为消费者提供资讯，包括介绍产品，发布新品，还设置了视频区，用户可以看到设计师、工程师设计研发的过程。Dell 公司把消费者作为一个主体，发起消费者与品牌之间的平等互动交流，为营销带来了独特的竞争优势。他们认为，未来的品牌将是半成品，一半由消费者体验、参与来确定。当然，营销人员找到能够引领和主导两者之间互动的方法很重要，他们会逐一介绍，让大家看到公司的研发过程，给消费者带来对产品质量的信赖感，这也满足了部分消费者对产品制造研发的好奇心。

他们还开设了网上在线论坛，不仅是大客户，那些小型企业、大批的居家办公者也被吸引在 Dell 品牌的周围。从 1998 年秋季开始，Dell 公司设立的高层主管与客户的在线论坛"与 Dell 共进早餐"，扩大到小型的商业用户，这种现场聊天的话题包括服务器市场走势等大题目，而且还设法让一般用户有机会提出各种各样的问题，然后通过 Dell 的在线知识库在人工智能软件帮助下给予自动回答。

Dell 公司网站也提供全方位的搜索服务。该服务可方便用户查找自己想要的产品和技术支持。其搜索的范围很宽，包括对硬件、软件、各种组装好的整机和各种零配件的搜索等。

5. 个性化优势

进入 Dell 公司主页，给人一目了然、井井有序的感觉。Dell 计算机公司将其产品分别按照产品种类或应用领域进行分类。例如，按产品种类分为台式机、便携机、服务器和工作站等。按应用领域分为家庭用、小型商用、大型商用、教育用和政府用。不同的产品面向不同的市场，因而实行不同的策略。Dell 公司根据顾客需要为顾客量身定做计算机，每一位顾客对计算机的要求是不一样的，所以 Dell 公司针对不同人群，为消费者分门别类地提供不同的资讯，对不同国家的人群提供不同语言的服务，从而让更多的人了解 Dell，推动其走向国际化。

当今社会的互联网让网络营销的力量得到了极大的释放，网络营销如此深刻地融入企业的运营模式之中。Dell 公司的网络营销策略迎合了时代的潮流，利用了先进科技发展其网络销售，可谓是开直销之先河，抓住了商机。

8.5.3　互联网企业营销案例——亚马逊网上书店

成立于 1995 年 7 月的亚马逊（Amazon）网上书店，是第一家互联网虚拟书店，成立之初只是一个名不见经传的网站，经过十几年的运作已成为全球最成功的网络公司。亚马逊书店在网络商业界建立了一个前所未有的网络书海，为全世界 100 多个国家的顾客提供服务。亚马逊已有超过 4000 万用户，平均每天卖出 6 万本书，销售业绩每年平均增长 320%以上，亚马逊书店有约 410 万种以上的图书供客户选购。如今，亚马逊书店的产品扩展到音乐 CD、DVD、玩具、厨具、软件、电子产品、硬件等，已取得了不俗的销售业绩。362 亿美元，这是亚马逊 2009 年 4 月 24 日的市值。下面具体分析亚马逊网上书店的营销策略。

1. 产品策略

亚马逊书店将所售商品分为三大类：书籍、音乐和影视产品，每一类商品都设置了专门的页面。同时，在各个页面中也很容易看到其他几个页面的内容和消息。它将书店中不同的商品进行分类，并对不同的电子产品实行不同的营销策略和促销手段。

2. 价格策略

亚马逊书店采取价格折扣策略。所谓价格折扣策略是指企业为了刺激消费者增加购买而在原价格上给以一定的折扣。它通过扩大销量来弥补折扣费用，增加利润。亚马逊书店对大多数商品都给予相当数量的折扣。例如，对音乐类商品，如 CD 类给予 40%的折扣，其中包括畅销 CD 给予 30%的折扣。

3. 促销策略

促销方式主要有广告、人员推销、公共关系和营业推广 4 种。在亚马逊书店的网页中，除了人员推销外，其余部分都有所体现。

亚马逊书店主页上广告的位置很合理，首先展示的是当天的最畅销书，而后是最近的畅销书介绍，还有读书俱乐部的推荐书，以及著名作者的近期书籍等。不仅在亚马逊书店的网页上有大量的多媒体广告，而且在其他相关网络站点上也经常可以看到它的广告。亚马逊书店的广告还有一大特色就是动态实时性。每天都更换的广告版面使顾客能够了解最新的出版物和最权威的评论。不但广告每天更换，还可以从“Check out the Amazon．com Hot100．Updated hourly”中读到每小时都在更新的消息。

亚马逊书店千方百计地推销自己的网站，不断寻求合作伙伴（Associate）。由于有许多合作伙伴和中间商，从而使顾客进入其网点的方便程度和购物机会都大大增加，它甚至慷慨地做出了如下承诺：只要你成为亚马逊书店的合作伙伴，那么由贵网点售出的书，不管是否达到一定的配额，亚马逊书店都将支付给你 15%的介绍费。

亚马逊书店还专门设置了一个 GIFT 小页面，为大人和小孩都准备了各式各样的礼物，这是促销策略中的营销推广活动。这一策略通过向各个年龄层的顾客提供购物券或精美小礼品的方法吸引顾客长期购买亚马逊书店的商品。另外，亚马逊书店还为长期购买其商品的顾客给予优惠，这也是一种营销推广的措施。

4. 服务策略

设置搜索引擎和导航器可以使用户方便地选择所需购买的商品，亚马逊书店的主页提供了各种各样的全方位的搜索方式，如按书名、主题、关键字、作者进行搜索，同时还提供一系列畅销书目、得奖音乐、最卖座影片的导航器，而且在书店的任何一个页面都提供这样的搜索装置，方便用户搜索，引导用户选购，这实际上是一种售前服务。

除了搜索引擎服务外，亚马逊书店还提供对顾客常见技术难题的解答服务。例如，专门提供了一个 FAQ 页面，回答用户经常提出的一些问题：如何进行网上电子支付？运输费用顾客需要支付多少？如何订购脱销书等。而且，如果顾客有特殊问题，还会提供专门的解答服务。

亚马逊书店网站提供电子邮件、调查表等服务以获取用户对其网站的反馈信息。用户反馈既是售后服务，也是经营销售中的市场分析和预测的依据。电子邮件中往往有顾客对商品的意见和建议。书店一方面解决用户的意见，这实际上是一种售后服务活动；另一方面，也从电子邮件中获取大量有用的市场信息，这常常可以作为指导今后各项经营策略的基础，这实际上是一种市场分析和预测活动。另外，它也经常邀请用户在网上填写一些调查表，并用一些免费软件、礼品或某项服务来鼓励用户发来反馈的电子礼物。

亚马逊书店网站还提供一个类似于 BBS 的读者论坛，该服务项目的作用很大。企业商务网站开设读者论坛的主要目的是，吸引客户了解市场动态，引导消费潮流。在读者论坛中可以开展热门话题讨论，以一些热门话题，甚至是极端话题引起公众兴趣，引导和刺激顾客消费。通过俱乐部稳定原有的客户群，吸引新的客户群；通过对公众话题和兴趣的分析把握市场需求动向，从而销售用户感兴趣的书籍和音像产品。

5. 成功因素分析

综上所述，可以归纳出亚马逊书店网络营销的成功因素：

① 便捷的购买程序。它制定了一个完善快速的购买程序。当收到顾客订单后，可在第一时间自动回函感谢顾客，同时将相关信息传送到会计部和顾客服务部。会计部进行信用卡转账，顾客服务部则将相关信息存入一个顾客数据库。同时，亚马逊书店的电子系统会查询中央数据库是否有存货，如果有存货，就由亚马逊书店直接送至顾客手中；如果没有，顾客服务部就通知经销商和发行商，将该书送至亚马逊书店的仓库包装后寄出，或直接由经销商寄出。亚马逊书店的营销理念是：尽量减少顾客的麻烦，提高顾客的购买效率。

② 快速的配送体系。顾客希望在订书之后可以迅速收到书籍，为此亚马逊书店建立了一个快速的配送体系。一方面，利用美国高效率的邮政体系；另一方面，在美国西雅图租了一个 5 万平方英尺的仓库，只要订货单一到位就可以给书打包并发送到顾客手中。仓库里存有足够多的最畅销书，能很快地满足顾客的购书需求。亚马逊书店的两个主要发行人，Ingram Books 和 Baker&Taylor 按要求使用最快的交易方式替 Amazon.com 送书，这样亚马逊书店就能控制存书和仓租成本。

③ 完善的顾客管理。亚马逊书店采用了一套客户关系管理（CRM）系统来管理顾客。通过 CRM 系统，亚马逊书店分析每位顾客的原始资料（年龄、性别、地理位置、家庭情况、收入情况等）和历史交易纪录，通过分析推断顾客的消费习惯、消费心理、消费层次、忠诚度和潜在价值。根据顾客的不同需要和习惯给顾客提供不同的服务，最终向顾客提供一对一的服务。

④ 独特的合作模式。亚马逊书店采用销售提成来鼓励其他网站将亚马逊书店的广告链接到自己的网站上去。任何一个拥有自己的网站的商业机构都可以注册成为 Amazon.com 的合作伙伴，他们将亚马逊书店的广告放在自己网站的醒目位置，然后从 Amazon.com 网站上选择一些重要的书。当顾客选择了要购买的书后，顾客的购书信息就被直接传递到 Amazon.com 网站上，利用 Amazon.com 的购买程序完成购买。不久，该合作机构就可以收到出售书的手续费提成。通过这种方式，亚马逊书店节省了许多营销费用。

本 章 小 结

本章的主要内容是网络营销与客户关系管理。首先，介绍了网络营销的概念、特点、策略以及网络营销的一些技巧和常用方法。其次，介绍了网络营销中较前沿的无线营销的基本内容和理论，并辅以案例说明无线营销的应用。再次，介绍了 CRM 的基本概念以及其在电子商务网络营销中的应用。最后，列举了传统企业、IT 企业、互联网企业中的典型网络营销的成功案例，对前面所讲述的网络营销的技巧、策略和方法的实际应用加以说明，帮助读者深入理解本章的核心内容。

习 题 8

一、思考题

1. 什么是网络营销？网络营销的特点有哪些？
2. 网络营销的4Ps和4Cs分别指什么？
3. 网络营销常用的方法有哪些？
4. 什么是无线营销？无线营销的4I模型是什么？
5. 无线营销的运营模式有哪些？
6. 什么是CRM？CRM的主要功能是什么？

二、讨论题

分别举出传统企业、IT企业和互联网企业成功的网络营销案例，并讨论该案例的网络营销成功之处。

三、实验题

假如你现在正在运营一家在线音乐网站，请完成一份网络营销规划书。

第9章 移动电子商务

随着移动技术的成熟和无线网络的普及，全世界兴起了移动电子商务的热潮。国家工业和信息化部公布的数据显示，截至 2010 年 7 月末，我国移动电话用户已突破 8 亿户，移动电话普及率达到 60.5 部/百人，PDA 用户数也在逐年增加。这些移动终端构成了移动电子商务巨大的潜在市场。

9.1 移动电子商务概述

9.1.1 移动电子商务的概念

移动电子商务是指通过手机、PDA、呼机等移动通信设备与互联网有机结合进行的电子商务活动形式。移动电子商务是互联网、移动通信技术和电子商务的集成。

移动电子商务是技术的创新，它是电子商务从有线通信到无线通信、从固定地点的商务形式到随时随地的商务形式的延伸，其真正的价值在于服务，服务是打开应用之门的阶梯。移动商务也是商业模式、管理模式的创新，它必将带来全新的商业氛围。

9.1.2 移动电子商务的分类

从不同的角度，移动电子商务有如下三种分类方法。

（1）按照使用对象分类——个人移动商务和企业移动商务。

个人移动商务是指个人用户在日常生活中通过移动终端进行的交易、娱乐、金融业务和信息查询等服务，如订购电影票、在线观看视频、预付账户的资金转移和导航服务等。

企业移动商务是企业利用移动终端开展与企业经营相关的各种数据业务，进行企业网上商务活动的一种创新的电子商务模式。企业通过移动电子商务建立从消费者到企业以及整个贸易过程中所有相关角色之间的协同组合，把生产、推销、广告、消费、洽谈、成交、支付等所有过程都集中在一个完善的电子商务系统之中。移动商务可以与企业的 OA（办公自动化）、ERP（企业资源规划）、CRM（客户关系管理）等系统结合，实现企业办公、生产、销售数据的采集和发布。

（2）按照商务服务的内涵不同进行分类——内容提供型、信息消费型、企业管理型、资源整合型、快速决策型、定位跟踪型、扫描收费型等。

内容提供型和信息消费型是使用最普遍的移动商务类型。主要是在线游戏、音乐下载、视频点播和信息查询等应用。

定位跟踪型和扫描收费型是移动商务的最新应用，也是目前研究的热点。

定位跟踪型，也称移动定位服务，是移动商务的一项创新应用。通过 GPS 技术，用户不仅可以方便地获知自己或他人目前所处的准确位置，还能根据环境用手机查询附近各种场所的信息。

扫描收费型移动商务采用 NFC（Near Field Communication，近距离通信）技术，它将非接触读卡器、非接触卡和点对点功能整合进一块单芯片，为消费者的生活方式开创了不计其数的全新机遇。现在很多城市使用的公交卡就是扫描收费型移动商务的典型应用。其另一个典型应用就是二维条码技术，用户通过扫描二维条码就可以获得相应产品的详细信息或实现支付功能。

（3）按照需求不同进行分类——搜索查询型、需求对接型、按需定制型、预约接受型等。

9.1.3 移动电子商务的特点

移动电子商务的概念衍生自传统电子商务，但不能简单地将移动电子商务认为是传统电子商务的扩展。移动电子商务与传统电子商务的区别在于，其服务对象的移动性、服务要求的即时性、服务终端的私人性和服务方式的方便性。移动电子商务的特点是：及时性、灵活性、可定位性。

① 及时性。在移动电子商务中，移动用户可实现随时随地的访问，这意味着信息获取的及时性。加上用户终端更加具有专用性，从运营商的角度看，用户终端本身就可以作为用户身份的代表。因此商务信息可以直接发送给用户终端，这进一步增强了移动用户获取信息的及时性。

② 灵活性。表现在不受时空限制。同传统的电子商务相比，移动电子商务的一个最大优势就是，移动用户可随时随地获取所需的服务、应用、信息和娱乐。

③ 可定位性。指可获得用户的位置信息，从而根据用户当时所处环境为其推送可能需要的信息。

移动电子商务的本质特征是：商务主体的移动性、移动终端与商务主体的对应性、把握商机的及时性、资源的整合性、客户资源的准确性。这主要体现在以下几个方面：

① 通常，一个移动终端只对应一个用户，因此商家可以对用户需求进行更准确的定位，从而提供更加个性化的服务。移动计算环境能提供更多移动用户的动态信息（如各类位置信息、手机信息），这为提供个性化服务创造了条件。而且，移动终端设备是用户的私人物品，用户可以对它进行完全个性化的配置。

② 基于位置的服务能给用户提供某一特定时间、地点最可能需要的服务，可达到时刻跟踪客户需求的效果，从而及时把握商机。例如，运营商定位到用户现在正在商业街活动，则可以及时向其推送各商场打折的信息。

③ 移动电子商务将内容资源、信息资源、网络资源、终端资源整合为一个系统，在此基础上为用户提供丰富的应用。正因为移动电子商务具有资源整合特性，才能把分散资源变成综合资源，把网上商机转化成移动商机；也才可能将移动支付的决策传递到网上，通过整合网络资源完成和实现。特别地，利用这种整合能力，可以实现电子商务和传统商务之间的整合，从而创造出巨大的商业价值。

9.2　移动电子商务应用的基础设施

企业在寻求将移动解决方案付诸实施的时候，会面临无数应用基础设施方面的挑战。首先，他们必须评估自己目前所拥有的信息化状况和能力，进而决定是否可能凭他们现有的信息系统投资为契机加以利用。再者，他们必须考虑是自行建设还是购买或者租用某些功能来对现有系统的扩展延伸，使用户、供应商和职员都能访问和使用该系统。此外，他们还必须设法解决如何既能提供新的功能，而又不用在咨询商、承建商和重新建造这些设施方面负担数以百万计的成本的问题。

目前，已出现了第三方企业，它们将帮助企业建立移动解决方案，通过提供标准构件来减少构建移动应用所需要的时间并降低成本。本节讲述移动电子商务应用所需要的基础设施。

9.2.1　移动电子商务应用基础设施的类型

为了开发移动电子商务应用的解决方案，必须首先建设基础设施。基础设施由一些不同类型且相互关联的部分组成，如图 9-1 所示。

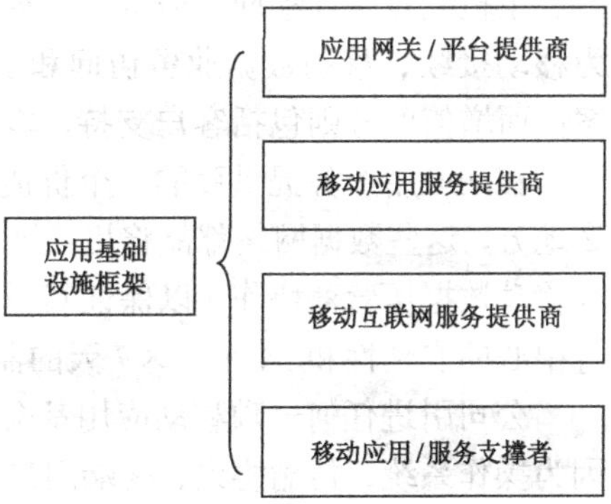

图 9-1　移动电子商务应用基础设施框架

① 应用网关/平台提供商。他们提供用户管理，诸如安全接入、地址簿和行政管理；通信服务，如 E-mail、消息发送和日程表；门户网站服务，如知识管理、内容集成和个性化；以及电子商务服务，如商品目录、交易和票据汇付等。

② 移动应用服务提供商（MASP）。他们提供数据中心和基础设施的主机托管服务。这些企业，也称主机托管者，将设备、空间和带宽出租给其他企业，使企业无须因为要运作自己的移动网站而必须建设大量的管道工程。虚拟主机企业，也称管理服务提供商（MSP），将这项业务又向前推进了一步，为大型企业提供基础设施的维护支持业务。

③ 移动互联网服务提供商（MISP）。他们提供从终端到互联网的连接服务。包括提供公众网服务的无线运营商、专用数据运营商及转售商。

④ 移动应用/服务支撑者。提供数据和交易安全服务、数据同步服务、微型数据库的提供商等。其中还包括服务、系统和应用集成商。

9.2.2　应用网关/平台提供商

移动应用服务器、移动平台或移动应用网关是一些能够屏蔽底层技术的复杂性且能加速创新性解决方案开发的全面综合性平台，这些平台能够依照它们所针对的不同客户——运营商和企业，进行进一步分类。

① 运营商类。随着语音和数据网技术的融合，通信服务提供商（CSP），包括无线和有线运营商，接入和宽带服务提供商——都在寻求一种标准平台，在满足消费者和商业用户需求变化和增长的同时，能提供范围广泛的应用。运营商类移动平台为通信服务提供商提供了完整的通信、个性化生产和商业应用解决方案。

② 企业类。企业类移动平台为企业提供利用现有的 Web 基础设施投资的契机。它们使企业能够将基于 Web 的内容和应用延伸到企业的移动用户、雇员、供应商和商业分支机构，将企业内部的事务应用和外部移动世界相互连接。

9.2.3　移动应用服务提供商

移动应用服务提供商（MASP）帮助企业信息技术部门将互联网应用拓展到移动设备上。移动应用服务提供商对广泛的设备和应用软件提供支持，帮助他们的客户应对将桌面应用延伸到员工、客户和企业合作伙伴而产生的错综复杂的挑战。

移动应用服务提供商是处于变化越来越多且越来越错综复杂的技术环境中的、和那些正在寻求实施移动战略的企业之间的中间人。将任务外包给移动应用服务提供商可以将企业 IT 部门的员工解放出来，专心去做那些与企业核心竞争力相关的任务。这样，企业就可以避免在人员培训、雇佣和设备方面进行额外的 IT 基础设施投资，同时也避免了与之相关的维护和升级费用。企业可以租用移动应用服务提供商提供的模板、整个或部分移动解决方案。

主机托管是移动应用服务提供商的核心业务，它又包括核心业务和增值业务。核心业务是为移动接续、移动数据业务访问和安全可靠的网络运行中心提供一个可升级的中间件解决方案；而增值业务则包括客户支持、客户服务和客户满意度反馈。

移动应用服务提供商的一个价值点在于它与多个数据网络之间的关系，无论终端用户在什么地方，这些数据网络都能将用户连接到所需要的信息点上。一些移动应用服务提供商还负责与移动数据运营商协作，以保证其用户能够享受所需要的网络覆盖。另一个价值点在于网络运行中心的安全性和 24 小时×7 天的监控性能。

公司引进任何一项移动应用都会带来前所未有的技术挑战。一个重要的挑战是，如何解决因为操作系统、传输协议、终端用户设备的不同而造成的不兼容问题。那些正在考虑部署移动应用战略的企业，至少应该考虑清楚表 9-1 中所列的事项。

表 9-1　移动应用关注的事项

技　术	要 点 事 项
移动运营商的管理	协商合同、多重付费、电信基础设施的连通性
移动数据的支持（电路交换或包交换）	地区覆盖，传输时间的定价，多种传输媒介，设备/调制解调器的可用性、速度、协同工作的能力，漫游成本
移动安全性和网络管理	安全监视、无线网关、接口服务器和网络连接
终端用户的设备支持	适用性问题、处理能力、电池寿命
终端用户的支持	用无线应用软件、设备、网络以及运营商间的合作关系解决用户的问题
增长途径和技术老化	在对现有系统不造成影响的情况下，根据需要继承新设备与无线网络

9.2.4　移动互联网服务提供商

移动互联网服务提供商（MISP）为用户提供无线互联网接入，所以它们是新兴的无线应用基础设施的关键组成部分。无论移动用户身在何地，这些公司都会为用户提供不间断的无线互联网访问或者公司内部网络的访问。

移动互联网服务提供商所关注的是，让用户的无线体验更加有用、更加可靠和更有生产效能。他们通过提供内容广泛的移动互联网体验，且使用简单的业务来实现这一点。典型的移动互联网服务提供商的业务内容包括：发送和接收公司电子邮件、即时消息、互联网浏览、访问专为移动设备进行优化后的互联网内容以及提供安全的移动商务交易操作。

虽然用户使用这些业务很简单，但它们都基于极其错综复杂的技术基础。迄今为止，下列关键性难题一直困扰着市场的进化和发展：

① 复杂的系统配置和低劣的客户服务。

② 与使用无线数据网络相关的且常常无法预知的高额成本，包括当用户在用户区以外地区访问网络时发生的漫游费。

③ 覆盖范围的有限性以及各个独立的无线网络之间协作性差，而导致连接中断和其他服务问题。

④ 与设备相关的无线服务提供商的选择。例如，访问 Web 网页需要经由不同的供应商来接入，而这取决于用户使用的是蜂窝电话还是 Palm 掌上计算机。

9.2.5 移动应用/服务支撑者

这里有三种类型的移动应用/服务支撑者：

① 开发支撑者，包括系统集成商和咨询顾问。

② 内容支撑者，包括专门为移动平台开发设计内容，如游戏和微缩型内容。

③ 应用支撑者，包括同步软件供应商、安全软件供应商和内容供应商。

移动互联网的新特性使得移动电子商务基础设施软件的发展空间无可限量。这些特性包括网络的开放性接入、标准的欠缺、内容的多用途性、数据的时延问题、网络性能的不均衡性和不可预知性以及被网络连接在一起的用户群体类型众多、各具特色。这些特性反映出移动应用软件市场正处于幼年期，但这个市场将快速成熟起来。为了使企业能融入到移动经济中来，必须建立移动应用基础设施，并利用其开发、部署企业处理流程上的创新成果。例如，顾客在产品订购、跟踪和支付之前，必须能够不费力气地与企业的应用软件打交道。类似地，为了获得最佳的效率，企业必须能使员工随时随地访问到企业数据，这就需要利用基础设施中不同要素部分的合力来共同实现所有的移动战略目标。

9.3 移动电子商务价值链及其商业模式

“价值链”概念最早是由哈佛大学教授迈克尔·波特于 1985 年提出的。价值链是一种组织企业业务活动的方法，企业实施这些活动对其销售的产品或服务进行设计、生产、促销、销售、运输和售后服务。但是现代交易的完成不仅涉及供需双方，还会涉及为交易实现提供多方服务的第三方。信息技术的发展逐渐打破了企业、行业发展的界限，使不同行业融合发展，共同参与到某一商务交易活动中并成为企业价值链的一部分。企业的价值增长不再单纯地取决于企业自身或某一方，而需要处于价值链不同环节的企业或个人的协调努力，实现多方共赢。

对移动电子商务而言，其价值链是运用移动技术或移动运营服务扩展所创造的价值来满足社会需求的活动或行为，由此构成创造性的、动态的、完整的或虚拟的价值实现链条。

9.3.1　移动电子商务价值链的发展历程

1. 第一代移动电子商务价值链

20 世纪 80 年代中期，移动通信技术开始出现。此时，模拟技术是主流技术，以语音服务为主。价值链也比较简单，如图 9-2 所示。它主要由 5 个部分组成：无线技术研发机构、无线服务提供商、终端设备制造商、中间服务提供商和移动用户。

图 9-2　第一代移动电子商务价值链

① 无线服务提供商。它运用无线设备（基站和交换机等）建立和运营传输信号的无线网络平台，为电子信号实现无线传输提供最基本的网络条件。

② 终端设备制造商。它是制造用户使用的终端设备的经济实体。

③ 中间服务提供商。它为终端设备制造商提供安装在终端设备上的应用程序，包括系统集成（System Integration，SI）、增值转接（Value Added Reseller，VAR）和专业分销（Specialty Retailer，SR）等。这些程序把价值链上的参与者连接在一起，使参与者能够理解其他参与者的动作含义，实现正确的信息传递，最终使用户享受到无线服务提供商提供的各种服务。

④ 移动用户。就是利用无线终端设备享受无线服务的个体。由于终端和服务资费较昂贵，当时的用户主要是商务人士。

2. 第二代移动电子商务价值链

20 世纪 90 年代初期到中期，在第一代无线网络技术——模拟技术出现诸多缺陷和难于普及时，第二代网络技术——数字技术出现了，它为移动电子商务的发展提供了新的机遇和挑战，也使价值链发生了变化，扩展为图 9-3 所示的结构。它主要由 6 个部分组成：无线技术研发机构、内容服务提供商、无线服务提供商、终端平台和应用程序提供商、移动用户、基础设施服务提供商。

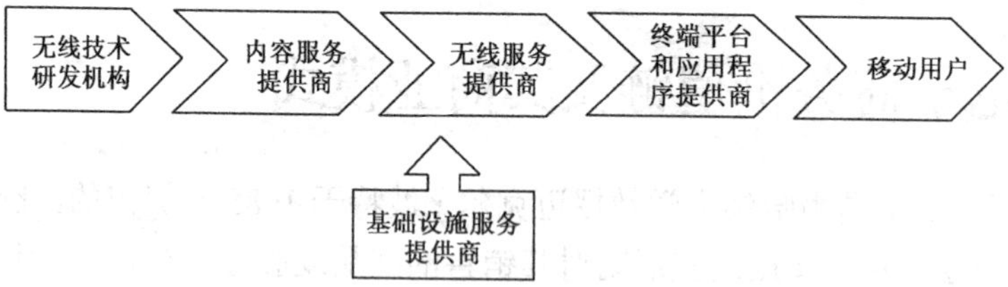

图 9-3　第二代移动电子商务价值链

相比第一代，第二代移动电子商务价值链从提供的服务类型、参与者构成、参与者活动以及参与者之间的价值分配等几个方面都发生了新的变化。

（1）服务类型

此时，运营商除了提供语音服务外，还提供简单的数据服务，其中最具代表性的是我们现在所熟知的短信业务。随着技术的不断发展，进入 2.5G 时代后，彩信也成为了十分普及的应用。而 WAP 的出现，使移动银行、移动支付等服务逐渐走进人们的生活。

（2）参与者构成

首先，数据服务的出现催生了提供数据服务的内容服务提供商的出现。内容服务提供商是通过对数据服务内容的优化、整合，使其成为能够通过无线网络传输、最终得到用户认可的产品，并从中获取利润的实体。他们要解决的问题是，提供什么内容和服务，以什么方式提供才能更有效地吸引客户等。这也是一种业务模式能否成功的关键所在。

其次，基础设施服务提供商从无线网络服务提供商分离出来，成为独立的利益实体。但他们对无线网络运营商有很强的依赖性，可以说是从属于网络运营商的。另外，第一代价值链中的中间服务提供商与终端设备制造商整合在一起，形成了终端平台和应用程序提供商。这主要是因为，随着终端设备制造商业务的逐渐成熟，他们逐渐具备了终端设备应用程序的开发能力。

（3）参与者活动

从以上对参与者构成变化的分析可以看出，各个参与者的功能和所从事的活动都发生了一定改变，新介入的内容服务提供商为整个价值链提供移动服务的具体内容；基础设施服务提供商从无线网络运营商中分离出来，为无线网络运营商提供基础设施服务；无线网络运营商由原来自己构建基础设施变成把基础设施构建部分外包给基础设施服务提供商来做；终端设备制造商将终端设备应用程序开发部分作为自己的一个职能，从原来的中间服务提供商重新组合成了终端平台和应用程序提供商。

（4）参与者之间的价值分配

参与者结构及其功能的变化，必然导致它们之间价值分配的变化。这主要体现在以下 4 个方面：

① 内容服务提供商从无到有，从不参与价值分配到参与价值分配。

② 基础设施提供商从无线网络运营商分离出来，开始作为独立的实体参与价值分配。

③ 终端设备制造商和中间服务提供商的整合意味着他们将作为同一个主体参与价值分配。

④ 用户始终是价值分配中的价值提供者，但他们能获得更多更好的服务。

3. 第三代移动电子商务价值链

20 世纪末，无线通信技术又有了新的突破——3G 技术出现了。由此，通过无线网络可以提供基于多媒体数据的各种服务。多媒体数据服务的出现引起了价值链的又一次变革，形成了第三代移动电子商务价值链，如图 9-4 所示。它主要包括 8 个部分：无线技术研发机构、内容服务提供商、门户和接入服务提供商、无线网络运营商、支持性服务提供商、应用程序提供商、终端和支付平台、移动用户。

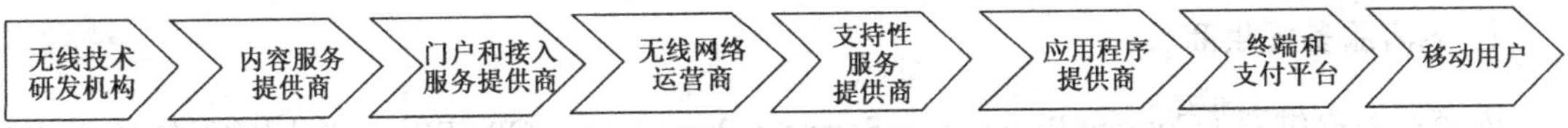

图 9-4　第三代移动电子商务价值链

（1）服务类型

与第二代相比，第三代移动电子商务价值链所能提供的服务更加丰富，诸如游戏、手机电视、视频通话等多媒体数据服务开始融入我们的生活。移动增值业务的目标用户也趋于年轻化。

（2）参与者构成

从图 9-4 可以看到，移动商务价值链上的参与者又发生了新的变化，主要体现在以下两方面。

首先，门户和接入服务提供商的介入。随着无线网络服务内容的扩展（内容变得复杂，处理技术难度提高等），内容服务提供商和无线网络运营商之间需要既熟悉无线网络技术，又熟悉内容处理技术的实体，使内容服务提供商能够方便、快捷地接入无线网络，而无须了解过多的无线网络传输技术。门户和接入服务提供商就是这样一些实体，他们为内容服务提供商提供接入无线网络的接口，在内容服务提供商和无线网络运营商之间建起一座互通的“桥梁”。

其次，支持性服务提供商的出现。此时的支持性服务提供商与第一代中间服务提供商不同。在第一代中，他们的主要功能是提供应用于终端设备的应用程序；在第三代中，他们更多的是提供使移动商务能够顺利进行的支持性服务，如付费平台的建立、付费支持、安全保证等。此时的支持性服务提供商的工作是从无线网络运营商的职能范围中分化出来的。这也说明，无线网络运营商只专注于自己的无线网络构建和无线网络运营，将相关业务都外包给其他的价值主体，降低了运营风险。

总的来看，移动电子商务价值链的参与者又增多了，各自的职能更加明细化，而且关系也变得更加复杂。

（3）参与者活动

新参与者的介入对整个价值链为用户提供新类型的服务创造了契机。此外，其他组成部分的活动与其在价值链上的角色也发生了一定的改变。例如，内容服务提供商只需专注于所提供内容的形式和类型等，而不用关心网络接入问题（如无线网络接入技术等）；同样地，无线网络运营商只需为用户提供无线通信平台，而无须关心内容服务提供商提供的具体内容如何实现，这部分工作由另一价值实体——门户和接入服务提供商来实现。当然，无线网络运营商也会对其内容服务提供商进行一定的监管。

（4）参与者之间的价值分配

参与者构成和各自职能的变化必然引起参与者之间价值分配结构的变化。门户和接入服务提供商的介入，进一步弱化了无线网络运营商的核心地位。由于激烈的竞争，也使终端平台和应用程序提供商的利润大大降低。

从整个价值链来看，内容和应用服务提供商赚取了大部分利润，而由于技术标准化的实现，无线网络运营商和其他制造商的利润有逐步削减的趋势。尽管无线网络运营商在无线传输上的垄断地位无可匹敌，但是曾经风靡一时的无线网络运营商也无法改变其对整个价值链的控制力和影响力下降的趋势。

9.3.2　移动电子商务价值链的主要成员

1. 内容服务提供商

内容服务提供商（Content Providers，Services Providers， CP / SP）在中国的发展始于 2000 年中国移动推出短信业务。在移动增值业务中，SP 原指有直接的电信基础运营商接入通道的内容信息整合者，通过 SP 汇总与整合信息，进而通过运营商的通道实现内容提供商所制作内容的社会价值；CP 原指那些生产短消息等内容，专为互联网内容提供商提供内容服务的供应商，传统的 CP 专指短信内容提供商。

由于经济的发展以及社会各个产业的不断融合，使 CP 的服务范围逐渐扩大，CP 由原来的短消息内容制作商逐渐拓展为彩铃、增强型音画短信、多媒体信息服务、彩话、无线应用通信协议服务、手机视频点播、定位等服务。SP 的身份也发生了转变，在瞬息万变的市场需求环境中，SP 充当了以细分的用户需求为中心、具有直接基础电信运营商接入通道的内容信息整合者。事实上，SP 具有电信运营商接入通道，为用户提供服务，CP 为 SP 提供内容，由于内容和服务紧密结合，SP 常常有自己的内容，CP 也拥有自己的通道，SP 与 CP 很难割裂开来，如日本的 I-mode 价值链模式中只有 CP，而中国移动梦网的合作伙伴都称为 SP。

按照目前 SP 厂商所提供的主要业务形式划分，内容服务提供商分为 5 类：① 信息服务类 SP，如百度、空中网、新浪、搜狐、网易等；② 娱乐类 SP，如盛大、猫扑、掌上灵通等；③ 通信类 SP，如腾讯、MSN、新浪网、掌上灵通等；④ 电子商务类 SP，如淘宝、阿里巴巴等；⑤ 社区类 SP，如人人网、开心网等。

2. 门户和接入服务提供商

门户和接入服务提供商为内容服务提供商和无线网络运营商之间搭建了互通的“桥梁”。他为内容服务提供商提供接入无线网络的接口，保证其顺利进入无线网络传输系统，最终到达移动用户。

门户和接入服务提供商又分为两种类型：门户网站运营商和互联网服务提供商。门户网站运营商是指为用户提供无线网络接入点，让用户方便地获得内容制作商和内容集成商共同提供的各种移动产品和服务的经济实体。互联网服务提供商是指将网络硬件和应用程序整合在一起，为用户提供接入互联网服务的经济实体。他们共同为用户提供无线网络接入服务，使内容服务提供商提供的移动服务产品顺利到达用户，进而实现移动产品的价值。

3. 无线网络运营商

运营商是电信产业价值链的核心主体，充当协调者与整合者的角色，是技术驱动与市场拉动的平衡点，主导整个电信市场的发展和演进。运营商提供骨干传输网/支撑网、无线接入网以及一部分网络服务、运营/计费和集成功能，为各类 SP/CP 提供开放的、公平接入的、功能强大的数据承载网络，是各 SP/CP 与用户之间衔接的纽带。

无线网络运营商包括两部分：无线网络基础设施运营商和无线服务提供商。无线网络基础设施运营商为无线信号提供传输通道，而无线服务提供商为信号传输过程提供相关的个性化服务。

4. 支持性服务提供商

这一部分是从无线网络运营商中分化出来的，其职能是为无线网络运营商提供各种支持性服务，如基础设施制造、应用程序开发、付费支持、安全支持等。他们是保证无线网络运营商提供高效、可靠的信息传输服务不可缺少的部分。

大体上看，支持性服务提供商主要包括两部分：平台服务提供商、付费和安全等服务提供商。平台服务提供商为无线网络运营商提供搭建无线传输网络所必需的硬件设施和软件程序等；付费和安全等服务提供商是在无线网络运营商提供各种具有附加值的内容服务时，为其提供各种支持性服务（付费支持、安全保证等），以保证信息传输的准确性和安全性。

5. 终端厂商

终端厂商以用户的需求和网络技术标准为基础，生产并提供电信业务终端设备。丰富的业务离不开终端的支持，终端作为用户端软件的载体，其易用性和优良性能直接决定了服务内容和用户界面的开发。未来通信业务的多样化必然要求终端种类的大幅增加，不同的业务不仅需要终端具备相应的功能，而且不同终端对相应的数据业务应该有最优的选择。

9.3.3　移动电子商务的商业模式

企业要想在移动电子商务中获得成功，必须建立一个既重视互联网力量，又重视市场需求变化的革新战略，这需要深入研究移动电子商务的商业模式。这里所说的商务模式，指产品、服务和信息流的逻辑架构，包括相关商务活动者及其角色，以及收入来源描述。移动电子商务商业模式的本质是反映移动电子商务中某个具体的企业价值创造、价值维护与价值实现的核心逻辑。

希望成功实施移动电子商务模式的企业，必须关注：① 核心竞争力；② 移动终端、无线网络的特性和限制；③ 用户使用移动设备的情景和环境；④ 互联网电子商务模式；⑤ 市场需求；⑥ 领域其他活动者；⑦ 以前的成功经验。

移动电子商务商业模式涉及移动网络运营商、网络设备提供商、移动终端提供商、内容提供商等。这些参与者以移动用户为中心，以移动网络运营商为主导，在一定的政府管制政策限定下，开展各种活动以实现自己的商业价值。

1. 主要商业模式

传统电子商务的商业模式发展到今天已经逐渐成熟，如网上商店、网上拍卖等。移动电子商务在网络经济泡沫破灭以后得到了迅速发展，并形成了初具规模的商业模式。

移动电子商务的商业模式是由移动电子商务交易的参与者相互联系而形成的。因此，大多数移动电子商务的商业模式可以与移动电子商务交易的参与者使用相同的名称，如内容提供商模式、移动商业门户模式等。

① 内容提供商模式。它的商业模式原型是路透社、交通新闻提供者、股票信息提供者等。采用该模式的企业通过向移动用户提供交通信息、股票交易信息等内容达到盈利的目的，企业通过移动门户或直接向移动用户提供内容服务。此外，还有一些小公司或个人也采用该模式开发内容并提供给软件公司，再由软件公司销售给移动用户。

② 移动门户模式。即企业向移动用户提供个性化的基于位置的服务。该模式的显著特征是，企业提供个性化和本地化的信息服务。本地化意味着移动门户向移动用户提供的信息服务应该与用户的当前位置直接相关，如宾馆预订、最近的加油站位置查询等；个性化则要求移动门户考虑包括移动用户当前位置在内的所有与用户相关的信息，如用户简介、兴趣爱好、过去的消费行为等。

③ WAP 网关提供商模式。该模式可以看作电子商务中应用程序服务提供商（ASP）模型的一个特例，在该模型中，企业向不愿在 WAP 网关方面投资的企业提供 WAP 网关服务，其收益取决于双方所签订的服务协议。

④ 服务提供商模式。企业直接或通过其他渠道向移动用户提供服务，其他渠道可能是移

动门户、WAP 网关提供商或移动网络运营商，而企业所能提供的服务取决于其从内容提供商处可以获得的内容。

上述参与者和商业模式加上 Internet 电子商务中的参与者和商业模式（如支付服务提供商——金融机构）结合起来，构成了复杂的移动电子商务的商业模式。每个参与者为了采用收益率最高的商业模式，必须考虑前面提到的几个方面，即核心竞争力、移动商务环境的特性、互联网商务模式成功的经验。好的商业模式所提供的服务，应该使用户、商家和服务提供商均能够通过移动电子商务活动增加自身的价值。只有这样，他们才能获得大量稳定的客户，移动电子商务才能够真正发展起来。

2. 移动运营商的商业模式

当前，移动运营商正在用数据业务来弥补语音业务收入的下滑趋势，以此为契机，移动互联网市场呈现出越来越快的发展势头，像 BT Cellnet 和 T-Mobile 这样的运营商早已从这些数据业务中获得了 ARPU（每用户平均收益）的迅速增长。然而，在运营商不断努力通过增加数据业务带来利润的同时，他们必须考虑如何共同构建这个无线数据或移动互联生态系统。

生态系统描述了小到一个池塘大到整个自然界中，所有生物物种之间的共生关系，这是一种竞争与合作的关系。我们的人工自然环境，同样是一个生态系统，移动互联产业界也应该是这样一个“各实体共生的”生态系统。

移动运营商的商业模式决定了这个移动互联生态环境中应用发展的步伐和性质，一般来说，移动运营商可能会在如下三个商业模式中做出选择：

① 封闭收入系统。这种模式下，运营商全面负责开发、聚集和发布移动内容。它的门户网站可能有选择地与少数几个第三方内容提供商链接，并且达成一些基本的许可协议。这种机制限制了内容提供商参与收入分成，他们需要开发单独的计费系统。而消息业务则基本上由移动运营商独资经营和管理，包括 E-mail、SMS 等。

② 智能生态系统。这种模式下，移动运营商把内容的开发和聚集开放给很大范围的提供商，包括其门户的内部和外部。以用户和收费业务为基础，通过与内容合作伙伴的利益分成，形成一种业务创新的激励机制。而移动运营商只收取其中很小的一个百分比，作为其提供计费功能的报酬，但系统却拥有了高价值的消息服务，包括即时消息、统一消息和多媒体消息等。

③ 底层传输系统。这种模式下，第三方合作伙伴完全拥有并控制内容和消息应用，移动运营商不提供任何高级业务，也就不能要求传输收入之外更多的收入。没有了这些高级业务，价格成了留住客户的主要工具，从而导致了互联网运营商相关收入的下降趋势。

当移动运营商采纳智能生态系统发展策略时，有必要考虑这种方式与传统方式之间的内在差别，特别是在业务提供、内容和消息应用等方面的差别，然后才能据此选择最适合的商业模式。

建立同第三方内容应用开发商的开放型合作关系是内容应用发展的核心。通过提供不同的业务平台，保证应用在不同媒体和不同格式下的可用性，运营商培育着市场的增长。此外，移动运营商还应提供各种基本服务，如客户引导、网络支持、安全、计费和提高用户满意度等。通过共同构建产业价值链，不仅会使整个产业的 ARPU 显著增长，而且移动运营商和整个生态系统的 ARPU 也将大幅度提升。

9.4　移动电子商务应用

9.4.1　移动门户

移动门户是根据客户的移动特性而设计的一条最佳的客户沟通渠道。门户概念主要指获取互联网内容和服务的接入点。门户提供的各类特种服务吸引了众多用户和签约用户，所提供的服务能为网上交流、通信、信息获取以及与远端或无线设备的软件应用接口提供一个文本文件。移动门户完全可与固定的互联网门户（如 Yahoo）相提并论，它同样也为获取信息内容和进行基础交易提供了一个关口。

目前移动门户有无线运营商门户、信息/娱乐门户、商业/交易门户、细分的专业化门户等几种类型。

1. 无线运营商门户

大多数运营商将移动互联网的到来看作抓住客户的手段，他们希望通过 Web 接入和内容提高其在客户日常生活中出现的频率。将来，运营商将向两个不同的市场——个人消费者和企业提供服务。个人消费者市场的特征包括低点击费用、高水平数据和内容的吞吐量，它将逐渐发展为面向交易的媒介，这类运营商将从支持移动电子商务、广告和定制服务中获取利润。当企业用无线方式进行销售、库存管理和物流服务时，核心应用系统需要升级和全天候运行。在企业市场，定价模式将基于带宽、可靠性和所承诺的服务等级。

2. 信息/娱乐门户

在新出现的移动环境中，每个企业都在力求成为独特的 6C 综合提供商，这里的 6C 是指：内容（Content）、共享（Community）、连接（Connectivity）、通信（Communications）、商务（Commerce）和文本交换（Context）。

门户企业通过提供一系列基本应用来帮助无线运营商吸引客户，这些应用包括：

① 消息服务。如电子邮件，这种业务以专业化的标准信息服务为目标，使顾客能够在任何设备上收取电子邮件、语音邮件和传真邮件，也为年轻客户传送即时信息。

② 协作式服务。商业电视会议或家庭、朋友之间的可视电话。

③ 个性化和专题内容。建立个性化的门户，如 MyYahoo，给客户一个展现个性的机会，此外也提供专题内容，如新闻、股票、天气和星座等信息。

④ 照片共享。允许客户在网络上保存照片，并用任何设备获取和共享照片。

⑤ 游戏。下载并以离线或在线互动方式玩游戏。

3. 商业/交易门户

移动服务正在逐渐由单独的信息服务向交易服务演变，商业/交易门户，或称垂直门户，是以完成买方和卖方的洽谈、意见交换、刊登广告、拍卖讨价、进行交易、调整库存和履行契约等商业行为为目的的网站。相对于水平门户，垂直门户是为特定行业服务的渠道，如零售业、银行业、计算机业、化工、钢铁和农业。这些网站针对特定行业提供丰富、全面的信息和营销推广等服务。

移动门户能用移动渠道为客户提供新的体验，但移动门户要想取得长远的发展还要注意用户忠诚度的培养。今天，许多门户网站将太多的努力花在吸引访客上，而没有花同样的努力将访客转变为再次光顾的访客和愿意付费的客户。吸引访客进行重复在线购物的关键是提供初次访客愿意注册的服务，然后使其由注册客户转变为消费者，最后转变为经常光顾的消费者。这对企业的挑战在于，如何通过满足访客的个人需求和通过重复购买将他们拉回到网站，推动他们在价值链上移动，这样才能有效地将移动门户从偶然的销售转变到一个全天候的销售过程。

4. 细分的专业化门户

许多新成立的门户企业已经抓住了在特定行业建立新的无线门户的机遇，包括金融服务、娱乐、信息和定位服务。这些新企业的价值观是建立与客户的直接关系，增加新的互动服务和客户访问量。细分的专业化门户就是要增加客户的访问量，从而随时间的推移形成相对稳定的销售关系。

例如，细分的专业化无线门户 BarPoint 正编辑一个用通用产品代码（UPCs）索引的产品信息数据库。可以想象你正在一家音像店，拿着麦当娜的最新 CD，如果你是一个对价格敏感的消费者，你随即可以拿出手机，输入 CD 背面的 12 位通用产品代码，瞧吧，你的手机上立刻显示出详细的音像信息、简短的介绍，甚至包括一些在线零售商对同一张 CD 的报价单。

9.4.2　移动信息/娱乐服务

随着网络带宽的增加，移动信息/娱乐服务已成为移动电子商务的主要业务，同时也广泛影响着人们的生活。移动信息/娱乐服务的应用形式和服务种类多样化，其交互性和可操作性强，具有广阔的市场前景。移动信息/娱乐服务的主要业务可概括为以下 6 类。

1. 通信类

通信类业务主要满足人与人之间信息交流和感情沟通的需求。包括高级话音业务及利用手机终端进行的即时信息通信业务。

① 电子邮件。无线电子邮件服务有很大的市场。

例如，“黑莓”（BlackBerry）提供的无线电子邮件服务。“黑莓”是加拿大 RIM 公司制造的带有 GSM／CDMA 电话功能的 PDA 掌上计算机，它拥有蓝牙、收发短信等功能，可作为一台时下最新款的手机使用。它最吸引用户的是能在任何时间、任何地点方便地收发电子邮件。“黑莓”的不同之处还在于它的键盘如同微型计算机键盘，十分便于文字输入。

② 信息通信业务。主要指通过手机终端，进行文字、图像、多媒体等方式的即时通信，如 MSN、腾讯 QQ 等。移动电子商务新推出的即时信息通信业务逐渐向多媒体化方向发展，彩信、音频短信、视频短讯是现有文本短信息的发展方向。

2. 信息类

信息类业务主要满足用户对生活和工作中的各种媒体、餐饮、天气、交通等方面信息的需求。目前，以文本信息业务居多，随着 3G 时代的到来，这类业务将更多通过多媒体、视频、音频来实现资讯内容的实时交互性传输。主要有新闻类、财经类、便民类资讯等。

① 新闻类资讯。运营商与全球著名的新闻资讯供应商合作，提供实时的新闻资讯，用户

以视频或图像形式接收最新的本地及世界新闻，第一时间获知国内和世界大事。如日本 NTT DoCoMo 和日本电视公司、东京广播公司、富士电视台联合推出了移动广播服务，让 NTT DoCoMo 用户可以通过手机收看电视新闻节目。

② 财经类资讯。如向商务人士提供亚洲、美国及欧洲的资本市场动态，全天 24 小时不停放送财经信息。将来的 3G 服务可以不再单纯地提供财经资讯，更多地是针对财经消息加以分析，提供与消息相关的财经新闻和评论，辅以图表分析和投资组合分析，让用户在了解信息的同时，还可以得到专业理财专家的建议。

③ 便民类资讯。如“交通实况”业务，允许用户手机终端与政府交通指挥部门进行数据传输，用户在手机屏幕上可以看到所查询的天气信息、主要交通路口的交通状况等，以提高出行效率。又如，日本的 NTT DoCoMo 的 I-MODE 提供电话簿查询、黄页、票务预订、餐馆指南、机票信息、字典服务、FM 收音信息、烹饪查询、体育信息等服务，充分满足了用户在衣食住行方面的生活需要。

3. 娱乐类

娱乐类业务主要满足用户对休闲娱乐的需求。从用户个人的兴趣出发，涵盖了日常生活中能够从移动通信中获得的各种娱乐服务，如游戏、音乐、视频等。娱乐类业务按业务提供方式又可分为三类：网络下载、手机网络游戏和视频流业务。

① 网络下载业务。用户通过移动网络从互联网或提供商的网站上下载背景图片、铃声、手机单机游戏、视频短片、活动墙纸等。

② 手机网络游戏业务。手机网络游戏指在无线移动平台上实现多人连线的游戏。无线游戏继承了手机离线游戏即开即用、操作简便和便携性的特点，又进一步被赋予了网络游戏人人交互的特点而显得更具挑战性、刺激性和真实感。

③ 视频流业务。视频流指通过无线网络传输多种实时、有效的视频内容。与现有的手机娱乐业务多半依靠文字类的短消息传输相比，3G 视频流业务具有明显的优点。手机电视、视频会议和视频电话等将成为移动视频流业务的主要应用。

从 2005 年 12 月开始，英国 Vodafone 集团即宣布推出全球移动电视频道，包括世界电视品牌、泛欧体育、娱乐和纪录片等节目。用户通过 3G 手机上的 Vodafone1ive!（Vodafone1ive 多媒体系统是 Vodafone 公司在 2002 年 10 月推出的属于自己的移动门户业务）已经可以观看本国的移动电视节目，未来将补充来自全球的内容。目前，实现移动电视的方式既有广播的 DVB—H 技术，又有高通公司推出的 MediaFLO 技术，当然还有单纯通过移动网络的多播技术实现的移动电视业务。移动视频会议业务首先需要实现移动终端之间的互通，在此基础上引入媒体网关等设备就能够扩展到移动终端与 PSTN、ISDN 及 IP 网等各种网络终端设备之间的互通，从而达到随时随地面对面交流的目的。由于人们对于视频会议系统认识的增强以及宽带网络环境的完善，视频会议系统的市场正呈现平稳增长的态势。

4. 金融类

金融类业务主要为用户提供更方便、更及时的支付方式、账户管理手段、金融股票交易渠道等。其典型业务有移动支付、手机银行、移动证券等。

① 移动支付业务。它是通过将客户的手机号码与银行卡账号进行绑定，以手机短消息、

语音等操作方式作为支付手段的移动电子商务应用。它可以实现众多支付功能，如移动话费缴费、银行卡余额查询、购买数字点卡、乘车刷卡、小额支付等。

② 手机银行业务。手机银行并非电话银行。电话银行是基于语音的银行服务，而手机银行是基于短信的银行服务。目前，电话银行业务都可以通过手机银行实现，手机银行还可以完成电话银行无法实现的二次交易。手机银行提供的服务包括查询、转账、汇款、缴费、手机支付、银证转账、外汇买卖等。

③ 移动证券业务。它是一种移动电话增值业务，能让证券从业人员和股民享受通过手机浏览实时行情、查看各项技术指标、进行专家咨询、查阅图表分析、实现快速交易等证券专业化服务。

5. 企业应用类

企业应用类业务是指为个人或企业提高办事速度和工作效率所提供的服务。根据业务提供方式可以分为网络接入型业务和效率应用型业务。

① 网络接入型业务。主要提供手机与 Internet、Intranet 等网络的高速接转服务。3G 通常被认为是移动通信与互联网融合的一个典型应用。运营商在开发 3G 业务时，除了延续移动通信的传统业务外，应该专注与互联网有关的业务，以适应时代的要求。

② 效率应用型业务。主要满足企业和个人对高效率工作的需要，提供移动 VPN、移动办公、个人信息管理等服务。

6. 定位类

定位类业务主要满足用户获取人和物的位置信息以完成其他工作和事情的需求。主要分为位置查询和目标定位两类业务。

① 位置查询业务。其主要应用有确定用户位置、相互查询位置、与用户当前位置有关的各种生活、交通、娱乐、服务、公共设施等信息服务等。

② 目标定位业务。指对手机用户进行定位，对手机用户的位置进行实时监测和跟踪，使所有被控对象都显示在监控中心的电子地图上，一目了然。在一些专业领域推出的服务包括救援定位服务、看护服务、车辆调度、物流管理、位置广告、公司内部管理等。

9.4.3　B to E 应用

移动电子商务快速发展的下一个应用领域将是 B to E（企业对员工模式）。B to E 应用的目标是，帮助员工掌握日常使用的各种通信方式。这意味着，无论员工在什么地方，使用什么类型的设备，他们都能得到公司的数据，从而使他们能及时高效地工作。

移动 B to E 的应用模式包括以下 4 种。

1. 移动办公和消息传递

便携设备的出现改变了员工以往的组织工作、管理任务及与合作的同事、提供商、顾客之间的沟通方式。使用这些手持设备后，员工会发现个人信息管理（PIM），如通信、地址、日程安排，给他们带来了很大的好处。一些生产商（如 Palm 和 Microsoft）已经意识到需要从以下三个方面扩展他们的平台功能：① 提供公司的电子邮件通信，如 Microsoft Exchange 和 Lotus

Notes。② 即时端对端消息传递。③ 统一或固定模式的消息传递。

2. 企业无线前台服务系统的应用

目前在市场中有许多企业都使用了无线前台服务系统。这些移动解决方案使员工能在办公室以外的地方现场工作时，仍能与他们所在的部门建立各种连接，从而"延伸了企业的界限"。

ERP 应用提供商正在不断改进他们的产品，以便与新出现的移动技术完全融合在一起。这导致了各种不同的移动功能的出现，如移动订单登录、存货管理、直销、原材料管理、客户信息管理，从而使公司比仅有 ERP 系统情况下的运营效率提高了很多。

3. 移动公司门户

随着夺取客户竞争的日益加剧，以及对客户需求的响应速度变得更加重要，在获取一个公司所需的信息过程中，将文件柜里的文件分类或进行令人厌烦的数据库查询都是很慢的访问方式，而且不易被人所接受。因此，一些大公司投入了上亿元来开发公司门户。这些公司面临的挑战是，如何才能将公司门户的一些功能延伸至一个移动设备上。如将移动门户应用与一个 ERP 系统连接在一起。通过这个连接，管理人员可以看到收据、发票和支付数据。公司门户希望能模仿 B to C 门户网站 Yahoo 的做法，用户只要接入单个站点就能获得各种结构化或非结构化的信息。

4. 特殊的解决方案

移动电子商务解决方案同样也能解决超出大多数商业活动一般要求的特殊要求。

例如，在一场龙卷风导致的自然灾难中，移动应用被证明能提供无与伦比的帮助。当灾难过后，一个公司负责理赔的人员来到了房子的废墟。有一点让他所在的公司引以为豪——他们比竞争者能更快地帮助他们的客户重建家园。理赔人员的移动设备上带有一个数码相机，他在网上填写完理赔单并附上证明所需要的理赔照片即可。由于不必再花时间重新输入重要的理赔信息或回到办公室后重新整理归档这些文件，因此马上就能对客户进行理赔。客户在 24 小时内就能收到理赔的支票。

上述例子表明，一个基础的移动电子商务应用在结合特殊的保险软件时是如何给用户带来巨大价值的。

9.4.4 移动电子商务在企业信息化中的应用

企业移动电子商务服务不仅包括移动银行、手机支付、移动营销、移动信息查询等服务，也包括那些为企业量身定做、能够大幅度提高企业运作效率和营销能力的移动应用解决方案。

1. 移动 OA

移动 OA 是移动办公的一项重要内容，它将原有 OA 系统上的公文、通讯录、日程、文件管理、通知公告等功能迁移到手机上，让客户可以随时随地进行掌上办公，它对突发性事件和紧急性事件有极其高效和出色的支持，是管理者、市场人员贴心的掌上办公产品。

移动 OA 业务主要适合于已有内部 OA 系统的大中型企业，尤其是企业或部门有较多分支机构，或者内部人员经常有外出办公、出差但仍需通过 OA 系统处理工作的客户，如政府部门、银行及金融机构、贸易行业等大中型企业。

移动 OA 的主要功能包括公文处理、公告发布、集团通讯录、信息查询、日程管理和邮件提醒等。其中公文处理是其主要功能，包括新建公文、公文处理批复、公文流转、公文查阅和建立公文列表等。

2. 移动 ERP

ERP 是将物流、人流、资金流、信息流集成为一体的企业管理软件。它包含客户/服务架构，使用图形用户接口，应用开放系统制作。除了已有的标准功能外，它还包括品质、过程运作管理以及调整报告等其他特性。特别地，ERP 系统所采用的基础技术将同时带来用户软件和硬件两方面的独立性，因而更加容易升级。ERP 系统的关键在于，所有用户能够裁剪其应用，因而具有天然的易用性。

以 ERP 系统为基础的企业无线解决方案，可以让企业中高层管理人员随时掌控企业的运作情况，对产品研发设计、作业控制、生产计划、物料采购、市场营销、库存状况、财务、成本分析等进行随时追踪、分析，产生强大整合的自动化效益，真正实现企业管理软件随时、随地、随身的办公管理一体化。

3. 移动 SCM

供应链管理 SCM（Supply Chain Management）是企业对供应、需求、原材料采购、市场、生产、库存、订单、分销发货等环节的管理，包括了从生产到发货、从供应商的供应商到顾客的每一个环节。

结合后台程序，移动电子商务系统能够实现各种复杂的商业应用，几乎能够有效地把目前无法直接采用计算机支持的所有手工流程完全纳入自动化处理体系中。它使供应链管理人员摆脱了固定工位的束缚，延伸了供应链的管理半径。管理人员手持系统，即可适应各种复杂的环境。无须像以前一样，企业不得不根据固定的数据处理设备的位置来专门设计物料运输流程，支付额外的运输成本和人工成本。

4. 移动 CRM

客户关系管理 CRM（Customer Relationship Management）是一种以客户为中心的经营策略，它以信息技术为手段，对业务功能进行重新设计，并对工作流程进行重组。

移动通信与 CRM 的结合具有天然的优势：① 移动终端，如手机、PDA、掌上计算机等，是个人消费品，有更广泛的触角，企业投资少，可谓全员终端；② 它实时性好，随时随地可应用；③ 与移动平台集成，还可为客户所用，尤其是应用在客服中心上，手机号更能识别用户；④ 移动通信网、PSTN 与互联网的融合早已势在必行，建立统一的业务平台，可扩大 CRM 的应用领域；⑤ 对移动客户的关怀更显个性化。

9.5 新兴电子商务

近年来，随着我国互联网和移动通信的不断发展，我国的电子商务已经进入一个全新的发展阶段。大量的新兴技术、创新的信息产品、新颖的网络运营模式的不断涌现都为我国社会和经济环境带来了深刻的变化。新兴电子商务以其移动性、虚拟性、极端数据、个性化以及社会性等鲜明的新特征出现在电子商务发展的又一次新高潮中。

9.5.1 新兴电子商务的含义

传统电子商务是以现代信息技术手段（如数字化通信网络和计算机）为工具进行商品交易的过程。其目的是以现代信息技术来替代传统交易中作为信息载体的存储、传递、统计、发布等环节的纸介质，从而实现商品和服务等交易活动的全程无纸化，并达到高效率、低成本、实时化、网络化、直接化等目的。而随着技术、经济的发展，电子商务进入了一个新的发展阶段——新兴电子商务。

新兴电子商务是以下一代网络技术和信息处理技术（如无线宽带技术、智能终端技术、近距离通信（Near Field Communications，NFC）技术、云计算（Cloud Computing）技术、WWW技术（如Web 2.0、 Web 3.0等））的发展为依托，以商务活动泛在化、商务流程一体化、商务行为复杂化、商务模式柔性化等为特点的现代电子商务。它将提供一个低成本、便捷的、可信度高的平台。无处不在、随需而变、虚实结合、集成化、协同化、服务化，是新兴电子商务的发展趋势。

新兴电子商务是建立在移动计算、普适计算、服务计算等信息通信技术基础之上的，且以移动商务（M-Commerce）、普适商务（U-Commerce）和融合商务（C-Commerce）为代表的现代电子商务模式。

新兴电子商务具有如下特征：① 移动性。表现为任何人都可以在任何时间、任何地点得到整个网络的信息和服务。② 虚拟性。表现为企业经营的虚拟化、交易的虚拟化、消费的虚拟化。③ 极端数据。表现为商务行为的突发性、随机性、复杂性及不确定性。④ 个性化。表现为个性化的服务和产品，能满足消费者的个性化需求和个性化定制。⑤ 社会性。表现为基于网络文化的社会性、用户的广泛参与性、信用评价的社会化等。

通过与传统电子商务技术对比可以发现，新兴电子商务所带来的变化如表9-2所示。

表9-2 新兴电子商务带来的变化

维　度		新兴电子商务带来的变化
技术层面（更便捷、更强大）	网络	多样性，融合性，安全性，泛在性，经济性，宽带化
	终端	智能化，个性化，便携化，集成化，功能服务捆绑化
组织层面（更普及，更深入）	国家	电子政务，互连互通，服务贸易，全球经济一体化
	企业	企业类型：大中→中小 组织关系：价值链→价值网 经营方式：规模生产→敏捷制造 商品经济→服务经济 实体经营→虚拟经营
	个人	互动性，体验性，消费与生产身份的两重性
应用层面（更灵活，更广泛）	微观	微消费，场景感知，群组消费，信用消费
	宏观	电子服务市场，物联网，数字内容消费与文化创意产业

9.5.2 新兴电子商务的价值

相对于传统电子商务来说，新兴电子商务具备移动性、虚拟性、极端数据、个性化、社会化的特征，因此在商业运作过程中，新兴电子商务的价值体现在以下10个方面。

1. 无所不在性（Ubiquity）

Ubiquity来自拉丁语，本意指天神，演变至今，变成了“无所不在，普遍存在”的意思，如同空气、水那样自然存在一样。“U化”已经成为“e化”之后的信息化时代的新关键词。

要创建无所不在的网络社会，首先需要在发展基础设施和加深ICT（Information Communication Techndogy，信息通信技术）应用的基础上，营造一个网络、信息设备、平台、内容和解决方案全面整合的无处不在的ICT应用环境，使任何人或任何实物在任何时间、任何地方都可以通过任何设备接入网络。

新兴电子商务的无所不在的价值特性包括：普遍性（Universal）、独特性（Unique）和用户导向性（User-oriented）。

① 普遍性是让所有的人（包括老人和残疾人）都可以方便地使用网络资源，从而达到人与人之间的紧密沟通，并使商务交易和信息服务业务丰富化、多样化。

② 独特性体现了用户的个体特性，强调为大众提供展现自己个性的舞台，在人类无限创造力的推动下，不断地创造出新的服务模式和商务形态。具体内容包括数字内容的自由接入和访问、普及终身学习、工作形态多样化、白领阶层合作支持等，它以激发个人活力为出发点，创造一个充满活力与梦想的社会。

③ 用户导向性强调信息技术的应用要以人为本，重视用户使用网络的便利性，从每一个细节中体现科技的人文关怀。具体内容包括电子商务在食品安全中的应用、对医疗信息的高效利用、加速资源回收、提高购物效率的应用以及其在行政程序信息化等方面的应用等，即通过信息技术与信息服务的发展使商务应用更符合用户的需求。

新兴电子商务的无所不在性还具体表现在以下两个方面：

① 无论是个人还是企业，无论企业规模是大是小，无论是在地球的哪个角落，新兴电子商务的无所不在的网络基础使企业和个人在规模、空间和个体的基本差异上都得到了突破，使得原来封闭或者不够开放的电子商务系统更加开放了。从商务角度看，企业通过现代通信网络接入到新市场的同时，企业的竞争对手也通过相同的网络进入了企业的市场，即企业竞争的无所不在性。

② 无所不在的网络在丰富人与人的接触方式的同时，也拓展了人与机器间的交互方式，衍生出了更多的商务智能应用，极大地丰富了新兴电子商务的应用形式，如情景感知的商务形式、商务智能的购买推送等。无所不在的网络的更大突破是诸如RFID射频识别等非接触式近距离通信技术的应用，使电子商务物流管理更加高速，信息管理更精准，同时也使电子商务信息应用延伸到人与物的信息沟通中。具体应用包括手机支付、二维条码商务应用等。

2. 智能性（Intelligence）

新兴电子商务的发展促进了电子商务信息处理智能水平的不断提升，表现为商务智能技术和知识管理理论的发展与应用。在新兴电子商务中，商务智能与知识管理主要体现在精确营销与个性化推荐、比较购物、供应链/配送优化过程中。

3. 多媒体化（Multimedia）

随着新兴电子商务相关信息支撑技术和网络技术的不断发展，信息与网络技术对数字多媒体的处理和传输能力也得到大大增强，从而使新兴电子商务的交易、处理、宣传呈现多媒体化。多媒体化指多重方式处理和传输信息的能力，包括处理和传输文本、图像、声音、视频和虚拟现实等信息。目前，国际互联网已经能够支持几乎所有的多媒体商务手段，如丰富的文本宣传、声音和图像的商务展示，动画和视频等商务营销手段。虽然传输的效果未必非常理想，但是目前低分辨率的图像、声音和视频已经能够达到企业宣传的效果。另外，其他基于网络的多媒体技术，如 Flash 等技术使网络动画效果非常出色，已经广泛应用于现有的网络商务中。可以预测，实时视频、3D 动画和虚拟现实的效果将会以更低的成本、更高的速度和更完美的体验感受得到普及和推广，多媒体的应用领域也会从当前简单的商务推广和营销领域扩展到商品的体验、情景感知中，如衣服 3D 试穿、多媒体家庭装饰等。

从商业意义上讲，多媒体技术不仅能为企业在新兴电子商务环境中提供更好的营销推广方式，同时也为客户提供更好的体验产品和服务的方式。因为多媒体可以增强演示效果，提供更逼真的环境和更详细的信息，并能实现互动效果，因此多媒体技术能够增强客户的体验感受。

值得注意的是，未来随着带宽和无线网络应用问题的解决，新兴电子商务中的无线应用环境伴随着 3G（第三代移动通信）的发展将越来越成熟，无线应用环境中移动电子商务和网络商务的结合将成为新兴电子商务的杀手锏应用（Killer Application）。

新兴电子商务中，网络多媒体技术在商业上的具体应用主要体现在 5 个方面：① 多媒体产品目录。主要用于演示实物产品的特性。② 软件产品的应用演示。将最简单的图表、动画技术与在线的视频结合起来，产生逼真的效果。③ 互动的培训和模拟。用于产品介绍、客户问题解答等。④ 企业售前和售后服务。运用声音和视频等多媒体技术与客户进行拟人化沟通。⑤ 产品的多媒体体验。用于产品的虚拟试穿、试用和展示等多种仿真模拟体验。

4. 全球性（Global）

新兴电子商务与传统电子商务相比，具有更广泛的全球性应用。企业客户通过国际互联网把自己的产品和服务销售给全球客户，而消费者也可以通过网络寻找到全球的最佳供应商。新兴电子商务的全球性特点使企业的竞争和战略发生了巨大的变化，企业在任何时候都面对全球市场的竞争。这是因为，在新兴电子商务中，网络是国际化的，营销、推广、管理和品牌也是国际化的。在国际互联网上建立企业的全球品牌形象，并不需要大规模的全球性投资，因此中小企业也具备参与国际市场竞争的机遇，正如《世界是平的》一书所描述的那样：再小的企业也可以参与这个扁平世界的全球竞争。企业的规模将不再成为企业开展全球业务的主要障碍。这样，参与全球化产品和服务竞争的企业越来越多，任何企业在任何时候任何地方都面临着全球化的竞争环境。

5. 交互性（Interactivity）

交互性是新兴电子商务中价值最突出的表现之一，它为新兴电子商务应用提供更丰富、更高效和更完美的体验空间。

例如，基于 Web 2.0、移动 Web 2.0 及 Web 3.0 技术的应用包括人到人——博客、BBS 的应用；机器（应用程序）到机器（应用程序）—— M2M、RFID 物流自动化管理的应用；人到机器（服务器）——搜索引擎应用，使信息的交换方式和管理形式不断多样化，从而使商务推广和信息商品服务更加丰富，信息的交互性越来越具有商业价值。

交互性的商业价值主要表现在：

① 帮助企业与消费者建立全方位的沟通模式，使沟通更加有效。企业可对客户信息进行有效的管理，对客户的需求进行及时反馈，在与客户的交互中最大限度地提升客户对企业的满意度和忠诚度，从而将有效沟通转化为企业的商业价值。

② 帮助企业更好地了解客户的真实信息，从而分析有效需求，如交互中获得客户的个人背景材料，包括社会身份、职业、收入水平、受教育水平等，尤其是个人需求偏好信息。企业根据这些信息可以更好地针对客户进行个性化定制产品和服务。特别是通过新兴电子商务的商务平台实现一对一的营销，保证企业产品和服务获得连续不断的客户重复购买。

③ 帮助企业获得客户的需求偏好反馈，有利于产品和服务的改进。对客户反馈信息进行数据挖掘，对客户的需求偏好、产品满意度、产品工程设计缺陷、产品服务偏好等进行分析，由此来指导产品和服务的改良设计。另外，客户的参与，一方面可以提高客户的忠诚度；另一方面可以促进网络信用的建设。如淘宝、易趣等网站的商品售后评价，能够更好地督促网店卖家改进服务质量，还能为消费者提供购买决策所需的信息。

6. 可获得性（Availability）

可获得性是指基于现代信息技术和网络技术的新兴电子商务网络的处理能力、传输速度、承载能力等因素得到进一步的释放，使新兴电子商务可以随时得到处理。这一特点，一方面源于现代信息技术和网络技术的不断发展，网络带宽的不断增加，如光纤接入（FTTX）的普及；另一方面源于计算机主机处理能力的提升，可获得性使新兴电子商务的各种应用服务都能更加便捷地实现。

可获得性使新兴电子商务应用的用户不受时间的约束。从商业意义上讲，客户在访问企业网站或想获得企业提供的电子商务服务时，是网站的智能服务器在随时处理客户的需求，管理客户的信息。在新兴电子商务发展和应用中，越来越普及的标准化的客户服务和企业运营管理处理流程能够给企业带来更多的商业价值。

7. 个性化（One-to-One）

个性化是新兴电子商务实现其商业价值的另一具体体现。它与传统电子商务的终端个性化是有区别的。新兴电子商务的个性化是在传统电子商务终端个性化的基础上发展的网络服务器端的个性化。这种个性化是和新兴电子商务的智能化相结合的，正是因为现代网络信息技术的发展，如云计算技术的普及，使得网络处理能力越来越强大，商务流程处理越来越智能化，能够让企业更加个性化地服务于消费者。新兴电子商务的消费者除了通过终端设置其个性化使用特点外，还能够根据自己的偏好定制不同的浏览和交互内容，即“一对一”的个性化商务服务模式，如 RSS 的发展。个性化的手段可以让计算机和网络自动根据受众群体或个人的消费及使用偏好来提供不同的数字信息商品和商务服务。新兴电子商务网络服务个性化的商业价值表现在：

① 可建立企业经营分析系统。可以对网上客户建立档案和背景资料。客户在访问新兴电子商务门户网站时，一般都需要向企业提供某些客户背景资料，或者在与企业发生业务关系时，需要向企业提交注册资料等客户信息。企业服务器通过记录这些重要信息来建立客户管理档案，为企业的客户关系管理提供基础素材，同时为个性化体验营销提供重要信息。

② 移动电子商务的发展能帮助企业更好地运用经营分析系统。移动电子商务的个人手持、实名等特点，使企业获得的客户信息更加真实有效、可控、可管理。从而使企业与客户的交易行为完全可管理，个性化和一对一的营销能够得到更好的实施。

③ 可收集客户浏览过程信息并跟踪客户的购买行为。除了记录客户的背景信息之外，互动程序还可以将客户访问网站的情况一一记录下来，如网页浏览情况、消费行为、购买过程记录等。企业可根据客户群体的购买行为或消费行为制定一对一的营销策略，尤其在移动电子商务环境下，企业甚至可以定向地向某个定位群体投放广告，以吸引最有效的客户资源。

8. 网络外部性（Network Externalities）

对于网络而言，其接入客户的效用直接与使用该网络的用户数量产生正向相关性。也就是说，一个网络的用户数量直接影响潜在客户是否也加入使用者的队伍的决策。这种现象在经济学中被成为“网络外部性”。

从电子商务角度看，网络的外部性主要表现为，人们是否使用网络平台往往取决于该网络平台是否已经有一定量的用户。如 Amazon.com 网上商店，网络使用的人越多，用户越多，网络使用者所得到的利益也就越大，包括可以享受更多的服务，更个性化的商品，更低的折扣等。特别是，当用户超过一定数量界限时，网店客户所得到的利益并不像传统市场上呈现线性增长，而可能出现非线性增长。

9. 整合性（Integration）

随着新兴电子商务技术的出现和应用，尤其是多种融合技术的应用，电子商务平台日益成为整合各种商务形式和商务功能于一体的用户界面的多媒体互动平台。

仍以著名的 Amazon.com 网上商店为例，当客户向该网店订书时，订书的客户并不仅仅只是使用网络界面来浏览信息。客户通过浏览器直接进入网上书店的数据库目录去查询和调用信息，而数据库信息存放在后台服务器端，如果客户正在办理支付，它将通过在线安全支付认证（SET）应用系统，安全地输入信用卡或其他支付信息。当客户订单完成后，还可以通过网店界面获取有关运输情况，而货物运输的物流跟踪系统属于另一套后台信息系统。因此，实际上，在上述客户买书过程中至少有 4 个后台系统：客户浏览器端、在线书店数据库、支付系统和物流管理系统。在交易过程中，这 4 个子系统的信息相互交换，而又有独立性，即访问了公众互联网，也需要访问企业网络系统的一个综合化平台。

移动电子商务的发展，综合网络的兴起使客户要想通过网络完成交易，其接入途径不仅只有网络浏览器平台，还包括手机 WAP 平台、移动互联网平台，支付界面也包括手机短信、非接触式支付界面等，而物流平台的接入更可方便快捷地随时沟通。可以说，新兴电子商务的整个商务过程将会是一个复杂的，而对消费者来说，又是一个快捷、个性化的随时随地综合商务交易过程。

10. 本地性（Local）

尽管新兴电子商务所基于的国际互联网和通信网具有全球性，但是网络本地化也是其重要特征，这主要表现在两个方面：① 国际互联网虽然是全球网络，但是其接入却是本地化的；② 国际互联网的发展使企业在网络应用方面逐渐趋向于实施本地化战略。

本地化的商业价值还表现在个性化营销上。新兴电子商务需要对消费者提供个性化的服务和营销，而全球的文化、地理、消费习惯的差异，要实现个性化营销就必然需要本地化的商业战略，根据当地的文化特点、消费习惯、市场特点等，为消费者提供本地化的营销管理，这样企业的全球战略才能得以实施。

本 章 小 结

本章首先介绍了移动电子商务的概念、分类和特点以及移动电子商务所需的基础设施。接下来，讲述了移动电子商务的价值链演变过程及各个阶段的构成，并列举了几个最主要的商业模式。然后，与大家分享了移动电子商务的典型应用，让读者对移动电子商务有更为直观的认识。最后，引入了最前沿的新兴电子商务的概念，并介绍了它的主要特点及发展趋势。

习 题 9

一、思考题

1. 什么是移动电子商务？其分类和特点有哪些？
2. 移动电子商务价值链的演变经历了哪几个阶段？各阶段的特点是什么？
3. 移动电子商务有哪些主要的商业模式？
4. 成功的移动电子商务商业模式需要注意哪些方面？
5. 新兴电子商务的含义是什么？有哪些特点？

二、讨论题

1. 目前移动电子商务还没有得到广泛应用，你觉得是因为哪些原因？如何有效推广移动电子商务？
2. 你认为，哪些业务会成为我国移动电子商务的杀手级应用？为什么？

三、实验题

请结合日常生活设计一项移动电子商务应用，并阐述其商业模式和盈利模式。

第 10 章 电子商务管理与法律环境

移动互联网的虚拟性及全方位极大地冲击了传统电子商务的运作方式。现代电子商务交易过程涉及资金流、物流、信息流，而它们又牵涉到各行各业，是国家经济发展的重要基石，在这些过程中的任何一个环节出现问题都将对整个经济架构造成极大的损害。因此有必要探讨电子商务的管理与法律环境。

10.1 电子商务的项目管理

10.1.1 电子商务项目管理概述

项目管理是指将各种技能、知识、手段、技术应用到项目中，以满足或超过项目参与者的期望，包括项目的开始、执行直到中止的全过程。电子商务项目是指用电子手段进行一切商务活动过程的种种努力，包括电子商务系统的范围界定、时间管理、成本控制、质量管理、人员安排、采购管理、风险管理和沟通管理等。

成功实现电子商务项目管理，通常受到如下 4 个因素的制约：

① 项目范围。也称工作范围，是指为了使客户满意而必须做的全部工作。要使客户满意，关键是项目的结果符合项目的标准和要求。一个电子商务项目的范围可能涉及网络平台供应商的选择、硬件设备的选择、企业内部工作流程的梳理和改造等。

② 项目成本。它以预算为基础，包括支付项目人员的工资、原材料成本、设备和工具费用以及任务可能分包或外包的费用。建立一个电子商务网站的成本可能包括人员工资、设备购置安装费用、材料消耗、外线租用与服务器租赁费、网页制作费、数据库开发费用等。

③ 项目进度计划。它指每项活动开始及结束时间具体化的进度计划，在制定了项目的开始和结束时间的具体计划后，需要将总目标转化为具体而有序的各项任务，并对每项任务的完成时间作出安排，这种安排就构成了进度计划，包括所有的工作任务、相关成本和必要的完成任务所需要的时间估计等。

④ 客户满意度。它不仅取决于按时在预算内完成工作范围，还需要项目负责人随时与客户沟通，使客户及时知道项目的进展情况，并随时提出要求。定期安排会议或进度报告，经常沟通是必要的，这样能够使客户一起积极参与项目的实施，共同使项目获得成功。

10.1.2　电子商务项目的管理

一个完整的电子商务项目通常包括三个阶段：需求分析、系统选型和系统实施。在系统实施阶段又可细分为实施计划、业务模拟测试、系统开发确认、系统转换运行、运行后评估 5 个主要步骤。项目管理围绕整个项目的全过程，对项目的立项授权、需求分析、软/硬件的评估选择以及系统的实施进行全面的管理和控制。一个典型的电子商务项目管理循环通常包括：项目开始、项目选型、项目计划、项目执行、项目评估及更新和项目完成 6 项主要内容。

（1）项目开始

项目开始阶段主要针对项目的需求、范围和可行性分析，制定项目的总体安排计划，该阶段项目管理的主要内容包括：

① 对企业的整体需求和期望作出分析和评估，并据此明确项目成果的期望和目标。

② 定义项目范围。在明确企业期望和需求的基础上，定义项目的整体范围。

③ 可行性分析。根据项目的期望和目标以及预计项目的实施范围，对企业自身的人力资源、技术支持等方面作出评估，明确需要为配合项目而采取的措施和投放的资源。

④ 项目总体安排。对项目的时间、进度、人员等作出总体安排，制定项目的总体计划。

（2）项目选型

项目选型阶段的主要工作是选择合适的软件系统和硬件平台，一般包括以下三个步骤：

① 筛选候选供应商。综合分析评估可能的候选软/硬件供应商的产品，筛选出若干家重点候选对象。

② 候选系统演示。重点候选对象根据企业的具体需求，向企业管理层和相关业务部门做针对性的系统演示。

③ 系统评估和选型。根据演示结果对重点候选对象的优势和劣势作出详细分析，确定初步选型，经过商务谈判，最终决定入选系统。

在项目选型阶段的主要项目管理工作是进行系统选择的风险控制，包括正确全面地评估系统功能，合理匹配系统功能和自身需求，综合评价供应商的产品功能和价格、技术支持能力等因素。

（3）项目计划

项目计划阶段是项目进入系统实施的启动阶段，主要工作包括：

① 确定详细的项目范围。对企业进行业务调查和需求访谈，了解用户的详细需求，据此制定系统定义备忘录，明确用户的现状、具体需求和系统实施的详细范围。

② 定义递交的工作成果。企业与合作公司讨论确定系统实施过程中和实施结束时需要递交的工作成果，包括相关的实施文档和最终上线运行的系统。

③ 评估实施的主要风险。结合企业的实际情况对实施系统进行风险评估，对预计的主要风险采取相应的措施加以预防和控制。

④ 制定项目的时间计划。在完成第①、②、③步的基础上，根据系统实施的总体计划，编制详细的实施时间安排。

⑤ 制定成本和预算计划。根据项目总体的成本和预算计划，结合实施时间安排，编制具体的系统成本和预算控制计划。

⑥ 制定人力资源计划。确定实施过程中的人员安排，对其日常工作作出安排，以确保对实施项目的时间投入。

（4）项目执行

项目执行阶段是实施过程中历时最长的一个阶段，贯穿整个电子商务项目的业务模拟测试、系统开发确认和系统转换运行三个步骤中，主要内容包括：

① 执行实施计划。根据预定的实施计划开展日常工作，及时解决实施过程中出现的各种人力资源、部门协调、人员沟通、技术支持等问题。

② 控制时间和成本。根据实施的实际进度，控制项目的时间和成本，并与计划比较，及时对超出时间或成本计划的情况采取措施。

③ 实施文档管理。对实施过程进行全面的文档记录和管理，重要文档还需要报送项目实施领导小组和所有相关实施人员。

④ 项目进度汇报。以项目进度报告的形式定期向实施项目的所有人员通报项目实施的进展情况以及需要进一步解决的问题。

⑤ 项目例会。定期召开由企业项目领导、各业务部门领导以及实施咨询人员参加的项目实施例会，协调解决实施过程中出现的各种问题。

⑥ 会议纪要。对所有的项目例会和专题讨论会等编写会议纪要，对会议作出的各项决定或讨论的结果进行文档记录，并分发给与会者的和有关的项目实施人员。

（5）项目评估和更新

项目评估和更新阶段的核心是项目监控，就是利用项目管理工具和技术来衡量和更新项目任务。项目评估和更新同样贯穿于项目的业务模式测试、系统开发确认和系统转换运行三个步骤中。该阶段常用的项目管理工具和技术有：

① 阶段性评估。对项目实施进行阶段性评估，小结实施是否按计划进行并已达到所期望的阶段性成果，如果出现偏差，研究是否需要更新计划及资源，同时落实所需的更新措施。

② 项目里程碑会议。在项目实施达到重要的里程碑阶段时召开项目里程碑会议，对上一阶段的工作作出小结，评估实施进度及成果，并动员部署下一阶段的工作。

③ 质量保证体系。通过对参与实施的人员进行培训和知识传授，编写完善实施过程中的各种文档，从而建立起质量保证体系，确保在实施完成后企业能够达到对系统的完全掌握和不断改善的目标。

（6）项目完成

项目完成阶段是整个实施项目的最后阶段。此时，项目已经接近尾声，已经取得了项目的实施成果。在最后阶段，仍有重要的项目管理工作需要开展，且莫掉以轻心。

① 行政验收。结合项目最初对系统的期望和目标，对项目实施成果进行验收。

② 项目总结。对项目实施过程和实施成果作出回顾和总结。

③ 经验交流。交流分享在实施过程中的经验和教训。

④ 正式移交。系统正式运转及使用，由企业的信息管理部门进行日常维护和技术支持。

贯穿上述6个项目管理阶段全过程的工作是项目的表现衡量和质量管理以及项目风险的管理控制。

10.2 电子商务的信用管理

在电子商务全球化的发展趋势中，虚假交易、假冒行为、合同诈骗、网上拍卖哄抬标的、侵犯消费者合法权益等各种违法违规行为屡屡发生，这些现象在很大程度上制约了我国电子商务乃至全球电子商务快速、健康的发展。与此同时，近几年来，建立信用体系作为完善市场经济体系的一项重要内容逐渐得到了更多部门和企业的关注，各地都逐步出台了一些关于信用体系建设的法律规范。这些法律法规的先后出台，提出了依法披露、合法征集、信用服务、失信惩戒、信用管理等推动以中小企业为主体的社会信用体系建设的一系列设想和指导意见，在政府立法规范信用征信领域做了一些探索，但这和征信行业发展的整体需求相比是远远不够的。在征信服务行业的准入管理、从业人员的职业资格管理、执业技术准则、行业标准等方面迄今为止并没有出台较全面的管理规范。

10.2.1 信用管理与电子商务的发展

信用管理的实质是信息管理。从信用管理的几个过程看，客户信用资信数据库的建立、客户信用信息的取得，即征信、信用的分析与评价以及事后的客户信用级别或信用状态的信息披露，都是一个信息管理问题。信用管理作为一种社会机制，通过对信用信息的有效管理，创造了一种适应并规范信用交易发展的市场环境，从而保证了一国的经济从以原始支付手段为主流的传统市场交易方式向以信用交易为主流的现代市场交易方式健康地转变。

众所周知，现代市场经济的市场交易方式以信用交易为主，它的实质是一种信用经济。市场运作的效率主要取决于所获得信息（包括产品本身信息、供给信息以及客户对产品的需求信息，特别是供需双方的信用信息）的数量和可靠程度。没有准确的信用信息，市场效率将非常低下，甚至无法运作。具体地说，如果客户不了解厂家的信用和产品的质量，就不会购买该产品。于是厂家会在努力提高产品质量的同时，通过广告等手段发布产品的有关信息，宣传产品的质量，事实上，这就是向顾客展示自己的信用。如果厂家和客户相互非常了解并取得信任，则交易将变得简单和有效。因此，对信用信息的有效管理直接决定了市场运作效率的高低。

互联网使供需双方能更方便地获得自己所需的产品信息，厂家和客户都可以在网上发布有关的产品或需求信息，这就使信用信息及其管理对基于网络的电子商务的发展尤为重要。信用管理的有效实施能够保障电子商务信用体系的高效运转，从而推动电子商务事业的健康发展。

10.2.2 4 种典型的电子商务信用模式

目前，我国电子商务主要采取如下 4 种典型的信用模式：

① 中介人模式。它是将电子商务网站作为交易中介人，达成交易协议后，购货一方将货款、销售的一方将货物分别交给网站设在各地的办事机构，当网站的办事机构核对无误后再将货款及货物交给对方。这种信用模式试图通过网站管理机构控制交易的全过程，能在一定程度上减少商业欺诈等商业信用风险。.

② 担保人模式。它以网站或网站的经营企业为交易各方提供担保为特征，试图通过这种担保来解决信用风险问题。这种将网站或网站的主办单位作为一个担保机构的信用模式，有一个核实谈判的过程，相当于无形中增加了交易成本。因此，在实践中，这一信用模式一般只适

用于具有特定组织的行业。

③ 网站经营模式。它通过建立网上商店的方式进行交易活动，在取得商品的交易权后，让购买方将货款支付到网站指定的账户上，网站收到货款后才给购买者发送货物。这种信用模式是单边的，是以网站的信誉为基础的，它主要适用于零售业网站。

④ 委托授权模式。电子商务网站通过建立交易规则，要求参与交易的当事人按预设条件在协议银行中建立交易公共账户，网络计算机按预设的程序对交易资金进行管理，以确保交易在安全状况下进行。在这种信用模式中，电子商务网站并不直接进入交易过程，交易双方的信用保证是以银行的公平监督为基础的。

电子商务信用体系建设作为企业信用体系建设的重要内容之一，其行为必须有明确的制度规范来约束。企业首先必须制定信用管理政策和目标，同时建立完善的信用风险管理政策。制定信用风险管理政策和目标是企业的战略方针，编制完善的信用风险管理政策则是企业的战术安排。

然而，鉴于国内企业信用意识淡薄，商业交易缺乏信誉、诚实，互不信任。因此，为了尽可能地排除企业和消费者的后顾之忧，比较切实可行的办法是，对开展电子商务的企业实行规范化管理，主要措施如下。

（1）经营许可管理

调研资料表明，目前从事电子商务的大多数企业在营业前都没有经过信用评级，其应用的电子商务系统没有统一的技术标准，也没有专门的认证机构给予评级，颁发电子营业执照和数字证书，平台的安全性没有任何保障，极大地增加了网上交易风险。因此，应加强工商行政部门的监督管理，对经营性网站一律实行资格认证，主要包括：网站级别认证、企业资信状况、储备金管理、信息发布准则、客户信用信息管理。

（2）信息发布管理

为方便用户了解信息，增强用户对网上交易的信心，从事电子商务的企业应建立企业信息发布中心以备用户登录查询。对在网站上发布的信息应本着真实、准确、完整的原则，不得弄虚作假、误导性陈述或者重大遗漏。发布信息的范围主要包括：网站的认证级别、自身的信用级别及其变化、商业信息、服务条款、监督机构规定的其他信息。

（3）电子交易管理

电子交易管理作为交易过程的重要环节，在电子商务信用风险管理中占有极其重要地位，它决定着交易能否正常进行及后期账款能否顺利回收的关键。因此，凡利用电子商务平台从事商务活动的企业和消费者都应当树立这方面的意识，制定一系列与此有关的重要程序，做到万无一失，滴水不漏。电子交易管理涉及以下条款：信用记录、保证金条款、电子合同管理等。

（4）内部作业管理

开展电子商务的企业应强化内部作业程序的管理，针对网上交易的具体环节应制定与之匹配的业务流程和服务体系，充分利用网络资源和内部信息资源，调查和收集客户的信用资料，采用一整套科学的评估技巧和手段，把各种数据按照信用要素的重要程度加以客观分析，评估出风险的程度，最终决定是否给予客户信用，以及信用额度和交易方式。这方面的管理包括：建立电子交易信用风险管理部门、客户资料的收集和档案管理、制定严密的贸易合约、建立合理的物流配送网络和分销中心、对合同期内的应收账款管理、定期检测交易系统的安全、维护并定期更新信息、建立快速回应系统。

（5）服务管理

鉴于网上交易的虚拟性，销售商应不断加强与客户的联系，提供切实可行的渠道供客户在必要时获得有关的服务条款，让客户体验网上交易能够带来的各种益处，增加对网上交易的可信度；平台服务商应加强对网上交易主体的管理，监控他们的实时交易和行为，对一些故意破坏或恶性交易的交易商进行经济处罚、投诉或请出局。服务内容主要包括：提供比较合理的联系渠道，按照可打印的格式向客户提供订购货物的发票，提供特别投递的能力，提供客户检查以前订单的能力，制定相关的惩罚机制。

（6）清算程序管理

结算作为交易过程的最后一个环节，起着非常重要的作用。企业在每一份订单签订后，都要考虑资金的回收速度。资金周转能力的强弱与企业长期、持续、快速发展有相当大的关联，尤其是网上信用销售，更要时刻关注每一笔交易款的回笼速度。鉴于银行是交易双方的唯一见证人，应明确银行对电子交易的监督管理职责，建立对每一笔业务的跟踪系统。

10.2.3　建立良好的社会信用环境

要建立完善的电子商务信用体系，就必须建立良好的社会信用环境，健全法律法规，使信用在社会经济生活中发挥应有的作用。具体建议如下：

（1）构建实施信用管理的网络基础。网络是信用管理的基本技术平台，不管是客户信用资信数据库的建立、客户信用信息的取得，即征信、信用的分析与评价以及事后的客户信用级别或信用状态的信息披露，都要依赖网络信息技术。因此，对于信用管理而言，网络既是征信的主要工具，又是天然的诚信数据库，而且基于网络的相关技术还是信用分析与评价的重要手段。

（2）尽快建立有权威的电子商务认证中心。电子商务认证中心可保证任何交易均可处于监察状态，如对网上交易的企业进行资格评定和认证，对用户网上交易的投诉进行调查处理。总之，它为电子商务的发展提供了一个安全规范的环境。这不仅有利于企业之间的公平竞争，还能消除社会公众对电子商务安全性的疑虑，从而提高用户对电子商务的信心与认同度。

（3）建立电子商务信用等级评价制度。这主要体现在三个方面：① 对从事电子商务经营的网站进行信用等级评价。② 由电子商务安全认证中心授予数字证书及可信任站点证书。数字证书是通过安全认证技术提供的一种身份证明，而可信任站点认证则是对商务站点的安全性指标进行的综合评价。③ 建立以电子商务平台为基础的信用会员社区，以满足市场需求。

（4）建设电子商务企业信用管理体系。为了适应建立现代企业制度的需要，应尽快建立电子商务企业信用管理体系：一是完善企业自身信用风险控制制度，包括财务核算制度、银行贷款管理制度、应付账款管理制度等；二是完善客户信用风险控制制度，包括客户资信管理制度、客户授信制度、应收账款管理制度等，这些将极大地促进电子商务的健康发展。

（5）发展电子商务信用中介机构，建立社会化的电子商务信用管理支持体系。由信用关系的当事人分别对与信用管理相关的授信人信息进行收集、鉴别、分析、评级等活动，交易成本往往太高；而由社会化机构，如以征信公司为例的信用中介服务机构来为信用当事人服务，则可以大大降低成本。这类信用服务机构所提供的服务包括资信调查、信用评级、信用保险直到商账追收等，它构成了社会化信用管理支持体系，成为国家信用管理体系有效运行的重要组成部分。

（6）建立完善的失信惩罚机制。失信行为一般指经济活动中尚未达到诈骗等刑事犯罪程度的不守信行为。对于电子商务活动中的失信行为应建立相应的失信惩罚机制，即通过制定完整的针对失信惩罚的法律法规，对不同程度的不讲信用的责任人进行适量的行政或司法处罚，使失信者在经济上受到损失，直至无法在社会经济生活中立足。通过提高失信成本，使失信者不敢以身试法，从而阻止不守信行为的发生。

（7）加强信用宣传，开展信用管理教育和科研等活动。建立电子商务的社会信用管理体系固然需要法律体系的支持，但信用的基础在很大程度上还是基于社会的信任和诚信的道德理念来维系。要让“诚实守信”深入人心，需要加强信用管理教育，以培养信用道德；同时还要加强信用管理科研，以满足社会发展对信用管理的需要。

（8）建立系统完整的信用法律体系，创造有法可依的法律环境。我国自 20 世纪 80 年代以来制定了一系列有关信用的法规和行政管理规定，但这些法规和规定并没有专门针对信用，更没有专门针对电子商务的信用。至今对社会信用主体的信用行为还没有建立相应的法律准则与约束体系。因此，我们必须加快信用立法步伐，制定信用方面的专门法律，同时完善现有的相关法律。

当前，在立法过程中应处理好以下三方面的关系：① 信用公告制度与保护商业秘密和个人隐私的关系；② 借鉴西方国家的经验，建立不良信用惩罚机制；③ 立法过程中应尽量避免凸显部门利益，避免引起部门间的利益争夺。

（9）明确政府管理机构，发挥政府的积极作用。当前，我国针对电子商务的信用管理处于多头管理、各自为政的状态。中央政府尚未明确一个充当社会信用服务机构的综合管理部门，还没有形成一套有效的信用监管机制。因此要明确各相关政府职能部门在整个社会信用管理体系中的地位、作用及其信用管理的目标和内容，同时要明确由哪一个部门作为主管部门来承担综合信用管理和监管的职责。在此基础上，政府在建设社会信用管理体系过程中应发挥积极作用。首先，政府应制定一些基础性、关键性的技术和服务标准，以规范信用管理行业的发展；其次，政府部门要为信用中介机构创造一个宽松、公平的环境，让它们按照市场的原则公平竞争，优胜劣汰；再次，政府主管部门不要把信用中介机构作为特殊行业进行管理，而应该将其视为一般性工商企业进行正常管理，以利于信用管理行业的发展；最后，由于信用市场的需求是推动信用管理行业发展的根本动力，因此政府要积极培育信用产品的市场需求，增强企业和个人的信用需求。

10.3 电子商务发展中的法律法规

10.3.1 电子商务法律概述

1. 电子商务法的产生

法律是调整特定社会关系或社会行为的规范，相应地，电子商务法是调整电子商务活动或行为的法律规范的总和。由于电子商务本质上是不分国界的商事活动，因此调整电子商务的法律规范必须以全球解决方案为其最终目标。为此，联合国国际贸易法委员会于 1996 年 6 月通过了《电子商务示范法》，规定了电子合同的效力、电子合同履行的标准、电子签名的可接受性等，意在向各国议会和政府提供电子商务立法的原则和框架，是各国制定本国电子商务法规的示范文本。随后，不少国际组织和发达国家以示范法为范本，纷纷制定各种法律规范。1998

年 5 月，世贸组织在一次部长级会议上通过了《关于全球电子商务宣言》、经济合作与发展组织 1998 年 10 月推出了《全球电子商务行动计划》，欧盟于 2000 年 5 月通过了《电子商务指令》，美国在 1998—2000 年相继出台了《互联网免税法案》、《统一电子交易法》、《互联网保护个人隐私的政策》、《电子签名法》……，这些法律规范为有关国家扫清发展电子商务的障碍，推动与保障电子商务的繁荣，起到了非常重要的作用。

由于在电子商务立法条件和立法形式上存在分歧，我国制定电子商务法相对滞后。目前，我国国家和地方立法主要集中在计算机和网络管制方面，因此目前在解决电子商务法律问题时，一般是使用计算机和网络管制方面的法律。

2. 电子商务法的调整对象和范围

从狭义上讲，电子商务立法属于商法或国际商法的范畴，主要用于调整在电子商务活动中出现的各方当事人之间的法律关系，即主要解决电子合同、电子身份认证、网上支付、物流配送、消费者权益保护等方面所引起的法律问题。从广义上讲，电子商务立法还应解决包括税收征管、知识产权保护、管辖权确定、电子证据确认、网络安全和管理、网上拍卖、网上广告、市场准入、法律冲突等多方面的法律问题。

（1）电子认证的法律问题

由于网络的开放性和虚拟化特点，安全问题是阻碍电子商务发展突出的问题，也是首先必须解决的问题。电子身份认证机构通过对公钥密码体制、数字签名、数字信封等密码功能的运用建立了一套严密的认证系统，从而在技术上对电子商务起到了安全保障的作用。但是电子认证的法律效力需通过立法得到确认和保障，电子身份认证机构的行为规则以及涉及交互各方当事人的权利、义务等需要通过立法来规范。

因此，要使电子身份认证机构真正发挥其在电子商务中的安全作用，促使电子商务真正走向应用，尚需对电子认证中的有关电子文件、数字签名、身份认证的合法性和有效性及电子身份认证机构的权利义务等问题，通过立法加以保障，或者作出严格的法律规范。

（2）电子支付的法律问题

电子支付所产生的法律问题包括各种支付工具（信用卡、电子货币、电子支票等）的发行应用标准和条件，电子支付当事人之间的权利义务关系，电子支付命令的签发与接受、执行，以及风险责任的承担等。电子支付涉及的当事人众多，包括消费者、商家、银行和认证中心等，各当事人之间的法律关系较为复杂，有买卖合同关系、金融服务合同关系、电子身份认证关系，如在立法上不加以明确，势必阻碍电子支付在电子商务中的运用。

（3）消费者权益保护的法律问题

电子商务中消费者权益保护的法律问题具体包括了以下 5 个方面：

① 商业信用。在电子商务中，消费者对商品和商家往往无法确信其真实信息，传统的消费者权益保护法在虚拟网络中不足以保护消费者权益，必须建立商业信用制度。

② 消费者隐私权保护。为确认身份或保证正常交易和提供服务等，电子商务经营者往往会让消费者提供个人信息。尽管立法上对电子商务经营者规定了严格的保密义务，但鉴于互联网的特殊性，个人信息的窃取变得非常容易，电子商务经营者在保证消费者个人信息方面应该承担的法律责任有待确认。

③ 商品售后服务。网上交易往往是“先付款，后送货”，当消费者接到货物时，货款早已

汇出，一旦商品出现质量问题或不符合要求，消费者难以行使退换货的权利。目前立法还没有对电子商务消费者如何行使退换货的权利给出明确规定。

④ 网上无形资产保护。网络中域名、网页、数据库等无形资产需要保护，这样才能够维持有序的在线商务运营环境。

⑤ 网上税收。从促进电子商务发展的角度来看，一段时间实行免税是有必要的，但是电子商务作为一种商业活动，必须纳税。而从实际情况来看，网络交易中的征税管理十分困难，有必要对网上税收进行研究并制定一系列法律规定。

10.3.2 电子商务交易的法律规范

1. 电子合同有关法律制度

（1）电子合同的概念

合同，亦称契约，是平等主体的公民、法人、其他组织之间设立、变更、终止债权债务关系的协议。随着电子商务的产生，记载合同内容的方式或手段被电子化了，电子合同成为合同的一种形式，是数字化形式表现的合同。

我国新公布的合同法明确规定，“数据电文”可以作为合同的书面形式，对数据电文界定为电报、电传、传真、电子数据交换和电子邮件。

（2）电子合同的订立

合同的订立是指当事人按照要约和承诺的程序达成协议的行为和过程，电子合同也具有要约和承诺的过程。电子合同的要约是指希望和他人订立合同的意思表示，该意思表示应当符合以下规定：一是内容具体确定；二是表明经受要约人承诺，要约人即受该意思表示的约束。电子合同中的承诺是指受要约人同意要约的意思表示。按照新合同法规定，经过要约和承诺两个阶段，承诺生效时电子合同成立，要约到达受要约人时生效。

采用数据电文形式订立合同，收件人指定特定系统接收数据电文的，该数据电文进入该特定系统的时间，视为到达时间；未指定特定系统的，该数据电文进入收件人的任何系统的首次时间，视为到达时间。

（3）电子合同的有效性

在《电子商务示范法》中，对电子合同的有效性进行了规定：就合同的订立而言，除非当事各方另有协议，一项要约以及对要约的承诺均可通过数据电文的手段表示。如使用了一项数据电文来订立合同，则不得仅仅以使用了数据电文为理由而否定该合同的有效性和可执行性。就一项数据电文的发端人和收件人之间而言，不得仅仅以意旨的声明或其他陈述采用数据电文形式为理由而否定其法律效力、有效性或可执行性。

（4）电子合同的履行与赔偿

合同依法成立后，双方必须正确、全面地履行合同规定的义务。在电子商务中买卖的标 的主要有三个：一是商品交易；二是知识产权交易；三是提供约定的服务。而其中最常见、最主要的是商品交易。支付价款和交付货物是各自的主要责任，是合同履行的核心，任何一方不履行合同义务或者履行合同义务不符合约定的，均构成违约，应按照《合同法》的规定承担继续履行、采取补救措施、赔偿损失等违约责任，在这一点上电子合同与普通合同并没有什么区别。

需要注意的是对违约行为的认定，以 B to C 方式为例，消费者在最后确认订单以前，有权变更或撤销订单，以终止合同生效。

2. 电子签名有关法律制度

（1）电子签名的概念

电子签名是一种全新的签字方式，指数据电文中以电子形式所含、所附用于识别签名人身份并表明签名人认可其中内容的数据。可靠的电子签名与手写签名或盖章具有同等的法律效力。电子签名具有以下特征：

① 电子签名所表现出来的仅是一组代码，它通过该代码与特定人相联系，来反映签字人的认可。因此，电子签名具有非直观性。

② 电子签名由掌握电子签名的认证机构指令计算机系统通过数据比较来认证。

③ 互联网本身含有很多不安全因素，势必会给电子签名认证系统带来危机。如果出现盗用、更改电子签名进行交易，逃避法律制裁，将会给当事人带来巨大损失。

对电子签名，国际上很多国家，如新加坡、日本、澳大利亚等国，已经制定了相关法律。国际上认可电子签名所采用的 “功能同等”原则，其核心是分析传统的签名要求，有必要使电子数据获得与传统纸单证同样的认可。

我国的《电子签名法》对电子签名的法律界定依从“技术中立”原则，即原则上承认各种形态的电子签名的合法性，而不在法律中确定电子签名应使用的某种具体技术和手段。同时，对“可靠的电子签名”给出了一般的描述性界定。

2004年8月28日，第十届全国人民代表大会常务委员会第十一次会议通过，由胡锦涛主席颁布了《中华人民共和国电子签名法》。该法自2005年4月1日起施行。电子签名法重点解决5个方面的问题：① 确立了电子签名的法律效力；② 规范了电子签名行为；③ 明确了认证机构的法律地位及认证程序；④ 规定了电子签名的安全保障措施；⑤ 明确了电子认证服务行政许可的实施机关。

（2）电子签名的认证

电子签名的一个重要特点是，能证实信息发送人的身份以及电子文件的可靠性和完整性，它对发送人和被发送的信息都是独一无二的，具有可验证性和不可否认的权威性特点；另一个重要特点是，它在计算机之间交换数字证书，有助于确定当事者就是他所宣称的人。

从技术实现来说，电子签名的认定可以通过电子商务认证中心（Certification Authority，CA）核发公钥与私钥的方式解决身份确认问题。作为独立于交易各方的权威机构，如果交易双方或第三方对当事人身份或交易内容有所质疑，认证中心即可作为鉴定人提供有关身份确认的资料与证据。这样，交易双方或第三方均不得任意否认交易的发生及其内容，从而使当事人在网络这一虚拟环境下所发出的要约与承诺与现实世界的要约与承诺同具法律拘束力。

认证是一种专业化的信用服务，并非一般的实现某种商品使用价值的服务。认证中心对其客户，即利用数字证书进行交易的各方当事人，负有职业上的特殊义务。它应承担公正信息发布义务，决不能因未接受其服务报酬，而偏袒与之建立服务合同关系的证书用户一方。

电子签名只是从技术手段上对签名人身份作出辩认以及对签署文件的发件人与发出电子文件所属关系作出确认的方式。但如何解决上文提到的判定公共密钥的确定性以及私人密钥持有者否认签发文件的可能性等问题，则是电子签名技术本身无法解决的问题。因此，电子签名的安全使用必须配合安全电子认证中心体系的建立。

（3）电子签名安全认证机构的法律地位

电子签名安全认证机构在电子签名制度中占据重要位置。从世界范围看，安全电子商务认证中心的设置主要有两种途径：一种是由政府组建的或者授权的机构担任，以政府信用作为担保；另一种则是通过市场的方式建立，在市场竞争中建立信用。

为了保障我国电子商务的健康发展，我国由政府组建的或者授权的机构担任电子签名的安全认证中心，如广东省电子商务认证中心（注册名为广东省电子商务认证有限公司）、上海市电子商务安全证书管理中心有限公司等就是在政府授权下组建的。

2005年1月28日，中华人民共和国原信息产业部第十二次部务会议审议通过，中华人民共和国信息产业部王旭东部长颁布了《电子认证服务管理办法》，自2005年4月1日起施行。

截至2005年9月27日，已有14家认证机构向原信息产业部正式提交了资质申请，原信息产业部的审查过程包括资质文件符合审查、人事审查、物理环境建设及安全管理规范审查、系统结构及其运行审查、密钥管理审查、客户服务及证书处理流程审查、综合运营情况审查等。其中8家机构成为首批获得认证的企业：山东省数字证书认证管理有限公司、银联金融认证中心有限公司、北京天威诚信电子商务服务有限公司、陕西省数字证书认证中心有限责任公司、国投安信数字证书认证有限公司、广东省电子商务认证有限公司、广东数字证书认证中心有限公司和上海市数字证书认证中心有限公司。

3. 电子支付有关法律制度

（1）电子支付立法的发展

电子商务是在网上完成支付，而网上支付是通过虚拟银行的电子资金划拨来完成的，要实现这一过程，涉及网络银行与网络交易客户之间的协议、网络银行与网站之间的合作协议等法律关系以及安全保障问题。因此，需要制定相应的法律，明确电子支付当事人之间的法律关系。

美国1978年颁布了《电子资金划拨法》，适用于美联储电子资金划拨系统与消费者电子资金划拨，成为世界上最早出台的电子支付方面的专项立法。联合国国际贸易法委员会制定了为各国提供立法依据的《国际贷记划拨示范法》。我国针对金融电子化的趋势，由中国人民银行于1997年12月公布了《中国金融IC卡卡片规范》和《中国金融IC卡应用规范》，1998年又颁布了《POS 设备规范》，1999年颁布了《银行卡业务管理办法》，对银行信用卡、借记卡等作出了规范。

我国现行的有关法规主要集中在对信用卡的调整上，对商业性电子支付，在立法上还不够健全，因此电子支付方面的法律还不是很完善。

（2）电子支付的法律关系

从电子资金划拨的整个过程来看，电子资金划拨主要有以下三种当事人：指令人、被指令人、收款人。在电子支付法律关系中，指令人有权要求代理银行（即被指令人）按照自己指令的时间及时将指定的金额支付给指定的付款人，如果代理银行没有按指令履行义务，而指令人又确实按照代理银行程序对所发出的指令进行了签名，指令人有权要求代理银行承担违约责任，赔偿因此造成的损失。

在电子支付法律关系中，代理银行有权要求指令人一旦发出支付指令，即承担支付所指令的资金或从其指定账户完成付款的义务，并有权拒绝或要求指令人修正其发出的无法执行的、不符合规定程序和要求的指令，如果能够证明由于指令人的过错而致使其他人假冒指令人通过了认证程序，代理银行有权要求指令人承担指令所引起后果的赔偿责任。

收款人在电子支付过程中虽然是一方当事人，但由于他与指令人、被指令人并不存在支付合同上的权利义务关系，他只和指令人存在着买卖合同关系。因此收款人不能基于电子支付行为向指令人或代理银行主张权利。

（3）网上银行的许可问题

网上银行是使用电子工具通过互联网向客户提供银行产品和服务的银行，一般是原有的商业银行利用互联网开展的金融业务。为了统一网上支付标准和安全标准，应当对现有银行开展网上业务实行许可制，由人民银行颁发许可证并实施必要的协调和监管，促进网上支付网关技术的兼容，确保银行业务的安全，减少网上银行的风险。

10.3.3　电子商务相关法律问题

1. 电子商务税收法律问题

税收是国家为了满足一般的社会共同需求，按照国家法律规定的标准，凭借政权的力量，强制地、无偿地征收实物或货币而形成的特定的分配关系，是国家依据其职能取得财政收入的一种基本形式。作为一种商业活动，电子商务是应当纳税的。但是电子商务税收目前还没有形成一致的看法，仍然处于探索阶段。

（1）电子商务税收中的法律问题

由于来自电子商务的贸易具有很大的流动性，某个企业从一个国家市场获得的收入和可能不断增加的交易难以追踪，所以税收管辖权难以分清。

电子商务的发展使纳税主体具有不确定性，从而对企业通过互联网提供的贸易或服务很难控制和管理。

电子商务的无纸化交易和纳税的无纸化申报，导致账薄、凭证无纸化，而这些电子凭证又可以不留痕迹地被轻易修改，这就使以传统的纸质凭证为根据的税收征管失去了基础。

利用互联网进行的产销直接交易以及无形产品交易，导致了商业中介作用的削弱和取消，从而使依赖中介代扣税款的作用也随之削弱和取消。

互联网的无纸化交易不但使传统的凭证追踪审计失去了基础，而且也令印花税的凭证贴花无从下手。

电子商务具有高度的流动性和隐蔽性，交易环节模糊不清，严重侵蚀了现行税基，并直接导致各种新的避税方式出现。

电子商务将原有的有形财产形式提供的商品转变为以数字形式提供，政府对这种以数字形式提供的数据和信息应视为提供服务所得还是销售商品所得很难判定，这必然引起税收的一系列争论。

（2）电子商务税收政策遵循的原则

国际经济合作与发展组织（OECD）具有制定国际税务规范的长期专业经验。1997 年，OECD 受国际委托制定使用于电子商务的税务框架条件，提出了《电子商务税务政策框架条件》的报告，该报告制定了用于电子商务的税务原则：中立、高效、明确、简便、有效、公平和灵活；概述了税务政策框架公认的条件，其中包括纳税人服务机会、身份确认、信息需求、税收和税管、消费税以及国际税务安排和合作等内容。

针对我国的情况，国家和有关部门以及许多科研单位都在抓紧研究和制定针对电子商务发展的前瞻性税收政策。我国在研究制定电子商务税收政策时应遵循以下原则：以现行税制为基础原则，不单独开征新税原则，保持中性原则，税收政策和税务管制相结合原则，前瞻性原则，维护国家税收利益原则。

2. 电子商务隐私权法律保护

（1）电子商务中隐私保护准则

隐私权作为一种基本人权，已经得到主要国际人权文件的确认和保护，随着电子商务的发展，网上隐私权保护是理论界讨论的焦点之一。

为了确保公众在网上交易的安全，保证消费者在网上提交的个人信息不被滥用，一些机构提出了一些准则来保护隐私权，具体包括以下一些内容：

① 所有经营者都应在网上公布一份易读易找的隐私保护政策，保证消费者在网上提交的个人信息不被滥用；

② 该通告应告知消费者如何阻止个人信息的泄露；

③ 只要销售者能够负责并及时响应消费者的需求，它们应当可以发送自动促销邮件，如发邮件给那些愿意接受的消费者，同时向消费者保证他们能够控制和限制自动邮件；

④ 网上电子邮件广告应明确身份并且符合新闻组、聊天室和 BBS 政策；

⑤ 收集顾客信息的销售商和数据编辑人员应向顾客公开这种行为的目的，并允许消费者自由退出。

（2）个人资料收集和使用规范问题

一些国际组织，如经合组织，对个人资料收集和使用规范问题提出了建设性的基本原则，目的是防止因成员国个人资料保护而导致的信息自由流转障碍，同时保障成员遵循适当的个人资料保护原则。其 8 项基本原则如下：

① 收集限制原则。个人资料收集应存在限制，获得资料的手段必须合法和公平，且需经资料享有人知晓或同意。

② 资料定性原则。个人资料应当与使用目的相关，且适用于该目的的资料应当正确、完全、有效。

③ 目的特定化原则。资料收集的目的应当在收集时确定，随后的使用限制在该目的的实现，或者用于其他与该目的不相冲突的目的和每次目的改变时确定的目的的实现。

④ 使用限制原则。个人资料不得被公开、被利用或被使用于超出根据前项原则确定的目的，除非资料主体同意或法律有如此的权利。

⑤ 安全原则。个人资料应当得到安全保护，防止丢失或未经授权的接触、毁坏、使用、修改或公开。

⑥ 开放原则。应当存在有关个人资料的开发、实践和操作规则的公开政策，应当提供现实可行的手段证实个人资料的存在和性质、被使用的目的以及资料持有人身份和住址。

⑦ 个人参与原则。个人有权利要求资料持有人或其他什么人确认资料持有人是否持有有关资料；在合理的时间内、以不过分的费用、以合理的方式、以可识别的形式向个人通报与他有关的信息。

⑧ 可解释原则。资料持有人应当对是否遵守了上述原则作出说明。

3. 电子商务的知识产权保护问题

（1）电子商务中的知识产权

知识产权法律制度作为以保护信息为内容的法律手段，应当成为电子商务法律研究中的重要课题。

网络上涉及的知识产权问题包括网络技术版权、专利权和商标权等问题，最常见的是版权保护问题。信息技术不但给版权制度带来了新的内容，而且对原有版权的权利内涵提出了新的挑战，同时也给版权侵权的认定带来了新问题。在专利领域，也给网络技术提出了新的问题，比如计算机软件能否成为专利制度保护的课题等。与电子商务有关的知识产权法律问题很多，呈现出复杂性，有许多问题在现有的法律制度中还很难找到解决方法。

2000年11月，最高人民法院颁布了《关于审理涉及计算机网络著作权纠纷案件适用法律若干问题的解释》（以下简称《解释》），受到广大网民包括ISP等网络服务提供商的极大关注。该《解释》完善和发展了我国现行的著作权法，对遏制网上著作权侵权行为产生了良好的作用。

（2）作品数字化和网络作品的法律地位

《解释》明确了作品的数字化形式和数字化作品受著作权法同等保护，并进一步对作品在网络上的传播权和获得报酬权作出了规定，只要符合独创性和可复制性这两个标准就属于著作权法所称的作品，并且应当根据著作权法进行保护。

（3）电子商务著作权人的权利和义务

著作权人可以在发现侵犯自己著作权的内容后控告侵权人，这是一项基本权利，也是每个权利人应当积极主张的。著作权人也可以要求网络服务提供者删除侵权内容。著作权人应先向网络服务提供者提出有证据的警告，在著作权人出示上述证明后，网络服务提供者仍不采取措施的，可以在提起诉讼时申请人民法院先行裁定停止侵害、排除妨碍、消除影响。另外，为了避免滥诉，著作权人如果指控不实，要向被控侵权人承担赔偿责任。

（4）网络服务提供者的侵权责任

网络服务提供者通过网络参与他人侵犯著作权行为，或者通过网络教唆、帮助他人实施侵犯著作权行为的，人民法院应当追究其与其他人或者直接实施侵权行为人的共同侵权责任。

网络服务提供者明知网络用户通过网络实施侵犯他人著作权的行为，或者经著作权人提出确有证据的警告，但仍不采取移除侵权内容等措施以消除侵权后果的，人民法院应当追究其与该网络用户的共同侵权责任。

由于网络服务提供者在提供网络服务时，往往需要处理大量信息，难以对信息逐一进行监控，客观上存在着不可能清楚的知悉每一信息内容的可能性。因此，在某些情况下，网络服务提供者享有“安全港抗辩”的权利，即只要证明自己对侵权行为没有过错，尽到管理职责，就可以不承担民事责任。

（5）数字化作品和网络作品的法定合理使用

数字化作品和网络作品的合理使用，是指在符合法律规定的条件下，他人可以不经过著作权人同意，不向其支付报酬，使用其已经发表的作品，但必须指明作者姓名和作品来源。毕竟网络上作品丰富，如果让著作权人全部保留自己的权利，经过授权许可才能使用，会影响网络的繁荣。

4. 电子商务中域名法律保护问题

（1）域名的法律定位

域名是一种无形财产权，是一种智力成果，具有一定的商誉性。域名是一种知识产权，又是一种特殊的商业标识权，对域名做过系统研究的学者认为，个人的域名是民事权利，适用于民法通则；经营性的域名是经营者权利，适用于反不正当竞争法。合法注册的域名，如果产生显著性，域名注册人享有商业标识权，有权禁止他人在互联网上恶意使用，造成消费者混淆的相似域名，也禁止他人在网上假冒、混淆其域名，进行经营活动。

（2）域名所有权人的法律保护

域名作为无形财产，应当受民法保护。域名只要是合法取得并且未侵犯他人的在先权利即受法律保护。具体来说，域名所有权人对其拥有的域名可依法进行持有、建立、放弃、闲置、捐赠、转让、许可、合作等活动，并经营相关网站和网页，获取经济利益。

域名是一种专有权，权利人垄断这种权利并受法律保护，权利人以外的第三方不得侵犯这种权利，未经权利人同意，不得享有或使用该项权利，权利人对这种权利可以自己使用，也可以转让他人使用，并从中获得报酬。域名权在法定期限内发生效力，以注册而产生，以续展而延续，以不续展而消灭。

（3）域名申请人的法律责任

域名申请人一般承担以下法律责任：

① 必须遵守我国互联网的有关法规；

② 对自己选择的域名负责；

③ 应当保证其申请文件内容的真实性，并且在申请人了解的范围内，保证按其选定的域名注册不侵害任何第三方的利益；

④ 应当保证此域名的注册不是为了任何非法目的；

⑤ 在申请被批准以后，申请人就成为该注册域名的管理单位，必须依法对该域名进行管理和运行。

（4）恶意抢注域名的法律禁止

由于域名具有商业价值，导致将他人的商标、商号、服务标记等注册为域名的现象大量发生，这就是恶意域名抢注。恶意域名抢注具有以下 3 个特征：

① 被抢先注册的域名与他人的商标、商号或其他商业标志相同或相近；

② 抢注的域名数量众多；

③ 域名抢注通常与域名贩售相联系，即抢注者或公开出租或出售抢注的域名，或以此为要挟，迫使知名商标、商号或其他商业标志的权利人商家买回被抢注的域名。

美国对恶意抢注域名规定，提起域名争议解决程序，应当同时满足以下三个条件：

- 提起争议的域名与投诉人所持有的商标或服务标识相同或具有误导性的相似；
- 域名持有人对该域名本身并不享有正当的权利或合法的利益；
- 域名持有人对域名的注册和使用均为恶意。

本章小结

本章首先介绍了电子商务项目管理的基本概念和实施管理过程。其次，讲述了信用管理以及良好的信用环境对电子商务健康发展的意义，并列出了 4 种典型的电子商务信用模式。最后，对电子商务领域已有的法律法规，以及尚未有明确法律支持的相关问题进行了总结。

习　题　10

一、思考题

1. 电子商务项目管理的管理循环过程包括哪些内容？
2. 电子商务信用模式有哪几种？

二、讨论题

请参考本章内容及国外社会信用体系的建设情况，分析我国信用体系建设的不足，并讨论我国如何才能建立良好的社会信用环境。

三、实验题

请在互联网中搜索近年电子商务领域发生的法律纠纷问题，总结这些纠纷分别属于哪种法律问题，并总结哪种类型的法律纠纷出现的频率最高，该如何通过法律手段解决。

第 11 章

电子商务应用案例分析

近年来，随着电子商务的不断发展，越来越多的传统企业利用电子商务保持住了其传统优势，也有新兴的企业家利用电子商务创办了许多新的企业。这些成功的电子商务应用案例为未来企业应用电子商务带来了许多经验与参考意义。

11.1 工业电子商务应用实践——“通用电气公司”案例

11.1.1 案例 1——通用电气公司

通用电气公司（GE）是一家多元化经营的全球性企业集团，它的历史可以追溯到 1878 年托马斯 A · 爱迪生创建的爱迪生电气照明公司。1892 年，爱迪生通用电气公司和汤姆森-休斯顿电气公司合并，创立通用电气公司。100 多年来，通用电气公司秉承以科技带来美好生活的理念，始终注重科技创新，保持全球领先的技术优势。目前，通用电气公司拥有的专利数量累计居全球第一。

GE 公司集技术、制造和服务业为一体，致力于在其所经营的每个行业取得全球领先地位。GE 在 2004 年 1 月，将原有下属的 13 个工业集团重组为目前的 11 个业务集团：能源集团、高新材料集团、消费者金融服务集团、商务融资集团、医疗健康集团、消费与工业产品集团、基础设施集团、全国广播公司、运输集团、设备服务集团、保险集团。若单独排名，至少有 9 个业务集团可名列全球 500 家最大公司。GE 在世界各地 160 个国家开展业务，其中包括在 26 个国家运作的 270 家生产厂，拥有全球员工 30 多万人。GE 的境外收入逐年上升，1999 年该公司在美国以外地区取得的收入占其 1070 多亿美元总收入的 41%，达 439 亿美元。2003 年销售收入达到了 1342 亿美元。GE 在中国有悠久的历史，目前它的 11 个业务集团都已在中国开展业务，建立了 20 家办事处和近 30 家合资或独资企业，总投资超过 15 亿美元。GE 仍是世界上仅有的 7 家 3-A 级工业公司之一。连续 6 年被《金融时报》评为“全球最受尊敬的公司”。2009 年，在艰难的经济大环境下，GE 公司的持续运营利润仍旧达到了 112 亿美元。2009 年运营活动产生的现金流持续强劲，超过了 166 亿美元，GE 公司电子商务网站如图 11-1 所示。

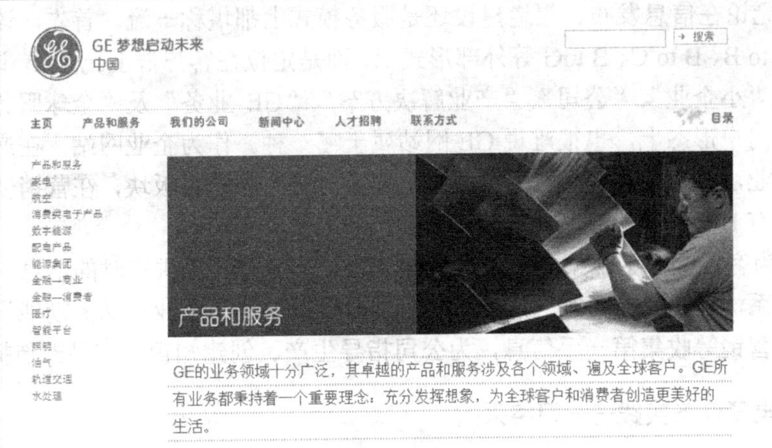

图 11-1　GE 公司电子商务网站

11.1.2　"通用电气公司"电子商务应用

1. GE 公司的电子商务战略

从 1999 年上半年开始，GE 在其原有的全球化、服务和六个西格玛三大发展战略之上又加上了电子商务，使之成为这家百年辉煌的公司在新世纪持续高速发展的一个新的、同时也是最重要的动力。2000 年，GE 公司的电子商务战略有三个方面的内容：保证每一家 GE 企业集团有一个客户网络中心；将内部采购和供应商资源转移到网上；不断开发新技术和服务以增加在线销售。进入新世纪后，GE 的每个 CEO 都有三个最首要的任务，那就是互联网、互联网、互联网。

GE 之所以将电子商务提高到决定企业发展的重要地位，最重要的原因是 GE 充分预见到了互联网的发展将给所有经济实体带来的影响。互联网的发展使所有人都可以轻易地同时获得大量的信息，很多信息与关系将变得更加透明，这将对传统企业的经营方式造成很大的冲击。GE 推崇电子商务，正是为了及时把握和参与这些变化，通过跟进在销售方（客户）、购买方（供应商）、投资业务以及内部程序等方面的变化，继续在"更快、更好地使客户满意"方面保持领先，从而保持企业发展的活力，巩固其领先地位，这也是 GE 视变革为机遇的企业精神的又一个切实的体现。GE 迄今为止仍是全球最优秀的公司，它一直都以极大的热情推动着电子商务的革命。

2. GE 的电子商务实践——网站建设

美国通用电气公司在 1996 年开通了美国通用电气网站（www.ge.com），它是一个集在线销售、在线设计、在线咨询与服务的大型电子商务网站。

GE 网站的主导栏目及内容如下：GE 首页、产品和服务、我们的公司、新闻中心、人才招聘、联系方式和全球网站目录。同时 GE 还按主导服务项目分设了一批网站，如 www.gefn.com（金融投资类咨询服务网站），www.geappliance.com（家用电器网），www.gesupply.com（供货服务业务网站），www.gesmallbusiness.com（通用电气小企业服务网站）等以满足不同客户群体的需求。

GE 网站无论在信息发布、渠道建设还是服务模式上都堪称一流。首先，该网站并不是简单地定位在 B to B、B to C、B toG 等外部形式上，而是定位在客户群上。所以，该网站是按“个人”、“家庭”、“小企业”、“公司”、“产业解决方案”、“GE 业务”及“全球服务”等纲目设计的。其次，从门户形态上，也很难说 GE 网站属于哪一种。作为企业网站，在产品营销方面，它做得非常专业，也非常排他，如其家用电器和电光源产品栏目板块，在营销创意和虚拟效果展示上堪称所有 B to C 网站中的典范。

GE 网站为客户提供了介绍商品或服务的平台，并为客户提供实时的信息支持，从而强化了对客户的联系，提升了公司对客户的价值。同时，网站还为企业产品的功能设计、产品销售和各地区市场营销等收集第一手信息，为公司指导生产、创建知识、产品改造提供依据。

3. GE 的电子商务实践——网络采购

电子商务网络采购的方式为 GE 公司节约了 20%～50%的销售和管理成本。GE 公司作为买方是电子商务最大的受益者。目前 GE 全公司每年与供应商要发生大约 400 万笔交易，而每一笔交易费用大约在 50～100 美元，GE 全年的交易成本大约在 2 亿～4 亿美元之间。如果全部交易都在网上完成，那么每笔交易费用只有 5 美元。也就是说，全部交易费用只需要 2000 万美元，几乎节约了 90%左右的成本。GE 作为卖方同样是电子商务的受益者。GE 每接到一个关于消费类商品的用户电话大致要花费 5 美元的综合成本，仅 GE 家用电器部关于销售和客户服务的电话一年大约总计有 2000 万个，所以仅此一个部门一年的电话综合成本就要 1 亿美元。但是如果把同样的信息在网络上传播，这样综合成本可以降至 20 美分，可以节省 90%以上的费用。

下面是 GE 网络采购的步骤：

① 搜寻供应商。GE 采购人员会在包括代理商、政府贸易促进机构、电话黄页及各商业网站在内的各种渠道中无拘束地搜寻理想的供应商。GE 内部网中的 Quickplace 网站则将采购人员的基础信息联系在一起。从 Quickplace 上能找到区域范围内符合 GE 评估的供应商，包括每个采购项目的进程、新的采购需求、相关的文件条文，这样不断地查阅并将外界获得的有意信息及时地补充到网上，供同事们分享。

② 联系供应商。一旦 GE 发现了合适的供应商，或者发现某个供应商的潜力符合需要，采购人员就会通过电话及电子邮件等方式迅速与供应商取得联系，告诉备选供应商 GE 公司采购项目的内容，如果供应商感兴趣，GE 就将所需产品的图片和生产规范一并通过电子邮件传输给供应商。供应商也将自己的业务能力通过书面形式让 GE 了解。通过这一步骤的双边了解，合适的供应商就有机会参加 GE 的网上竞标。

③ 网上竞标。在规定的时间内，供应商纷纷在 GE 的全球采购网上登录，输入自己的第一次竞标价，等待着自己所投出价格的反馈信息。大约 5 分钟后，供应商便能了解当前的最低价，也看到了差距，这种差距使得近一半的供应商在第一轮就自动败下阵来。其余的供应商则在其力所能及的范围内调整自己的竞标价，再一次投标。通过这一手段，使 GE 的成本压缩得到保证。

④ 最终确定供应商。GE 采购人员通过网上竞标，筛选出具有价格优势的几家供应商进行评估。其中只有一家或几家供应商通过 GE 体系评估和样品测试，他们才能得到 GE 的订货，同时作为合格供应商，其名称和联系方法将出现在 GE 的 Quickplace 上，让 GE 的采购人员分享信息。

4. GE 的电子商务实践——部门内部实施过程

例如，GE 塑料集团电子商务战略的实施过程是：对电子商务有非常明确的标准，如果通过网络处理某问题的效率不如原来的电话服务中心，就不把相关内容放到网上。在其网上销售系统建设过程中，通过反复测试来比较网络系统与电话系统的反应速度，以确定哪些问题应通过电子商务方式解决。在 GE 开展电子商务的同时，塑料行业的大型集合式电子商务网站 Platicsnet.com 也开始运行，其他同类网站也正四处开花。这类网站给 GE 带来了涉及根本的商业模式的威胁，GE 塑料集团意识到，必须重新勾画自己的网站蓝图，必须增加更多内容，加强网站的各种功能，否则无法与那些新产生的业务模式竞争。

GE 塑料集团不断探索可能打败自己的威胁，并不断改进，同时也吸取其他行业电子商务网站的灵感来使自己的电子商务网站更加强大。比如开设社区服务来吸引客户，吸取汽车行业的灵感来制定个性化定制塑料等业务，尽管类似的服务不是 GE 的主要业务，但是包括塑料集团在内的 GE 所有部门都认识到，要牢牢吸引客户，从竞争中脱颖而出，提供这样的增值服务正变得越来越重要。这甚至可能是塑料集团这样的业务部门保持其全球领先地位的唯一方式。

在 GE 内部，除了塑料集团外，通用电气咨询服务国际公司也通过电子商务的力量，帮助公司利用网络和他们的业务伙伴连接起来。作为全球电子商务的专家，GEIS 提供了一整套可以精简供应链管理过程的解决方案，包括电子数据交换、电子通信、因特网，电子目录、电子市场等产品和服务。GEIS 管理着世界上最大的拥有近十万个贸易伙伴在内的电子贸易团体。GE 的市场解决方案、企业集成应用方案也在 B to B 行业产生了巨大的影响。GE 的在线采购系统更利用了电子商务的优势使 GE 的采购成本大幅下降。GE 通过对电子商务的应用不仅保持了领先的地位，更不断推动自己在市场中前进。

11.1.3　“通用电气公司”案例成功因素分析

从上述通用电气公司的电子商务案例中，我们可以得出以下几点启示。

1. 全球交易服务

GE 为实现从一个传统型产业公司转变为新的电子商务企业这一目标而实施了全球交易服务（GXS）策略。目前，在 GXS 系统上，有 10 万 EDI 无纸贸易客户进行交易，每年完成的交易量有 10 亿宗之多，交易额累计高达 1 万亿美元。所有交易都通过 TCP/IP 传输控制协议和网际协议进行，从技术角度而言，GXS 已成为全球最大的 B to B 交易场所。

2. 关注客户服务

GE 员工把他们对站点的关注重点放在网络可以为客户做什么，而不只是可以为自身做什么。GE 认为，互联网是一种很好的为客户服务的方式。

3. GE 视变革为机遇的企业精神

GE 在预见到互联网的重要性之后，及时把握和参与到这些变化之中，开始迅速、有计划地开展电于商务。通过跟进在销售方（客户）、购买方（供应商）、投资业务以及内部程序等方面的变化，继续在“更快、更好地使客户满意”方面保持领先，从而保持企业发展的活力，巩固其领先地位。

4. 适合自己的电子商务战略

GE 在制定电子商务战略时，主要考虑其自身的弱点以及互联网会带给自身业务的威胁。所以，在一开始，GE 董事长兼首席执行官杰克•韦尔奇没有像大多数企业领导人那样通过“战略规划”来为企业的未来勾画蓝图，而是号召在 GE 内部开展“摧毁你的业务”的运动，通过找寻自身的弱点以及会面临的威胁来改变自身的经营模式，这项策略非常适合像 GE 这样的全球服务公司。开展“摧毁你的业务”以来，GE 各个部门都根据自己行业的特点及所面临的局势制定适合自己部门的发展策略，经过这次改革，他们的销售量有了很大的提高。通用电气这一传统公司，敢于利用互联网，向自身已有业务模式发出强有力的挑战，这是许多传统企业无法做到的。

11.2　电子商务服务业应用实践——“携程旅行网”案例

11.2.1　案例 2——携程旅行网

携程旅行网（www.ctrip.com），是一个专门为旅游者、旅行团体及旅游相关行业提供在线旅游服务和旅游产品的电子商务网站。它创立于 1999 年，总部设在中国上海，员工 12000 余人，目前公司已在北京、广州、深圳、成都、杭州、南京、厦门、重庆、青岛、沈阳、武汉、三亚、丽江、香港、南通等城市设立分支机构，在南通设立服务联络中心。借稳定的业务发展和优异的盈利能力，携程旅行网（CTRIP）于 2003 年 12 月在美国纳斯达克成功上市，上市当天创纳斯达克股票市场 3 年来开盘当日涨幅最高纪录。2010 年，携程旅行网战略投资台湾易游网和香港永安旅游，完成了两岸三地的布局。

作为中国领先的综合性旅行服务公司，携程网成功整合了高科技产业与传统旅行业，向超过 5000 万会员提供集酒店预订、机票预订、旅游度假、商旅管理、特约商户及旅游资讯在内的全方位旅行服务，被誉为互联网和传统旅游无缝结合的典范。目前，携程旅行网拥有国内外 5000 余家会员酒店可供预订，是中国领先的酒店预订服务中心，每月酒店预订量达到 50 余万间/夜。在机票预订方面，携程旅行网是中国领先的机票预订服务平台，覆盖国内外所有航线，并在 47 个大中城市提供免费送机票服务，每月出票量达 40 余万张。携程旅行网电子商务网站如图 11-2 所示。

图 11-2　“携程旅行网”电子商务网站

11.2.2　“携程旅行网”电子商务解决方案

携程旅行网提供了一个完整的电子商务解决方案，该网站最具特色的经营思路和模式就是“一站一社一区一部”。

一站是指携程旅行网站，携程人立志将其建设成中国旅游资源大全。

一社是指携程旅行网是大型电子商务网站，就是一个虚拟的网上旅行社，在网上提供吃、住、行、游、购、娱各个方面的产品以及信息。

一区指携程网上社区提供的虚拟时空，成为网上用户生存的第二空间。

一部是指携程网友俱乐部，让网友在网上网下都能感受到携程旅行网的气息。

此外，携程旅行网也创造了一种全新的旅游方式——个性化自助旅游，正如网站总裁季琦所描述：“你自己可以在网上选好走什么路线，住什么地方，去了到什么地方玩，想买什么，这就是自助旅游”。网站为用户提供全国各旅游景点的地图、景色、旅店、门票、路线、费用估算、其他旅游者的经验信息等，给个性化自助旅游提供足够的信息，同时帮助旅游者方便快捷地做好旅游前的准备，这种信息的整合使携程旅行网具有很大的吸引力。

11.2.3　“携程旅行网”的商务模式

1. 酒店预订

携程旅行网拥有中国领先的酒店预订服务中心，为会员提供即时预订服务。其合作酒店超过 32000 家，遍布全球 138 个国家和地区的 5900 余个城市。不仅为会员提供 2～7 折优惠房价，更有 2000 余家酒店保留房为会员出行提供更多保障。携程网率先在业内推出酒店低价赔付承诺，保证客人以优惠的价格入住酒店。携程网承诺：若会员通过携程网预订并入住酒店，会员价高于该酒店当日相同房型前台价，携程网将在核实后进行相应积分或差价补偿。携程网数千家酒店信息可供查询，为客户商务旅行或周游世界提供全面的资讯服务。

2. 机票预订

携程旅行网拥有全国联网的机票预订、配送和各大机场的现场服务系统，为会员提供国际和国内机票的查询预订服务。目前，携程网的机票预订已覆盖各大航空公司的绝大多数航线，实现国内 60 个城市市内免费送票，实现异地机票，本地预订，异地取送。机票直客预订量和电子机票预订量均在同行中名列前茅，业务量连续两年保持 3 位数的增长率，成为中国领先的机票预订服务中心。携程网在机票预订领域首家推出 1 小时飞人通道服务承诺，以确保客人在更短的时间内成功预订机票并登机。携程网承诺：在舱位保证的前提下，航班起飞前，您只需提前 1 小时预订电子机票，并使用信用卡付款，即可凭身份证件直接办理登机。

3. 休闲度假

携程旅行网倡导自由享受与深度体验的度假休闲方式，为会员提供自由行、海外团队游、半自助游、自驾游、签证、自由行 PASS 等多种度假产品。其中，自由行产品依托充足的行业资源，提供丰富多样的酒店、航班、轮船、火车、专线巴士等搭配完善的配套服务，现已成为业内自由行的领军者；海外团队游产品摈弃传统团队走马观花的形式，以合理的行程安排和深入的旅行体验为特色，正在逐步引领团队游行业新标准。目前，携程旅行网已开拓 11 个出发城市，拥有千余条度假线路，覆盖海内外 200 余个度假地，月出行人次过万人，是中国领先的度假旅行服务网络。

4. 商旅管理

商旅管理业务面向国内外各大企业与集团公司，以提升企业整体商旅管理水平与资源整合能力为服务宗旨。依托遍及全国的行业资源网络，以及与酒店、航空公司、旅行社等各大供应商建立的长期良好稳定的合作关系，携程网充分利用电话呼叫中心、互联网等先进技术，通过与酒店、民航互补式合作，为公司客户全力提供商旅资源的选择，整合与优化服务。主要的目的地指南，涵盖了中国及世界知名旅游景点。内容包括餐饮、交通、住宿、娱乐和天气等诸多方面的实用信息，是一本及时更新、日益完善的网上旅行百科全书。

5. 社区

携程网上社区是一个虚拟空间，为网友提供虚拟的交流场所，同时它也是一个现实中的社区，聚合了各地不同风格的众多网友。

6. 特惠商户

特惠商户是为 VIP 贵宾会员打造的增值服务，旨在为 VIP 会员的商务旅行提供更加完善的服务。携程网在全国 15 个知名旅游城市拥有 3000 多家特惠商户，覆盖各地的特色餐饮、酒吧、娱乐、健身、购物等方面，VIP 会员可享受低至 5 折的消费优惠。

7. 旅游资讯

旅游资讯是为会员提供的附加服务。由线上交互式网站信息与线下旅行丛书、杂志形成立体式资讯组合。“目的地指南”涵盖全球近 500 个景区、7000 多个景点的住、行、吃、乐、购等全方位旅行信息，更有出行情报、火车查询、热点推荐、域外采风、自驾线路等资讯。携程网“社区”是目前公认的中国人气最旺的旅行社区之一，拥有大量丰富的游记与旅行图片，并设立“结伴同行”、“有问必答”、“七嘴八舌”等交互性栏目，为会员提供沟通交流的平台，分享旅行信息和心得，帮助会员解决旅行中问题。携程网还推出旅游指南丛书《携程走中国》、旅游杂志《携程自由行》、会员游记汇集《私游天下》。通过大量的旅游资讯、精美的文字信息、多角度的感官体验，为会员提供周到体贴的出行服务，打造独具个性的旅游方案。

11.2.4 “携程旅行网”的盈利模式

酒店预订、机票预订等业务竞争基于信息的传递，这对新生互联网公司来说相对较容易，而且这个行业的利润率在旅游行业中较优厚。携程网的收费方式很简单，实际上扮演了中介服务公司的角色，它将客户与酒店互相引荐，并促成两者之间的生意，然后收取佣金。网上酒店预订的代理费大约在 10%左右，订票为 3%。虽然这两大业务的平均利润率都不算高，但他们充分发挥了网络经济的“成本-收入”效应，网站及后台系统的建立只需要一次性的固定成本投入和很少的可变投入，用户也只需一个电话或单击一下鼠标就可轻松完成服务，携程网后台系统的工作也只是对数据的自动变更。因此，携程网处理一个订单的成本比传统旅行社低得多，所以它的纯利润是旅游行业中最高的。在 2002 年全年超过 10 亿元的交易额中，订房业务贡献了大约 2/3，订票业务接近 1/3。

除此之外，携程旅行网逐渐将自己定位为一个旅行行业的中介服务机构，它不仅为单纯的酒店预订、机票预订提出了一个更高层次的概念，也为自身的发展开拓了市场空间。此外，携程网还开辟了其他的赢利渠道，如网络广告等。

11.2.5　“携程旅行网”案例成功因素分析

携程旅行网是中国旅行行业最强势的电子商务网站，目前每月的在线订购额已经超过 1000 万元，和携程网建立合作关系的酒店和景点均超过 5000 家，我们认为，它的成功可以归结为以下三个原因。

1. 规模经营

服务规模化和资源规模化是携程旅行网的核心优势之一。携程拥有世界上最大的旅游业服务联络中心，拥有 1.2 万个座席，呼叫中心员工超过 7000 名。携程网同全球 138 个国家和地区的 32000 余家酒店建立了长期稳定的合作关系，其机票预订网络已覆盖国际、国内绝大多数航线，送票网络覆盖国内 60 多个主要城市。规模化的运营不仅可以为会员提供更多优质的旅行选择，还保障了服务的标准化，确保服务质量，并降低了运营成本。

2. 技术优势

携程网一直将技术创新视为企业的活力源泉，在提升研发能力方面不遗余力。携程网建立了一整套现代化服务系统，包括：客户管理系统、房量管理系统、呼叫排队系统、订单处理系统、E-Booking 机票预订系统、服务质量监控系统等。2010 年携程网还推出了“一网三客户端”服务，大规模进入手机在线预订领域。依靠这些先进的服务和管理系统，携程网为会员提供更加便捷和高效的服务。

3. 体系规范

先进的管理和控制体系是携程网的又一核心优势。携程网将服务过程分割成多个环节，以细化的指标控制不同环节，并建立起一套测评体系。同时，携程网还将制造业的质量管理方法——六西格玛体系成功运用于旅行业。目前，携程网各项服务指标均已接近国际领先水平，服务质量和客户满意度也随之大幅提升。

11.3　电子商务网络贸易与实践——“亚马逊网上书店”案例

11.3.1　案例 3——亚马逊网上书店

亚马逊（Amazon）是电子商务 B to C 贸易的经典代表，它是一家网上书店，由 Jeff Bezos 于 1995 年 7 月创立，Bezos（贝佐斯）以世界最大的河流之一——亚马逊河来命名他的公司，是希望他的公司像这条世界最大的河流一样，成为全球网络时代零售业的巨头。亚马逊也确实不负所望，它于 1997 年 5 月上市，成为全球最大的网上书店，其销售额急速增长，1997 年 1.47

亿美元，1998 年 6.1 亿美元，1999 年 80 亿美元，2001 年 124 亿美元；它从 2001 年开始盈利 11.2 亿美元，2003 年盈利 14.3 亿美元；截至 2010 年 3 月 31 日，亚马逊网上书店实现净营业收入 71.3 亿美元，同比增长 46%；实现净利润 2.99 亿美元，同比增长 68%。其全球顾客达 1310 万，遍及 160 个国家，销售品种超过 430 万种。这些真实的数据无一不在昭示着亚马逊网上书店的成功。亚马逊网上书店电子商务网站如图 11-3 所示。

图 11-3　“亚马逊网上书店”电子商务网站

亚马逊网上书店能够在短短 2 年之间超过无数成名已久的百年老店而成为世界上最大的书店，主要源于它所具有的不同于传统售书方式的优势。

首先，亚马逊为消费者提供一种不需要舟车劳顿跑书店的购书方式，为消费者节省了时间与精力，消费者可以简单方便、无须翻找就可以随心所欲地挑选到自己喜欢的书籍，比如要在 100 万本书中找一本书，传统的做法可能要跑很多书店，花费很长时间才能找到这本书，然而，在亚马逊网上书店，通过电子商务的检索功能，只需点几下鼠标就可以让自己喜欢的书自动送上门来。

其次，亚马逊提供了读者评论的空间，消费者可以对书籍进行评论，发表书评和读后感，让读者在亚马逊的网站上形成一个社区，从而增强用户的黏性，这种增值服务为亚马逊带来了大量的潜在用户。

最后，电子商务这种全新的贸易形式为亚马逊节约了很多成本，如店面租金、大量库存成本等，使书籍的价格低于市场上传统书店的价格，书的折扣吸引了很多消费者。这些源于电子商务的优势是亚马逊成功的关键所在。

11.3.2　亚马逊网上书店网站运作

本节将通过亚马逊网上销售流程、物流模式和商业模式来介绍亚马逊网站的运作方式。

1. 亚马逊网上销售流程

亚马逊是全球最大的网上书店、音乐盒带商店和录像带店，其网上销售方式有网上直销和网上拍卖。其销售流程大致为“消费者上网→浏览亚马逊的网页→选择产品→下订单→付款→随后亚马逊确认收款→发出货品至顾客处。

从亚马逊主页可以看出，在该电子商务网站上购买书籍、影音制品十分方便，最直接的方法是使用搜索功能来检索自己需要的图书，如输入书籍名称、出版社、作者等信息，可以快速搜索到所需要的书籍。此外，如果没有特定的目标书籍，可以浏览排行榜和畅销作品榜中的书籍，据此可能遇到自己喜欢的书籍。另外，产品简介和客户评价更能帮助消费者全面了解特定书籍信息，这都为消费者交易前的信息搜集提供了便利。

在交易中，消费者可以将自己喜欢或感兴趣的许多书放入电子购物车中，在全部产品选定之后，进入电子购物车，其中保有消费者所放入的产品，消费者可以在其中概览自己所选择的产品，电子购物车给消费者提供二次确认消费选择的机会，最后消费者进入下订单状态，在这里，消费者确认自己认购的产品、消费者联系方式、配送地址信息，然后进行在线支付，完成在线支付后，线上交易就此结束。

线上交易后，消费者就可以在合理的时间内收到自己想要的产品了，当然亚马逊的成功离不开物流系统的成功运作，下面主要介绍亚马逊的物流模式，分析其物流模式为其降低成本带来的优势以及对消费者服务感知带来的好处。

2. 亚马逊的物流模式

亚马逊网上销售的配送中心在实现其经营业绩的过程中功不可没，其特点如下。

（1）仓储系统对技术的应用

亚马逊物流的最大特点是仓储系统对电子商务条形码技术的应用，它颠覆了传统书籍应该按照顺序放入库存的“常识”，它引用的是一种随即摆放、随机存储的系统。这种以节省空间为原则的随即摆放库存模式最大的优点就是节约成本，但是我们不禁要疑问，这样的摆放会不会降低人工订单配置的效率呢？事实上，亚马逊的 IT 整合系统使这种随即储存系统的拣货效率更高。当货物从供应商送到亚马逊仓库时，分拣工人只需用手持设备扫描一下货物的条码就可以将货品随手扔进合适的货架格子去，但与此同时，货物所在的货架格子的唯一条形码也被输入进去。这种随即存储的方式节省了空间，同时也节省了使货物更快的上架的时间。当需要提取货品时，只需输入条形码，系统会自动计算最快捷的路径来选出商品，这大大加快了仓储系统的效率，也加快了物流系统的效率。

（2）拥有完整的物流、配送网络

亚马逊在美国、欧洲和亚洲建立了许多个配送中心，有些配送中心的规模足以与一个大型的传统零售公司的配送系统相媲美。完善的配送中心网络，使订货和配送中心作业处理及送货过程更加快速，从而使用户送货的标准时间更短，市场缺货更少。

（3）提供多种送货方式且送货期限消费者可选择

亚马逊书店给顾客提供了多种运输方式，不同运输方式的时间以及运费是不同的，顾客可以灵活选择自己所需要的送货方式。亚马逊的送货方式主要有两种：一是以陆运和海运为基本运输工具的标准送货；二是空运。根据目的地是国内还是国外的不同以及所订的商品是否有现货，送货期限有很大的区别，如选择标准送货方式，且商品有库存，在美国国内需要 3～7 个工作日才能送货上门；而在国外，加上通关时间，需要 2～12 个星期才能送货上门。如果选择空运，美国国内用户等待 1～2 个工作日就可以收到货物，而国外用户则需要等待 1～4 个工作日。交货时间的长短反映了配送系统的竞争力，亚马逊设计了比较灵活的送货方案，使用户有更大的选择性，受到了用户的欢迎。

3. 亚马逊的创新商业模式

亚马逊的成功不仅因为它是电子商务网上书店的第一店，更关键的是它近乎完美的在线销售策略。亚马逊的成功颠覆了传统零售业的成功优势：商场的规模与数量，在大众媒体建立起来的品牌，它甚至改变了商场购买的感官体验。亚马逊定义了一个新的产业，它是新经济的最佳体现。

亚马逊提供了 310 万个可方便查找的书目，比地球上最大的书店还要多 15 倍。而且不需要耗费巨资修建大楼，也无须招聘大量员工。亚马逊的 1600 名员工人均创收 37.5 万美元。亚马逊的另一大优势是：可以自动分析顾客的购买记录，为每个用户提供个性化定制的推荐书目。随后，亚马逊又推出视频产品商店和扩张后的礼品商店。随着亚马逊的不断发展，其业务也逐渐涵盖手表、录音机、游戏、软件、鲜花、旅行服务、音像制品、消费电子、玩具、服装、服饰等产品，成为网络零售业的巨头。

11.3.3 “亚马逊网上书店”案例成功因素分析

1. 定位于高科技企业

亚马逊的与众不同之处在于把自己定位于高科技企业，而非流通企业。该公司首席执行官贝佐斯说：“技术使亚马逊公司在零售业出人头地。传统的零售业最重要的三个因素是场所、场所，还是场所。而对亚马逊来说，三个最重要的因素是技术、技术，还是技术”。在亚马逊，雇员中最多的不是门市部店员，而是软件工程师，它通过在技术上的不断创新来使其始终保持竞争优势。

2. 方便舒适的网上购物环境

方便购书是亚马逊的最大特色，通过网络，顾客可以任意检索、预览、购买任何书籍。亚马逊通过“一点就通”设计，使顾客只要在该网站购买过一次书，其通信地址和信用卡账号就会被安全地存储下来。顾客再次消费时，只要用鼠标点一下欲购之物，网络系统就会帮你完成以后的手续，其中包括消费者的收件资料，甚至刷卡付费也可由网络系统代劳。亚马逊公司还利用软件收集顾客在购物爱好和购物历史方面的信息，随时为顾客购买图书提供建议。亚马逊书店的独特魅力吸引了众多的消费者，其业务遍及全球，20%的书籍销往世界各地。

3. 高效率的服务

亚马逊为顾客提供高效率的服务。在亚马逊网站，顾客除了能搜寻购书选项之外，还可以同时浏览 23 种不同的主题，从而大大提高了搜寻速度，节省了顾客的上网时间。亚马逊不仅网上服务功能强大，网下服务也非常高效。它给顾客送货的时间等于找到订货商品时间加上装运时间，中间无任何滞留。亚马逊实行 24 小时全天购物，美国当地的消费者如果选择标准送货方式，那么其装运时间根据购物者距离远近为 3～7 天，加上 1 天的找货时间，购物者在网上下订单之后，只要 4～8 天，就能收到所购的货物。

4. 实实在在的价格折扣

以实惠的价格吸引顾客，并以此提高竞争力，始终是亚马逊重要的经营策略。亚马逊总裁贝索斯一针见血地指出，大部分网络商业失败的原因，在于不懂得网络商业较之传统商业来说属于规模化商业，其主要特征是高额的固定成本和低度的可变成本。网上出售的商品由于没有中间商的利润截留，其价格应该低于传统商店出售的商品价格。拒绝提供折扣优惠是网上商业的一个极大错误。基于这种认识，亚马逊被认为是世界上最大的折扣商，号称有多达 30 万种以上的书籍可提供购买折扣优惠。事实上，亚马逊提供折扣优惠的商品远不止这个数字，有 40 万种以上的商品，包括书籍、音乐唱片及视盘等，折扣率最高达 40%。

5. 零库存运转

亚马逊的货物实现了零库存运转。亚马逊公司的库存图书很少，维持库存的只有 200 种最受欢迎的畅销书。一般情况下，顾客买书下订单后，亚马逊才从出版商那里进货。购书者以信用卡向亚马逊公司支付书款，而亚马逊却在图书售出 46 天后才向出版商付款，这使它的财务周转较传统书店顺畅得多。与传统的零售书店相比，亚马逊的退书率可谓微乎其微。传统书店退书率一般为 25%，高的达 40%，而亚马逊的退书率却只有 0.25%。

6. 成功之后再发展

亚马逊由于网上销售的成功，产生了良好的品牌效应。为了充分发挥其品牌效用的潜在价值，亚马逊开始全方位扩展公司业务，向综合性网络销售公司发展。

以上的这些特点使亚马逊公司在竞争激烈的电子商务贸易网站中保持不败的地位，也从而确立了其在电子商务领域的霸主地位。

本 章 小 结

本章以通用电气公司、携程旅行网和亚马逊网上书店为例，分别介绍了工业电子商务领域、服务业电子商务领域和网络贸易电子商务领域企业应用电子商务的过程与运营模式，并总结了这些案例的成功经验。

习　题　11

一、思考题

简述本章三个电子商务应用案例的成功之处。

二、讨论题

我国国内也有很多传统的大型企业在其运营中应用了电子商务，如联想、海尔等，与 GE 公司相比，简述这些公司在电子商务应用上做的更好的地方以及存在的不足有哪些？

三、实验题

请寻找一家应用电子商务的企业，并为他们的电子商务应用作出评价，参考同行业企业的电子商务应用经验，为他们提出改进的意见。

参 考 文 献

[1] 王睿. 基于紧耦合方式的UMTS-WLAN异构互连网络结构的建模与仿真研究[C]. 青岛：中国海洋大学，2007.

[2] 于朝霞，郎益伟. 基于电子商务网站的网页设计原则[C]. 商场现代化，2007.

[3] 骆阳. 中国手机支付的障碍与前景探析[J]. 技术与市场，2009

[4] Chaum D. Blind Signatures for Untraceable Payments [A]. Advances in Cryptology, ProcofCrypto 82[C]. SantaBarbara, California: Springer Verlag, 1983.199～203 .

[5] Sadler M, Piveteau JM, Camenisch J. Fairblindsignatures. In: Lecture Notesin Computer Science, 921. Berlin:Springer-Verlag, 1995.209-219

[6] Camenisch J, Maurer U, Stadler M. Digital payment systems with passive anonymity-revoking trustee.In:Bertino Eetal. eds. Lecture Notesin Computer Science, 1146. Berlin: Springer-Verlag, 1996.33-43

[7] Frankel Y, TsiounisY, YungM. Indirect discourse proofs: Achieving fair off-line e-cash. In: ProcAsiacrypt'96, Ky-ongju, Korea, 1996. 286-300

[8] 唐绮薇. 移动支付的多种运营模式[J]. 市场研究，2005.

[9] 许翠平. NFC手机支付明天在哪里[J]. 通信世界，2008.

[10] 孙杰贤. SIMpass能否撬动NFC的蛋糕[J]. 通讯世界，2008

[11] 苏建华. NFC和SIMpass成为移动支付领域两朵奇葩[J]. 金卡工程，2007.

[12] 马玲. 基于sMs的企业移动电子商务研究[J]. 科技管理研究，2007（10）.

[13] 肖勇，陈富扬. 电子商务的信用体系与信用管理[J]. 科技管理研究， 2006（4）.

[14] 梁雄健，杨瑞桢，张静. 电信组织管理. 北京：人民邮电出版社，2008.

[15] 胡桃，吕延杰，尹涛. 电子商务及其在电信行业中的应用. 杭州：浙江大学出版社，2006.

[16] 杨天剑，胡桃，吕廷杰. 电子商务系统分析与设计. 北京：北京邮电大学出版社，2007.

[17] 孙宝文，王天梅. 电子商务系统建设与管理. 北京：高等教育出版社，2008.

[18] 庞大连，张冰新. 电子商务概论. 北京：北京大学出版社，2008.

[19] 苏丹，陈瑄. 电子商务概论. 北京：电子工业出版社，2006.

[20] 屈冠银. 电子商务物流管理. 北京：机械工业出版社，2004.

[21] 修文群，张蓬. ERP/CRM/SCM/BI协同商务建设指南. 北京：科学出版社，2005.

[22] 刘建萍. 电子商务基础. 北京：机械工业出版社，2004.

[23] 魏修建. 电子商务物流：理论与实务. 北京：北京大学出版社，2008.

[24] 张毅. 现代物流管理. 上海：上海人民出版社，2002.

[25] 黄正瑞，黄微平. 会计信息系统. 广州：暨南大学出版社，2005.

[26] 杨周南. 信息技术在会计和审计实务中的应用. 北京：清华大学出版社，2003.

[27] 郑称德. 运作管理. 天津：南开大学出版社，2003.

[28] 骆文平. 物流与供应链管理. 北京：电子工业出版社，2005.

[29] 裴少峰. 现代物流技术学. 广州：中山大学出版社，2001.

[30] 王建伟，王小建. 电子商务物流信息系统分析与设计. 北京：首都经济贸易大学出版社，2008.

[31] 吴军，胡桃，杨天剑. 电子商务物流管理. 杭州：浙江大学出版社，2009.

[32] 徐燕. 物流信息管理. 北京：对外经济贸易大学出版社，2004.
[33] 王维民. 电子商务与物流. 北京：科学出版社，2009.
[34] 许国柱. 电子商务及其安全技术. 广州：广东高等教育出版社，2005.
[35] 张铎，周建勤. 电子商务物流管理. 北京：高等教育出版社，2006.
[36] 康晓东. 电子商务系统建设与应用. 天津：南开大学出版社，2003.
[37] 教育部考试中心. 全国计算机等级考试三级教程——网络技术，2009 年版. 北京：高等教育出版社，2008.
[38] 王兴鹏，彭佳红. 电子商务技术基础. 北京：科学出版社，2006.
[39] 甘嵘静，陈文林. 电子商务技术. 北京：电子工业出版社，2006.
[40] 胡里增. 网络营销. 北京：中国物资出版社，2005.
[41] 俞立平. 电子商务技术与实务. 南京：东南大学出版社，2003.
[42] 华书-美通（HAM），国际管理研究室. 市场与销售：销售方法. 乌鲁木齐：新疆科技卫生出版社，2001.
[43] 宋沛军. 电子商务概论. 西安：西安电子科技大学出版社，2006.
[44] 朱海松. 无线营销——第五媒体的互动适应性. 广州：广东经济出版社，2006.
[45] 朱云龙. CRM 理念、方法与整体解决方案. 北京：清华大学出版社，2004.
[46] 牟彤华. 网络营销与推广新教程. 北京：中国劳动社会保障出版社，2002.
[47] 王建宇. 网络营销导论. 杭州：浙江大学出版社，2002.
[48] 袁雨飞. 移动商务. 北京：清华大学出版社，2006.
[49] 覃征，刘晓艳，王利荣，黄龙，杨博. 电子商务案例分析. 西安：西安交通大学出版社，2001.